KB122277

보성강유역의 구석기문화

33년 연구의 성과와 전망

보성강유역의 구석기문화

33년 연구의 성과와 전망

이기길 지음
Gi-Kil Lee

Paleolithic Culture
of the Boseong River basin
in Southwestern Korea
– Survey and Research since 1986 –

혜안

보성강과 나의 학문 여정

1986년 겨울, 주암댐수몰지역에서 발견된 뗀석기를 계기로 1990년까지 다섯 개의 유적이 발굴되면서 한반도의 구석기인들이 호남에도 살았음이 분명하게 입증되었다. 이로 말미암아 호남 역사의 상한은 수천 년 전의 신석기시대에서 수만 년 전의 구석기시대로 거슬러 올라갔고, '보성강'은 호남의 인류거주사와 구석기문화 연구에 있어 시발점이자 모태가 되었다.

그로부터 9년 뒤인 1995년 5월, 낙안읍성으로 가족나들이를 가던 중 필자는 송광면 구룡리 영봉마을 어귀의 길가 단면에 드러난 찰흙층에서 석영맥암제 홈날석기를 발견하였다. 이를 계기로 조선대학교 박물관은 보성강유역 구석기유적에 대한 학술지표조사를 시작하여 지난 24년 동안 모두 76개의 유적을 찾았다.

걸음마 단계의 보성강유역 구석기연구는 1998년의 순천 월평유적과 2003년의 장흥 신북유적 발굴을 통해 국내외의 주목을 받으며 힘찬 도약을 하였다. 그 결과 월평유적은 2000년 6월에 전라남도기념물 제181호로 지정되었고, 2004년 12월에 국가사적 제458호로 승격되었으며, 신북유적은 2008년 4월에 전라남도기념물 제238호로 지정되었다.

보성강변에서 알려진 구석기시대의 유적과 유물은 풍부하고도 세련된 인상을 풍긴다. 아마도 그 배경에는 보성강유역이 백두대간과 호남정맥으로 둘러싸여 있어 자연재해로부터 보다 안전한 지대였으며, 작은 산간분지와 곡간평야가 발달하여 대규모 농사보다는 채집과 사냥으로 생활하기에 더 적합하였고, 석기의 재료로 쓰인 석영암과 산성화산암 등 여러 가지의 돌감이 분포하며, 따뜻한 남쪽 땅이라는 까닭이 있었을 것이다.

나아가 보성강변의 구석기인들은 직선거리로 800㎞가 넘는 드넓은 지역의 고인류들과 교류하고 있었다. 신북유적에서 발굴된 백두산과 규슈의 고시다케산으로 만든 흑요석기가 이 사실을 분명하게 뒷받침해준다. 최근에는 슴베찌르개, 좀돌날몸돌, 흑요석기, 각추상석기와 일본지역 유적 수의 증감 등을 근거로 한반도의 구석기인이 일본열도로 이주했으며, 이후 양 지역의 교류가 긴밀하게 지속되었다는 견해가 일본학계에서 주류를 이뤄 보성강유역의 구석기문화는 더욱 특별한 의미를 지니게 되었다.

1995년부터 보성강유역의 구석기유적 조사와 연구에 몰두해온 글쓴이는 정년 전에 그동안 발견한 유적들을 학계에 보고하고 관련 연구 성과를 집대성할 수 있기를 바라왔다. 다행스럽게도 2015년부터 3년간 한국연구재단의 저술출판지원을 받게 되어 본격적으로 관련 자료를 모으고 검토하며 글을 써 나갔다. 마침내 〈제1장 조사와 연구의 발자취〉, 〈제2장 전체 유적의 기본정보〉,

〈제3장 발굴유적의 검토〉〈제4장 종합과 분석〉〈제5장 성과와 전망〉으로 구성된 원고를 완성하였다. 각 장의 주요 내용은 아래와 같다.

제1장은 지난 30여 년간 보성강유역을 대상으로 이뤄진 조사와 연구의 성과, 즉 구석기학사를 정리하였다. 조사 분야는 85개 유적에 대해서 행정구역명, 조사기관, 조사방법, 조사연도, 참고문헌 및 기존 또는 신규 항목이 포함된 목록을 작성하였고, 연구 분야는 국내외논문과 학위논문 및 단행본을 대상으로 저자, 발행연도, 제목, 그리고 학회지명, 발행기관이나 학위수여대학에 관한 목록을 작성하였다. 그리고 이 목록을 기초로 조사와 연구의 추이와 경향을 분석하였다.

제2장은 보성강유역에 분포하는 85개 유적에 대한 기본정보를 자료집합체(DB : database)로 만들어 유적사전처럼 편집한 것이다. 여기에 유적별 행정구역명, 조사기관과 연도, 유적의 규모, 출토유물과 돌감의 종류, 수계와 해발높이, 현상, 참고문헌과 유적 범위가 표시된 1/5,000 지형도, 그리고 유적의 전경, 지층, 유물 출토모습 등의 사진을 포함하였다. 유적별 데이터베이스는 학술연구는 물론 문화재 관리와 활용 등 다방면의 기초자료로 활용되기에 최신의 정확한 정보를 담으려고 최선을 다했다.

제3장은 보성강유역에서 발굴된 유적 중 보고서가 간행된 열 곳을 대상으로 조사 내용과 성과를 살펴보았다. 일반적으로 발굴조사는 지표조사보다 더 정확하고 많은 학술정보를 얻을 수 있다. 그래서 발굴보고서를 자세히 분석하고 여기에 필자의 지표조사 내용을 더하여 검토하였다. 그럼으로써 보성강유역의 구석기문화에 대한 보다 전반적인 이해가 가능하였다.

제4장은 유적들의 분포 양상과 입지, 크기, 갱신세층의 구성과 절대연대, 돌감의 구성과 마련, 석기군과 편년을 검토하기 위해 지표유적과 발굴유적의 기본정보들을 종합하여 분석하였다. 그 결과 유적들의 분포와 입지 양상 및 규모에 대한 거시적인 해석, 보성강유역 갱신세층의 복원, 그리고 석재의 구성과 마련, 석기군의 변화 및 편년에 대한 견해를 제시할 수 있었다.

제5장은 앞에서 다룬 내용을 유적, 갱신세층, 유구와 유물로 나눠 중요한 성과들을 정리하고 평가하였으며, 보성강유역 구석기문화의 국제적 의의를 살피고, 향후 과제 및 유적의 보존과 활용에 대한 견해를 피력하였다.

필자는 1991년에 사학과 교수 겸 박물관 담당으로 조선대학교에 부임하였다. 그로부터 28년간의 연구 활동에서 가장 큰 비중을 차지하는 '보성강유역의 구석기문화'를 다룬 책을 비로소 발간하게 되었다. 이 책이 출판되기까지 많은 분들의 도움이 있었다.

휴일도 없이 나와 함께 보성강변을 걸어 다니며 수많은 유적을 찾고, 발굴현장과 정리실에서 최선을 다한 제자들에게 그간의 노고가 헛되지 않았음을 보여주게 되어 기쁘다. 그리고 이 책에 실린 사진과 그림을 성심껏 편집한 김수아님, 유적분포도와 유적범위도를 꼼꼼히 만든 박상준님, 각종 그래프와 산경도를 담당한 윤정국님, 유적의 위치 확인과 드론 촬영에 수고한 오병욱님, 관련 자료를 제공해준 충북대, 숭실대 박물관과 여러 문화재조사기관의 관계자 여러분, 그리고 유물을 촬영해주신 박명도 선생님께 진심으로 감사드린다.

순천 월평유적과 장흥 신북유적의 조사, 연구와 관련하여 1995년 이래 지금까지 많은 지역민들의 협조와 응원이 있었다. 유적보존회를 결성하신 故 박희주 어르신과 김광원 전 장흥군의회 부의장님을 비롯한 주민들, 월평유적의 발굴비를 전격 지원해주신 이병훈 전 전라남도 문화환경국장님, 월평유적의 종합정비기본계획을 조선대 박물관에 맡겨주신 조충훈 전 순천시장님, 신북유적 국제학술대회 예산을 마련해주신 김창남 전 전라남도의원님과 김인규 전 장흥군수님 등은 보성강유역의 구석기문화가 우리의 처음과 문화의 시작을 담고 있는 보고(寶庫)임을 밝히는 데 물심

양면으로 힘이 되어주셨다.

글쓴이가 구석기학을 공부하고 오늘에 이르기까지 여러 선생님의 지도와 격려가 있었다. 큰 스승이신 故 손보기 선생님, 보성강변의 구석기유적을 처음 발굴하신 이융조 선생님, 호남 구석기학을 성원해주신 박영철·한창균·윤덕향·최성락 선생님, 호남 구석기문화의 국제적 위상을 통찰하신 안비루 마사오(安蒜政雄)·사가와 마사토시(佐川正敏)·오바타 히로유키(小畑弘己) 선생님, 그리고 보성강 구석기유적의 학술조사를 지지하고 도와주신 故 정병휴 전 총장님과 박형관 초대 박물관장님을 비롯한 여러분께 감사의 인사를 올린다.

1995년, 혈연, 지연, 학연 등 아무런 연고도 없는 광주로 내려와 함께 살아준 가족 덕분에 글쓴이는 보성강유역의 지역사 연구에 전념할 수 있었다. 소중한 직장도 포기하고 타향살이를 감수해준 아내와 바쁘다고 소홀했던 아들, 딸에게 이 책이 작은 보답과 위안이 되었으면 좋겠다. 끝으로 보성강유역의 구석기문화를 책에 잘 담아주신 도서출판 혜안의 오일주 사장님과 김태규 실장님, 김현숙 편집장님께 고마운 마음을 표한다.

2019년 10월

이 기 길

차 례

표/사진/그림 목차

‖ 사진 ‖

16

제1장

조사와 연구의 발자취

1986년, 승주군 송광면 우산리 곡천유적과 신평리 금평유적에서 뗀석기가 발견되었다. 여기는 보성강물을 담아둘 주암댐의 건설로 인해 지석묘 발굴조사가 진행되던 곳이었다. 이를 계기로 구석기문화층의 조사가 본격적으로 이뤄졌고, 그 결과 좀돌날몸돌로 대표되는 후기 구석기시대 석기군이 한반도 서남부에서 최초로 확인되었다(사진 1).

1960년대와 70년대에 이미 석장리유적과 전곡리유적이 알려져 있어 언젠가는 호남에서도 구석기유적의 발견이 예상되었지만, 막상 구석기시대 유물과 문화층의 확인은 연구자는 물론 지역민과 국민들까지 흥분케 하는 사건이었다. 이로 말미암아 보성강은 호남 구석기학사에서 구석기유적이 처음으로 조사되고 연구되었다는 영광을 차지하게 되었다[1].

보성강은 전라남도 보성군 웅치면의 일림산(해발 627m)

과 제암(사자)산(해발 666m)에서 발원하여 120km를 흘러 곡성군 죽곡면 압록에서 섬진강으로 흘러든다(한국민족문화대백과사전 2013). 본류로 흘러드는 1차 지류는 장평천, 봉화천, 율어천, 동복천, 송광천, 주암천, 목사동천, 죽곡천, 동계천 등 37개이다.

유역면적이 1,309.7㎢에 이르는 보성강변에는 400~900m 내외의 제암산, 활성산, 용두산, 황아산, 국사봉, 봉미산, 벽옥산, 방장산, 존제산, 계당산, 동소산, 천봉산, 고동산, 천운산, 조계산, 모후산, 오성산, 유치산, 호아산, 밤실산, 한동산, 봉두산, 통명산, 주부산, 천덕산 등이 솟아있다. 천이나 강변의 산기슭들은 나지막한 언덕을 이루기도 하며, 물줄기를 따라 좁은 곡간평야가 분포하고, 소규모의 산간분지가 여기저기 형성되어 있다(사진 2).

이와 같은 보성강변에서 구석기유적이 발견된 지 어느덧 33년이 지났다. 그동안 논문이나 보고서를 비롯한 책자에 소개된 유적은 55개에 이르고, 그 중 발굴 조사된 유적은 13개나 된다. 그러나 미처 문헌에 보고되지 않은 경우를 감안한다면 파악된 유적의 수는 더 많을 것이다. 이처럼 보성강유역은 구석기유적의 풍부함에 더해 국가사적 제458호와 전라남도 기념물 제238호로 지정된 순천 월평유적과 장흥 신북유적을 품고 있어 호남과 한

---

1 1962년에 미국인 모어와 샘플은 전남 순천 근처의 바닷가 언덕에서 많은 뗀석기와 격지들을 발견하였으며, 도구 중에는 긁개와 주먹도끼(A large, percussion-flaked scraper and a thin, elongate, ovoid biface)가 있다고 보고하였다(Sample and Mohr 1964). 그런데 유물의 사진이나 도면이 제시되지 않아 구석기의 진위 판정에 어려움이 있지만, 보고자들이 석장리유적을 발견한 사실을 감안하면 구석기 유물일 가능성이 높다고 생각한다. 그러나 보고 유물의 슬라이드 사진을 본 이선복(2018)은 그들이 찾은 유물이 신석기나 청동기시대의 타제석기이며 구석기가 아니라고 하였다. 우리 구석기학사의 시원을 가리는 매우 중요한 사건이지만, 현실은 발견 유물의 소재를 알 수 없는 안타까운 상황이다.

〈사진 1〉 곡천유적의 발굴 전 모습과 좀돌날몸돌(이융조·우종윤 편저 1998 ; 연세대학교 박물관 편 2001)

〈사진 2〉 보성강유역의 경관(위 : 웅치면, 아래 : 주암면)

국의 구석기연구에서 매우 중요한 지역으로 자리매김되었다.

　이 장에서는 보성강유역에 분포하는 구석기유적들의 조사와 연구 현황을 파악해보고자 한다. 먼저 지난 30여 년간 조사된 유적들과 국내외 학보에 게재된 논문과 학위논문, 단행본에 관한 목록을 작성할 것이다. 이어서 주요 항목별로 통계를 내어 그동안의 조사와 연구의 흐름을 살펴보려 한다. 이렇게 작성된 유적목록과 문헌목록은 학계를 비롯한 공공기관에서 연구나 문화재 관련 업무 시 기초자료(database)로 요긴하게 활용될 것이고, 기존 성과에 대한 객관적이고 과학적인 진단과 더불어 향후 조사와 연구의 방향을 설정하는 데 쓸모가 많을 것이다.

I. 조사 현황

1986년 이래 최근까지의 조사 현황을 제대로 파악하기 위해 유적별로 행정구역명, 조사기관, 조사방법(지표조사, 발굴조사), 조사연도, 기존 및 신규, 참고문헌 등의 기본정보를 목록으로 만드는 작업이 필요하다. 먼저 전체 유적의 목록을 만들었고, 이어서 발굴사유와 수계를 추가한 발굴유적의 목록을 작성하였다.

1. 전체 유적목록

최근까지 보고된 유적을 알기 위해 먼저 문화재청의 문화재보존관리지도(http://intranet.gis-heritage.go.kr)를 참고하였다. 그리고 이 사이트에 빠지거나 실리지 않은 유적이 있을 경우를 감안하여 《○○시의 문화유적》, 《문화유적 분포지도-○○군-》와 구석기 전공자가 발표한 논문, 그리고 대학박물관이나 문화재조사연구기관에서 간행한 발굴보고서, 지표조사보고서와 책자들을 하나하나 모두 살펴 비교 확인하는 과정을 거쳤다.

유적명은 보다 정확한 위치를 반영해야 하므로 '리'나 '동' 단위 아래의 마을이름까지 포함하여 정식명칭으로 정하였다. 예를 들어 '월평유적'은 '월암리 월평유적'으로 표기하였다. 그리고 보고자에 따라 유적명이 다르거나 틀린 이름을 썼을 경우, 혼동을 피하기 위해 맞는 이름을 앞에 쓰고 나머지는 괄호 안에 표기하여 참고하게 하였다.

각 유적의 위치를 지형도와 인공위성사진에서 파악하여 지리적인 독립 여부, 즉 유적들이 같은 능선에 있는지 아닌지를 검토하여 같으면 하나의 이름으로, 다른 능선이면 서로 다르게 이름 붙였다. 그리고 행정구역명이 같지만 서로 떨어져 있는 경우, '가'와 '나'로 구분하였다. 즉 "태평리 태평 '가' 유적", "태평리 태평 '나' 유적"이 그런 보기다.

유적과 관련한 필수 정보로 행정구역명, 조사 주체, 조사 방법(지표조사 또는 발굴조사)[2], 조사 연도(최초 발견), 참고문헌 등이 중요하다고 판단하였다. 그래서 유적별로 각 항목들을 정확히 확인하여 목록을 작성하였다. 여기서 이미 보고된 유적은 '기존(참고문헌)/신규' 란에 참고문헌을 제시하였고, 처음 보고되는 유적은 신규로 표기하였다(표 1).

---

2 주민 신고로 고고학유적이 발견된 바가 적지 않지만, 구석기유적의 경우는 그런 사례가 거의 없다.

〈표 1〉 보성강유역의 구석기유적 목록

번호	유적명	행정구역명	조사기관	조사방법	조사연도	기존(참고문헌)/신규
1	구룡리 영봉	순천시 송광면	조선대학교 박물관	지표	1995	이기길 과(2015)
2	구룡리 오룡	순천시 송광면	조선대학교 박물관	지표	1995	신규
3	구산리 금곡(바둑중)	순천시 주암면	조선대학교 박물관	지표	1995	신규
			동북아지석묘연구소	발굴	2017	동북아지석묘연구소(2018)
4	궁각리 영귀	순천시 주암면	조선대학교 박물관	지표	2019	신규
5	금성리 금성	금성리 평지들	조선대학교 박물관	지표	1995	이기길(1997)
6	금성리 평지들	금성리 평지들	조선대학교 박물관	지표	1995	이기길 · 김선주 (2001a)
7	금호리 영구	보성군 노동면	조선대학교 박물관	지표	2013	신규
8	기동리 석정 '가'	장흥군 장평면	조선대학교 박물관	지표	2003	이기길 과(2008)
9	기동리 석정 '나'	장흥군 장평면	조선대학교 박물관	지표	2003	이기길 과(2008)
10	대곡리 도롱	순천시 송광면	조선대학교 박물관	지표	1996	이기길(1997)
			대한문화재연구원	발굴	2013	이영철 과(2015)
11	대산리 해룡	보성군 웅치면	조선대학교 박물관	지표	2003	이기길 과(2008)
12	대야리 가신	보성군 보성읍	조선대학교 박물관	지표	2002	이기길 과(2008)
13	대야리 관동	보성군 보성읍	조선대학교 박물관	지표	2006	이기길 과(2008)
14	덕산리 죽산	순천시 송광면	고려대학교 박물관	발굴	1987,	지동식 · 박종국(1988)
			서울대학교 박물관	〃	1988~1989	이선복 과(1990)
15	덕치리 신기(척치)	보성군 문덕면	조선대학교 박물관	지표	1996	이기길(1997)

16	도안리 석평	보성군 겸백면	조선대학교 박물관	지표	1995	이기길(1997)
			마한문화연구원	발굴	2010	김진영·송장선(2012)
17	동계리 동계	곡성군 죽곡면	조선대학교 박물관	지표	1995	이기길(1997)
18	동교리 외판 '가'	보성군 복내면	조선대학교 박물관	지표	2019	신규
19	동교리 외판 '나'	보성군 복내면	조선대학교 박물관	지표	1995	이기길(1997)
20	반산리 내반	장흥군 장동면	조선대학교 박물관	지표	2003	이기길 과(2008)
21	반산리 외반(중매산)	장흥군 장동면	조선대학교 박물관	지표	2004	이기길 과(2008)
22	반용리 가용	순천시 외서면	조선대학교 박물관	지표	2002	신규
23	배산리 우봉	장흥군 장동면	조선대학교 박물관	지표	2002	이기길 과(2008)
24	병동리 병동	장흥군 장평면	조선대학교 박물관	지표	1995	이기길 과(2008)
25	병동리 월곡	장흥군 장평면	조선대학교 박물관	지표	1995	이기길(1997)
26	복교리 복교	화순군 남면	조선대학교 박물관	지표	1995	신규
27	복다리 신기	순천시 주암면	대한문화재연구원	발굴	2013	이영철 과(2015)
28	봉갑리 고수월	보성군 문덕면	조선대학교 박물관	지표	2001	신규
29	봉갑리 병치	보성군 문덕면	조선대학교 박물관	지표	2001	신규
30	봉갑리 새터(신기)	보성군 문덕면	조선대학교 박물관	지표	2001	신규
31	봉림리 경림	장흥군 장평면	조선대학교 박물관	지표	2003	이기길 과(2008)
32	봉림리 봉림	장흥군 장평면	조선대학교 박물관	지표	1995	이기길(1997)
33	봉림리 오산	장흥군 장평면	조선대학교 박물관	지표	1995	이기길(1997)
34	봉림리 흑석	장흥군 장평면	조선대학교 박물관	지표	2003	이기길 과(2008)
35	봉정리 반송	보성군 문덕면	조선대학교 박물관	지표	2013	신규
36	봉천리 버드골(유동)	보성군 복내면	조선대학교 박물관	지표	1995	신규
37	북교리 신북	장흥군 장동면	조선대학교 박물관	지표	2002	이기길(2004)
			조선대학교 박물관	발굴	2003~2004	이기길 과(2008)
			조선대학교 박물관	발굴	2009	이기길·김수아(2017)
			대한문화재연구원	발굴	2015	이영철 과(2017)
38	북교리 신월	장흥군 장동면	동국문화재연구원	발굴	2018~2019	동국문화재연구원(2018, 2019)
39	사수리 대전	화순군 남면	충북대학교 박물관	발굴	1987~1989	이융조 와(1988b)
						이융조·윤용현(1992)
40	사수리 사수	화순군 남면	조선대학교 박물관	지표	1995	신규
41	신평리 금평	순천시 송광면	숭실대학교 박물관	발굴	1986~1987	임병태·최은주(1987)
						임병태·이선복(1988)
42	신평리 평촌	순천시 송광면	조선대학교 박물관	지표	2001	이기길·김선주 (2001b)
43	양촌리 감나무골	장흥군 장평면	조선대학교 박물관	지표	2016	신규
44	양촌리 새재들	장흥군 장평면	조선대학교 박물관	지표	1995	이기길(1997)
45	양촌리 양촌	장흥군 장평면	조선대학교 박물관	지표	2016	신규
46	양촌리 운수동	장흥군 장평면	조선대학교 박물관	지표	2016	신규
47	연화리 연화	곡성군 죽곡면	조선대학교 박물관	지표	2019	신규
48	오산리 용곡	순천시 주암면	조선대학교 박물관	지표	1995	신규
49	옥마리 용소	보성군 노동면	조선대학교 박물관	지표	1995	이기길(1997)
50	용반리 덕림	보성군 웅치면	조선대학교 박물관	지표	2013	신규
51	용반리 동고지	보성군 웅치면	조선대학교 박물관	지표	1997	이기길(1997)
52	용사리 용암	곡성군 목사동면	조선대학교 박물관	지표	1995	신규
53	용산리 하천(하천 A, B)	보성군 겸백면	조선대학교 박물관	지표	1995	이기길(1997)
54	용정리 살내	보성군 미력면	조선대학교 박물관	지표	1995	이기길(1997)
55	용정리 용지등	보성군 미력면	조선대학교 박물관	지표	1995	신규
56	우산리 곡천	순천시 송광면	충북대학교 박물관	발굴	1986	이융조 와(1988a, 1988c)
				〃	1987	이융조·윤용현(1990)
				〃	1989	
57	우산리 구암동	장흥군 장평면	조선대학교 박물관	지표	2003	이기길 과(2008)

58	우산리 내우	순천시 송광면	조선대학교 박물관	지표	1995	李起吉(2011)
59	우산리 노루목	장흥군 장평면	조선대학교 박물관	지표	1995	신규
60	우산리 석수동	장흥군 장평면	조선대학교 박물관	지표	2003	이기길 과(2008)
61	우산리 외우	순천시 송광면	조선대학교 박물관	지표	1996	신규
62	우산리 우산	장흥군 장평면	조선대학교 박물관	지표	1995	이기길(1997)
63	운곡리 무탄	보성군 문덕면	조선대학교 박물관	지표	2013	신규
64	운림리 숙호	보성군 겸백면	조선대학교 박물관	지표	1995	이기길(1997)
65	월산리 사비(반월)	순천시 송광면	조선대학교 박물관	지표	1996	이기길(1997)
66	월암리 구암	순천시 외서면	조선대학교 박물관	지표	1995	이기길 과(2004)
67	월암리 외록골	순천시 외서면	조선대학교 박물관	발굴	2006	이기길 2009
68	월암리 월평	순천시 외서면	조선대학교 박물관	지표	1995	이기길(1997)
				발굴	1998	이기길(2002a)
				〃	2001	이기길 과(2004)
				〃	2005	이기길 · 김수아(2008)
69	율어리 우정	보성군 율어면	조선대학교 박물관	지표	1995	신규
70	율어리 진목	보성군 율어면	동신대학교 문화박물관	지표	2004	동신대학교 문화박물관(2004)
71	이읍리 이읍	순천시 송광면	조선대학교 박물관	지표	1998	이기길 · 김선주(2001b)
72	이읍리 인덕	순천시 송광면	조선대학교 박물관	지표	1995	이기길(1997)
73	장동리 서동	보성군 율어면	조선대학교 박물관	지표	1995	신규
74	장안리 장동	순천시 송광면	조선대학교 박물관	지표	1995	이기길(1997)
75	제산리 금산	장흥군 장평면	조선대학교 박물관	지표	1995	이기길(1997)
76	주산리 주산	화순군 남면	조선대학교 박물관	지표	1995	신규
77	죽림리 죽림	순천시 주암면	조선대학교 박물관	지표	1995	신규
78	죽산리 문덕교	보성군 문덕면	조선대학교 박물관	지표	2012	신규
79	죽산리 하죽	보성군 문덕면	경희대학교 박물관	지표	1987	황용훈 · 신복순(1990)
				발굴	1990	황용훈 · 신복순(1994)
80	중산리 서촌	보성군 웅치면	조선대학교 박물관	지표	2002	이기길 과(2008)
81	청용리 안산	장흥군 장평면	조선대학교 박물관	지표	2003	이기길 과(2008)
82	축내리 사마정	장흥군 장평면	조선대학교 박물관	지표	1995	이기길 과(2008)
83	태평리 태평 '가'	곡성군 죽곡면	조선대학교 박물관	지표	1996	이기길(1997)
84	태평리 태평 '나'	곡성군 죽곡면	전남대학교 박물관	지표	1995	전남대학교 박물관(1996)
85	평호리 평화	보성군 겸백면	조선대학교 박물관	지표	1995	신규

2. 발굴유적 목록

이 목록은 전체유적 목록의 항목들에 발굴사유와 수   계 항목을 더 추가하여 작성하였다(표 2).

〈표 2〉 보성강유역의 발굴유적 목록

번호	유적명	행정구역명	조사기관	조사연도	발굴 사유	수계
1	구산리 금곡 (바둑중)	순천시 주암면	동북아지석묘연구소	2017~2018	구제발굴(학교 신축)	보성강 하류
2	대곡리 도롱	순천시 송광면	대한문화재연구원	2013	구제발굴(수몰지역)	보성강 중류
3	덕산리 죽산	순천시 송광면	고려대학교 박물관	1987	구제발굴(수몰지역)	송광천
			서울대학교 박물관	1988~1989	〃	
4	도안리 석평	보성군 겸백면	마한문화연구원	2010	구제발굴(도로 공사)	보성강 상류
5	복다리 신기	순천시 주암면	대한문화재연구원	2013	구제발굴(공장 신축)	주암천
6	북교리 신북	장흥군 장동면	조선대학교 박물관	2003~2004	구제발굴(도로공사,	배산천
			조선대학교 박물관	2009	교사 신축)	
			대한문화재연구원	2015	학술발굴	

7	북교리 신월	장흥군 장동면	동국문화재연구원	2018~2019	구제발굴(철도공사)	배산천
8	사수리 대전	화순군 남면	충북대학교 박물관, 중원문화연구소	1987 1989(2~3차)	구제발굴(도로 공사) 〃	동복천
9	신평리 금평	순천시 송광면	숭실대학교 박물관, 서울대학교 박물관	1986 1987	구제발굴(수몰지역)	보성강 중류
10	우산리 곡천	순천시 송광면	충북대학교 박물관	1986 1987(2~3차) 1989(4차)	구제발굴(수몰지역) 〃 〃	송광천
11	월암리 외록골	순천시 외서면	조선대학교 박물관	2007	구제발굴(도로 공사)	송광천
12	월암리 월평	순천시 외서면	조선대학교 박물관	1998(1차) 2001(2차) 2005(3차)	학술발굴 〃 〃	송광천
13	죽산리 하죽	보성군 문덕면	경희대학교 박물관	1990	구제발굴(수몰지역)	동복천

II. 연구 현황

30여 년간의 연구 현황을 파악하기 위해서 국내외 학회지와 단행본에 발표된 논문, 학위논문, 그리고 단행본의 목록을 작성하였다. 단, 보성강유역의 구석기유적과 문화를 다룬 것을 대상으로 하였기에 이 지역 연구자의 글이라도 직접 관련된 내용이 아니면 제외하였고, 타 지역 연구자일지라도 보성강유역을 다뤘으면 포함하였다. 그러나 능력의 한계로 빠뜨린 자료도 있을 수 있어 추후 보완하고자 한다.

1. 논문 목록

논문 목록은 국내외 학회지, 단행본으로 구분하여 작성하였다.

1) 국내논문 목록

국내학회지 논문 목록은 발간된 순서대로 일련번호를 매기고, 이어서 필자, 발행 연도, 논문 제목, 학회지명과 호수의 차례로 표기하였다(표 3).

〈표 3〉 국내논문 목록

번호	필자	발행연도	논문 제목	학회지명, 호수
1	이융조·윤용현	1989	전남지역의 구석기문화	전남문화재 2
2	이영문	1991	전남 동부지역의 고고학적 특성	남도문화연구 3
3	이융조·윤용현	1992	화순 대전 후기 구석기문화: 배모양 석기와 집터를 중심으로	선사와 고대 3
4	이기길	1993	전남의 구석기문화	동방학지 81
5	이영문	1994	한국고고학에서의 전남의 선사고고학	문화사학 1
6	이기길	1997	보성강 유역에서 새로 찾은 구석기유적 예보	한국고고학보 37
7	이상균	1997	섬진강유역의 구석기문화	선사와 고대 9
8	이기길	2000	전남지방 구석기시대 유적의 보존과 활용	한국구석기학보 2
9	이기길	2001	호남 내륙지역의 구석기문화	호남고고학보 14
10	이헌종	2002	호남지역 후기구석기시대 석기문화의 주요 특징에 대한 고찰	호남고고학보 16
11	이형우	2002	화순지역의 구석기문화의 특성: 최근 지표 채집된 유물을 중심으로	한국구석기학보 6
12	이기길	2004	순천 월평 후기구석기유적의 성격 : 2001년도 조사를 중심으로	한국구석기학보 9
13	김주용·이기길· 양동윤·홍세선· 남욱현·이진영	2004	남한 제4기 퇴적층 분포 및 형성 과정 고찰	한국구석기학보 10
14	김은정	2005	동북아시아의 좀돌날몸돌 연구 동향	한국구석기학보 12
15	이기길	2007	한국 서남부와 일본 규슈의 후기구석기문화 비교 연구	호남고고학보 25
16	이기길·김명진	2008	장흥 신북유적의 연대에 대하여 : 방사성탄소연대에 근거한 편년	호남고고학보 29

17	이헌종	2009	동북아시아 현생인류의 등장과 사냥도구의 지역적응에 대한 연구	한국구석기학보 20
18	김은정	2010	한반도의 '아라야(荒屋)형 새기개' 기초 연구	중앙고고연구 7
19	이기길	2012	한국 후기구석기시대 석기군의 종류와 성격	호남고고학보 41
20	이헌종·손동혁	2012	동아시아 태평양 연안일대의 후기구석기시대 말기 다박리면 대각선 새기개 연구	한국구석기학보 25
21	이헌종·송장선	2013	전남지역 구석기시대 여러면석기의 기술형태적 특징과 기능 연구	한국구석기학보 27
22	이헌종	2015a	우리나라의 돌날과 세형돌날문화의 기원과 확산 연구	한국구석기학보 31
23	이헌종	2015b	우리나라 후기구석기문화 '공존모델'의 특징과 문화 복잡성 연구	한국구석기학보 32
24	복민영	2015	한국 남서부지역 출토 주먹이끼 연구	호남고고학보 49
25	이헌종·손동혁·권건곤	2016	북중국 세형돌날문화의 특징과 우리나라와의 문화적 상관성 연구	한국구석기학보 33
26	은종선	2016	호남지역 구석기시대 망치돌 연구-MIS 3~MIS 2 시기 유적을 중심으로-	한국구석기학보 34

2) 국외논문 목록

국외학회지에 발표된 논문 목록도 국내 학회지의 논문 목록과 마찬가지 방식으로 작성하였다(표 4).

3) 단행본 게재논문 목록

정년기념논총, 학술대회 발표집, 전시도록 같은 단행본에 게재된 논문이 해당된다. 이 목록도 연도순으로 일련번호를 매기고, 이어서 필자, 발행연도, 논문 제목, 단행본 제목, 그리고 발행기관을 표기하였다(표 5).

〈표 4〉 국외논문 목록

번호	필자	발행연도	논문 제목	학회지명, 호수
1	李起吉	2002	韓國西南部の舊石器文化-代表遺跡と編年-	九州舊石器 6
2	Lee Gi-Kil	2002	Recent Investigation of Palaeolithic Sites in the Jeolla Province (Southwestern Korea) and their Significance	Archaeology, Ethnology & Anthropology of Eurasia 2(10)
3	Lee Heon-Jong	2003	The Middle to Upper Paleolithic Transition and the Tradition of Flake Tool Manufacturing on the Korean Peninsula	Archaeology, Ethnology & Anthropology of Eurasia 1(13)
4	李起吉	2006	韓半島の細石刃石器文化について	考古學ジャーナル 540
5	Lee Gi-Kil	2006	Lithic Technology and the Transition from the Middle to Upper Paleolithic in Korea	Archaeology, Ethnology & Anthropology of Eurasia 4(28)
6	Kim J.C·Kim D.K·Youn M·Yun C.C·Park G·Woo H. J·Hong M.Y.· Lee G.K	2007	PIXE Provenancing of Obsidian Artefacts from Paleolithic Site in Korea	Indo-Pacific Prehistory Association Bulletion 27
7	李起吉	2011	舊石器時代の韓·日交流-新資料を中心として-	考古學ジャーナル 618
8	Lee Gi-Kil	2012	Characteristics of Paleolithic Industries in Southwestern Korea during MIS 3 and MIS 2	Quaternary International 248
9	Lee Gi-Kil·Kim JongChan	2015	Obsidians from the Sinbuk archaeological site in Korea -Evidences for strait crossing and long-distance exchange of law material in Paleolithic Age-	Journal of Archaeological Scince : Reports 2

〈표 5〉 단행본 게재논문 목록

번호	필자	발행연도	논문 제목	단행본 제목	발행기관
1	이헌종	2002	우리나라 구석기시대 석기제작기법의 변화	우리나라의 구석기 문화	연세대학교 출판부
2	이기길	2002	호남의 구석기유적	우리나라의 구석기 문화	연세대학교 출판부
3	李起吉	2003	韓國西南部における舊石器時代人たちの活動について	舊石器人たちの活動をさぐる-日本と韓國の舊石器研究から-	大阪市學藝員等共同研究 '朝鮮半島總合學術調査團'
4	이기길	2004a	장흥 신북유적의 발굴성과와 앞날의 과제	동북아시아의 구석기 문화와 장흥 신북유적	전라남도·장흥 신북유적보존회·조선대학교 박물관
5	李起吉	2005	韓國の後期舊石器時代について-西南部地域を中心として-	環狀集落-その機能と展開をめぐって-	日本舊石器學會

6	한창균	2010	호남지역의 구석기유적 발굴 20년	빛나는 호남 10만년	조선대학교 박물관
7	安蒜政雄	2010a	日本列島からみた湖南地域の舊石器時代と文化	빛나는 호남 10만년	조선대학교 박물관
8	이기길	2014	월평유적, 사적지정 10주년에 이르기까지	국가사적 월평유적의 학술 가치와 창조적 활용	조선대학교 박물관·월평유적보존회
9	安蒜政雄	2014	東アジア舊石器研究からみた月坪遺跡の位相	국가사적 월평유적의 학술 가치와 창조적 활용	조선대학교 박물관·월평유적보존회
10	이헌종	2014	한국 구석기연구에서 월평유적의 의미와 가치	국가사적 월평유적의 학술 가치와 창조적 활용	조선대학교 박물관·월평유적보존회
11	佐川正敏·佐藤祐輔	2014	日本仙台市地底の森ミュージアムと月坪遺跡の未來	국가사적 월평유적의 학술 가치와 창조적 활용	조선대학교 박물관·월평유적보존회
12	박명도	2014	월평구석기의 정체성을 찾는 사진작업과 활용	국가사적 월평유적의 학술 가치와 창조적 활용	조선대학교 박물관·월평유적보존회
13	신희권	2014	국가사적 활용과 월평 구석기유적	국가사적 월평유적의 학술 가치와 창조적 활용	조선대학교 박물관·월평유적보존회
14	Gi-Kil Lee	2017	Wolpyeong Upper Paleolithic site, an Important Evidence for Modern Human Behavior in Paleolithic Korea	Suyanggae and Her Neighbours in Haifa, Israel – Proceeding of the 20th (1) Congress June 21-28, 2015)	Archaeopress Publishing Ltd.
15	佐藤宏之	2018	日本列島からみた朝鮮半島湖南地域の舊石器文化	호남지역의 구석기연구 현황과 성과	한국구석기학회
16	이선복	2018	호남 구석기연구의 초창기	호남지역의 구석기연구 현황과 성과	한국구석기학회
17	이기길	2018d	호남 구석기문화의 조사와 연구 30년	호남지역의 구석기연구 현황과 성과	한국구석기학회
18	이형우	2018	호남 구석기연구의 성과와 전망	호남지역의 구석기연구 현황과 성과	한국구석기학회
19	성춘택	2018	구석기시대의 종말: 구석기 퇴적층 최상부 '명갈색층' 재고	호남지역의 구석기연구 현황과 성과	한국구석기학회

2. 학위논문 목록

전남 소재 대학에 제출된 학위논문, 그리고 국내 타 대학의 학위논문일지라도 보성강유역의 구석기문화를 대상으로 하는 경우 포함하였다. 목록은 학위 취득연도를 기준으로 일련번호를 주고, 이어서 필자, 발행연도, 논문 제목, 학위수여 대학, 그리고 학위명을 표기하였다(표 6).

3. 단행본 목록

보성강유역의 구석기문화에 관한 단행본을 대상으로 하였으며, 이 지역 연구자의 글이라고 할지라도 내용이 직접 관련되지 않으면 제외하였다. 단행본이 간행된 연도를 기준으로 일련번호를 매기고, 이어서 필자, 발행연도, 단행본 제목, 그리고 발행처를 표기하였다(표 7).

〈표 6〉 학위논문 목록

번호	필자	발행연도	논문 제목	학위수여 대학	학위명
1	윤용현	1990	화순 대전 구석기 문화의 연구	청주대학교 대학원	석사
2	김은정	2002	전남지역의 좀돌날몸돌 연구: 1990년대 이후의 유물을 중심으로	조선대학교 대학원	석사
3	김수아	2006	순천 월평 후기구석기유적의 밀개 연구	조선대학교 대학원	석사
4	장대훈	2007	거창 정장리 구석기유적의 석기제작소 연구	목포대학교 대학원	석사
5	오병욱	2008	장흥 신북 후기구석기유적 새기개 연구	조선대학교 대학원	석사
6	복민영	2014	한국 남서부지역 출토 주먹도끼 연구	전북대학교 대학원	석사
7	은종선	2015	호남지역 구석기시대 유적 출토 망치석기 연구-MIS 3~MIS 2 시기 유적을 중심으로-	전북대학교 대학원	석사
8	이상석	2015	우리나라 구석기시대 돌날석기문화 연구	목포대학교 대학원	석사
9	박성권	2016	우리나라 후기구석기시대 말기 석기문화의 전개양상 연구	목포대학교 대학원	석사
10	장대훈	2016	우리나라 후기구석기시대 사냥기술과 인지능력에 관한 연구	목포대학교 대학원	박사

〈표 7〉 단행본 목록

번호	필자	발행연도	단행본 제목	발행처
1	이기길·이융조·공수진·천권희·최삼용·최복규·박영철·H.Kato·S.Kogai·G.Medvedev·E.Rogovskoi·N.I.Dozov·E.V.Artem'ev·V.P.Chekha·王劾平·小畑弘己·大竹憲昭	2004	동북아시아의 구석기 문화와 장흥 신북유적	전라남도·장흥신북유적보존회·조선대학교 박물관
2	이기길	2006	호남 구석기 도감-순천 죽내리, 화순 도산, 영광 원당, 순천 월평유적-	조선대학교 박물관
3	이기길 편저	2010	빛나는 호남 10만년	조선대학교 박물관
4	이기길·安蒜政雄·이헌종·배기동·佐川正敏·佐藤祐輔·홍미영·박명도·신희권	2014	국가사적 월평유적의 학술 가치와 창조적 활용	조선대학교 박물관·월평유적보존회
5	이기길·임성춘·이강희·김수아	2015	순천 월평유적군(群)을 활용한 '구석기인의 길' 개발	조선대학교 박물관
6	이기길	2018	호남 구석기문화의 탐구	도서출판 혜안
7	이기길	2018	보성강, 구석기인들의 낙원	조선대학교 박물관

Ⅲ. 조사와 연구의 분석

1. 유적조사

〈표 1〉에서 보듯이 최근까지 찾아진 유적은 모두 85개이다. 이 가운데 이미 보고된 것은 55개이나 발굴된 13개를 제외하고 거의가 행정구역명과 조사기관, 발견연도, 유물의 종류 정도가 아주 소략하게 알려져 있을 뿐이다. 한편, 이번에 새로 보고되는 유적은 30개로 기존유적 55개의 절반이 넘는다. 아래에서 전체 유적을 대상으로 조사의 연도별 추이와 행정구역별 분포, 조사 계기와 주체, 그리고 경향과 의미에 대해 살펴보겠다.

1) 연도별 추이와 행정구역별 분포

지표조사나 발굴조사로 알려진 85개 유적의 발견연도별 통계를 내어보면 〈표 8〉과 같다(그림 1).

유적의 발견 추이를 10년 단위로 구분해보면, 1980년대에 5개, 1990년대에 45개, 2000년대에 22개, 2010년대에 13개이다. 주목되는 점은 전체 유적의 78.8%가 1995~2006년의 12년 동안에 찾아졌다는 사실이며, 특히 1995년과 1996년에 전체의 반이 넘는 43개의 유적이 발

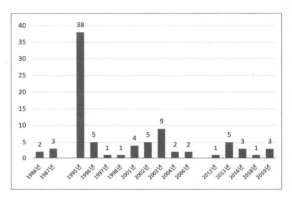

〈그림 1〉 구석기유적의 연도별 발견 개수

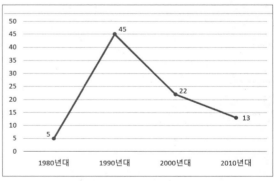

〈그림 2〉 구석기유적의 10년 단위별 발견 추이

견된 점은 믿기 어려울 정도다(그림 2).

〈표 8〉 구석기유적의 연도별 발견 개수

연도	1986	1987	1995	1996	1997	1998	2001	2002	2003	2004	2006	2012	2013	2016	2018	2019	모듬
개수	2	3	38	5	1	1	4	5	9	2	2	1	5	3	1	3	85
모듬	5(5.9%)		45(52.9%)				22(25.9%)					13(15.3%)					85

〈표 9〉 구석기유적의 연도별 발굴 횟수

연도	1986	1987	1988	1989	1990	1998	2001	2003	2005	2007	2009	2013	2015	2017	2018	모듬
횟수	2	4	1	2	1	1	1	1	1	1	2	2	1	1	1	22
모듬	9(40.9%)				2(9.1%)		6(27.3%)					5(22.7%)				22

〈표 10〉 구석기유적의 행정구역별 통계

보성군(28개)							
웅치면	보성읍	노동면	미력면	겸백면	율어면	복내면	문덕면
4	2	2	2	4	3	3	8

장흥군(25개)		순천시(24개)			곡성군(4개)		화순군(4개)
장동면	장평면	주암면	송광면	외서면	목사동면	죽곡면	남면
5	20	5	13	6	1	3	4

최근까지 알려진 85개의 유적 중 발굴조사가 이뤄진 유적은 13개이다. 〈표 2〉에서 보듯이, 1980년대 후반에 4개, 1990년대에 2개, 2000년대에 5개, 2010년대에 5개이다[3]. 즉 1980년대 후반에 곡천유적, 금평유적, 죽산유적, 대전유적, 1990년대에는 하죽유적, 월평유적(제1차 발굴), 2000년대에 신북유적 도로지점, 월평유적(제2, 3차 발굴), 외록골유적, 신북유적 장동초교지점, 석평유적, 그리고 2010년대에 도롱유적, 복다리 신기유적, 신북유적 표지석지점, 금곡유적, 신월유적이 조사되었다.

그러나 13개의 발굴 유적 중 연차조사가 이뤄진 것들이 포함되어 있어 발굴 횟수는 더 많다. 그래서 실재의 조사 경향을 알아보기 위해 발굴조사의 연도별 횟수를 통계 내어 보았다(표 9).

구석기유적의 발굴 횟수를 10년 단위로 살펴보면 1980년대에 9번, 1990년대에 2번, 2000년대에 6번, 2010년대에 5번이다(그림 3). 전체 경향은 1980년대 후반에 발굴조사가 집중되었고, 1990년대에는 거의 소강상태였으며, 2000년대와 2010년대에는 조사 활동이 보통 정도였다고 볼 수 있다. 그런데 1980년대 후반의 발굴은 모두 주암댐수몰지역에 있는 유적들을 대상으로 하였으므로 1990년의 하죽유적 발굴까지 포함하면 5년 동안 수몰지역에서 이뤄진 발굴조사는 전체의 거의 절반을 차지한다. 다만 이때의 조사 기간은 1달 내외로 짧은 편이었다. 반면 2000년대 이후의 발굴 횟수는 절반이지만, 월평유적, 신북유적, 석평유적의 예에서 보듯이 최장 8개월에 이르는 장기조사가 많았다.

유적들의 분포를 행정구역별로 정리해 보면 〈표 10〉과 같다.

〈표 10〉에서 보듯이 유적들은 주로 보성군, 장흥군, 순

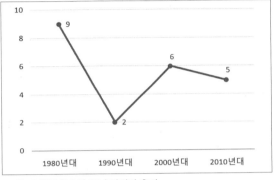

〈그림 3〉 발굴횟수의 10년 단위별 추이

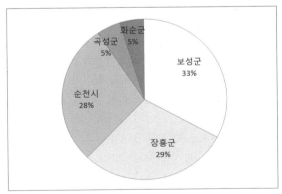

〈그림 4〉 구석기유적의 행정구역별 통계

천시에 분포하는데 그 개수(비율)는 각각 28개(32.9%), 25개(29.4%), 24개(28.2%)로 비슷비슷하다. 한편 곡성군과 화순군에는 4개씩 분포하며 그 비율은 4.7%로 적다(그림 4). 자세히 보면, 보성군은 웅치면, 겸백면, 문덕면에

---

[3] 신북유적과 월평유적이 연차발굴되거나 지점별로 발굴되어 10년 단위의 통계에서는 발굴유적의 총수가 16개로 계산되었지만, 유적만을 대상으로 셈하면 13개다.

4~8개, 그리고 보성읍, 노동면, 미력면, 율어면, 복내면에 2~3개씩 분포한다. 장흥군은 장평면에 20개, 그리고 장동면에 5개 분포한다. 순천시의 경우, 송광면에 13개, 외서면에 6개, 주암면에 5개가 분포한다. 곡성군은 죽곡면에 3개, 목사동면에 1개, 그리고 화순군은 남면에 4개가 있다.

행정구역별로 유적의 개수 차이는 보성강물이 어느 관내를 더 많이 적시며 흘러가고 있나 라는 자연요인도 있겠지만, 가장 큰 지류인 동복천이 흐르는 화순군의 유적의 수가 단지 4개뿐인 사실은 유적조사를 얼마나 충실히 하였는가도 중요한 요인이라고 생각한다.

2) 조사 계기와 주체

85개 유적이 어떤 계기로 누구에 의해 조사되었는지를 연대별로 살펴보았다.

잘 알다시피 1980년대의 유적들은 주암댐 수몰지역에 분포하는 청동기시대의 지석묘를 발굴하는 과정에서 발견된 것이다(이융조 와 1988a, 1988b, 1988c ; 이융조·윤용현 1990, 1992 ; 임병태·최순주 1987 ; 임병태·이선복 1988 ; 지동식·박종국 1988 ; 이선복 과 1990 ; 황용훈·신복순 1994). 이 유적들은 호남 밖에서 온 구석기 전공자에 의해 조사되었다.

1990년대에는 45개의 유적이 보고되었다. 이 가운데 44개가 조선대 박물관에 의해 발견된 것으로, 1995년에 월평유적, 석평유적, 우산유적, 오산유적을 비롯한 38개 유적, 그리고 1996년에는 도롱유적 등 5개 유적이다. 이 가운데 22개 유적이 1997년 발간된 한국고고학보 37집에 보고되었다(이기길 1997). 이 중 월평유적은 1998년부터 2005년까지 조선대 박물관(이기길 2002 ; 이기길 과 2004 ; 이기길·김수아 2009), 석평유적은 2010년에 마한문화연구원(김진영·송장선 2012), 그리고 도롱유적은 2013년에 대한문화재연구원(이영철 과 2015)에 의해 발굴조사가 이루어졌다.

2000년대에는 22개의 유적이 발견되었다. 2001년에 임동유적, 병치유적, 새터유적이 조선대 박물관의 학술지표조사로 찾아졌다. 한편 평촌유적은 벌교-주암간 도로건설 공사구간에 대한 지표조사에서 발견되었다(이기길·김선주 2001b). 2002~2004년에 해룡유적, 내반유적 등 16개의 유적이 배산천, 장평천, 대산천, 용반천유역에서 찾아졌는데, 모두 신북유적의 발견을 계기로 조선

대 박물관이 인근 지역을 지표조사 한 결과다(이기길 과 2008). 관동유적과 외록골유적도 조선대 박물관의 지표조사로 2006년에 발견되었으며, 후자는 도로공사구간에 포함되어 발굴조사 되었다(이기길 2009).

2010년대에는 13개의 유적이 보고되었다. 2012년에 문덕교유적, 2013년에 무탄유적, 반송유적 등 5개, 그리고 2016년에 운수동유적과 양촌유적, 2019년에 연화유적, 외판 '가' 유적, 영귀유적이 조선대 박물관에 의해 새로 찾아졌다. 한편 복다리 신기유적은 공장신축터에 대한 시굴조사 과정에서 찾아져 발굴조사로 이어졌고(이영철 과 2015), 1995년에 지표조사로 찾아진 금곡유적은 교사 신축을 계기로 발굴조사가 이뤄졌으며(동북아지석묘연구소 2018), 신월유적은 보성-장흥간 철도개설 공사 구간에서 지표조사로 찾아져 구제발굴되었다(동국문화재연구원 2018, 2019).

3) 경향과 의미

지난 33년간 보성강유역에서 85개의 구석기유적이 발견되었고, 그 중 13개의 유적이 발굴되었다. 1986년에 처음 구석기시대의 존재가 알려진 이후 10년 만인 1995~1996년에 43개, 그리고 2002~2006년에 16개의 유적이 발견되었다. 전자는 영봉유적, 후자는 신북유적의 발견을 계기로 조선대 박물관에서 학술지표조사를 활발히 한 결과다. 전체유적 중 83개가 대학박물관에 의해 찾아진 사실은 상징성이 매우 크다고 생각한다.

한편 발굴조사의 추이를 보면, 1986~1990년에 주암댐수몰지역의 5개 유적을 대상으로 10번의 발굴이 있었다. 이후 7년간의 공백기를 거쳐 1998년에 월평유적의 첫 발굴이 이뤄졌다. 그리고 2000년대에 월평유적, 신북유적, 석평유적에 대한 4번의 발굴, 2010년대에는 도롱유적, 복다리 신기유적, 금곡유적, 신월유적을 대상으로 6번의 발굴이 있었다. 이처럼 1998년 이후 1~3년의 간격을 두고 발굴조사가 지속되었다. 그리고 1990년까지는 외부연구자, 이후는 지역연구자가 조사를 맡았으며, 2009년을 경계로 그 이전은 대학박물관, 이후는 문화재조사기관이 주체가 되는 변화가 일어났다.

발굴 사유를 보면 거의가 댐, 도로, 철도의 건설과 건물신축으로 인한 현상변경 때문이었고, 순수한 학술조사는 월평유적과 신북유적의 표지석지점뿐이었다. 한편,

수계별 발굴유적의 수를 보면, 본류에 넷, 송광천유역에 넷, 동복천과 맹산천유역에 넷, 그리고 주암천유역에 하나다. 지류에 위치한 발굴유적의 수가 본류보다 2.25배 많은 것으로 나타난다.

2. 구석기문화 연구

앞에서 정리한 연구 현황을 국내외 논문, 학위논문, 단행본으로 구분하여 살펴보겠다.

1) 국내외 논문

(1) 국내논문
최근까지 국내학회지에 보성강유역의 구석기문화를 다룬 논문은 모두 26편이 게재되었다. 이것들을 발표연대와 주제, 그리고 게재 학보별로 구분하여 살펴보면 다음과 같다.

발표연대별 논문의 편수는 1989~1997년에 7편, 2000년대에 10편, 2010년대에 9편으로 한 해에 한편 정도가 실린 셈이다(그림 5).

각 논문의 주제를 보면, 1989~1997년에는 당시까지 발굴된 유적소개가 5편, 발굴유적의 보고가 1편, 지표조사 결과보고가 1편 있다. 한편 2000년대에는 발굴유적과 지표조사에 관한 보고가 1편씩 2편, 지역별 조사 성과를 종합한 것이 1편, 특정 시대의 석기문화 연구가 1편, 일본 후기구석기문화와의 비교연구가 1편, 개별석기에 관한 것이 2편, 갱신세 퇴적층, 절대연대의 해석, 유적의 보존과 활용에 대한 것이 1편씩 3편이다. 2010년대에

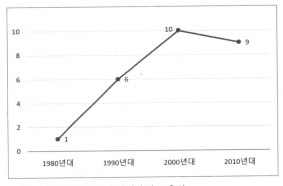

〈그림 5〉 국내논문의 10년 단위별 발표 추이

는 특정 석기에 관한 것이 5편, 특정 시대의 석기문화에 관한 연구가 3편, 북중국지역 세형돌날문화와의 비교연구가 1편이다.

대체로 2000년대에 들어와 1990년대와 달리 지역별 조사 성과를 종합하거나 외국과의 비교연구가 시도되었고, 개별석기에 천착하는 연구가 활발해졌다. 또한 자연과학자와의 공동연구도 이뤄졌다.

각 학보별 게재 편수를 보면, 한국구석기학보 12편(46.2%), 호남고고학보 6편(23.1%), 선사와 고대 2편(7.7%), 그리고 한국고고학보, 동방학지, 문화사학, 남도문화연구, 중앙고고연구에 각 1편(3.8%)이다. 이 결과는 논문 투고처가 전공시대나 지역과 연관성이 크다는 걸 보여준다.

(2) 국외논문
국외학회지에 보성강유역 구석기문화에 관한 논문이 처음 게재된 것은 2002년이며, 최근까지 모두 9편이 실린 것으로 파악되었다.

이 중 5편이 러시아를 포함한 유럽, 4편은 일본과 아시아의 학회지에 실렸다. 즉 러시아학술원 시베리아분소의 '민족학·고고학연구소'가 펴내는 *Archaeology, Ethnology & Anthropology of Eurasia*에 3편, 'Elsevier'에서 발간하는 *Quaternary International*과 *Journal of Archaeological Science: Reports*에 각 1편, 일본의 '뉴사이언스사'에서 펴내는 《考古學ジャーナル》에 2편, '규슈구석기문화연구회'에서 간행하는 《九州舊石器》에 1편, 그리고 *Indo-Pacific Prehistory Association Bulletion*에 1편이다.

주제별로 나눠보면, 호남에서 조사된 유적의 소개가 2편, 흑요석기의 원산지연구가 2편, 중기~후기구석기시대 석기의 제작기법과 변화, 중기~후기구석기로의 전환과 격지석기 제작전통, 한국의 좀돌날석기, MIS 3~2 동안의 한국 서남부 구석기시대 석기군의 성격에 관한 것이 각 1편씩 2편, 그리고 구석기시대에 한국과 일본 간의 교류에 관한 것이 1편이다. 대체로 2000년대 전반에는 새로 조사된 유적들 소개가 중심이나, 후반 이후에는 특정 석기에 대해 보다 깊은 연구 그리고 석기문화의 변화상처럼 보다 통시적인 주제로 바뀌었다.

(3) 단행본 게재 논문
국내외 학술대회논문집과 전시도록에 발표된 글은 모두 19편이다. 이것들은 거의가 월평유적과 신북유적, 그

리고 호남의 구석기문화와 연구사를 다루고 있다. 필자들은 호남 내부와 외부 및 일본의 연구자로 구분된다.

한창균(2010)의 〈호남지역의 구석기유적 발굴 20년〉과 안비루 마사오(安蒜政雄 2010)의 〈일본열도에서 본 호남지역의 구석기시대 문화〉에는 2010년대 초반까지 호남에서 이루어진 구석기시대 조사와 연구 성과에 대한 외부 연구자의 견해와 평가가 잘 피력되어 있다. 특히 안비루 마사오는 한반도의 서남부인 전라남도를 일본열도의 구석기인 중 신이주민의 고향이며, 활발한 교류가 이뤄진 지역으로 상정하고 있다. 또한 안비루 마사오(2014), 사가와 마사토시(佐川正敏 2018), 사토 히로유키(佐藤宏之 2018)의 글은 호남의 구석기문화가 일본열도의 구석기문화를 이해하는 데 있어 얼마나 중요한 것인가를 잘 대변하고 있다.

2) 학위논문

보성강유역의 유적이나 유물을 대상으로 작성된 학위논문은 10편이다. 이 중 석사학위논문은 9편이고, 박사학위논문은 1편이다. 연대별로 보면, 1990년대에 1편, 2000년대에 4편, 2010년대에 5편이다. 첫 학위논문은 주암댐 수몰지역에서 발굴된 사수리 대전유적에 관한 것(윤용현 1990)이며, 이로부터 12년이 지난 뒤에 지역출신 연구자의 학위논문(김은정 2001)이 발표되기 시작하였다. 소속 대학별로 통계를 내어보면 조선대학교와 목포대학교가 각각 3명(목포대 출신 장대훈은 석사학위와 박사학위 소지), 전북대학교 2명, 청주대학교 1명이다.

논문의 주제는 ① 좀돌날몸돌, 돌날, 밀개, 새기개, 주먹도끼, 망치 같은 개별 석기를 대상으로 한 것이 6편, ② 석기제작소 연구가 1편, ③ 개별 유적 연구가 1편, ④ 특정 시기의 석기문화 연구가 1편, ⑤ 사냥기술과 인지능력에 관한 연구가 1편이다. 2000년대 이후 개별석기에 대한 형식학연구가 주류를 이루었는데, 이는 석기를 보다 객관적이고 체계적인 방식으로 인식할 수 있는 차세대 연구자의 양성을 의미한다.

3) 단행본

보성강유역을 대상으로 발간된 단행본은 모두 7권이다.

《동북아시아의 구석기문화와 장흥 신북유적》과 《국가사적 월평유적의 학술 가치와 창조적 활용》은 제목이 보여주듯이 북교리 신북유적과 월암리 월평유적에 관한 별개의 국제학술회의에서 발표된 논문들을 모은 책자다. 호남의 구석기유적을 대상으로 일본, 중국, 러시아와 국내의 저명한 학자들이 한 자리에 모여 유적의 성격과 학술가치, 그리고 창조적 활용에 대해 자국의 사례와 비교검토하고 논의함으로써 두 유적에 대한 객관적 평가와 국제적 홍보라는 성과를 거뒀다.

《호남 구석기 도감》은 호남지역 최초의 구석기 도감으로 월평유적을 비롯한 죽내리유적, 모산리 도산유적(1999년 발굴), 원흥리 원당유적의 개요와 전경 및 발굴 사진, 그리고 중요 유물의 사진과 실측도를 함께 편집하여 실었다. 《빛나는 호남 10만년》은 조선대 박물관이 2009년에 개최한 특별전의 도록으로 월평유적과 신북유적뿐 아니라 죽내리유적, 모정리 진그늘유적, 가덕리 하가유적, 도산유적에 관한 개요와 유물 사진이 실려 있다. 이것은 《호남 구석기 도감》 발간 이후 새로 조사한 유적들에 대한 최신 자료를 담고 있다. 각 유적에 대한 기초자료와 개요가 실려 있는 이 두 권은 호남의 구석기문화를 개관하는 데 유용하다.

《순천 월평유적군(群)을 활용한 '구석기인의 길' 개발》은 송광천변에 분포하는 월평유적을 비롯한 13개의 유적들을 걸어 다니며 구석기인들의 사냥과 채집, 사냥감의 해체와 요리하기, 집짓기, 저승관과 무덤쓰기 등을 소재로 삼아 체험 학습하는 방안을 제시한 것이다. 이것은 고고유적의 조사와 연구 성과를 일반인들도 즐기면서 학습하는 대상으로 활용하자는 대중고고학을 지향하고 있다.

《호남 구석기문화의 탐구》는 필자가 27년간 발표한 논문들을 '연구사', '호남을 대표하는 구석기유적', '구석기시대의 석기연구', '한반도와 일본열도의 석기군과 교류', '유적의 보존과 활용'이라는 주제에 따라 엮은 책이다. 유적의 조사에서 연구와 활용에 이르기까지 다방면의 내용을 다루었다.

《보성강, 구석기인들의 낙원》은 같은 제목의 특별전 도록으로 제1장 보성강의 자연환경, 제2장 유적의 조사와 발견, 제3장 구석기인의 터전과 삶, 제4장 대표 유적과 석기, 제5장 구석기유적과 지역사회로 구성되어 있다. 여기에는 본류와 지류에 분포하는 유적에 대한 기본

정보가 담긴 목록과 지도, 그리고 대표 유적들의 전경과 근경, 퇴적층, 유물 출토장면과 조사장면, 중요 유물 등의 사진이 제시되어 있다. 또한 월평과 신북 유적지 주민들로 구성된 '유적보존회'의 활약상과 '선사에서 미래로'라는 특색교육을 펼친 외서초교의 활동상이 소개되어 있다.

4) 경향과 의미

앞에서 살펴본 국내논문(단행본 게재 논문 포함), 국외논문, 학위논문, 단행본의 연도별 추이를 종합하여 보성강 유역 구석기문화의 연구 경향과 의미를 짚어보겠다.

국내논문은 1989년부터 최근까지 매년 한 편 정도 발표되었다. 여기에 단행본에 게재된 논문을 포함해 계산해보면, 2002년 이후 논문 게재는 더 증가하였으며, 2010년대에 들어서는 한 해에 두 편꼴이다. 국외논문은 2002년부터 2015년까지 모두 9편이 발표되었으며, 같은 기간 학회지에 게재된 국내논문 편수의 60%에 이른다. 또한 연구 성과가 꽤 축적된 뒤에야 가능한 단행본이 2000년대 중반 이후 현재까지 7편 간행되었다. 그리고 국내외 논문, 학위논문, 단행본 전체의 연구 편수를 10년 단위로 보면, 1980년대 1편, 1990년대 7편, 2000년대 27편, 2010년대 36편으로 상당히 가파른 증가세를 볼 수 있다(그림 6~7).

그리고 2000년대부터 최근까지 지역대학 출신으로 석사 또는 박사 학위를 받은 이는 각각 8명과 1명이다. 전남지역만 국한해 보면 1990년대 초중반에 구석기 전공

교수 두 명에서 출발하여 이제는 세 배에 이르는 신진 연구자들이 육성되었다. 연구 성과와 학위자의 배출 등을 기준하면 2000년대 중반은 보성강 구석기학에서 새로운 도약을 이룬 시기로 평가된다.

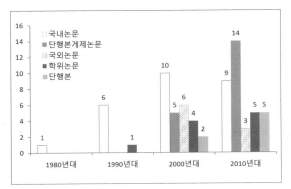

〈그림 6〉 연구 성과의 10년 단위별 발간 편수

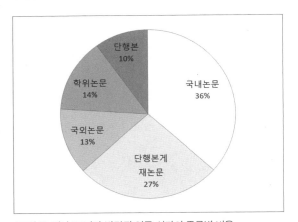

〈그림 7〉 지난 33년간 발간된 연구 성과의 종류별 비율

제2장

전체 유적의 기본정보

34

앞 장에서 보성강유역의 구석기시대 연구사를 살펴보았다. 그런데 85개의 구석기유적 중 발굴유적을 제외한 나머지 대다수는 조사내용이 거의 알려져 있지 않다. 이처럼 상당수 유적들의 고고학정보가 결여되어 있는 현실에서 보성강유역 구석기문화의 전체 양상을 파악하고 특징을 규명하는 연구는 엄두를 내기 어렵다. 따라서 유적별로 기본정보가 종합된 자료집합체(DB: database)를 구축하는 작업이 급선무라고 생각한다.

자료집합체에는 유적의 행정구역명, 조사기관과 연도, 조사 구분, 유적 규모, 문화층의 개수, 유물 종류, 돌감 종류, 수계와 해발 높이, 현상, 참고문헌, 그리고 유적의 전경, 지층 사진과 유물 사진 등이 기본항목으로 포함되어야 할 것이다. 이런 내용으로 자료집합체가 완성되면 구석기인들이 선호한 입지나 활동반경, 집단의 크기와 점유 기간, 석기군의 양상과 변천 및 편년 등에 관한 연구를 해나가는 데 있어 마중물이 될 것이다.

여러 항목 중 유적의 행정구역명, 조사기관과 연도, 조사 구분, 참고문헌은 제1장에서 정리된 자료를 활용하였다. 그러나 유적의 위치(수계와 해발 높이), 규모와 현상에 대한 정확한 정보는 각 유적을 답사하여 확보하는 방법이 유일하다. 현지에서 유물을 수습한 범위와 지형을 분석하여 유적의 위치와 규모를 가늠하고, 그 결과를 국토지리정보원의 국토정보맵과 비교검토한 뒤 1/5,000 지형도에 표시하였다. 그리고 유적이 현재 어떻게 이용되고 있는지에 대해서 밭, 비닐하우스, 축사, 농장, 민가, 마을, 공장, 태양광 시설, 도로, 철도, 수몰지역 등으로 구분하여 기록하였다.

유적의 전경과 근경 사진, 지층과 유물 출토장면 사진은 과거 지표조사 시 찍었던 슬라이드와 칼라사진들을 일일이 확인하여 쓸 만한 것을 골랐다. 그러나 색이 바랬거나 필름에 얼룩이 끼는 등 상태가 나빠진 것들이 많았고, 유적과 주변의 모습이 지표조사 당시와 달라진 경우도 적지 않아서 대다수의 유적은 현장에 가서 전경과 근

경 사진을 다시 찍어야 했다.[4] 또한 중요 유물은 석기 사진 전문가에게 촬영을 의뢰하였다.

유적별 문화층의 개수, 출토유물과 돌감의 종류 및 수량은 각 유적에 관한 보고서와 문헌을 정독하여 관련 정보를 찾는 한편, 박물관에 소장된 발굴 및 지표조사 유물들을 관찰하고 분류하여 파악하였다. 수천 점의 유물을 일일이 꺼내어 확인하는 데 많은 시간과 노력이 들었다.

이렇게 모은 유적별 해발높이와 인접 하천, 유적의 규모, 문화층의 추정 개수, 출토 유물과 돌감 종류, 그리고 현상에 대한 정보를 보성강의 상류, 중류, 하류로 나눠 일목요연하게 표로 작성하였다. 여기서 중류는 편의상 율어천이 본류에 합류하는 지점부터 주암댐까지로 정하였다. 따라서 상류는 보성강의 발원지부터 율어천이 합류하는 지점까지, 하류는 주암댐 아래부터 보성강이 섬진강과 합류하는 압록까지다.

그리고 상류, 중류, 하류별로 유적분포도를 작성하였다. 이것은 유적의 입지와 수계별 분포, 그리고 조사현황을 이해하기 쉽게 보성강의 본류와 지류, 주요 산들을 배경으로 각 유적의 위치를 표시하고, 발굴유적과 지표유적, 그리고 지표유적의 경우는 이미 보고된 것과 이번에 처음 보고된 것을 구별하여 표시하였다.

끝으로 유적별로 ① 기본정보(행정구역명, 조사기관 및 연도, 조사 구분, 유적 규모와 문화층의 개수, 유물 종류, 돌감 종류, 수계와 해발 높이, 현상, 참고문헌), ② 유적의 위치와 범위를 표시한 1/5,000 지형도, ③ 유적 전경과 근경, 지층, 조사 모습과 출토유물 장면, 대표 유물 사진을 두 쪽에 마주 보게 편집하여 자료집합체를 완성하였다.

---

4 낙엽이 지고 풀이 스러져 유적의 전체 모습이 잘 드러나는 12~3월이 촬영의 적기다. 선명한 모습을 찍으려고 맑으면서 미세먼지가 아주 적은 날을 택하여 촬영을 나갔다. 그리고 유적과 그 언저리까지 나오도록 높은 곳에 올라가서 찍었고, 적어도 두세 방향에서 촬영하여 구도나 전경이 좋은 사진을 얻으려고 하였다.

I. 상류지역의 유적

보성강의 상류지역에는 본류에 11개, 지류인 용반천과 대산천유역에 각각 2개, 맹산천유역에 5개, 장평천유역에 19개가 분포한다(그림 8). 이 유적들의 인접 수계와 해

발높이, 유적의 규모[5]와 문화층의 추정 개수, 출토 유물의 수량과 종류, 돌감의 종류(A: 석영암 B: 산성화산암 C: 수정 D: 흑요석), 그리고 현 상태에 대해서 정리하였다(표 11).

---

[5] 약 17,500㎡ 내외를 '소형', 약 35,000㎡ 내외를 '중형', 약 70,000㎡ 내외를 '대형', 약 100,000㎡ 이상을 '초대형'으로 구분하였다.

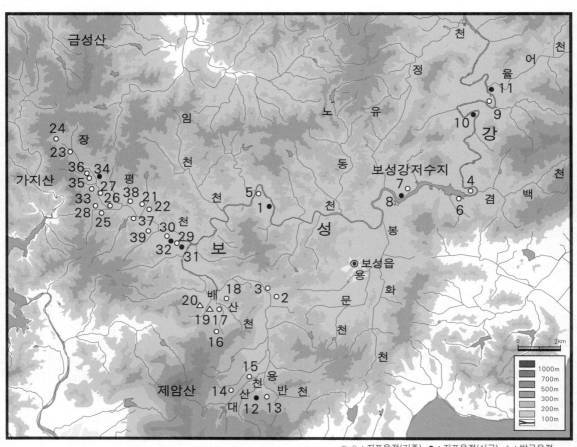

※ ○ : 지표유적(기존), ● : 지표유적(신규), △ : 발굴유적

〈그림 8〉 보성강 상류지역의 구석기유적 분포도

〈표 11〉 상류지역 구석기유적의 기본정보목록

번호	유적명	수계	해발높이	규모	문화층	출토 유물과 유구	돌감	현상
1	금호리 영구	본류	150	대	1	격지, 긁개, 톱니날	A, B, C	밭, 논, 초등학교
2	대야리 가신	본류	180	중	1	격지, 여러면석기, 긁개, 홈날	A, B	밭, 공장
3	대야리 관동	본류	180	소	1	망치, 몸돌, 격지, 찍개, 긁개, 밀개, 홈날, 톱니날	A, B	밭
4	도안리 석평	본류	125	중	4	망치, 모룻돌, 몸돌, 격지, 돌날, 좀돌날몸돌, 찍개, 주먹도끼, 주먹찌르개, 주먹대패, 공모양석기류, 긁개, 밀개, 홈날, 톱니날, 뚜르개, 부리날	A, B	도로(밭)
5	옥마리 용소	본류	155	초대	2	망치, 몸돌, 격지, 좀돌날몸돌, 찍개, 주먹자르개, 주먹대패, 공모양석기류, 긁개, 밀개, 홈날, 부리날, 등손잡이칼, 슴베찌르개	A, B	밭, 논, 무덤
6	용산리 하천	본류	140	소	1	망치, 몸돌, 격지, 찍개, 주먹도끼, 공모양석기류, 긁개, 밀개, 콧등날, 부리날	A, B	밭
7	용정리 살내	본류	135	소	1	망치, 몸돌, 격지, 여러면석기, 공모양석기류, 긁개, 홈날, 자르개	A, B	밭, 운동 및 숙박시설
8	용정리 용지등	본류	135	소	1	몸돌, 격지, 주먹대패, 긁개, 밀개, 홈날	A, B	밭, 민가
9	운림리 숙호	본류	120	중	1	망치, 몸돌, 격지, 긁개, 밀개, 부리날, 콧등날	A, B	밭, 비닐하우스
10	평호리 평화	본류	120	소	1	홈날	A, B	밭
11	율어리 우정	본류	120	소	1	몸돌, 격지, 찍개, 주먹대패, 공모양석기류, 긁개, 밀개, 부리날, 뚜르개	A, B	밭, 논
12	용반리 덕림	용반천	210	소	1	격지, 찍개, 긁개	A	밭, 민가
13	용반리 동고지	용반천	205	중	1	몸돌, 격지, 좀돌날몸돌, 주먹찌르개, 밀개	A, B	밭, 축사, 민가
14	대산리 해룡	대산천	220	중	2	망치, 몸돌, 격지, 주먹자르개, 긁개, 홈날, 슴베찌르개	A, B	밭, 민가
15	중산리 서촌	대산천	205	중	1	격지, 돌날, 밀개, 콧등날	A, B	밭, 마을
16	반산리 내반	맹산천	215	대	1	몸돌, 격지, 돌날, 공모양석기류, 긁개, 밀개, 뚜르개	A, B	밭
17	반산리 외반(중매산)	맹산천	190	중	1	망치, 몸돌, 격지, 공모양석기류	A, B	밭, 무덤
18	배산리 우봉	맹산천	190	소	1	긁개	A	밭
19	북교리 신북	맹산천	185	초대	1	망치, 모룻돌, 몸돌, 격지, 돌날, 좀돌날몸돌, 좀돌날, 주먹도끼, 주먹자르개, 긁개, 밀개, 새기개, 홈날, 톱니날, 뚜르개, 부리날, 콧등날, 등손잡이칼, 슴베찌르개, 창끝찌르개, 화덕자리	A, B, C, D	밭, 마을, 학교, 도로
20	북교리 신월	맹산천	170	소	1	망치, 몸돌, 좀돌날몸돌, 격지, 돌날, 밀개, 화덕자리	A, B	밭, 논, 철도
21	기동리 석정 '가'	장평천	175	중	1	몸돌, 격지, 긁개	A	밭
22	기동리 석정 '나'	장평천	180	중	1	몸돌, 격지, 찍개, 긁개	A	밭, 무덤
23	병동리 병동	장평천	220	소	1	주먹대패	A	밭
24	병동리 월곡	장평천	250	소	1	망치, 몸돌, 격지, 공모양석기류, 긁개, 밀개, 부리날	A, B	밭, 축사
25	봉림리 경림	장평천	190	소	1	밀개	B	밭, 숲, 무덤
26	봉림리 봉림	장평천	190	대	1	몸돌, 격지, 주먹대패, 긁개, 밀개, 새기개, 홈날, 톱니날, 뚜르개, 등손잡이칼	A, B	밭, 마을
27	봉림리 오산	장평천	185	소	1	모룻돌, 몸돌, 격지, 여러면석기, 돌날밀개	A, B	밭, 무덤
28	봉림리 흑석	장평천	190	소	1	망치, 몸돌, 격지, 긁개, 홈날	A, B	도로
29	양촌리 감나무골	장평천	160	대	1	망치, 몸돌, 격지, 긁개, 밀개	A	밭, 무덤
30	양촌리 새재들	장평천	165	중	1	망치, 몸돌, 격지, 주먹대패, 공모양석기류, 긁개	A	밭, 무덤
31	양촌리 양촌	장평천	165	소	1	긁개	A	밭
32	양촌리 운수동	장평천	170	중	1	공모양석기류, 긁개	A	밭
33	우산리 구암동	장평천	190	중	1	몸돌, 격지, 돌날, 공모양석기류, 홈날	A, B	밭
34	우산리 노루목	장평천	205	소	1	주먹도끼	A	밭, 무덤
35	우산리 석수동	장평천	195	소	1	격지, 홈날	A	밭, 무덤
36	우산리 우산	장평천	200	소	1	몸돌, 격지, 여러면석기, 긁개, 밀개	A, B	밭, 민가
37	제산리 금산	장평천	170	소	1	몸돌, 격지, 주먹대패, 긁개, 밀개, 홈날, 뚜르개	A, B	밭
38	청용리 안산	장평천	185	소	1	망치, 몸돌, 격지, 공모양석기류, 긁개, 홈날	A, B	밭
39	축내리 사마정	장평천	170	중	1	몸돌, 격지, 주먹도끼, 밀개, 홈날, 찌르개	A	밭

1. 금호리 영구

① 행정구역명 : 전라남도 보성군 노동면 금호리 598 일대
② 조사기관 및 연도 : 조선대학교 박물관 2013.
③ 조사 구분 : 지표조사(신규)
④ 유적 규모와 문화층의 개수 : 대형, 최소 1개
⑤ 유물 종류 : 격지, 긁개, 톱니날
⑥ 돌감 종류 : 석영암, 산성화산암, 수정
⑦ 수계와 해발 높이 : 본류, 150m
⑧ 현상 : 밭, 논, 초등학교
⑨ 참고문헌 :

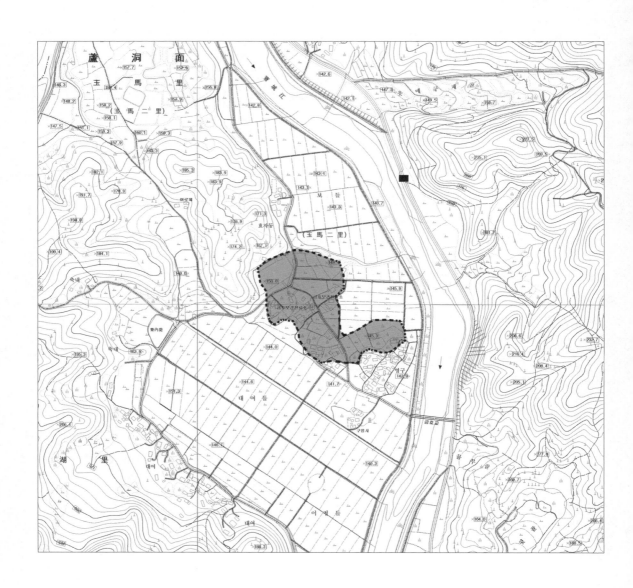

1. 유적 원경

2. 유적 근경

3. 유적 내부

4. 출토 석기

2. 대야리 가신

① 행정구역명 : 전라남도 보성군 보성읍 대야리 319 일대
② 조사기관 및 연도 : 조선대학교 박물관 2002.
③ 조사 구분 : 지표조사(기존)
④ 유적 규모와 문화층의 개수 : 중형, 최소 1개
⑤ 유물 종류 : 격지, 여러면석기, 긁개, 홈날
⑥ 돌감 종류 : 석영암, 산성화산암
⑦ 수계와 해발 높이 : 본류, 180m
⑧ 현상 : 밭, 보성농협미백건조 공장
⑨ 참고문헌 : 이기길·김은정·오병욱·김수아·차미애, 2008.《장흥 신북구석기유적》(조선대학교 박물관).

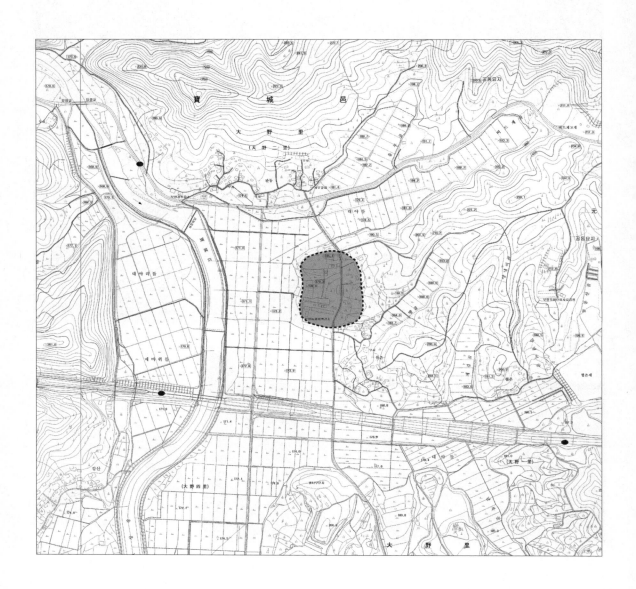

1. 유적 원경

2. 홈날

3. 유적 근경

4. 지층 단면과 석기

3. 대야리 관동

① 행정구역명 : 전라남도 보성군 보성읍 대야리 1082 일대
② 조사기관 및 연도 : 조선대학교 박물관 2006.
③ 조사 구분 : 지표조사(기존)
④ 유적 규모와 문화층의 개수 : 소형, 최소 1개
⑤ 유물 종류 : 망치, 몸돌, 격지, 찍개, 긁개, 밀개, 홈날, 톱니날
⑥ 돌감 종류 : 석영암, 산성화산암
⑦ 수계와 해발 높이 : 본류, 180m
⑧ 현상 : 밭
⑨ 참고문헌 : 이기길·김은정·오병욱·김수아·차미애, 2008.《장흥 신북구석기유적》(조선대학교 박물관).

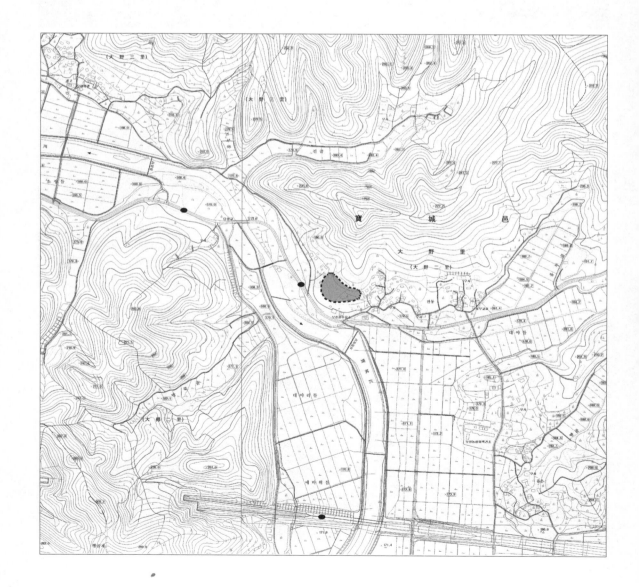

1. 유적 원경

2. 유적 내부

3. 밀개와 몸돌

4. 긁개와 찍개

4. 도안리 석평

① 행정구역명 : 전라남도 보성군 겸백면 도안리 517 일대

② 조사기관 및 연도 : 조선대학교 박물관 1995, 마한문화연구원 2010.

③ 조사 구분 : 지표조사 이후 도로공사로 인한 구제발굴(기존)

④ 유적 규모와 문화층의 개수 : 중형, 최소 4개

⑤ 유물 종류 : 망치, 모룻돌, 몸돌, 격지, 돌날, 좀돌날몸돌, 찍개, 주먹도끼, 공모양석기류, 밀개, 뚜르개 등

⑥ 돌감 종류 : 석영암, 산성화산암

⑦ 수계와 해발 높이 : 본류, 125m

⑧ 현상 : 도로(밭)

⑨ 참고문헌 : 이기길, 1997.〈보성강 유역에서 새로 찾은 구석기유적 예보〉《한국고고학보》37, pp. 7~62. 김진
영·송장선, 2012.《보성 도안리 석평유적》(마한문화연구원).

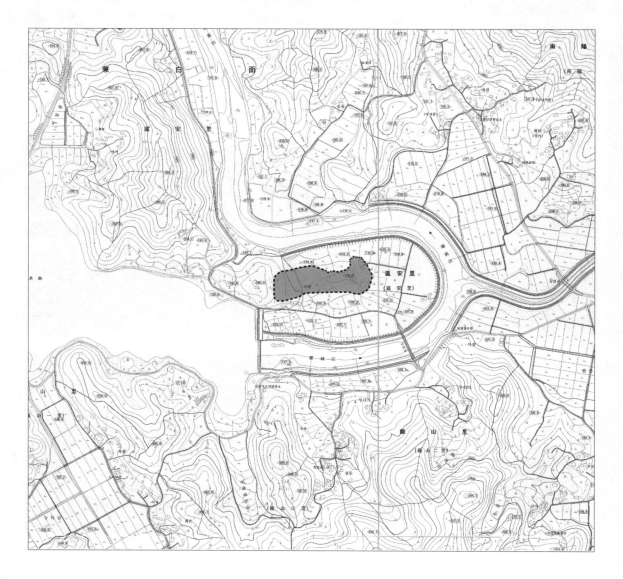

1. 유적 전경

2. 발굴 현장

3. 지층과 문화층

4. 제4문화층과 제2문화층의 석기

5. 옥마리 용소

① 행정구역명 : 전라남도 보성군 노동면 옥마리 649 일대
② 조사기관 : 조선대학교 박물관 1995.
③ 조사 구분 : 지표조사(기존)
④ 유적 규모와 문화층의 개수 : 초대형, 최소 2개
⑤ 유물 종류 : 좀돌날몸돌, 찍개, 주먹대패, 공모양석기류, 밀개, 슴베찌르개, 부리날 등
⑥ 돌감 종류 : 석영암, 산성화산암
⑦ 수계와 해발 높이 : 본류, 155m
⑧ 현상 : 밭, 논, 무덤
⑨ 참고문헌 : 이기길, 1997. 〈보성강 유역에서 새로 찾은 구석기유적 예보〉《한국고고학보》37, pp. 7~62.

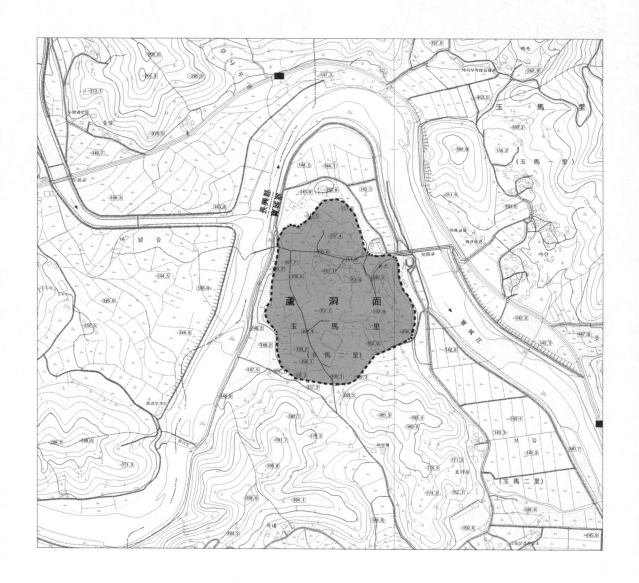

1. 유적 전경

2. 유적 근경

3. 지층 단면의 석기

4. 슴베찌르개, 격지와 좀돌날몸돌

6. 용산리 하천

① 행정구역명 : 전라남도 보성군 겸백면 용산리 224 일대
② 조사기관 : 조선대학교 박물관 1995.
③ 조사 구분 : 지표조사(기존)
④ 유적 규모와 문화층의 개수 : 소형, 최소 1개
⑤ 유물 종류 : 몸돌, 찍개, 주먹도끼, 공모양석기류, 긁개, 밀개, 콧등날
⑥ 돌감 종류 : 석영암, 산성화산암 등
⑦ 수계와 해발 높이 : 본류, 140m
⑧ 현상 : 밭
⑨ 참고문헌 : 이기길, 1997.〈보성강 유역에서 새로 찾은 구석기유적 예보〉《한국고고학보》37, pp. 7~62.

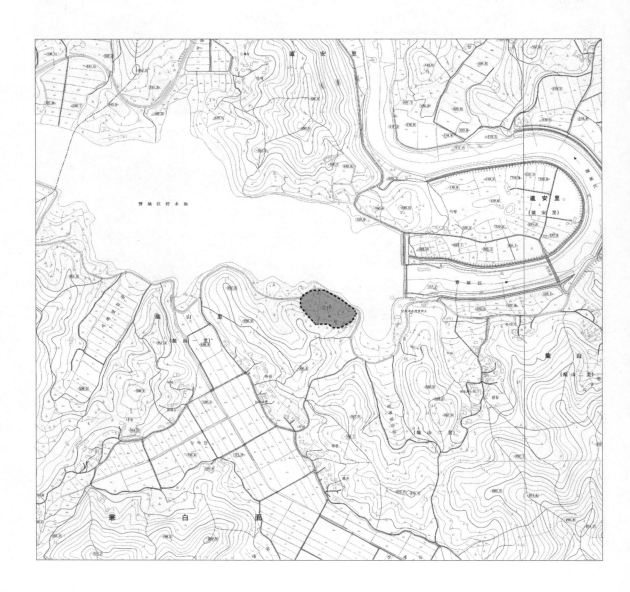

1. 유적 내부

2. 지층

3. 파괴된 모습과 드러난 찍개

4. 주먹도끼와 버금공모양석기

7. 용정리 살내(활천)

① 행정구역명 : 전라남도 보성군 미력면 화방리 614 일대
② 조사기관 및 연도 : 조선대학교 박물관 1995.
③ 조사 구분 : 지표조사(기존)
④ 유적 규모와 문화층의 개수 : 소형, 최소 1개
⑤ 유물 종류 : 망치, 몸돌, 주먹자르개, 공모양석기류, 긁개, 홈날
⑥ 돌감 종류 : 석영암, 산성화산암
⑦ 수계와 해발 높이 : 본류, 135m
⑧ 현상 : 밭, 운동 및 숙박시설
⑨ 참고문헌 : 이기길, 1997. 〈보성강 유역에서 새로 찾은 구석기유적 예보〉《한국고고학보》37, pp. 7~62. 중앙
문화재연구원, 2003.《목포-광양간(장흥-보성) 고속도로 건설사업 문화유적 지표조사보고서》.

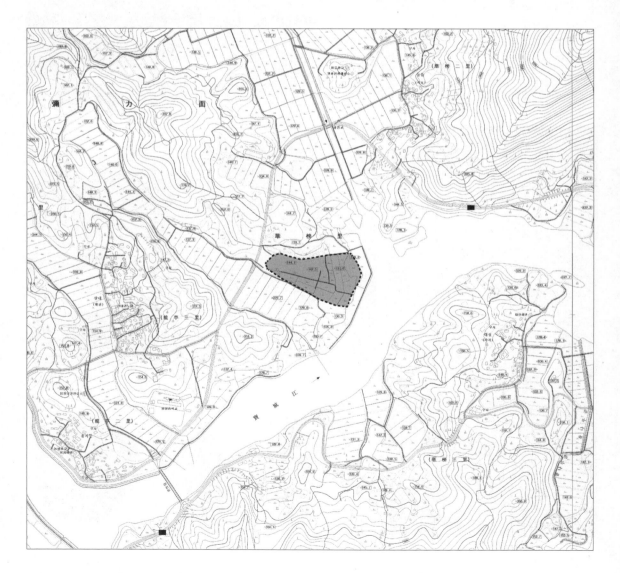

1. 유적 원경

2. 유적 내부와 지층 단면의 석기

8. 용정리 용지등

① 행정구역명 : 전라남도 보성군 미력면 용정리 151일대
② 조사기관 및 연도 : 조선대학교 박물관 1995.
③ 조사 구분 : 지표조사(신규)
④ 유적 규모와 문화층의 개수 : 소형, 최소 1개
⑤ 유물 종류 : 몸돌, 격지, 주먹대패, 긁개, 밀개, 홈날
⑥ 돌감 종류 : 석영암, 산성화산암
⑦ 수계와 해발 높이 : 본류, 135m
⑧ 현상 : 밭, 민가 등
⑨ 참고문헌 :

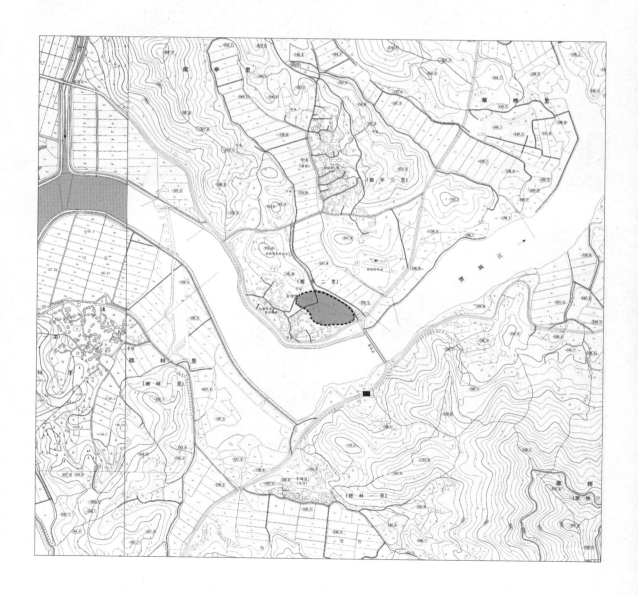

1. 유적 원경(위)과 전경(아래)

2. 유적 내부

3. 격지, 긁개와 몸돌

9. 운림리 숙호

① 행정구역명 : 전라남도 보성군 겸백면 운림리 27 일대
② 조사기관 및 연도 : 조선대학교 박물관 1995.
③ 조사 구분 : 지표조사(기존)
④ 유적 규모와 문화층의 개수 : 중형, 최소 1개
⑤ 유물 종류 : 망치, 몸돌, 격지, 긁개, 밀개, 부리날, 콧등날
⑥ 돌감 종류 : 석영암, 산성화산암
⑦ 수계와 해발 높이 : 본류, 120m
⑧ 현상 : 밭, 비닐하우스
⑨ 참고문헌 : 이기길, 1997. 〈보성강 유역에서 새로 찾은 구석기유적 예보〉《한국고고학보》37, pp. 7~62.

1. 유적 전경

2. 유적 내부

3. 유적 안 길가에 드러난 몸돌

4. 망치

10. 평호리 평화

① 행정구역명 : 전라남도 보성군 겸백면 평호리 산 1-1 일대
② 조사기관 및 연도 : 조선대학교 박물관 1995.
③ 조사 구분 : 지표조사(신규)
④ 유적 규모와 문화층의 개수 : 소형, 최소 1개
⑤ 유물 종류 : 흠날
⑥ 돌감 종류 : 석영암, 산성화산암
⑦ 수계와 해발 높이 : 본류, 120m
⑧ 현상 : 밭, 숲
⑨ 참고문헌 :

1. 유적 원경

2. 유적 근경

3. 유적 내부

4. 출토 유물

11. 율어리 우정

① 행정구역명 : 전라남도 보성군 율어면 율어리 산 30, 649~650 일대
② 조사기관 및 연도 : 조선대학교 박물관 1995.
③ 조사 구분 : 지표조사(신규)
④ 유적 규모와 문화층의 개수 : 소형, 최소 1개
⑤ 유물 종류 : 찍개, 주먹대패, 공모양석기류, 밀개, 뚜르개, 부리날 등
⑥ 돌감 종류 : 석영암, 산성화산암
⑦ 수계와 해발 높이 : 본류, 120m
⑧ 현상 : 밭, 논, 무덤
⑨ 참고문헌 :

1. 유적 전경

2. 유적 내부

3. 지층 단면의 석기

4. 뚜르개, 몸돌, 격지

12. 용반리 덕림

① 행정구역명 : 전라남도 보성군 웅치면 용반리 549 일대
② 조사기관 : 조선대학교 박물관 2013.
③ 조사 구분 : 지표조사(신규)
④ 유적 규모와 문화층의 개수 : 소형, 최소 1개
⑤ 유물 종류 : 격지, 찍개, 긁개
⑥ 돌감 종류 : 석영암
⑦ 수계와 해발 높이 : 용반천, 210m
⑧ 현상 : 밭, 민가
⑨ 참고문헌 :

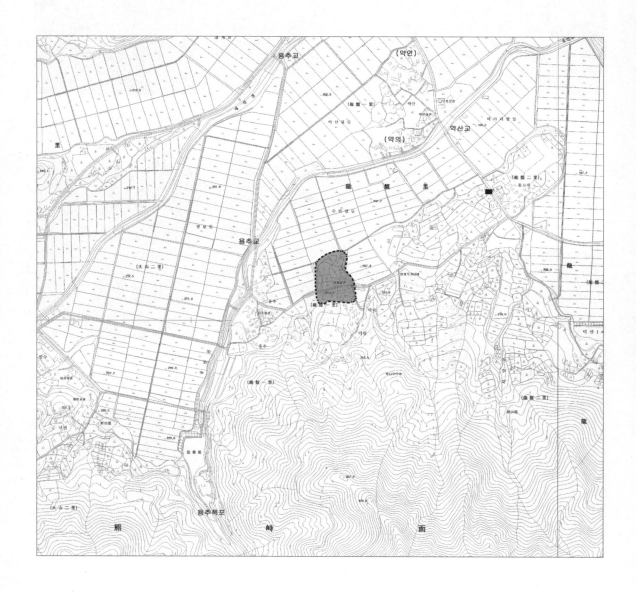

1. 유적 원경

2. 유적 근경

3. 유적에서 내다본 모습

4. 찍개

13. 용반리 동고지

① 행정구역명 : 전라남도 보성군 웅치면 용반리 307 일대
② 조사기관 및 연도 : 조선대학교 박물관 1995.
③ 조사 구분 : 지표조사(기존)
④ 유적 규모와 문화층의 개수 : 중형, 최소 1개
⑤ 유물 종류 : 몸돌, 격지, 좀돌날몸돌, 주먹찌르개, 밀개
⑥ 돌감 종류 : 석영암, 산성화산암
⑦ 수계와 해발 높이 : 용반천, 205m
⑧ 현상 : 밭, 축사, 민가
⑨ 참고문헌 : 이기길, 1997. 〈보성강 유역에서 새로 찾은 구석기유적 예보〉《한국고고학보》37, pp. 7~62.

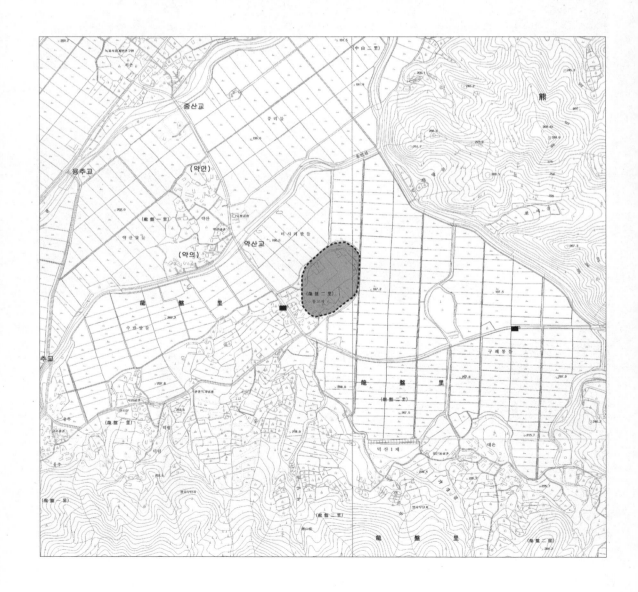

1. 유적 원경

2. 유적 근경

3. 유적 내부

4. 좀돌날몸돌과 주먹찌르개

14. 대산리 해룡

① 행정구역명 : 전라남도 보성군 웅치면 대산리 251 일대

② 조사기관 및 연도 : 조선대학교 박물관 2003.

③ 조사 구분 : 지표조사(기존)

④ 유적 규모와 문화층의 개수 : 중형, 최소 2개

⑤ 유물 종류 : 몸돌, 주먹자르개, 긁개, 홈날, 슴베찌르개 등

⑥ 돌감 종류 : 석영암, 산성화산암

⑦ 수계와 해발 높이 : 대산천, 220m

⑧ 현상 : 밭, 비닐하우스, 민가

⑨ 참고문헌 : 이기길·김은정·오병욱·김수아·차미애, 2008.《장흥 신북구석기유적》(조선대학교 박물관).

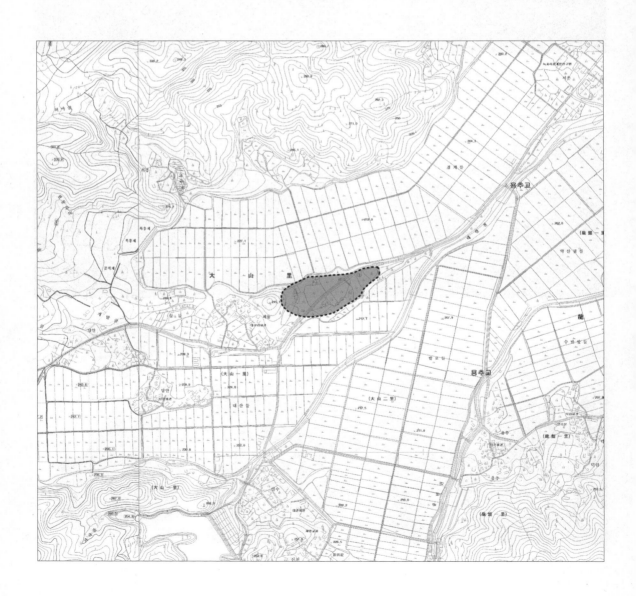

1. 유적 원경

2. 유적 내부와 출토 몸돌

3. 주먹자르개와 슴베찌르개

4. 지층

15. 중산리 서촌

① 행정구역명 : 전라남도 보성군 웅치면 중산리 231 일대
② 조사기관 및 연도 : 조선대학교 박물관 2002.
③ 조사 구분 : 지표조사(기존)
④ 유적 규모와 문화층의 개수 : 중형, 최소 1개
⑤ 유물 종류 : 격지, 돌날, 밀개, 콧등날
⑥ 돌감 종류 : 석영암, 산성화산암
⑦ 수계와 해발 높이 : 대산천, 205m
⑧ 현상 : 밭, 민가
⑨ 참고문헌 : 이기길·김은정·오병욱·김수아·차미애, 2008.《장흥 신북구석기유적》(조선대학교 박물관).

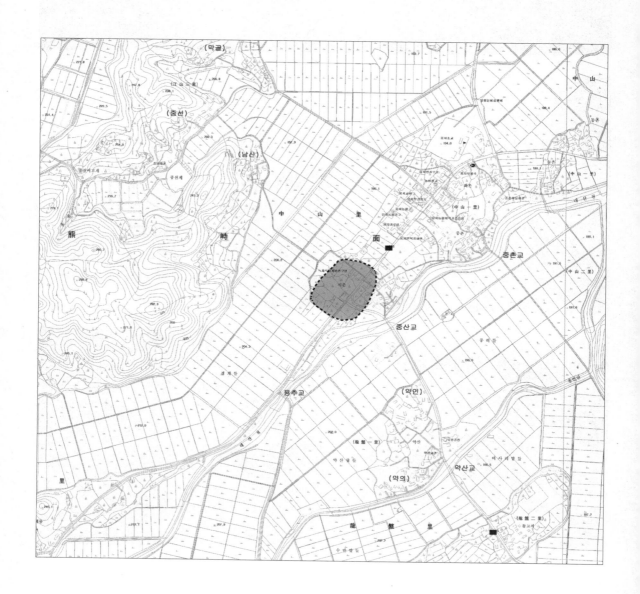

1. 유적 원경

2. 유적 근경

3. 유적 내부

4. 출토 유물

16. 반산리 내반

① 행정구역명 : 전라남도 장흥군 장동면 반산리 200 일대
② 조사기관 및 연도 : 조선대학교 박물관 2003.
③ 조사 구분 : 지표조사(기존)
④ 유적 규모와 문화층의 개수 : 대형, 최소 1개
⑤ 유물 종류 : 몸돌, 격지, 돌날, 공모양석기류, 긁개, 밀개, 뚜르개
⑥ 돌감 종류 : 석영암, 산성화산암
⑦ 수계와 해발 높이 : 맹산천, 215m
⑧ 현상 : 밭
⑨ 참고문헌 : 이기길 · 김은정 · 오병욱 · 김수아 · 차미애, 2008.《장흥 신북구석기유적》(조선대학교 박물관).

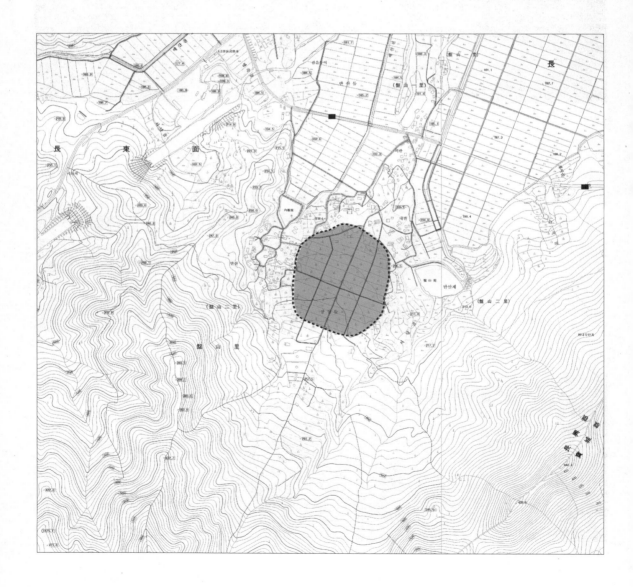

1. 유적 원경

2. 유적 내부

3. 지층

4. 긁개와 몸돌

17. 반산리 외반(중매산)

① 행정구역명 : 전라남도 장흥군 장동면 반산리 655 일대
② 조사기관 및 연도 : 조선대학교 박물관 2004.
③ 조사 구분 : 지표조사(기존)
④ 유적 규모와 문화층의 개수 : 중형, 최소 1개
⑤ 유물 종류 : 망치, 몸돌, 격지, 공모양석기류
⑥ 돌감 종류 : 석영암, 산성화산암
⑦ 수계와 해발 높이 : 맹산천, 190m
⑧ 현상 : 밭, 무덤
⑨ 참고문헌 : 이기길·김은정·오병욱·김수아·차미애, 2008.《장흥 신북구석기유적》(조선대학교 박물관).

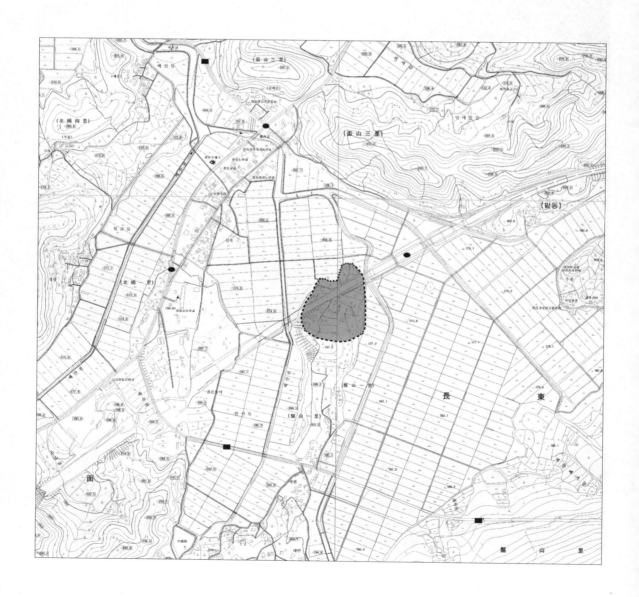

1. 유적 원경

2. 유적 근경

3. 석영맥암과 응회암 몸돌

4. 유적 내부와 응회암 몸돌

18. 배산리 우봉

① 행정구역명 : 전라남도 장흥군 장동면 배산리 494-1 일대

② 조사기관 : 조선대학교 박물관 2002.

③ 조사 구분 : 지표조사(기존)

④ 유적 규모와 문화층의 개수 : 소형, 최소 1개

⑤ 유물 종류 : 긁개

⑥ 돌감 종류 : 석영암

⑦ 수계와 해발 높이 : 맹산천, 190m

⑧ 현상 : 밭

⑨ 참고문헌 : 이기길 · 김은정 · 오병욱 · 김수아 · 차미애, 2008.《장흥 신북구석기유적》(조선대학교 박물관).

1. 유적 원경

2. 유적 근경

3. 유적 내부

4. 밀개

19. 북교리 신북

① 행정구역명 : 전라남도 장흥군 장동면 북교리 300 일대
② 조사기관 및 연도: 조선대학교 박물관 2002~2004 2009, 대한문화재연구원 2015.
③ 조사 구분 : 지표조사 이후 도로공사 및 강당 신축으로 인한 구제발굴(기존)
④ 유적 규모와 문화층의 개수 : 초대형, 최소 1개
⑤ 유물 종류 : 좀돌날몸돌, 주먹도끼, 밀개, 새기개, 등손잡이칼, 슴베찌르개 등
⑥ 돌감 종류 : 석영암, 산성화산암, 수정, 흑요석 등
⑦ 수계와 해발 높이 : 맹산천, 185m
⑧ 현상 : 밭, 마을, 학교, 도로
⑨ 참고문헌 : 이기길·김은정·오병욱·김수아·차미애, 2008.《장흥 신북구석기유적》(조선대학교 박물관) ; 이혜연·이정아·이정현·이영철, 2017.《장흥 신북 구석기유적》(대한문화재연구원) ; 이기길·김수아, 2017.《장흥 신북 구석기유적 장동초교 지점》(조선대학교 박물관).

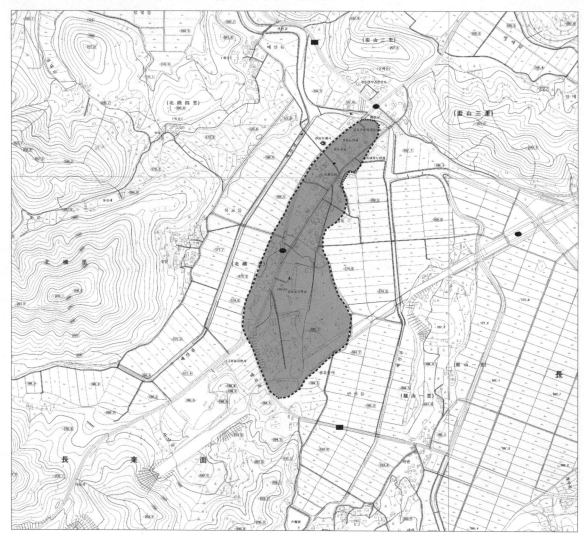

1. 유적 전경

2. 발굴 모습

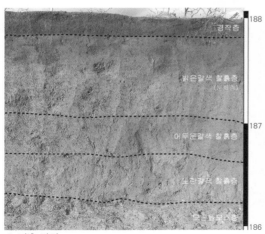

3. 지층 단면

4. 수정과 흑요석 석기

5. 제3호 화덕자리

20. 북교리 신월

① 행정구역명 : 전라남도 장흥군 장동면 북교리 39 일대
② 조사기관 및 연도: 동국문화재연구원 2018~2019.
③ 조사 구분 : 철도개설로 인한 구제발굴(신규)
④ 유적 규모와 문화층의 개수 : 소형, 1개
⑤ 유물 종류 : 망치, 몸돌, 좀돌날몸돌, 격지, 돌날, 밀개 등
⑥ 돌감 종류 : 석영암, 산성화산암 등
⑦ 수계와 해발 높이 : 맹산천, 170m
⑧ 현상 : 밭, 논, 철도
⑨ 참고문헌 : 동국문화재연구원, 2018.《보성~장흥간 철도개설구간 내(1, 3공구) 유적 문화재 발굴(시굴)조사 학술자문회의 개최 요지》; 동국문화재연구원, 2019.《보성~장흥간 철도개설구간 내(1, 3공구) 유적 문화재 발굴(시굴)조사 학술자문회의 개최 요지》.

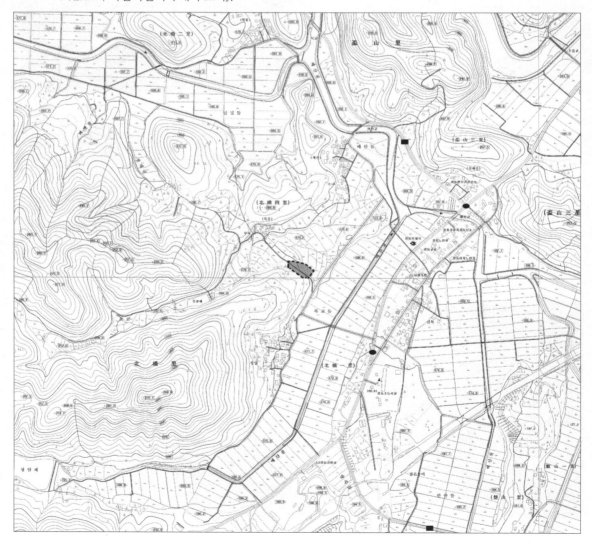

1. 유적 원경

2. 현장 모습

3. 지층

4. 화덕자리

21. 기동리 석정 '가'

① 행정구역명 : 전라남도 장흥군 장평면 기동리 777 일대
② 조사기관 및 연도 : 조선대학교 박물관 2003.
③ 조사 구분 : 지표조사(기존)
④ 유적 규모와 문화층의 개수 : 중형, 최소 1개
⑤ 유물 종류 : 몸돌, 격지, 긁개
⑥ 돌감 종류 : 석영암
⑦ 수계와 해발 높이 : 장평천, 175m
⑧ 현상 : 밭
⑨ 참고문헌 : 이기길·김은정·오병욱·김수아·차미애, 2008.《장흥 신북구석기유적》(조선대학교 박물관).

1. 유적 원경

2. 유적 근경

3. 유적 내부와 출토 석기

22. 기동리 석정 '나'

① 행정구역명 : 전라남도 장흥군 장평면 기동리 915 일대
② 조사기관 및 연도 : 조선대학교 박물관 2003.
③ 조사 구분 : 지표조사(기존)
④ 유적 규모와 문화층의 개수 : 중형, 최소 1개
⑤ 유물 종류 : 몸돌, 격지, 찍개, 긁개 등
⑥ 돌감 종류 : 석영암
⑦ 수계와 해발 높이 : 장평천, 180m
⑧ 현상 : 밭
⑨ 참고문헌 : 이기길·김은정·오병욱·김수아·차미애, 2008.《장흥 신북구석기유적》(조선대학교 박물관).

1. 유적 원경

2. 유적에서 내다본 모습

3. 유적 내부와 출토 석기

23. 병동리 병동

① 행정구역명 : 전라남도 장흥군 장평면 병동리 325~327 일대
② 조사기관 및 연도 : 조선대학교 박물관 1995.
③ 조사 구분 : 지표조사(기존)
④ 유적 규모와 문화층의 개수 : 소형, 최소 1개
⑤ 유물 종류 : 주먹대패
⑥ 돌감 종류 : 석영암
⑦ 수계와 해발 높이 : 장평천, 220m
⑧ 현상 : 밭
⑨ 참고문헌 : 이기길 · 김은정 · 오병욱 · 김수아 · 차미애, 2008.《장흥 신북구석기유적》(조선대학교 박물관).

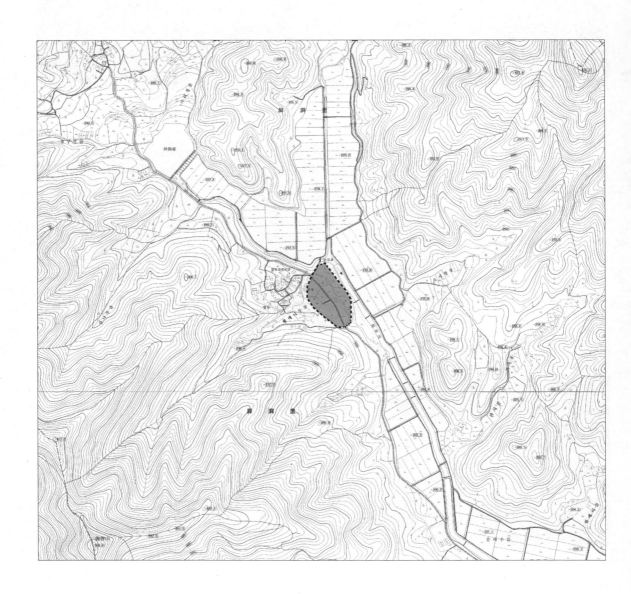

1. 유적 원경

2. 유적 근경

3. 유적 내부

4. 몸돌

24. 병동리 월곡

① 행정구역명 : 전라남도 장흥군 장평면 병동리 685 일대
② 조사기관 및 연도 : 조선대학교 박물관 1995.
③ 조사 구분 : 지표조사(기존)
④ 유적 규모와 문화층의 개수 : 소형, 최소 1개
⑤ 유물 종류 : 망치, 몸돌, 격지, 공모양석기류, 긁개, 밀개, 부리날
⑥ 돌감 종류 : 석영암, 산성화산암
⑦ 수계와 해발 높이 : 장평천, 250m
⑧ 현상 : 밭, 축사
⑨ 참고문헌 : 이기길, 1997. 〈보성강 유역에서 새로 찾은 구석기유적 예보〉《한국고고학보》37, pp. 7~62.

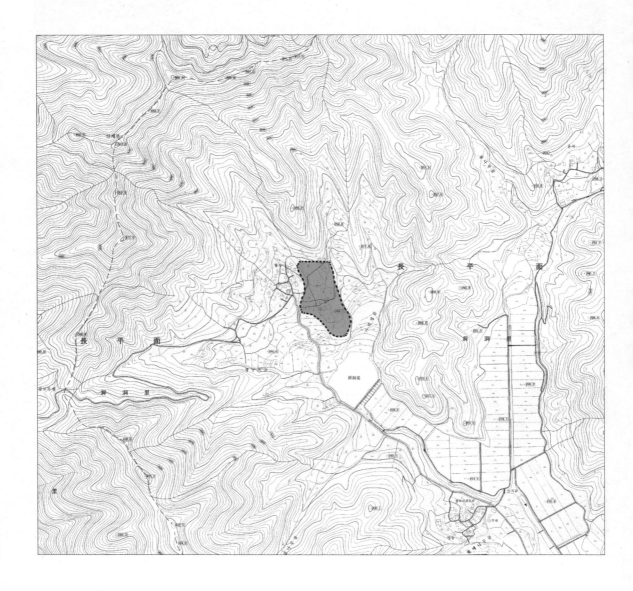

1. 유적 원경

2. 유적 내부

3. 뚜르개, 밀개와 몸돌

25. 봉림리 경림

① 행정구역명 : 전라남도 장흥군 장평면 봉림리 92-1 일대
② 조사기관 및 연도 : 조선대학교 박물관 2003.
③ 조사 구분 : 지표조사(기존)
④ 유적 규모와 문화층의 개수 : 소형, 최소 1개
⑤ 유물 종류 : 밀개
⑥ 돌감 종류 : 산성화산암
⑦ 수계와 해발 높이 : 장평천, 190m
⑧ 현상 : 밭, 숲, 무덤
⑨ 참고문헌 : 이기길 · 김은정 · 오병욱 · 김수아 · 차미애, 2008,《장흥 신북구석기유적》(조선대학교 박물관).

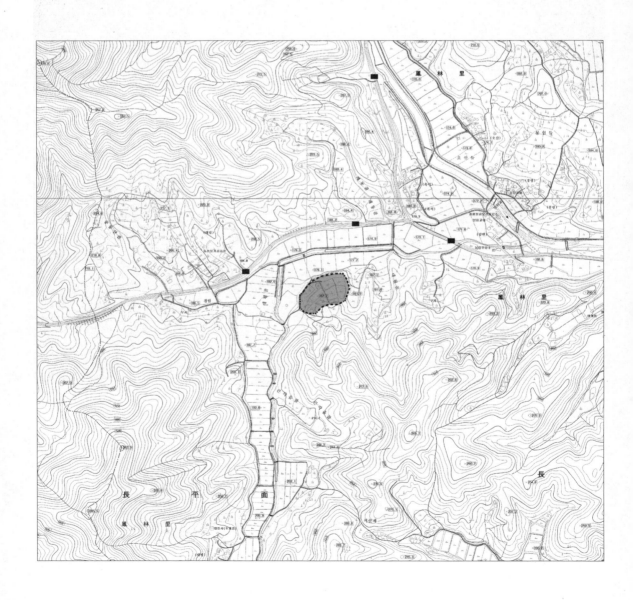

1. 유적 전경

2. 유적 내부

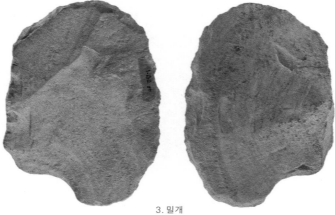

3. 밀개

26. 봉림리 봉림

① 행정구역명 : 전라남도 장흥군 장평면 봉림리 224 일대
② 조사기관 및 연도 : 조선대학교 박물관 1995.
③ 조사 구분 : 지표조사(기존)
④ 유적 규모와 문화층의 개수 : 대형, 최소 1개
⑤ 유물 종류 : 몸돌, 격지, 주먹대패, 밀개, 새기개, 홈날, 뚜르개, 톱니날, 등손잡이칼 등
⑥ 돌감 종류 : 석영암, 산성화산암
⑦ 수계와 해발 높이 : 장평천, 190m
⑧ 현상 : 밭, 마을
⑨ 참고문헌 : 이기길, 1997. 〈보성강 유역에서 새로 찾은 구석기유적 예보〉 《한국고고학보》 37, pp. 7~62.

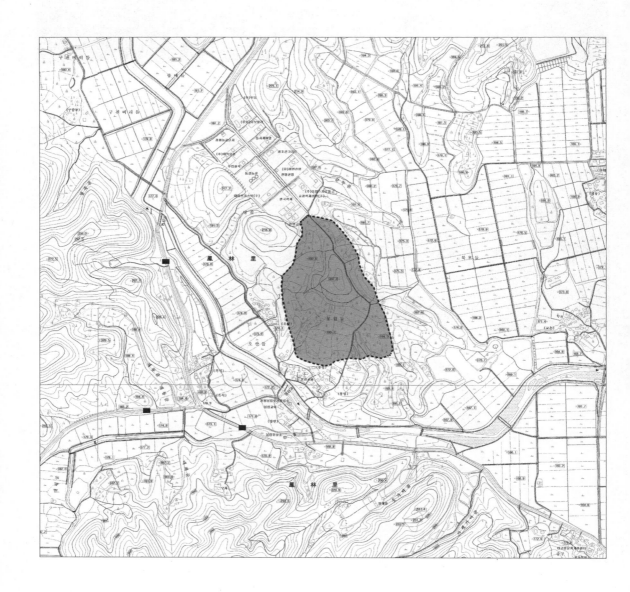

1. 유적 원경

2. 유적 근경

3. 유적 내부

4. 새기개와 격지

27. 봉림리 오산

① 행정구역명 : 전라남도 장흥군 장평면 봉림리 산 1~2 일대
② 조사기관 및 연도 : 조선대학교 박물관 1995.
③ 조사 구분 : 지표조사(기존)
④ 유적 규모와 문화층의 개수 : 소형, 최소 1개
⑤ 유물 종류 : 모룻돌, 몸돌, 격지, 여러면석기, 돌날밀개
⑥ 돌감 종류 : 석영암, 산성화산암
⑦ 수계와 해발 높이 : 장평천, 185m
⑧ 현상 : 밭, 무덤
⑨ 참고문헌 : 이기길, 1997. 〈보성강 유역에서 새로 찾은 구석기유적 예보〉《한국고고학보》 37, pp. 7~62.

1. 유적 원경

2. 유적 내부

3. 지층과 돌날밀개

4. 돌날밀개

28. 봉림리 흑석

① 행정구역명 : 전라남도 장흥군 장평면 봉림리 산 151-2 일대
② 조사기관 및 연도 : 조선대학교 박물관 2003.
③ 조사 구분 : 지표조사(기존)
④ 유적 규모와 문화층의 개수 : 소형, 최소 1개
⑤ 유물 종류 : 망치, 몸돌, 격지, 긁개, 홈날
⑥ 돌감 종류 : 석영암, 산성화산암
⑦ 수계와 해발 높이 : 장평천, 190m
⑧ 현상 : 도로
⑨ 참고문헌 : 이기길·김은정·오병욱·김수아·차미애, 2008.《장흥 신북구석기유적》(조선대학교 박물관).

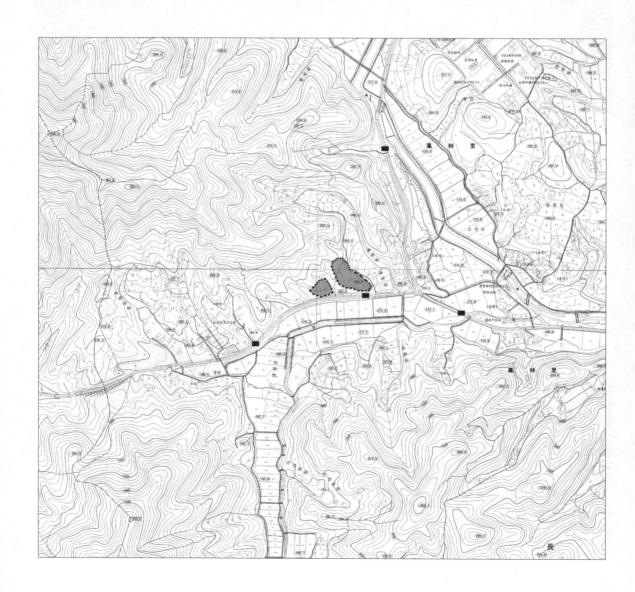

1. 유적 원경

2. 유적 근경

3. 출토 유물

94

29. 양촌리 감나무골

① 행정구역명 : 전라남도 장흥군 장평면 양촌리 88 일대
② 조사기관 및 연도 : 조선대학교 박물관 2002.
③ 조사 구분 : 지표조사(기존)
④ 유적 규모와 문화층의 개수 : 대형, 최소 1개
⑤ 유물 종류 : 망치, 몸돌, 격지, 긁개, 밀개
⑥ 돌감 종류 : 석영암
⑦ 수계와 해발 높이 : 장평천, 160m
⑧ 현상 : 밭, 무덤
⑨ 참고문헌 : 이기길·김은정·오병욱·김수아·차미애, 2008.《장흥 신북구석기유적》(조선대학교 박물관).

1. 유적 원경

2. 유적 근경

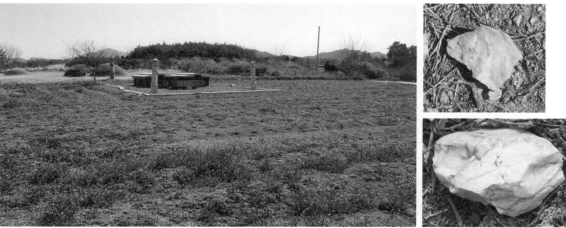

3. 유적 내부

4. 격지와 몸돌

30. 양촌리 새재들

① 행정구역명 : 전라남도 장흥군 장평면 축내리 530 일대
② 조사기관 및 연도 : 조선대학교 박물관 1995.
③ 조사 구분 : 지표조사(기존)
④ 유적 규모와 문화층의 개수 : 중형, 최소 1개
⑤ 유물 종류 : 망치, 몸돌, 격지, 주먹대패, 공모양석기류, 긁개
⑥ 돌감 종류 : 석영암
⑦ 수계와 해발 높이 : 장평천, 165m
⑧ 현상 : 밭, 무덤
⑨ 참고문헌 : 이기길, 1997.〈보성강 유역에서 새로 찾은 구석기유적 예보〉《한국고고학보》37, pp. 7~62.

1. 유적 전경

2. 유적 내부

3. 지층과 석기

4. 출토 석기

31. 양촌리 양촌

① 행정구역명 : 전라남도 장흥군 장평면 양촌리 119 일대
② 조사기관 : 조선대학교 박물관 2016.
③ 조사 구분 : 지표조사(신규)
④ 유적 규모와 문화층의 개수 : 소형, 최소 1개
⑤ 유물 종류 : 긁개
⑥ 돌감 종류 : 석영암
⑦ 수계와 해발 높이 : 장평천, 165m
⑧ 현상 : 밭
⑨ 참고문헌 :

1. 유적 전경

2. 유적에서 내다본 모습

3. 유물 출토 모습

4. 몸돌

32. 양촌리 운수동

① 행정구역명 : 전라남도 장흥군 장평면 양촌리 428 일대
② 조사기관 및 연도 : 조선대학교 박물관 2016.
③ 조사 구분 : 지표조사(신규)
④ 유적 규모와 문화층의 개수 : 중형, 최소 1개
⑤ 유물 종류 : 공모양석기류, 긁개
⑥ 돌감 종류 : 석영암
⑦ 수계와 해발 높이 : 장평천, 170m
⑧ 현상 : 밭
⑨ 참고문헌 :

1. 유적 전경

2. 유적 내부

3. 유물 출토 모습

4. 버금공모양석기

33. 우산리 구암동

① 행정구역명 : 전라남도 장흥군 장평면 우산리 747 일대
② 조사기관 및 연도 : 조선대학교 박물관 2003.
③ 조사 구분 : 지표조사(기존)
④ 유적 규모와 문화층의 개수 : 중형, 최소 1개
⑤ 유물 종류 : 몸돌, 격지, 돌날, 공모양석기류, 홈날
⑥ 돌감 종류 : 석영암, 산성화산암
⑦ 수계와 해발 높이 : 장평천, 190m
⑧ 현상 : 밭
⑨ 참고문헌 : 이기길 · 김은정 · 오병욱 · 김수아 · 차미애, 2008.《장흥 신북구석기유적》(조선대학교 박물관).

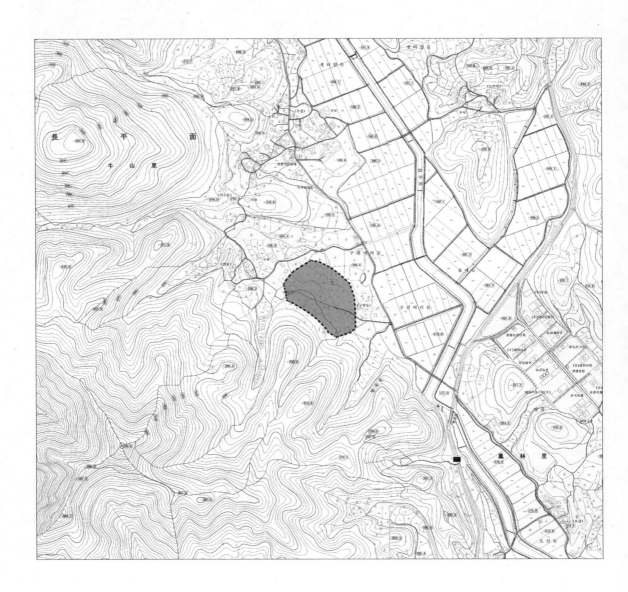

1. 유적 원경

2. 유적에서
   내다본 모습

3. 유문암 격지와 석영맥암 몸돌

104

34. 우산리 노루목

① 행정구역명 : 전라남도 장흥군 장평면 우산리 251 일대
② 조사기관 및 연도 : 조선대학교 박물관 1995.
③ 조사 구분 : 지표조사(신규)
④ 유적 규모와 문화층의 개수 : 소형, 최소 1개
⑤ 유물 종류 : 주먹도끼
⑥ 돌감 종류 : 석영암
⑦ 수계와 해발 높이 : 장평천, 205m
⑧ 현상 : 밭, 무덤
⑨ 참고문헌 :

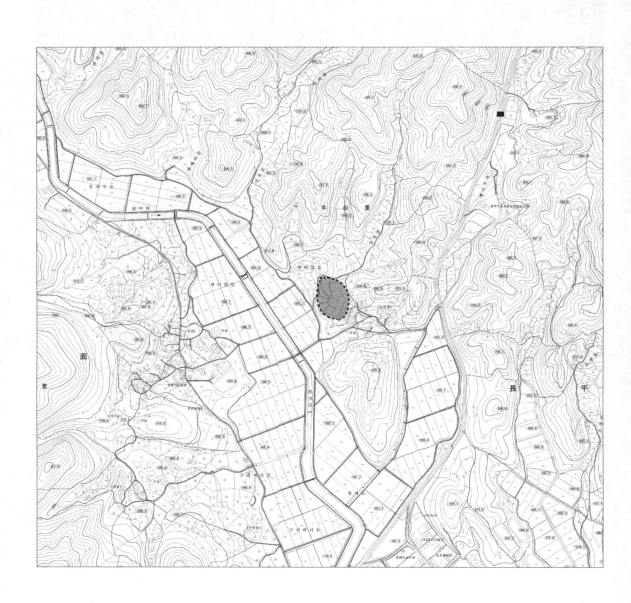

1. 유적 원경

2. 유적 내부

3. 지층 단면의 주먹도끼

4. 주먹도끼

106

35. 우산리 석수동

① 행정구역명 : 전라남도 장흥군 장평면 우산리 581-1 일대
② 조사기관 및 연도 : 조선대학교 박물관 2003.
③ 조사 구분 : 지표조사(기존)
④ 유적 규모와 문화층의 개수 : 소형, 최소 1개
⑤ 유물 종류 : 격지, 홈날
⑥ 돌감 종류 : 석영암
⑦ 수계와 해발 높이 : 장평천, 195m
⑧ 현상 : 밭, 무덤
⑨ 참고문헌 : 이기길·김은정·오병욱·김수아·차미애, 2008.《장흥 신북구석기유적》(조선대학교 박물관).

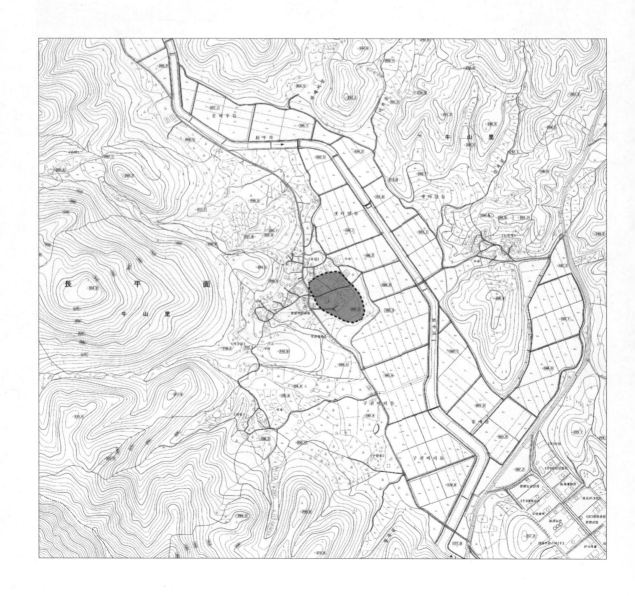

1. 유적 원경

2. 유적 전경

3. 유적 내부

4. 출토 석기

36. 우산리 우산

① 행정구역명 : 전라남도 장흥군 장평면 우산리 479 일대

② 조사기관 및 연도 : 조선대학교 박물관 1995.

③ 조사 구분 : 지표조사(기존)

④ 유적 규모와 문화층의 개수 : 소형, 최소 1개

⑤ 유물 종류 : 몸돌, 격지, 여러면석기, 긁개, 밀개

⑥ 돌감 종류 : 석영암, 산성화산암

⑦ 수계와 해발 높이 : 장평천, 200m

⑧ 현상 : 밭, 민가

⑨ 참고문헌 : 이기길, 1997.〈보성강 유역에서 새로 찾은 구석기유적 예보〉《한국고고학보》37, pp. 7~62.

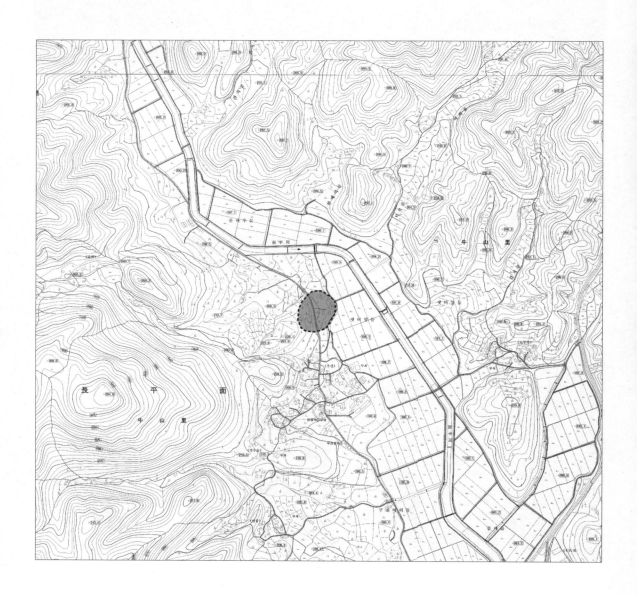

1. 유적 원경

2. 유적 내부

3. 석영맥암 긁개, 격지와 유문암 밀개

4. 응회암 몸돌

110

37. 제산리 금산

① 행정구역명 : 전라남도 장흥군 장평면 제산리 191, 198 일대

② 조사기관 및 연도 : 조선대학교 박물관 1995.

③ 조사 구분 : 지표조사(기존)

④ 유적 규모와 문화층의 개수 : 소형, 최소 1개

⑤ 유물 종류 : 몸돌, 격지, 주먹대패, 긁개, 밀개, 홈날, 뚜르개

⑥ 돌감 종류 : 석영암, 산성화산암

⑦ 수계와 해발 높이 : 장평천, 170m

⑧ 현상 : 밭

⑨ 참고문헌 : 이기길, 1997.〈보성강 유역에서 새로 찾은 구석기유적 예보〉《한국고고학보》37, pp. 7~62.

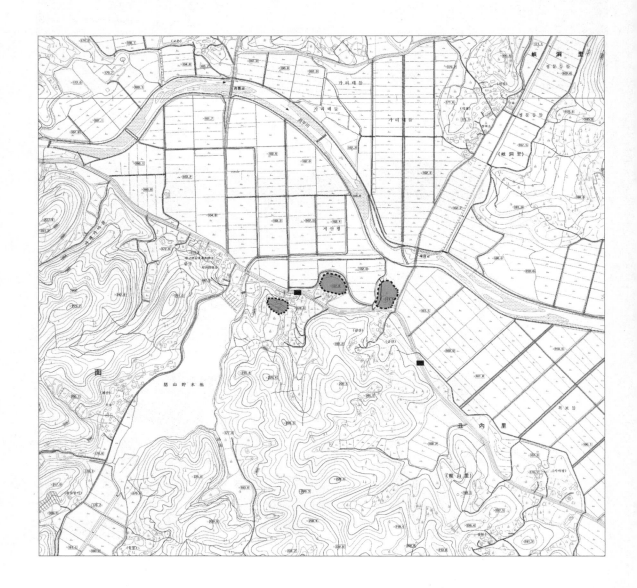

1. 유적 전경

2. 유적에서 내다본 모습

3. 격지와 주먹대패

4. 주먹대패와 뚜르개

38. 청용리 안산

① 행정구역명 : 전라남도 장흥군 장평면 청용리 167 일대
② 조사기관 및 연도 : 조선대학교 박물관 2003.
③ 조사 구분 : 지표조사(기존)
④ 유적 규모와 문화층의 개수 : 소형, 최소 1개
⑤ 유물 종류 : 망치, 몸돌, 격지, 공모양석기류, 긁개, 홈날
⑥ 돌감 종류 : 석영암, 산성화산암
⑦ 수계와 해발 높이 : 장평천, 185m
⑧ 현상 : 밭
⑨ 참고문헌 : 이기길·김은정·오병욱·김수아·차미애, 2008.《장흥 신북구석기유적》(조선대학교 박물관).

1. 유적 원경

2. 유적 근경

3. 유적 내부

4. 망치와 격지

114

39. 축내리 사마정

① 행정구역명 : 전라남도 장흥군 장평면 축내리 245 일대
② 조사기관 및 연도 : 조선대학교 박물관 1995.
③ 조사 구분 : 지표조사(기존)
④ 유적 규모와 문화층의 개수 : 중형, 최소 1개
⑤ 유물의 종류 : 몸돌, 격지, 주먹도끼, 밀개, 홈날, 찌르개
⑥ 돌감 종류 : 석영암
⑦ 수계와 해발 높이 : 장평천, 170m
⑧ 현상 : 밭
⑨ 참고문헌 : 이기길·김은정·오병욱·김수아·차미애, 2008.《장흥 신북구석기유적》(조선대학교 박물관).

1. 유적 원경

2. 유적 내부

3. 홈날, 밀개, 찌르개와 주먹도끼

116

Ⅱ. 중류지역의 유적

보성강의 중류지역에는 본류에 15개, 지류인 율어천유역에 2개, 일봉천유역에 각각 1개, 동복천유역에 5개, 송

광천유역에 13개가 분포한다(그림 9). 이 유적들의 인접수계와 해발높이, 유적의 규모와 문화층의 추정 개수, 출토 유물의 수량과 종류, 돌감의 종류(A: 석영암 B: 산성화산암 C: 수정 D: 흑요석 E: 사누카이트), 그리고 현 상태에 대해서 정리하였다(표 12).

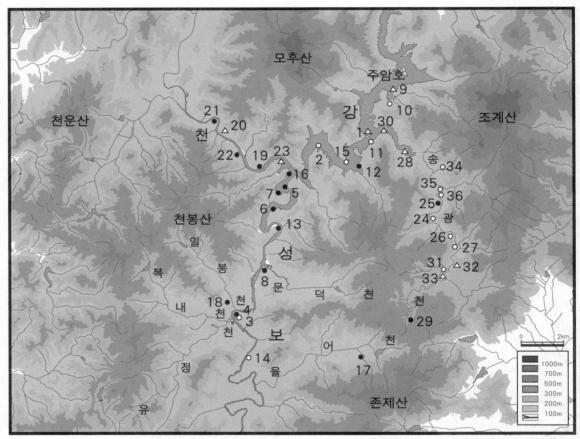

※ ○ : 지표유적(기존), ● : 지표유적(신규), △ : 발굴유적

〈그림 9〉 보성강 중류지역의 구석기유적 분포도

〈표 12〉 중류지역 구석기유적의 기본정보목록

번호	유적명	수계	해발높이	규모	문화층	출토 유물과 유구	돌감	현상
1	대곡리 도롱	본류	95	초대	2	망치, 모룻돌, 몸돌, 격지, 돌날몸돌, 돌날, 찍개, 주먹도끼, 주먹찌르개, 주먹대패, 여러면석기, 공모양석기류, 긁개, 밀개, 홈날, 톱니날, 뚜르개, 부리날, 콧등날	A, B	수몰(밭, 논)
2	덕치리 신기(척치)	본류	90	초대	2	망치, 모룻돌, 몸돌, 격지, 돌날몸돌, 돌날, 찍개, 주먹도끼, 주먹찌르개, 주먹대패, 여러면석기, 공모양석기류, 긁개, 밀개, 새기개, 홈날, 톱니날, 뚜르개, 부리날, 콧등날	A, B, C	수몰(밭, 논)
3	동교리 외판 '가'	본류	115	중	1	격지, 몸돌, 여러면석기, 밀개	A, B	밭, 무덤
4	동교리 외판 '나'	본류	115	중	1	격지, 찍개, 주먹대패, 공모양석기류, 긁개, 밀개, 홈날, 부리날, 콧등날	A	밭, 민가, 무덤

5	봉갑리 고수월	본류	95	소	2	몸돌, 격지, 돌날몸돌, 좀돌날, 찍개, 주먹찌르개, 주먹대패, 공모양석기류, 긁개, 밀개, 부리날	A, B	수몰(밭, 논)
6	봉갑리 병치	본류	105	소	2	망치, 몸돌, 격지, 돌날, 찍개, 외면석기, 주먹대패, 공모양석기류, 긁개, 홈날, 톱니날	A, B	농장, 수몰
7	봉갑리 새터 (신기)	본류	95	소	1	망치, 몸돌, 격지, 찍개, 주먹찌르개, 주먹대패, 공모양석기류, 긁개, 밀개, 홈날, 뚜르개, 콧등날	A, B	수몰(밭, 논)
8	봉정리 반송	본류	110	대	1	몸돌, 돌날몸돌, 격지, 찍개, 주먹도끼, 주먹찌르개, 공모양석기류, 홈날, 톱니날, 부리날, 등손잡이칼	A, B	밭, 수몰
9	신평리 금평	본류	90	대	2	망치, 몸돌, 격지, 돌날, 좀돌날몸돌, 좀돌날, 찍개, 주먹대패, 여러면석기, 공모양석기류, 긁개, 밀개, 새기개, 홈날, 톱니날, 뚜르개, 부리날, 콧등날	A, B	수몰(밭, 논)
10	신평리 평촌	본류	130	소	1	몸돌, 격지, 찍개, 긁개, 밀개	A	밭, 무덤
11	우산리 내우	본류	90	중	2	망치, 모룻돌, 몸돌, 격지, 좀돌날몸돌, 찍개, 주먹찌르개, 주먹대패, 여러면석기, 공모양석기류, 긁개, 밀개, 홈날, 톱니날, 뚜르개, 콧등날, 등손잡이칼	A, B, D	수몰(논)
12	우산리 외우	본류	100	중	2	망치, 모룻돌, 몸돌, 격지, 돌날, 찍개, 주먹대패, 공모양석기류, 긁개, 밀개, 새기개, 홈날, 톱니날, 뚜르개, 부리날, 콧등날, 각추상석기	A, B	밭, 민가, 수몰
13	운곡리 무탄	본류	100	중	2	모룻돌, 몸돌, 격지, 돌날몸돌, 스키 스폴, 찍개, 주먹대패, 공모양석기류, 긁개, 밀개, 뚜르개	A, B	수몰(밭)
14	율어리 진목	본류	120	소	1	격지, 여러면석기	A	밭
15	월산리 사비	본류	95	초대	2	몸돌, 격지, 좀돌날, 찍개, 주먹대패, 여러면석기, 공모양석기류, 긁개, 밀개, 홈날, 톱니날, 뚜르개, 부리날, 콧등날	A, B	수몰(밭, 논)
16	죽산리 문덕교	본류	95	소	1	격지, 찍개, 주먹대패, 긁개, 밀개	A, B	수몰(과수원)
17	장동리 서동	율어천	160	소	1	몸돌, 격지	A	밭, 무덤
18	봉천리 버드골	일봉천	120	소	1	몸돌, 격지, 긁개, 홈날	A	밭, 창고
19	복교리 복교	동복천	110	소	1	모룻돌, 찍개, 주먹대패, 긁개, 톱니날	A	수몰(밭, 논)
20	사수리 대전	동복천	110	소	2	망치, 모룻돌, 몸돌, 격지, 좀돌날몸돌, 주먹도끼, 주먹찌르개, 주먹대패, 공모양석기, 긁개, 밀개, 톱니날	A, B	도로(밭)
21	사수리 사수	동복천	115	대	1	몸돌, 찍개, 긁개, 부리날	A	밭, 무덤, 마을
22	주산리 주산	동복천	105	중	1	망치, 모룻돌, 몸돌, 좀돌날몸돌, 격지, 찍개, 긁개, 밀개, 홈날	A, B	수몰(밭)
23	죽산리 하죽	동복천	100	중	2	몸돌, 격지, 찍개, 주먹찌르개, 긁개, 밀개, 콧등날	A, B	수몰(밭, 논)
24	구룡리 영봉	송광천	155	소	1	망치, 몸돌, 격지, 주먹대패, 긁개, 홈날, 콧등날	A, B	밭, 무덤
25	구룡리 오룡	송광천	135	소	1	몸돌, 격지, 주먹대패, 긁개, 홈날, 뚜르개, 부리날	A, B	밭
26	금성리 금성	송광천	175	대	1	망치, 몸돌, 격지, 좀돌날몸돌, 공모양석기류, 긁개, 밀개, 홈날, 톱니날, 뚜르개, 부리날, 등손잡이칼	A, B	밭, 비닐하우스
27	금성리 평지들	송광천	180	중	1	망치, 몸돌, 격지, 주먹도끼, 주먹대패, 긁개, 밀개, 홈날, 톱니날, 부리날	A, B	태양광(밭)
28	덕산리 죽산	송광천	100	대	3	망치, 몸돌, 격지, 돌날, 좀돌날몸돌, 좀돌날, 찍개, 주먹도끼, 주먹찌르개, 주먹대패, 여러면석기, 긁개, 밀개, 홈날, 톱니날, 뚜르개, 부리날, 슴베찌르개	A, B, C	밭, 수몰(논)
29	반용리 가용	송광천	295	소	1	격지, 긁개, 홈날	A	밭, 비닐하우스
30	우산리 곡천	송광천	95	소	2	망치, 몸돌, 격지, 좀돌날몸돌, 찍개, 주먹찌르개, 공모양석기류, 긁개, 밀개	A, B	수몰(밭)
31	월암리 구암	송광천	190	소	1	몸돌, 격지, 찍개, 주먹찌르개, 주먹대패, 긁개, 밀개, 홈날, 톱니날, 부리날	A, B	밭, 무덤
32	월암리 외록골	송광천	200	소	1	몸돌, 격지, 여러면석기, 긁개, 밀개	A, B	도로(밭)
33	월암리 월평	송광천	200	대	5	망치, 모룻돌, 몸돌, 격지, 돌날몸돌, 돌날, 좀돌날몸돌, 좀돌날, 찍개, 주먹도끼, 여러면석기, 공모양석기류, 긁개, 밀개, 새기개, 홈날, 톱니날, 뚜르개, 부리날, 콧등날, 등손잡이칼, 슴베찌르개, 창끝찌르개	A, B, C, D, E	밭, 무덤
34	이읍리 이읍	송광천	140	소	1	격지, 긁개, 등손잡이칼	A	도로(논)
35	이읍리 인덕	송광천	120	소	1	몸돌, 격지, 돌날몸돌, 찍개, 주먹도끼, 주먹찌르개, 공모양석기류, 긁개, 밀개, 새기개, 홈날, 톱니날, 뚜르개, 부리날, 콧등날, 슴베찌르개	A, B	밭
36	장안리 장동	송광천	135	소	1	망치, 모룻돌, 몸돌, 격지, 찍개, 긁개, 밀개, 홈날, 톱니날, 뚜르개	A, B	밭, 무덤

1. 대곡리 도롱

① 행정구역명 : 전라남도 순천시 송광면 대곡리 472 일대

② 조사기관 및 연도 : 조선대학교 박물관 1996, 대한문화재연구원 2013.

③ 조사 구분 : 지표조사, 수몰지역 학술발굴(기존)

④ 유적 규모와 문화층의 개수 : 초대형, 최소 2개

⑤ 유물 종류 : 돌날몸돌, 찍개, 주먹도끼, 주먹찌르개, 공모양석기류, 밀개 등

⑥ 돌감 종류 : 석영암, 산성화산암

⑦ 수계와 해발 높이 : 본류, 95m

⑧ 현상 : 수몰(밭, 논)

⑨ 참고문헌 : 이기길, 1997, 〈보성강 유역에서 새로 찾은 구석기유적 예보〉《한국고고학보》37, pp. 7~62 ; 이영철·권혁주·이혜연·문지연·이정아·박성탄·한광휘, 2015,《순천 대곡리 도롱유적》(순천시·대한문화재연구원).

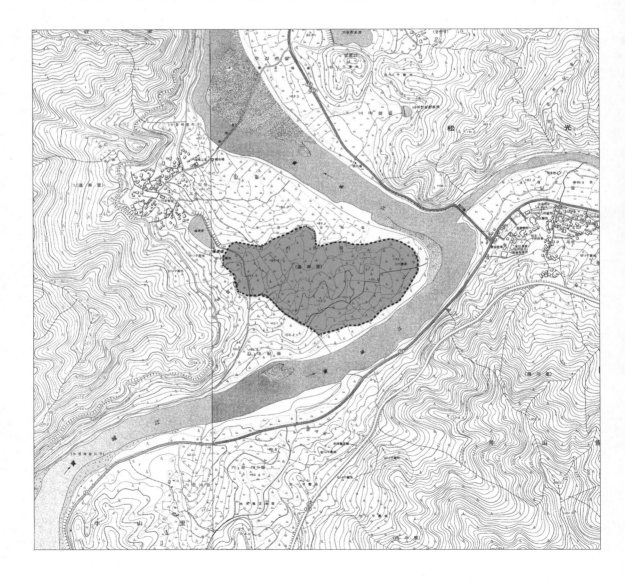

1. 유적 전경

2. 유적 내부

3. 조사 모습

4. 출토 유물

120

2. 덕치리 신기(척치)

① 행정구역명 : 전라남도 보성군 문덕면 덕치리 699 일대
② 조사기관 및 연도 : 조선대학교 박물관 1996.
③ 조사 구분 : 지표조사(기존)
④ 유적 규모와 문화층의 개수 : 초대형, 최소 2개
⑤ 유물 종류 : 모룻돌, 돌날몸돌, 찍개, 주먹도끼, 주먹대패, 공모양석기류, 긁개, 밀개, 새기개, 홈날 등
⑥ 돌감 종류 : 석영암, 산성화산암, 수정
⑦ 수계와 해발 높이 : 본류, 90m
⑧ 현상 : 수몰(밭, 논)
⑨ 참고문헌 : 이기길, 1997.〈보성강 유역에서 새로 찾은 구석기유적 예보〉《한국고고학보》37, pp. 7~62.

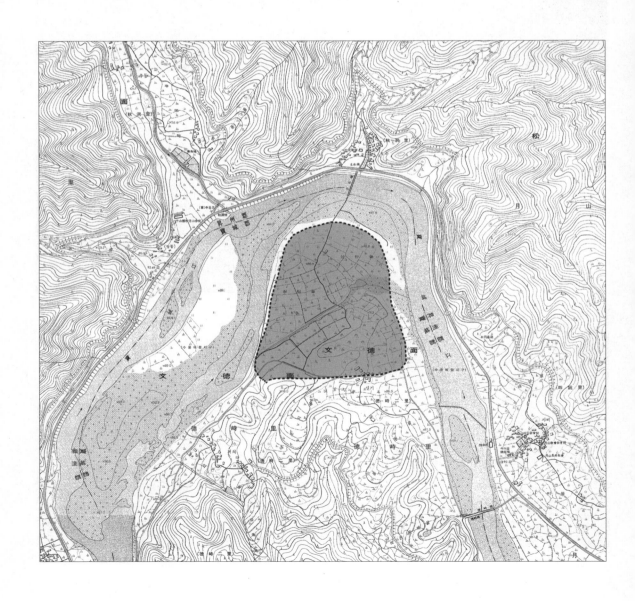

1. 유적 전경

2. 유적 내부

3. 몸돌, 격지, 모룻돌 등

4. 긁개, 밀개와 돌날몸돌

3. 동교리 외판 '가'

① 행정구역명 : 전라남도 보성군 복내면 동교리 1029 일대
② 조사기관 및 연도 : 조선대학교 박물관 2019.
③ 조사 구분 : 지표조사(신규)
④ 유적 규모와 문화층의 개수 : 중형, 최소 1개
⑤ 유물 종류 : 격지, 몸돌, 여러면석기, 밀개 등
⑥ 돌감 종류 : 석영암, 산성화산암
⑦ 수계와 해발 높이 : 본류, 115m
⑧ 현상 : 밭, 무덤
⑨ 참고문헌 :

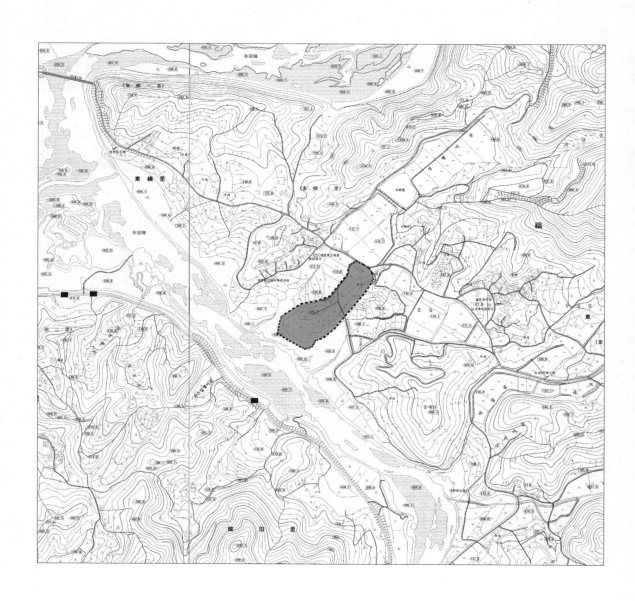

1. 유적 원경

2. 유적 원경

3. 유적 내부

4. 출토 유물

4. 동교리 외판 '나'

① 행정구역명 : 전라남도 보성군 복내면 동교리 1144, 1145 일대
② 조사기관 및 연도 : 조선대학교 박물관 1995.
③ 조사 구분 : 지표조사(기존)
④ 유적 규모와 문화층의 개수 : 중형, 최소 1개
⑤ 유물 종류 : 격지, 찍개, 주먹대패, 공모양석기류, 긁개, 밀개, 홈날 등
⑥ 돌감 종류 : 석영암
⑦ 수계와 해발 높이 : 본류, 115m
⑧ 현상 : 밭, 민가, 무덤
⑨ 참고문헌 : 이기길, 1997. 〈보성강 유역에서 새로 찾은 구석기유적 예보〉《한국고고학보》37, pp. 7~62.

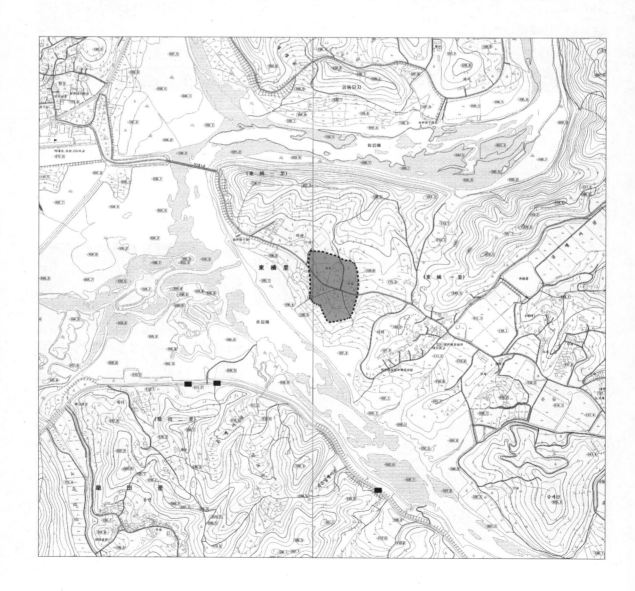

1. 유적 원경

2. 유적 근경

3. 조사 모습

4. 주먹도끼

5. 봉갑리 고수월

① 행정구역명 : 전라남도 보성군 문덕면 봉갑리 산 224 일대
② 조사기관 및 연도 : 조선대학교 박물관 2001.
③ 조사 구분 : 지표조사(신규)
④ 유적 규모와 문화층의 개수 : 소형, 최소 2개
⑤ 유물 종류 : 돌날몸돌, 좀돌날, 찍개, 주먹찌르개, 공모양석기류, 밀개 등
⑥ 돌감 종류 : 석영암, 산성화산암
⑦ 수계와 해발 높이 : 본류, 95m
⑧ 현상 : 수몰(밭, 논)
⑨ 참고문헌 :

1. 유적 원경

2. 유적 원경

3. 좀돌날, 몸돌, 밀개 등

4. 소형몸돌과 밀개

6. 봉갑리 병치

① 행정구역명 : 전라남도 보성군 문덕면 봉갑리 38 일대
② 조사기관 및 연도 : 조선대학교 박물관 2001.
③ 조사 구분 : 지표조사(신규)
④ 유적 규모와 문화층의 개수 : 소형, 최소 2개
⑤ 유물 종류 : 돌날, 찍개, 외면석기(uniface), 주먹대패, 공모양석기류, 긁개, 홈날 등
⑥ 돌감 종류 : 석영암, 산성화산암
⑦ 수계와 해발 높이 : 본류, 105m
⑧ 현상 : 농장, 수몰
⑨ 참고문헌 :

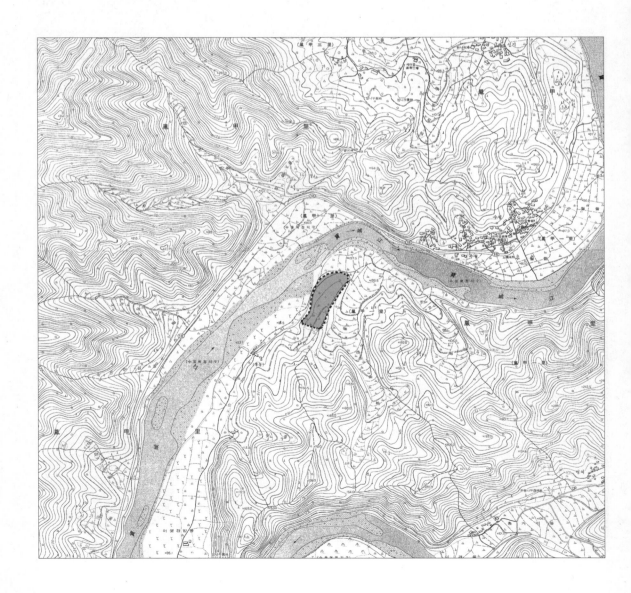

1. 유적 전경

2. 유적 근경

3. 조사 모습

4. Uniface, 격지, 몸돌, 여러면석기 등

7. 봉갑리 새터(신기)

① 행정구역명 : 전라남도 보성군 문덕면 봉갑리 345~347, 401, 산 201~202 일대
② 조사기관 : 조선대학교 박물관 2001.
③ 조사 구분 : 지표조사(신규)
④ 유적 규모와 문화층의 개수 : 소형, 최소 1개
⑤ 유물 종류 : 망치, 몸돌, 격지, 찍개, 주먹찌르개, 주먹대패, 공모양석기류, 긁개, 밀개, 홈날, 뚜르개 등
⑥ 돌감 종류 : 석영암, 산성화산암
⑦ 수계와 해발 높이 : 본류, 95m
⑧ 현상 : 수몰(밭, 논)
⑨ 참고문헌 :

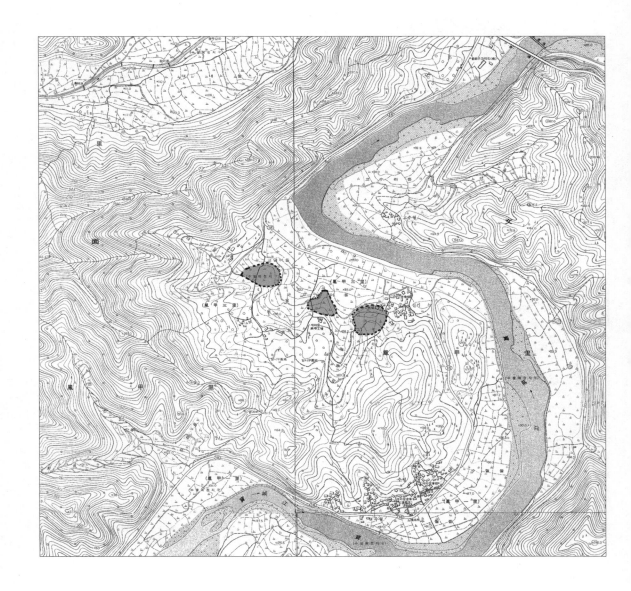

1. 유적 전경

2. 조사 모습

3. 주먹찌르개, 버금공모양석기 등

4. 주먹찌르개와 버금공모양석기

8. 봉정리 반송

① 행정구역명 : 전라남도 보성군 문덕면 봉정리 581-5 일대

② 조사기관 및 연도 : 조선대학교 박물관 2013.

③ 조사 구분 : 지표조사(신규)

④ 유적 규모와 문화층의 개수 : 대형, 최소 1개

⑤ 유물 종류 : 찍개, 주먹도끼, 주먹찌르개, 공모양석기류, 홈날, 톱니날, 등손잡이칼 등

⑥ 돌감 종류 : 석영암, 산성화산암

⑦ 수계와 해발 높이 : 본류, 110m

⑧ 현상 : 밭, 수몰

⑨ 참고문헌 :

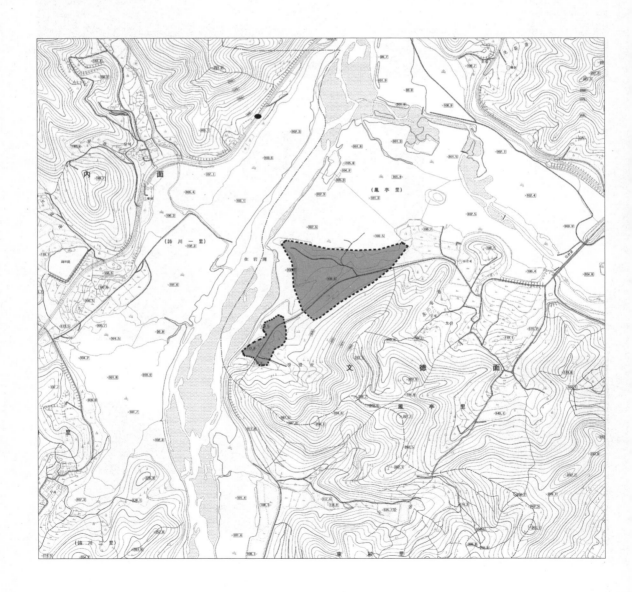

1. 유적 원경

2. 유적 내부

3. 망치, 주먹도끼와 돌날몸돌

9. 신평리 금평

① 행정구역명 : 전라남도 순천시 송광면 신평리 1026 일대

② 조사기관 및 연도 : 숭실대학교 박물관 1986~1987.

③ 조사 구분 : 주암댐 수몰지역 발굴조사(기존)

④ 유적 규모와 문화층의 개수 : 대형, 최소 2개

⑤ 유물 종류 : 망치, 돌날, 좀돌날몸돌, 찍개, 공모양석기류, 밀개, 새기개 등

⑥ 돌감 종류 : 석영암, 산성화산암

⑦ 수계와 해발 높이 : 본류, 90m

⑧ 현상 : 수몰(밭, 논)

⑨ 참고문헌 : 임병태·최은주, 1987. 〈신평리 금평 지석묘〉《주암댐 수몰지역 문화유적 발굴조사 보고서》 I, pp. 331~391 (전남대학교 박물관) ; 임병태·이선복, 1988. 〈신평리 금평 구석기〉《주암댐 수몰지역 문화유적 발굴조사 보고서》 V, pp. 23~62 (전남대학교 박물관).

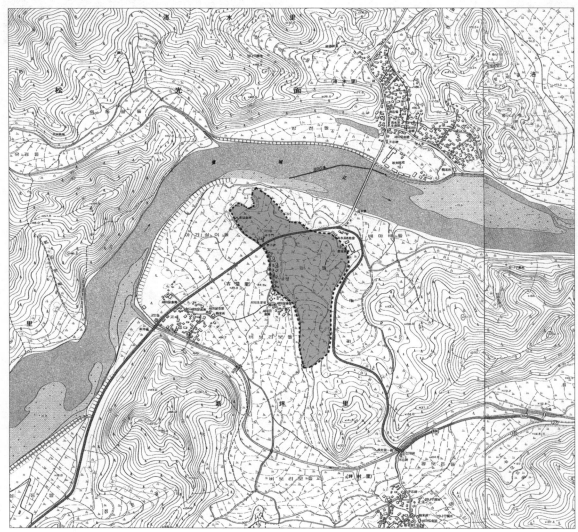

1. 유적전경

2. 발굴 모습

3. 지층

4. 배모양석기

5. 밀개와 좀돌날 출토 모습

10. 신평리 평촌

① 행정구역명 : 전라남도 순천시 송광면 신평리 580 일대

② 조사기관 및 연도 : 조선대학교 박물관 2001.

③ 조사 구분 : 지표조사(기존)

④ 유적 규모와 문화층의 개수 : 소형, 최소 1개

⑤ 유물 종류 : 몸돌, 격지, 찍개, 긁개, 밀개

⑥ 돌감 종류 : 석영암

⑦ 수계와 해발 높이 : 본류, 130m

⑧ 현상 : 밭, 무덤

⑨ 참고문헌 : 이기길·김선주, 2001a, 〈벌교-주암간 1공구 도로건설구간 내의 구석기유적〉《벌교-주암간 도로 개설구간 2공구 문화유적 지표조사보고서》 pp. 25~36 (전남문화재연구원).

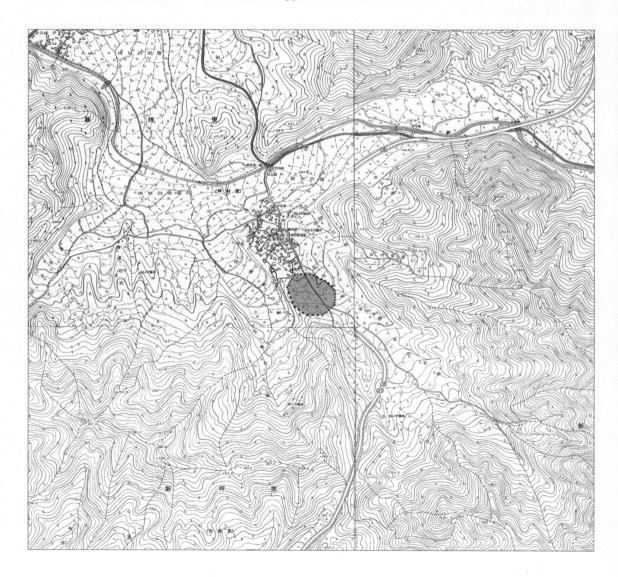

1. 유적 전경

2. 유적 내부

3. 몸돌과 뾰족끝찍개

11. 우산리 내우

① 행정구역명 : 전라남도 순천시 송광면 우산리 334 일대
② 조사기관 및 연도 : 조선대학교 박물관 1995.
③ 조사 구분 : 지표조사(기존)
④ 유적 규모와 문화층의 개수 : 중형, 최소 2개
⑤ 유물 종류 : 좀돌날몸돌, 찍개, 주먹찌르개, 공모양석기류, 긁개, 밀개, 뚜르개 등
⑥ 돌감 종류 : 석영암, 산성화산암, 흑요석
⑦ 수계와 해발 높이 : 본류, 90m
⑧ 현상 : 수몰(논)
⑨ 참고문헌 : 李起吉, 2011.〈舊石器時代の韓・日交流－新資料を中心として－〉《考古學ジャーナル》618, pp. 27~31.

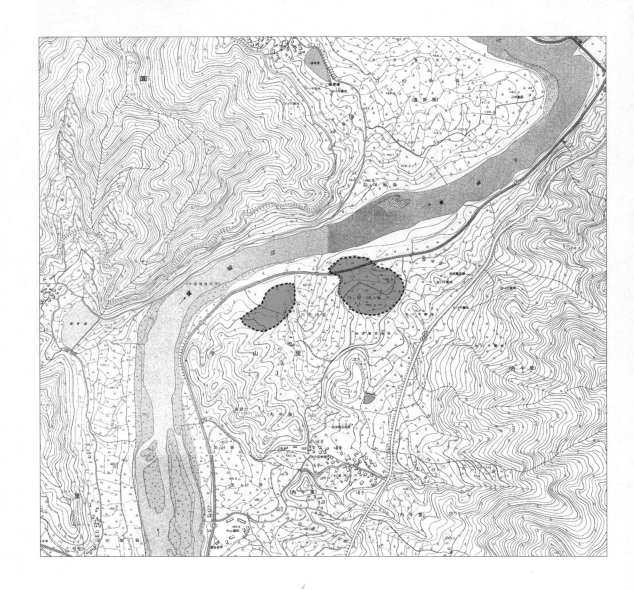

1. 유적 원경

2. 조사 모습

3. 지층

4. 주먹찌르개, 밀개, 긁개, 공모양석기 등

12. 우산리 외우

① 행정구역명 : 전라남도 순천시 송광면 우산리 산 82-1 일대
② 조사기관 및 연도 : 조선대학교 박물관 1996.
③ 조사 구분 : 지표조사(신규)
④ 유적 규모와 문화층의 개수 : 중형, 최소 2개
⑤ 유물 종류 : 돌날, 찍개, 주먹대패, 공모양석기류, 밀개, 새기개, 각추상석기 등
⑥ 돌감 종류 : 석영암, 산성화산암
⑦ 수계와 해발 높이 : 본류, 100m
⑧ 현상 : 밭, 민가, 수몰
⑨ 참고문헌 :

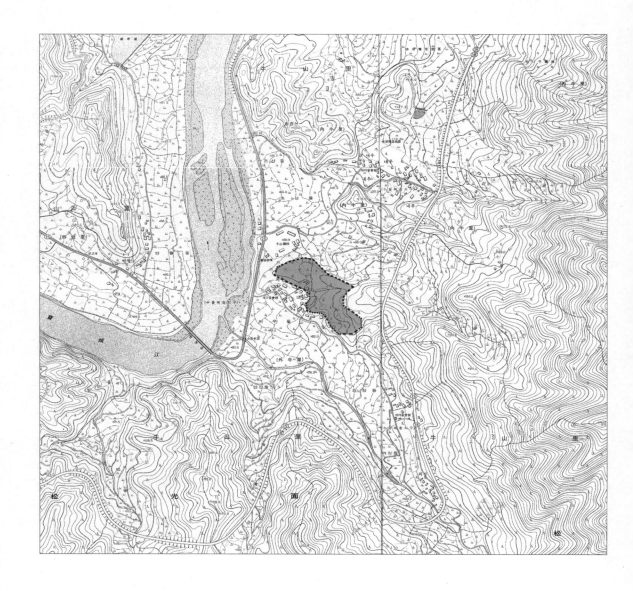

1. 유적 원경

2. 조사 모습

3. 지층

4. 각추상석기, 뚜르개와 찍개

13. 운곡리 무탄

① 행정구역명 : 전라남도 보성군 문덕면 운곡리 353, 359 일대
② 조사기관 및 연도 : 조선대학교 박물관 2013.
③ 조사 구분 : 지표조사(신규)
④ 유적 규모와 문화층의 개수 : 중형, 최소 2개
⑤ 유물 종류 : 돌날몸돌, 스키 스폴, 찍개, 주먹대패, 공모양석기류, 밀개 등
⑥ 돌감 종류 : 석영암, 산성화산암
⑦ 수계와 해발 높이 : 본류, 100m
⑧ 현상 : 수몰(밭)
⑨ 참고문헌 :

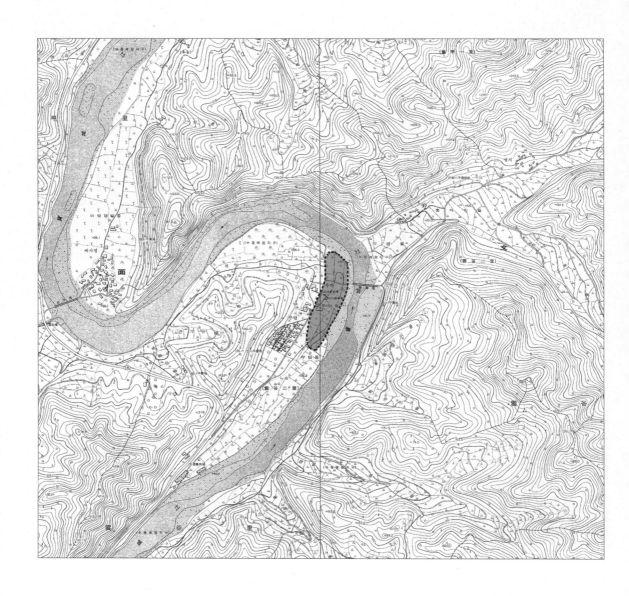

1. 유적 전경

2. 조사 모습

3. 몸돌, 긁개, 밀개 등

4. 때림면격지, 몸돌과 밀개

14. 율어리 진목

① 행정구역명 : 전라남도 보성군 율어면 율어리 진목 778-1
② 조사기관 및 연도 : 동신대학교 문화박물관 2004.
③ 조사 구분 : 전기공사로 인한 지표조사(기존)
④ 유적 규모와 문화층의 개수 : 소형, 최소 1개
⑤ 유물 종류 : 격지, 여러면석기
⑥ 돌감 종류 : 석영암
⑦ 수계와 해발 높이 : 본류, 120m
⑧ 현상 : 밭
⑨ 참고문헌 : 동신대학교 문화박물관, 2004.《345kv 신강진-광양 간 T/L 건설공사 구간 내 문화유적지표조사
　　보고》(동신대학교 문화박물관).

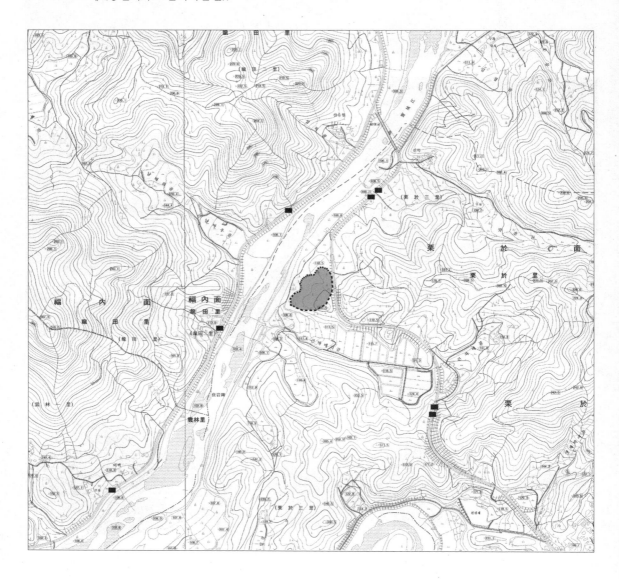

1. 유적 원경

2. 유적 근경

3. 유적 내부와 출토 석기

4. 격지

146

15. 월산리 사비

① 행정구역명 : 전라남도 순천시 송광면 월산리 310 일대
② 조사기관 및 연도 : 조선대학교 박물관 1996.
③ 조사 구분 : 지표조사(기존)
④ 유적 규모와 문화층의 개수 : 초대형, 최소 2개
⑤ 유물 종류 : 좀돌날, 찍개, 주먹대패, 공모양석기류, 밀개, 홈날, 뚜르개 등
⑥ 돌감 종류 : 석영암, 산성화산암
⑦ 수계와 해발 높이 : 본류, 95m
⑧ 현상 : 밭, 논, 수몰
⑨ 참고문헌 : 이기길, 1997. 〈보성강 유역에서 새로 찾은 구석기유적 예보〉《한국고고학보》 37, pp. 7~62.

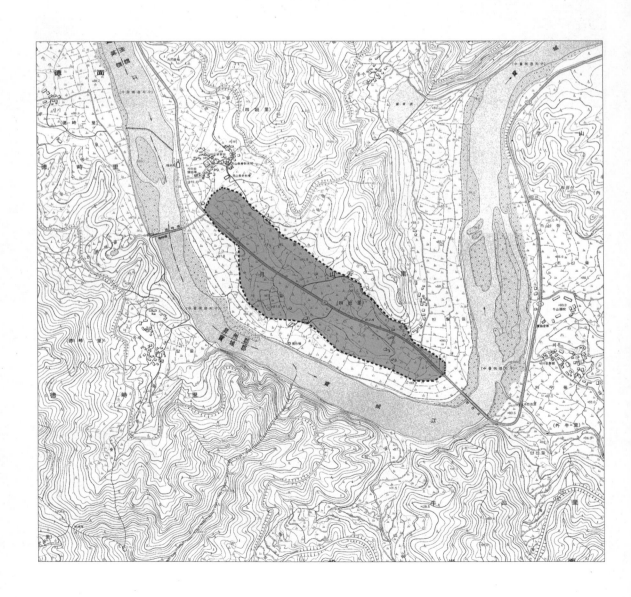

1. 유적 원경

2. 유적 내부

3. 초대형격지 밀개, 뚜르개와 버금공모양석기

16. 죽산리 문덕교

① 행정구역명 : 전라남도 보성군 문덕면 죽산리 1 일대
② 조사기관 및 연도 : 조선대학교 박물관 2012.
③ 조사 구분 : 지표조사(신규)
④ 유적 규모와 문화층의 개수 : 소형, 최소 1개
⑤ 유물 종류 : 격지, 찍개, 주먹대패, 긁개, 밀개
⑥ 돌감 종류 : 석영암, 산성화산암
⑦ 수계와 해발 높이 : 본류, 95m
⑧ 현상 : 수몰(과수원)
⑨ 참고문헌 :

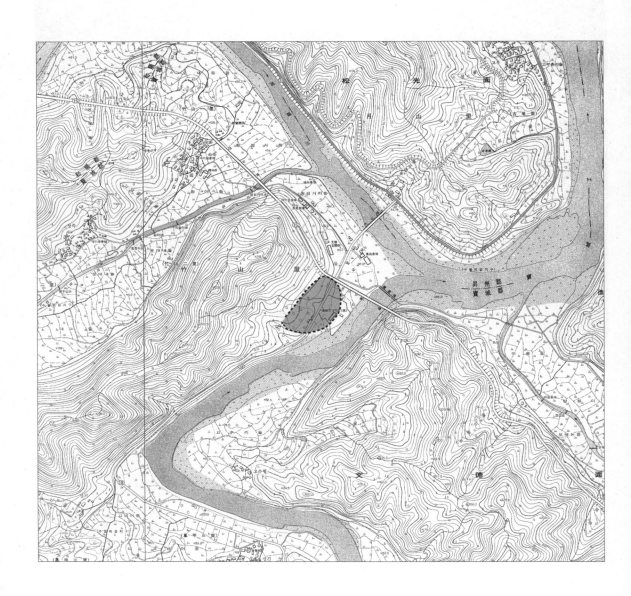

1. 유적 원경

2. 유적 근경

3. 조사 모습

4. 구심식밀개와 격지들

17. 장동리 서동

① 행정구역명 : 전라남도 보성군 율어면 장동리 산 18 일대
② 조사기관 및 연도 : 조선대학교 박물관 1995.
③ 조사 구분 : 지표조사(신규)
④ 유적 규모와 문화층의 개수 : 소형, 최소 1개
⑤ 유물의 수량과 종류 : 몸돌, 격지
⑥ 돌감 종류 : 석영암
⑦ 수계와 해발 높이 : 율어천, 160m
⑧ 현상 : 밭, 무덤
⑨ 참고문헌 :

1. 유적 원경

2. 유적 근경

3. 유적에서 내다본 모습

4. 출토 유물

18. 봉천리 버드골(유동)

① 행정구역명 : 전라남도 보성군 복내면 봉천리 558 일대
② 조사기관 및 연도 : 조선대학교 박물관 1995.
③ 조사 구분 : 지표조사(신규)
④ 유적 규모와 문화층의 개수 : 소형, 최소 1개
⑤ 유물 종류 : 몸돌, 격지, 긁개, 홈날
⑥ 돌감 종류 : 석영암
⑦ 수계와 해발 높이 : 일봉천, 120m
⑧ 현상 : 밭, 창고
⑨ 참고문헌 :

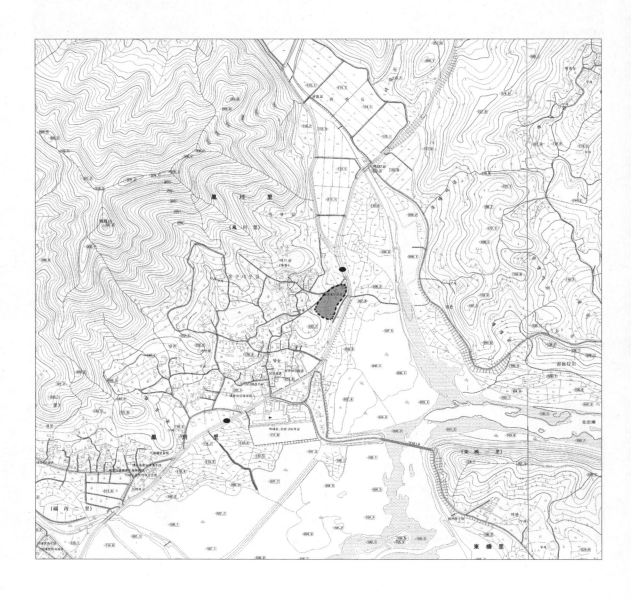

1. 유적 원경

2 조사 모습

3. 찍개와 격지

19. 복교리 복교

① 행정구역명 : 전라남도 화순군 남면 복교리 304 일대
② 조사기관 및 연도 : 조선대학교 박물관 1995.
③ 조사 구분 : 지표조사(신규)
④ 유적 규모와 문화층의 개수 : 소형, 최소 1개
⑤ 유물 종류 : 모룻돌, 찍개, 주먹대패, 긁개, 톱니날
⑥ 돌감 종류 : 석영암
⑦ 수계와 해발 높이 : 동복천, 110m
⑧ 현상 : 수몰(밭, 논)
⑨ 참고문헌 :

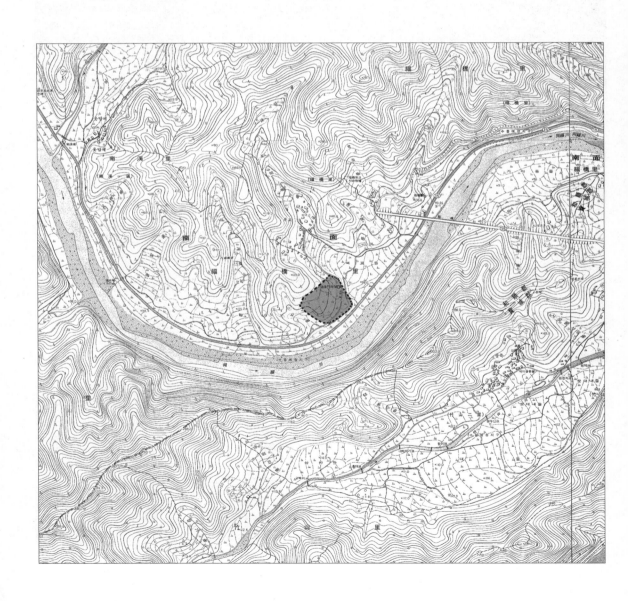

1. 유적 원경

2. 지층 단면의 석기

3. 주먹대패

20. 사수리 대전

① 행정구역명 : 전라남도 화순군 남면 사수리 158 일대
② 조사기관 및 연도 : 충북대학교 박물관 1987~1989.
③ 조사 구분 : 주암댐 수몰지역 발굴조사(기존)
④ 유적 규모와 문화층의 개수 : 소형, 최소 2개
⑤ 유물 종류 : 망치, 모룻돌, 좀돌날몸돌, 주먹도끼, 주먹찌르개, 공모양석기, 긁개, 밀개, 톱니날 등
⑥ 돌감 종류 : 석영암, 산성화산암
⑦ 수계와 해발 높이 : 동복천, 110m
⑧ 현상 : 도로(밭)
⑨ 참고문헌 : 이융조·하문식·조상기, 1988. 〈사수리 대전 고인돌〉《주암댐 수몰지역 문화유적 발굴조사 보고서》 Ⅳ, pp. 221~279 (전남대학교 박물관) ; 이융조·윤용현, 1992.《和順 大田 舊石器時代 집터 復元》(충북대학교 중원문화연구소).

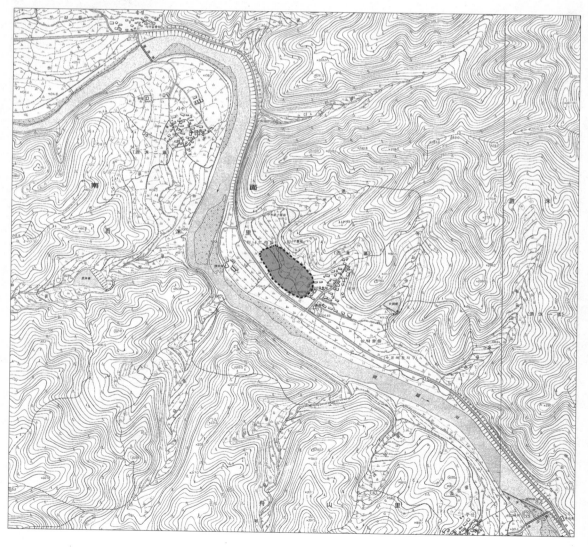

1. 유적 원경

2. 조사 모습

3. 지층

4. 좀돌날몸돌, 주먹대패, 주먹찌르개, 주먹도끼

21. 사수리 사수

① 행정구역명 : 전라남도 화순군 남면 사수리 594-3 일대
② 조사기관 및 연도 : 조선대학교 박물관 1995.
③ 조사 구분 : 지표조사(신규)
④ 유적 규모와 문화층의 개수 : 대형, 최소 1개
⑤ 유물 종류 : 몸돌, 찍개, 긁개, 부리날
⑥ 돌감 종류 : 석영암
⑦ 수계와 해발 높이 : 동복천, 115m
⑧ 현상 : 밭, 무덤, 마을
⑨ 참고문헌 :

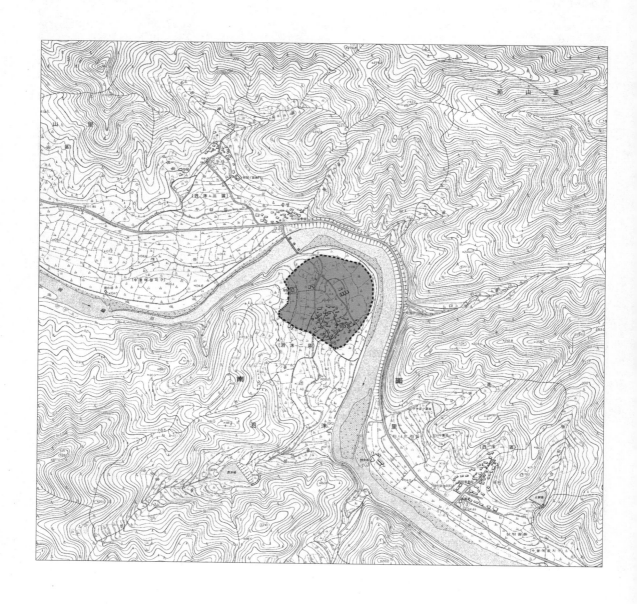

1. 유적 전경

2. 유적 내부

3. 출토 석기

22. 주산리 주산

① 행정구역명 : 전라남도 화순군 남면 사수리 22 일대
② 조사기관 및 연도 : 조선대학교 박물관 1995.
③ 조사 구분 : 지표조사(신규)
④ 유적 규모와 문화층의 개수 : 중형, 최소 1개
⑤ 유물의 수량과 종류 : 망치, 모룻돌, 몸돌, 격지, 좀돌날몸돌, 찍개, 긁개, 밀개, 홈날
⑥ 돌감 종류 : 석영암, 산성화산암
⑦ 수계와 해발 높이 : 동복천, 105m
⑧ 현상 : 수몰(밭)
⑨ 참고문헌 :

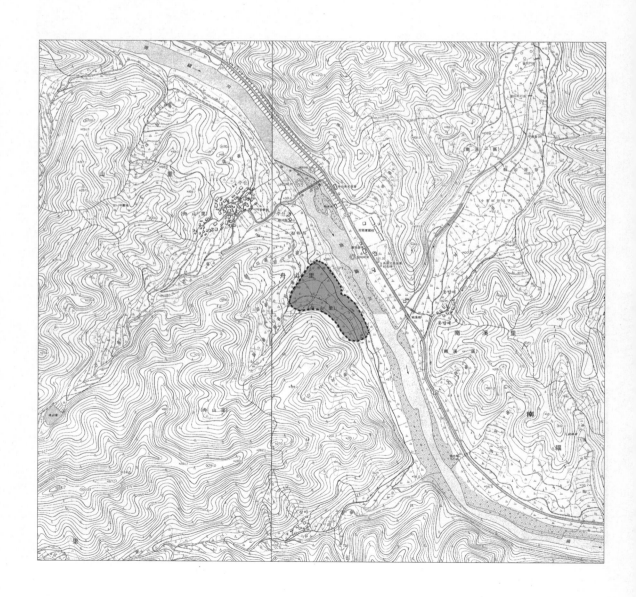

1. 유적 원경

2. 지층

3. 좀돌날몸돌, 밀개와 몸돌

23. 죽산리 하죽

① 행정구역명 : 전라남도 보성군 문덕면 죽산리 산 152
② 조사기관 및 연도 : 경희대학교 박물관 1987 1990.
③ 조사 구분 : 주암댐 수몰지역 발굴조사
④ 유적 규모와 문화층의 개수 : 중형, 최소 2개
⑤ 유물 종류 : 몸돌, 격지, 찍개, 주먹찌르개, 긁개, 밀개, 콧등날
⑥ 돌감 종류 : 석영암, 산성화산암
⑦ 수계와 해발 높이 : 동복천, 100m
⑧ 현상 : 수몰(밭, 논)
⑨ 참고문헌 : 황용훈·신복순, 1994. 〈죽산리 구석기유적 발굴조사보고〉《보성강·한탄강 유역 구석기유적 발굴조사보고서》pp. 3~61 (문화재관리국 문화재연구소).

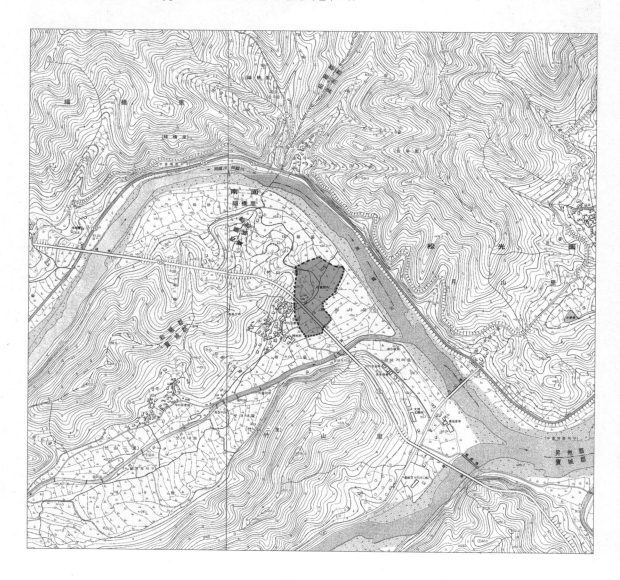

1. 유적 원경

2. 유적 근경

3. 뚜르개, 찌르개, 찍개와 긁개

24. 구룡리 영봉

① 행정구역명 : 전라남도 순천시 송광면 구룡리 441-2 일대

② 조사기관 및 연도 : 조선대학교 박물관 1995.

③ 조사 구분 : 지표조사(기존)

④ 유적 규모와 문화층의 개수 : 소형, 최소 1개

⑤ 유물 종류 : 망치, 몸돌, 격지, 주먹대패, 긁개, 홈날, 콧등날

⑥ 돌감 종류 : 석영암, 산성화산암

⑦ 수계와 해발 높이 : 송광천, 155m

⑧ 현상 : 밭, 무덤

⑨ 참고문헌 : 이기길·임성춘·이강희·김수아, 2015.《순천 월평 유적군(群)을 활용한 '구석기인의 길' 개발》(조선대학교 박물관).

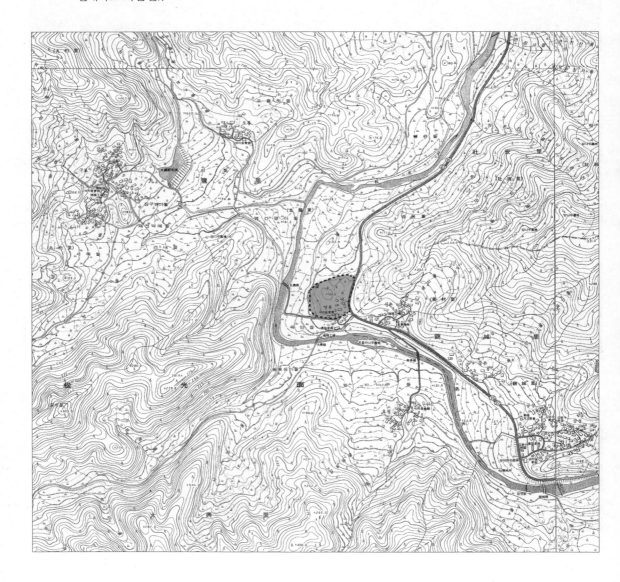

1. 유적 원경

2. 유적 내부

3. 지층과 석기

4. 홈날

25. 구룡리 오룡

① 행정구역명 : 전라남도 순천시 송광면 구룡리 166-2 일대

② 조사기관 및 연도 : 조선대학교 박물관 1995.

③ 조사 구분 : 지표조사(신규)

④ 유적 규모와 문화층의 개수 : 소형, 최소 1개

⑤ 유물 종류 : 몸돌, 격지, 주먹대패, 긁개, 홈날, 뚜르개, 부리날

⑥ 돌감 종류 : 석영암, 산성화산암

⑦ 수계와 해발 높이 : 송광천, 135m

⑧ 현상 : 밭

⑨ 참고문헌 :

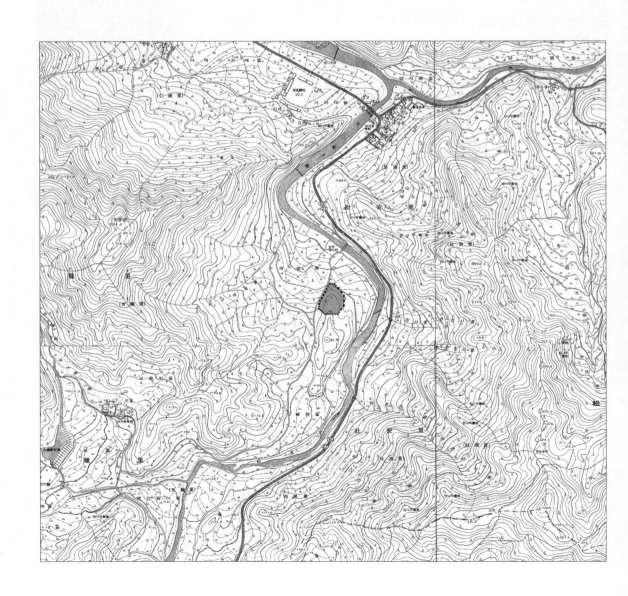

1. 유적 원경

2. 조사 모습

3. 지층 단면의 석기

4. 몸돌

168

26. 금성리 금성

① 행정구역명 : 전라남도 순천시 외서면 금성리 307, 산 127-1 일대
② 조사기관 및 연도 : 조선대학교 박물관 1995.
③ 조사 구분 : 지표조사(기존)
④ 유적 규모와 문화층의 개수 : 대형, 최소 1개
⑤ 유물 종류 : 좀돌날몸돌, 공모양석기류, 긁개, 밀개, 뚜르개, 등손잡이칼 등
⑥ 돌감 종류 : 석영암, 산성화산암
⑦ 수계와 해발 높이 : 송광천, 175m
⑧ 현상 : 밭, 비닐하우스
⑨ 참고문헌 : 이기길, 1997.〈보성강 유역에서 새로 찾은 구석기유적 예보〉《한국고고학보》37, pp. 7~62.

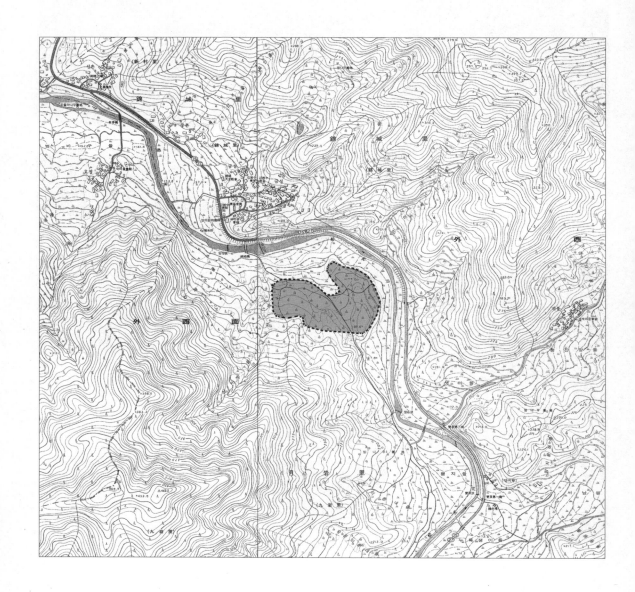

1. 유적 전경

2. 좀돌날몸돌과 톱니날

3. 조사 모습

4. 지층과 문화층

170

27. 금성리 평지들

① 행정구역명 : 전라남도 순천시 외서면 금성리 산 99 일대

② 조사기관 및 연도 : 조선대학교 박물관 1995.

③ 조사 구분 : 지표조사(기존)

④ 유적 규모와 문화층의 개수 : 중형, 최소 1개

⑤ 유물 종류 : 망치, 몸돌, 주먹도끼, 주먹대패, 긁개, 밀개, 홈날, 톱니날, 부리날

⑥ 돌감 종류 : 석영암, 산성화산암

⑦ 수계와 해발 높이 : 송광천, 180m

⑧ 현상 : 밭, 태양광전기 건설로 훼손

⑨ 참고문헌 : 이기길·김선주, 2001a.〈벌교-주암 간 1공구 도로건설공사 구간 내의 구석기유적〉《벌교-주암 간 1공구 도로건설공사 구간 내 문화유적지표조사보고》pp. 25~35 (전남문화재연구원).

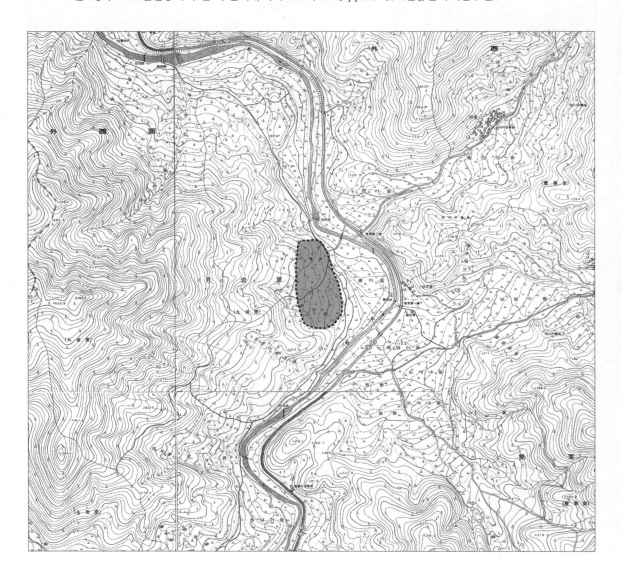

1. 유적 전경

2. 고인돌

3. 밀개(좌)와 주먹도끼

4. 공사로 파괴되는 유적

28. 덕산리 죽산

① 행정구역명 : 전라남도 순천시 송광면 덕산리 515, 산 428 일대

② 조사기관 및 연도 : 고려대학교 박물관 1987, 서울대학교 박물관 1988~1989.

③ 조사 구분 : 수몰지역 발굴조사(기존)

④ 유적 규모와 문화층의 개수 : 대형, 최소 3개

⑤ 유물 종류 : 망치, 돌날, 좀돌날몸돌, 주먹도끼, 주먹찌르개, 밀개, 슴베찌르개 등

⑥ 돌감 종류 : 석영암, 산성화산암, 수정

⑦ 수계와 해발 높이 : 송광천, 100m

⑧ 현상 : 밭, 수몰(논)

⑨ 참고문헌 : 지동식·박종국, 1988.〈덕산리 죽산 지석묘〉《주암댐 수몰지역 문화유적 발굴조사 보고서》Ⅲ, pp. 23~74 (전남대학교 박물관) ; 이선복·강현숙·이교동·김용하·성춘택, 1990.〈신평리 금평·덕산리 죽산 후기구석기유적〉《주암댐 수몰지역 문화유적 발굴조사 보고서》Ⅶ, pp. 21~74 (전남대학교 박물관).

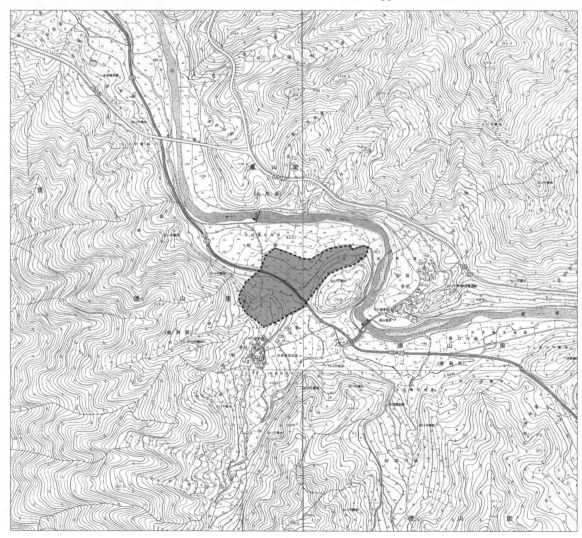

1. 유적 전경

2. 유적 근경

3. 지층

4. 주먹도끼

29. 반용리 가용

① 행정구역명 : 전라남도 순천시 외서면 반용리 153 일대
② 조사기관 및 연도 : 조선대학교 박물관 2002.
③ 조사 구분 : 지표조사(신규)
④ 유적 규모와 문화층의 개수 : 소형, 최소 1개
⑤ 유물 종류 : 격지, 긁개, 홈날
⑥ 돌감 종류 : 석영암
⑦ 수계와 해발 높이 : 송광천, 295m
⑧ 현상 : 밭, 비닐하우스
⑨ 참고문헌 :

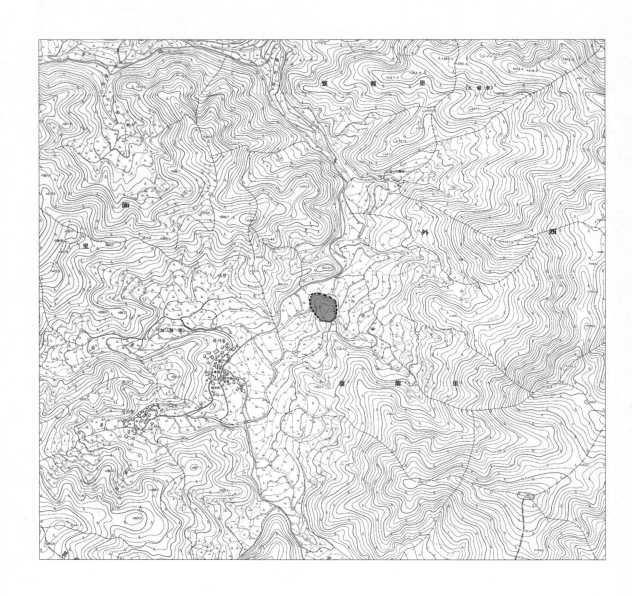

1. 유적 전경

2. 유적 내부

3. 긁개와 격지

30. 우산리 곡천

① 행정구역명 : 전라남도 순천시 송광면 우산리 124 일대
② 조사기관 및 연도 : 충북대학교 박물관 1986 1987 1989.
③ 조사 구분 : 주암댐 수몰지역 발굴조사(기존)
④ 유적 규모와 문화층의 개수 : 소형, 최소 2개
⑤ 유물 종류 : 망치, 몸돌, 격지, 좀돌날몸돌, 찍개, 주먹찌르개, 긁개, 밀개 등
⑥ 돌감 종류 : 석영암, 산성화산암
⑦ 수계와 해발 높이 : 송광천, 95m
⑧ 현상 : 밭, 수몰
⑨ 참고문헌 : 이융조·우종윤·하문식, 1988. 〈우산리 곡천 구석기유적〉《주암댐 수몰지역 문화유적발굴조사보고서》V, pp. 77~139 (전남대학교 박물관) ; 이융조·윤용현, 1990. 〈우산리 곡천 구석기유적〉《주암댐 수몰지역 문화유적 발굴조사 보고서》VII, pp. 77~139 (전남대학교 박물관).

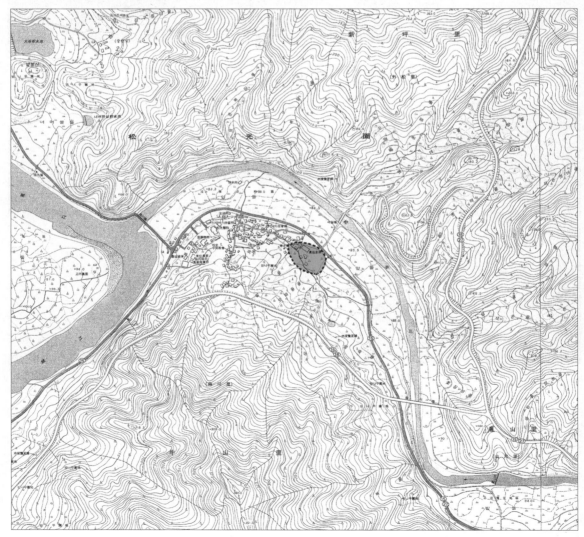

1. 유적 전경

2. 발굴 모습

3. 지층

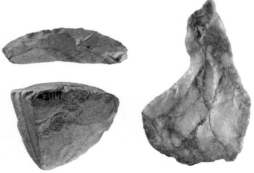

4. 때림면 spall, 좀돌날몸돌과 홈날

178

31. 월암리 구암

① 행정구역명 : 전라남도 순천시 외서면 월암리 245 일대
② 조사기관 및 연도 : 조선대학교 박물관 1995.
③ 조사 구분 : 지표조사(기존)
④ 유적 규모와 문화층의 개수 : 소형, 최소 1개
⑤ 유물 종류 : 몸돌, 격지, 찍개, 주먹찌르개, 주먹대패, 긁개, 밀개, 톱니날 등
⑥ 돌감 종류 : 석영암, 산성화산암
⑦ 수계와 해발 높이 : 송광천, 190m
⑧ 현상 : 밭, 무덤
⑨ 참고문헌 : 이기길·김은정·김선주·김수아·윤정국, 2004.《순천 월평유적-2001년 2차 발굴-》(조선대학교 박물관).

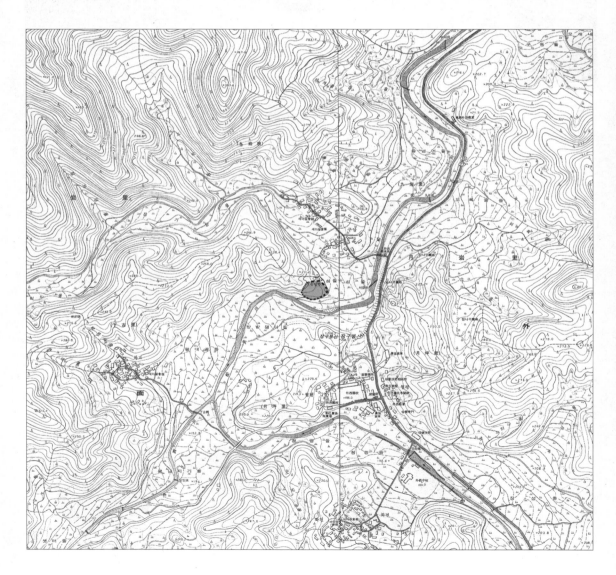

1. 유적 원경

2. 유적에서 내다본 모습

3. 찍개, 격지, 긁개 등

4. 밀개

32. 월암리 외록골

① 행정구역명 : 전라남도 순천시 외서면 월암리 산 15 일대
② 조사기관 및 연도 : 조선대학교 박물관 2006.
③ 조사 구분 : 도로공사로 인한 발굴조사(기존)
④ 유적 규모와 문화층의 개수 : 소형, 최소 1개
⑤ 유물 종류 : 몸돌, 격지, 여러면석기, 긁개, 밀개
⑥ 돌감 종류 : 석영암, 산성화산암
⑦ 수계와 해발 높이 : 송광천, 200m
⑧ 현상 : 도로(밭)
⑨ 참고문헌 : 이기길, 2009.《순천 외록골유적》(조선대학교 박물관·익산지방국토관리청).

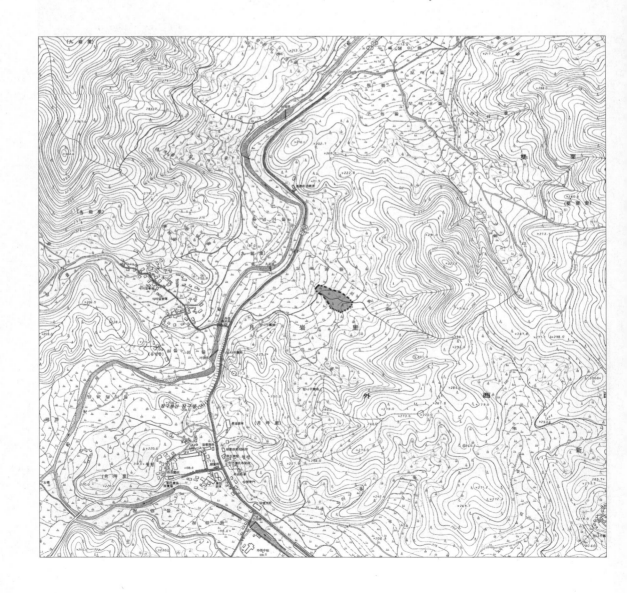

1. 유적 원경

2. 발굴 모습

3. 지층

4. 몸돌, 격지, 밀개 등

33. 월암리 월평

① 행정구역명 : 전라남도 순천시 외서면 월암리 203, 204 번지

② 조사기관 및 연도 : 조선대학교 박물관 1995 1998 2001 2005.

③ 조사 구분 : 지표조사, 학술 발굴조사(기존)

④ 유적 규모와 문화층의 개수 : 대형, 최소 5개

⑤ 유물 종류 : 좀돌날몸돌, 주먹도끼, 밀개, 새기개, 등손잡이칼, 슴베찌르개 등

⑥ 돌감 종류 : 석영암, 산성화산암, 수정, 흑요석, 사누카이트

⑦ 수계와 해발 높이 : 송광천, 200m

⑧ 현상 : 밭, 무덤

⑨ 참고문헌 : 이기길, 1997. 〈보성강 유역에서 새로 찾은 구석기유적 예보〉《한국고고학보》 37, pp. 7~62 ; 이기길, 2002.《순천 월평유적 – 1998년 1차 발굴 –》(조선대학교 박물관·전라남도·순천시) ; 이기길·김은정·김선주·김수아·윤정국, 2004.《순천 월평유적 – 2001년 2차 발굴 –》(조선대학교 박물관·전라남도·순천시) ; 이기길·김수아, 2009.《순천 월평유적 – 2005년 3차 발굴 –》(조선대학교 박물관).

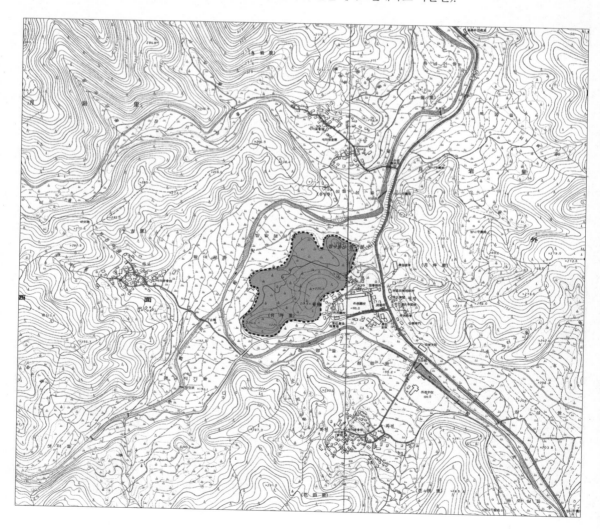

1. 유적 전경(1998년 늦가을)

2. 발견 당시의
   유적 모습(1995년 7월)

3. 지층과 문화층

4. 산성화산암과 수정석기

34. 이읍리 이읍

① 행정구역명 : 전라남도 순천리 송광면 이읍리 566 일대

② 조사기관 및 연도 : 조선대학교 박물관 1998.

③ 조사 구분 : 지표조사(기존)

④ 유적 규모와 문화층의 개수 : 소형, 최소 1개

⑤ 유물 종류 : 격지, 긁개, 등손잡이칼

⑥ 돌감 종류 : 석영암

⑦ 수계와 해발 높이 : 송광천, 140m

⑧ 현상 : 논, 멸실(도로공사)

⑨ 참고문헌 : 이기길·김선주, 2001b. 〈벌교-주암간 도로개설구간 2공구 도로건설공사 구간 내의 구석기유적〉
《벌교-주암간 도로개설구간 2공구 문화유적 지표조사보고서》 pp. 21~26 (전남문화재연구원).

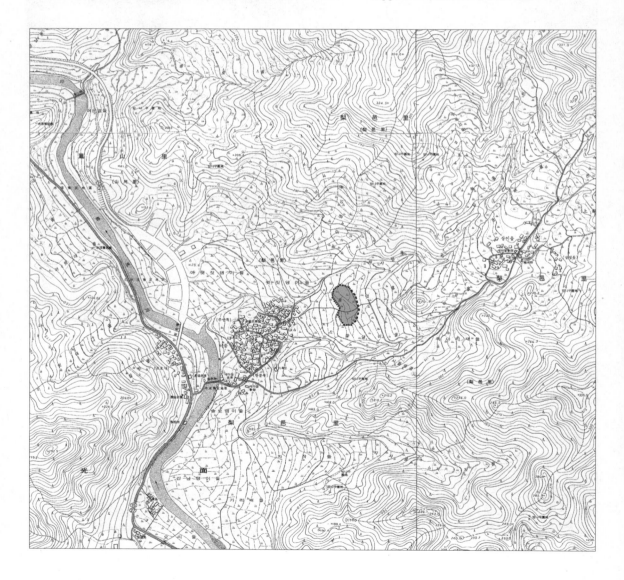

1. 유적 원경

2. 유적 근경

3. 유적 내부

4. 격지와 몸돌

35. 이읍리 인덕

① 행정구역명 : 전라남도 순천시 송광면 이읍리 720 일대
② 조사기관 및 연도 : 조선대학교 박물관 1995.
③ 조사 구분 : 지표조사(기존)
④ 유적 규모와 문화층의 개수 : 소형, 최소 1개
⑤ 유물 종류 : 돌날몸돌, 찍개, 주먹도끼, 밀개, 새기개, 슴베찌르개, 등손잡이칼 등
⑥ 돌감 종류 : 석영암, 산성화산암
⑦ 수계와 해발 높이 : 송광천, 120m
⑧ 현상 : 밭
⑨ 참고문헌 : 이기길, 1997.〈보성강 유역에서 새로 찾은 구석기유적 예보〉《한국고고학보》37, pp. 7~62.

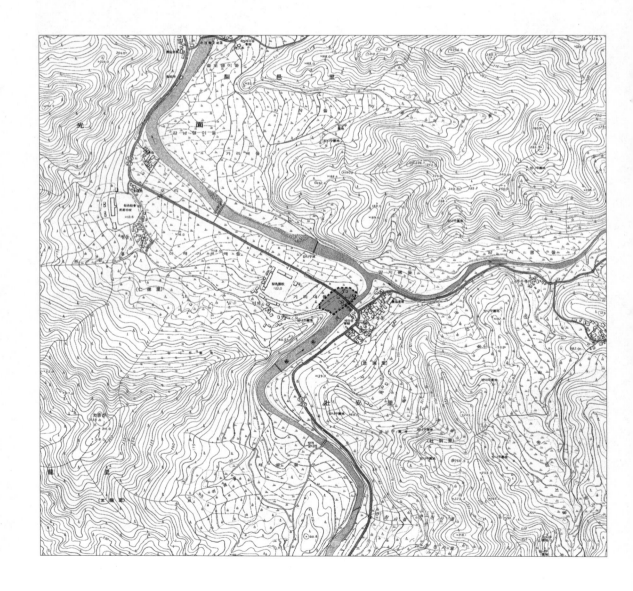

1. 유적 원경

3. 지층

2. 조사 모습

4. 슴베찌르개와 돌날몸돌

36. 장안리 장동

① 행정구역명 : 전라남도 순천시 송광면 장안리 산 408 일대

② 조사기관 및 연도 : 조선대학교 박물관 1995.

③ 조사 구분 : 지표조사(기존)

④ 유적 규모와 문화층의 개수 : 소형, 최소 1개

⑤ 유물의 수량과 종류 : 망치, 모룻돌, 몸돌, 격지, 찍개, 긁개, 밀개, 톱니날 등

⑥ 돌감 종류 : 석영암, 산성화산암

⑦ 수계와 해발 높이 : 송광천, 135m

⑧ 현상 : 밭, 무덤

⑨ 참고문헌 : 이기길, 1997. 〈보성강 유역에서 새로 찾은 구석기유적 예보〉《한국고고학보》37, pp. 7~62.

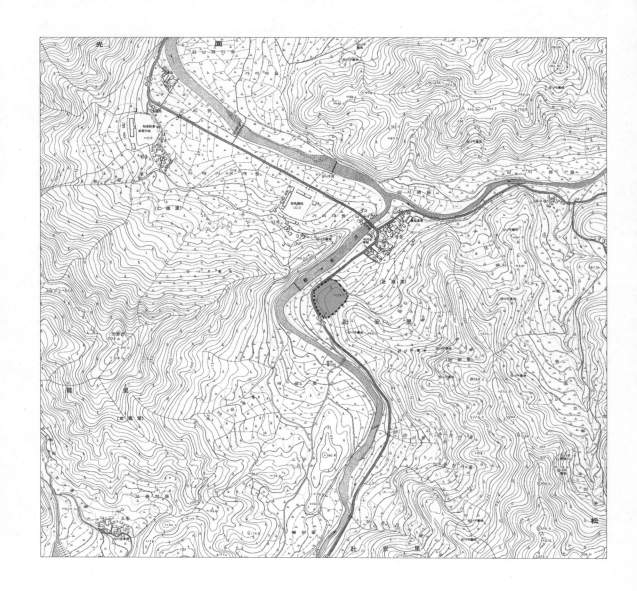

1. 유적 원경

2. 유적 전경

3. 출토 유물

4. 자르개와 모룻돌

Ⅲ. 하류지역의 유적

보성강의 하류지역에는 본류에 7개, 지류인 주암천유역에 2개, 그리고 동계천유역에 1개가 분포한다(그림 10).

이 유적들의 인접 수계와 해발높이, 유적의 규모와 문화층의 추정 개수, 출토 유물의 수량과 종류, 돌감의 종류 (A: 석영암 B: 산성화산암), 그리고 현 상태에 대해서 정리하였다(표 13).

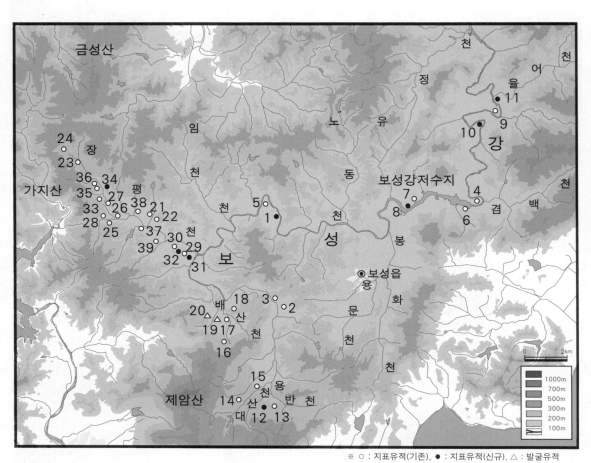

※ ○ : 지표유적(기존), ● : 지표유적(신규), △ : 발굴유적

〈그림 10〉 보성강 하류지역의 구석기유적 분포도

〈표 13〉하류지역 구석기유적의 기본정보목록

번호	유적명	수계	해발높이	규모	문화층	출토 유물	돌감	현상
1	구산리 금곡	본류	80	대	1	몸돌, 격지, 돌날, 찍개, 공모양석기류, 긁개, 밀개, 홈날, 부리날, 콧등날	A, B	숲, 밭, 학교
2	궁각리 영귀	본류	75	소	1	몸돌, 격지, 공모양석기류	A	밭, 무덤, 마을
3	연화리 연화	본류	65	소	1	격지	A	밭, 무덤
4	용사리 용암	본류	70	소	1	격지, 긁개, 밀개, 톱니날, 뚜르개, 부리날	A, B	논, 밭
5	죽림리 죽림	본류	75	대	1	망치, 몸돌, 격지, 찍개, 주먹찌르개, 긁개, 밀개, 뚜르개	A, B	밭, 무덤, 태양광
6	태평리 태평 '가'	본류	65	중	1	망치, 몸돌, 격지, 돌날, 긁개, 밀개, 홈날	A, B	밭, 무덤, 축사
7	태평리 태평 '나'	본류	55	소	1	망치, 몸돌, 격지, 주먹대패, 긁개, 밀개, 뚜르개, 부리날	A, B	밭, 무덤, 민가
8	복다리 신기	주암천	135	소	1	망치, 모룻돌, 몸돌, 격지, 돌날몸돌, 돌날, 좀돌날몸돌, 찍개, 공모양석기류, 긁개, 홈날, 톱니날, 부리날, 격지찌르개, 슴베찌르개	A, B	초지
9	오산리 용곡	주암천	95	소	1	격지, 홈날, 톱니날, 부리날	A, B	무덤
10	동계리 동계	동계천	80	소	1	망치, 몸돌, 격지, 돌날, 긁개, 밀개, 홈날, 톱니날, 콧등날	A, B	밭, 무덤, 마을

1. 구산리 금곡(바둑중)

① 행정구역명 : 전라남도 순천시 주암면 구산리 414, 758 일대

② 조사기관 및 연도 : 조선대학교 박물관 1995, 동북아지석묘연구소 2017.

③ 조사 구분 : 지표조사(신규), 발굴조사(기존)

④ 유적 규모와 문화층의 개수 : 대형, 최소 1개

⑤ 유물 종류 : 몸돌, 격지, 돌날, 찍개, 공모양석기류, 밀개, 홈날, 부리날 등

⑥ 돌감 종류 : 석영암, 산성화산암

⑦ 수계와 해발 높이 : 본류, 80m

⑧ 현상 : 숲, 밭, 학교

⑨ 참고문헌 : 김종문, 2018.《'가칭' 한국바둑중학교 신축공사 문화재 발굴(정밀)조사 자문위원회의 자료집》(동북아지석묘연구소).

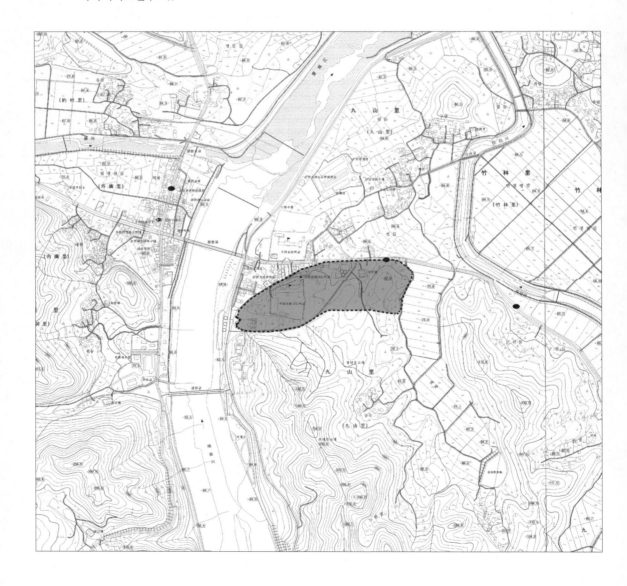

1. 유적 전경

2. 유적 내부

3. 유물 출토 모습

4. 몸돌

2. 궁각리 영귀

① 행정구역명 : 전라남도 순천시 주암면 궁각리 320, 330, 455 일대
② 조사기관 및 연도 : 조선대학교 박물관 2019.
③ 조사 구분 : 지표조사(신규)
④ 유적 규모와 문화층의 개수 : 소형, 최소 1개
⑤ 유물 종류 : 몸돌, 격지, 공모양석기류 등
⑥ 돌감 종류 : 석영암
⑦ 수계와 해발 높이 : 본류, 75m
⑧ 현상 : 밭, 무덤, 마을
⑨ 참고문헌 :

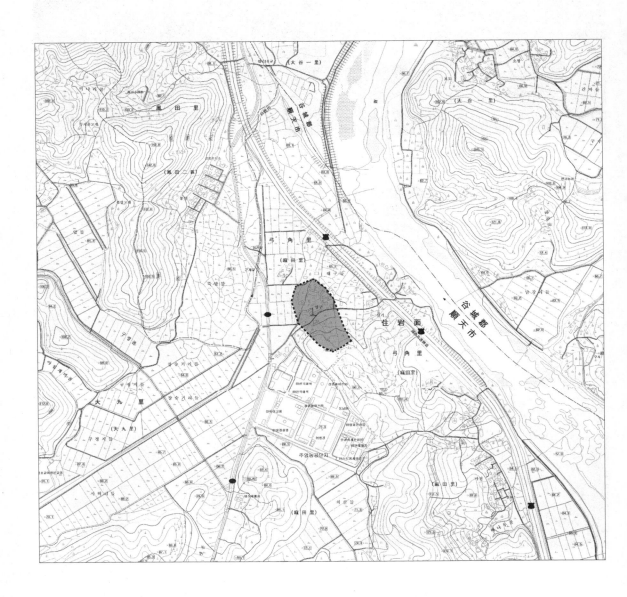

1. 유적 원경

2. 유적 내부

3. 유물 출토 모습

3. 연화리 연화

① 행정구역명 : 전라남도 곡성군 죽곡면 연화리 27 일대
② 조사기관 및 연도 : 조선대학교 박물관, 2019.
③ 조사 구분 : 지표조사(신규)
④ 유적 규모와 문화층의 개수 : 소형, 1개
⑤ 유물 종류 : 격지
⑥ 돌감 종류 : 석영암
⑦ 수계와 해발 높이 : 본류, 65m
⑧ 현상 : 밭, 무덤
⑨ 참고문헌 :

1. 유적 원경

2. 유적에서 내다본 모습

3. 유적 내부

4. 격지

4. 용사리 용암

① 행정구역명 : 전라남도 곡성군 목사동면 용사리 117 일대
② 조사기관 및 연도 : 조선대학교 박물관 1995.
③ 조사 구분 : 지표조사(신규)
④ 유적 규모와 문화층의 개수 : 소형, 최소 1개
⑤ 유물 종류 : 격지, 긁개, 밀개, 톱니날, 뚜르개, 부리날
⑥ 돌감 종류 : 석영암, 산성화산암
⑦ 수계와 해발 높이 : 본류, 70m
⑧ 현상 : 논, 밭
⑨ 참고문헌 :

1. 유적 원경

2. 유적 근경

3. 유적 근경

4. 부리날석기

5. 죽림리 죽림

① 행정구역명 : 전라남도 순천시 주암면 죽림리 316 일대
② 조사기관 및 연도 : 조선대학교 박물관 1995.
③ 조사 구분 : 지표조사(신규)
④ 유적 규모와 문화층의 개수 : 대형, 최소 1개
⑤ 유물 종류 : 망치, 몸돌, 격지, 찍개, 주먹찌르개, 긁개, 밀개, 뚜르개
⑥ 돌감 종류 : 석영암, 산성화산암
⑦ 수계와 해발 높이 : 주암천, 75m
⑧ 현상 : 밭, 무덤, 태양광전지
⑨ 참고문헌 :

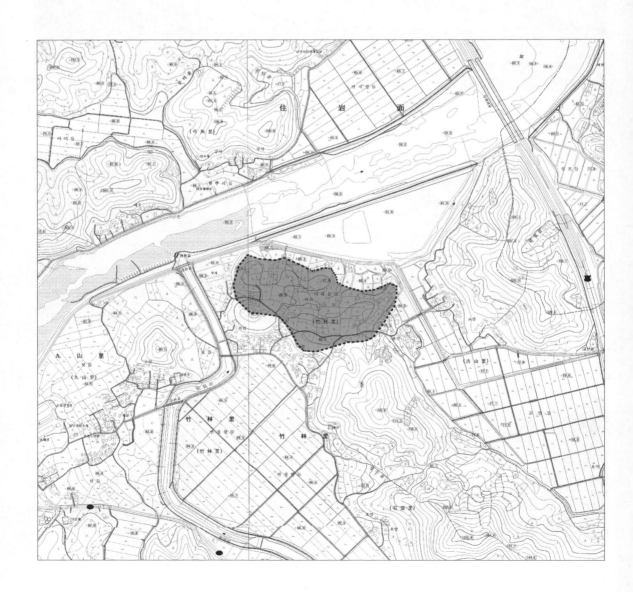

1. 유적 근경

2. 조사 모습

3. 지표 수습 석기

4. 주먹찌르개

6. 태평리 태평 '가'

① 행정구역명 : 전라남도 곡성군 죽곡면 태평리 417, 448 일대
② 조사기관 및 연도 : 조선대학교 박물관 1996.
③ 조사 구분 : 지표조사(기존)
④ 유적 규모와 문화층의 개수 : 중형, 최소 1개
⑤ 유물 종류 : 망치, 몸돌, 격지, 돌날, 긁개, 밀개, 홈날
⑥ 돌감 종류 : 석영암, 산성화산암
⑦ 수계와 해발 높이 : 본류, 65m
⑧ 현상 : 밭, 무덤, 축사
⑨ 참고문헌 : 이기길, 1997. 〈보성강 유역에서 새로 찾은 구석기유적 예보〉《한국고고학보》 37, pp. 7~62.

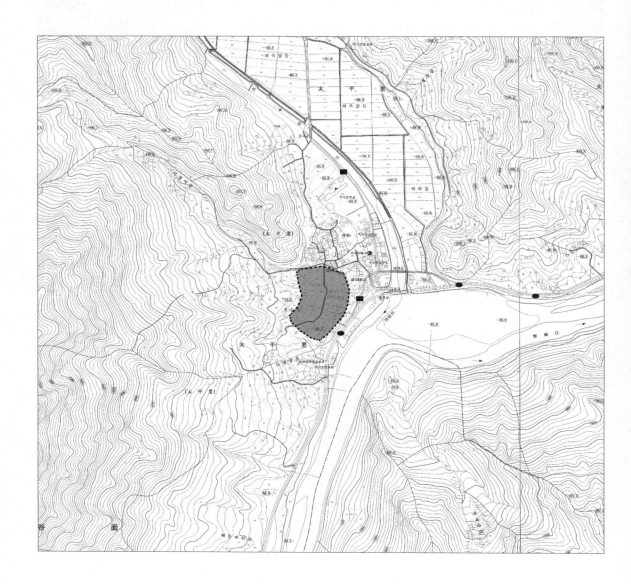

1. 유적 원경

2. 유적 내부

3. 망치, 격지와 밀개

7. 태평리 태평 '나'

① 행정구역명 : 전라남도 곡성군 죽곡면 태평리 38 일대
② 조사기관 및 연도 : 전남대학교 박물관 1995.
③ 조사 구분 : 지표조사(기존)
④ 유적 규모와 문화층의 개수 : 소형, 최소 1개
⑤ 유물 종류 : 망치, 몸돌, 격지, 주먹대패, 긁개, 밀개, 뚜르개, 부리날
⑥ 돌감 종류 : 석영암, 산성화산암
⑦ 수계와 해발 높이 : 본류, 55m
⑧ 현상 : 밭, 무덤, 민가
⑨ 참고문헌 : 전남대학교 박물관, 1996.《곡성군 문화유적 학술조사》(전남대학교 박물관).

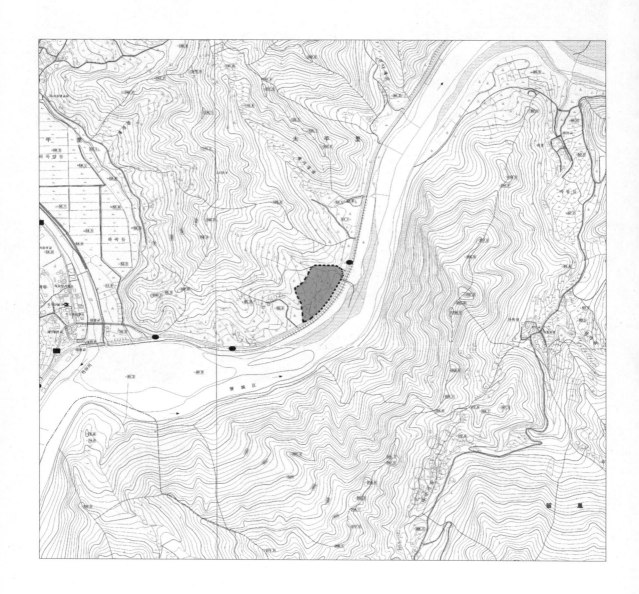

1. 유적 내부

2. 유적 근경

3. 망치돌과 밀개

206

8. 복다리 신기

① 행정구역명 : 전라남도 순천시 주암면 복다리 2 일대
② 조사기관 및 연도 : 대한문화재연구원 2013.
③ 조사 구분 : 공장건설로 인한 구제발굴(기존)
④ 유적 규모와 문화층의 개수 : 소형, 1개
⑤ 유물 종류 : 돌날, 좀돌날몸돌, 찍개, 공모양석기류, 긁개, 부리날, 슴베찌르개 등
⑥ 돌감 종류 : 석영암, 산성화산암
⑦ 수계와 해발 높이 : 주암천, 135m
⑧ 현상 : 초지
⑨ 참고문헌 : 이영철·이혜연·문지연, 2015.《순천 복다리 신기유적》(대한문화재연구원).

1. 유적 원경

2. 발굴 모습

3. 지층

4. 좀돌날몸돌, 부리날, 격지 등

9. 오산리 용곡

① 행정구역명 : 전라남도 순천시 주암면 오산리 1221 일대
② 조사기관 : 조선대학교 박물관 1995.
③ 조사 구분 : 지표조사(신규)
④ 유적 규모와 문화층의 개수 : 소형, 최소 1개
⑤ 유물 종류 : 격지, 홈날, 톱니날, 부리날
⑥ 돌감 종류 : 석영암, 산성화산암
⑦ 수계와 해발 높이 : 주암천, 95m
⑧ 현상 : 무덤
⑨ 참고문헌 :

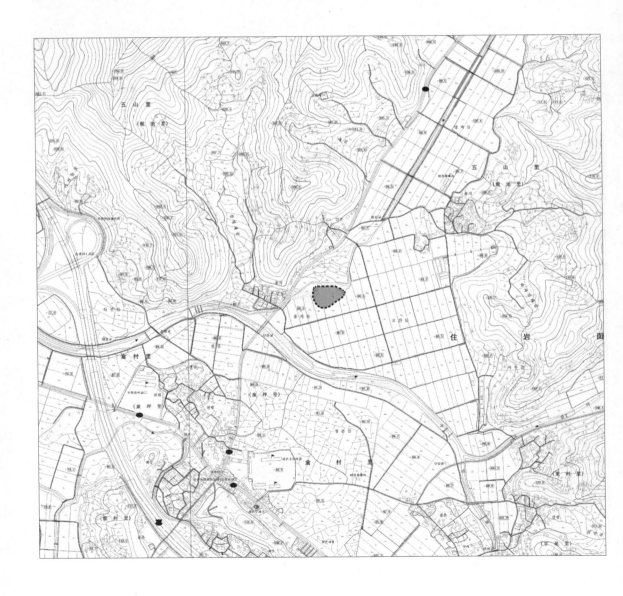

1. 유적 원경

2. 유적 근경

3. 긁개

4. 석영과 유문암제 격지

10. 동계리 동계

① 행정구역명 : 전라남도 곡성군 죽곡면 동계리 318, 321 일대
② 조사기관 및 연도 : 조선대학교 박물관 1995.
③ 조사 구분 : 지표조사(기존)
④ 유적 규모와 문화층의 개수 : 소형, 최소 1개
⑤ 유물 종류 : 망치, 몸돌, 격지, 돌날, 긁개, 밀개, 홈날, 톱니날, 콧등날
⑥ 돌감 종류 : 석영암, 산성화산암
⑦ 수계와 해발 높이 : 동계천, 80m
⑧ 현상 : 밭, 무덤, 마을
⑨ 참고문헌 : 이기길, 1997. 〈보성강 유역에서 새로 찾은 구석기유적 예보〉《한국고고학보》 37, pp. 7~62.

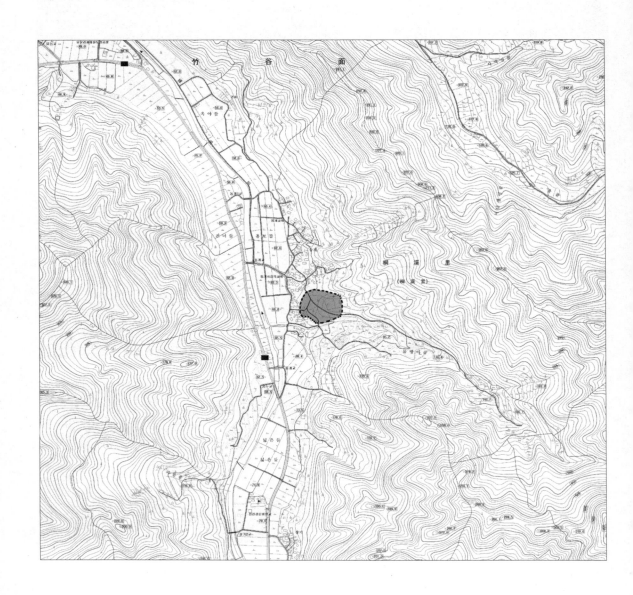

1. 유적 원경

2. 유적에서 내다본 모습

3. 밀개

4. 석영 및 유문암제 격지

제3장

발굴유적의 검토

214

보성강유역에서 구석기유적이 처음 발견된 1986년 이래 최근까지 발굴조사가 이뤄진 유적은 모두 13개로 우산리 곡천유적, 신평리 금평유적, 덕산리 죽산유적, 사수리 대전유적, 죽산리 하죽, 월암리 월평유적, 북교리 신북유적, 도안리 석평유적, 대곡리 도롱유적, 복다리 신기유적, 그리고 북교리 신월유적이 있다.

발굴조사는 지표조사에 비해 여러 분야에서 많은 양의 정확한 정보를 얻을 수 있는 장점이 있다. 예를 들자면 퇴적층의 전체 구성과 문화층의 관계, 문화층별 유물의 출토 양상 및 구성 등에 관한 보다 분명하고도 자세한 정보를 제공한다. 이 정보들은 고고학자들이 수립하려는 지역 편년과 석기군의 변천, 그리고 유적 주인공들의 행위를 밝힐 수 있는 중요한 1차 자료이며, 나아가 보성강유역에서 펼쳐진 구석기인들의 삶을 이해하고 복원할 수 있는 근거가 된다.

이 장에서는 정식보고서가 간행된 열 개의 유적을 대상으로 조사 경위, 지층과 문화층, 석기군과 문화상으로 나눠 조사 내용을 정리하고 각각의 성과를 살펴보고자 한다.

I. 우산리 곡천유적

1. 머리말

곡천유적은 순천시 송광면 우산리 87-2번지 일대에 있다. 이 유적은 약 500m 높이의 집봉에서 북쪽으로 갈라진 능선의 동편 기슭에 위치한다. 유적의 동쪽과 서쪽에 조계산(884m)과 천봉산(608.8m)이 솟아있으며, 보성강의 지류인 송광천이 유적 앞을 흐른다. 한편 곡천유적을 중심으로 북쪽으로 약 3km 거리에 금평유적, 남동쪽으로 약 1km 거리에 죽산유적, 서쪽으로 약 1km 거리에 도롱유적이 위치한다(그림 11. 관련 사진은 제2장 곡천유적 참조).

이 유적은 충북대학교 박물관이 1986~1989년에 걸쳐 모두 4차례 발굴조사 하였다. 제1차 발굴(1986년 11~12월)은 고인돌 조사가 중심이었으나, 제2~3차 발굴은 제1~2차 발굴 도중 구석기유물을 찾은 두 곳, 즉 '곡1지구'와 '곡2지구'의 구석기문화층, 그리고 제4차 발굴은 제3차

발굴 시 구석기유물을 찾은 '곡3지구'를 대상으로 하였다(이융조 와 1988a ; 1988b ; 이융조·윤용현 1990). '곡1지구'는 해발 95m 내외의 평평한 지점, 그리고 '곡3지구'는 해발 105.5m 내외의 언덕에 자리하고 있으며, 발굴 면적은 전자가 828㎡, 후자는 139.6㎡이다(그림 12. 관련 사진은 제2장 곡천유적 참조).

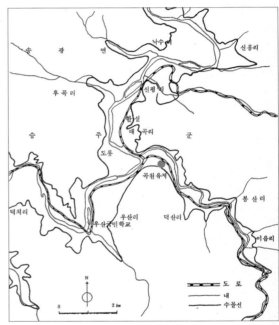

〈그림 11〉 곡천유적의 위치(이융조·윤용현 1990)

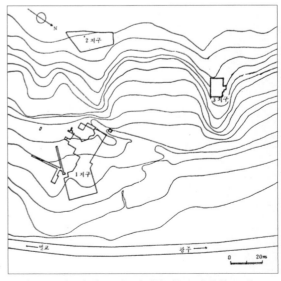

〈그림 12〉 곡천유적 제1~3지구의 위치(이융조·윤용현 1990)

2. 지층과 문화층

이 유적의 지층과 문화층에 대해서는 '곡1지구'와 '곡3지구'로 따로따로 보고되었다. 두 지구의 지층은 퇴적 구성물의 종류, 토양의 입자와 색깔에 따라 구분되었다. 즉 염토, 뻘, 모래의 입자크기를 분석하였고, 수소이온지수를 측정하였으며, 문셀토양색깔표를 기준하여 색을 나누었다. 각 지구별로 지층, 문화층, 시대로 나누어 정리하였다(표 14, 15).

<화14> '곡1지구' 거12칸의 지층과 문화층

지층 번호	지층명	문화층 번호	시대
1	표토층		
2	부토층		
3	옅은 갈색흙층	10	민무늬토기층
4	짙은 갈색흙층	9	중석기층
5ㄱ	황갈색흙층	8	구석기층
5ㄴ	자갈 섞인 황갈색흙층	7	〃
5ㄷ	잔자갈 섞인 황갈색흙층	6	〃
6	노란갈색찰흙층		
7	노란붉은모래층	5	〃
8	자갈 섞인 검은모래층		
9	노란붉은모래층		
10	연노란찰흙층		
11	노란붉은흙층	4	〃
12	잔자갈 섞인 굵은모래층		
13	노란붉은 찰흙층		
14	잔자갈 섞인 굵은모래층		
15	옅은 갈색흙층	3	〃
16	자갈 섞인 굵은모래층		
17	연붉은 고운모래층	2	〃
18	옅은 갈색찰흙층	1	〃
19	바닥층		

<화15> '곡3지구' 바6칸의 지층과 문화층

지층 번호	지층명	문셀토양색	문화층
1	표토층	10YR 4/4	
2	부토층	10YR 4/4	
3	부드러운 활갈색찰흙층	10YR 5/6	중석기
4	황갈색찰흙층	10YR 4/6	후기구석기
5	노란찰흙층	2.5Y 7/6	
6	붉은노란사질층	5YR 6/8	
7	자갈 섞인 붉은노란사질층	5YR 6/8	중기구석기
8	붉은색 굵은모래질층	2.5YR 6/8	
9	붉은색 찰흙층	2.5YR 6/8	
10	붉은색 굵은모래질층	2.5YR 5/8	
11	암반층		

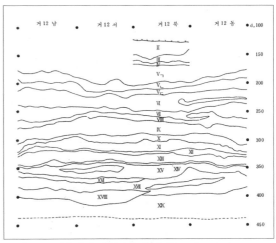

<그림 13> 곡천유적 제1지구의 층위도(이융조 와 1988b)

'곡1지구'의 퇴적은 모두 19개로 나뉜다(그림 13). 이 중 바닥층을 제외한 18개 지층의 퇴적 두께는 모두 더하면 3m가 좀 안 된다. 그런즉 각 지층의 두께는 대체로 15㎝ 내외인 셈이며, 이와 같은 수치는 층위가 아주 세분되었음을 가리킨다.

퇴적물의 분석 결과, 구석기층은 물에 의해 가까운 거리를 흘러와 서서히 쌓인 것으로 해석되었다. 한편 각 지층의 수소이온지수는 산성과 중성으로 뼈화석이 보존되는 데 부적합한 조건으로 나타났다. 그리고 꽃가루 분석 결과, 대체로 습기가 많은 가운데 서늘함과 따뜻함이 반복된 것으로 보았고, 4~5지층(중석기층과 맨 위의 구석기층)은 소나무속이 우세하여 추운 기후로 추정되었다.

'곡3지구'의 퇴적은 모두 11개로 구분되었으며, 암반층을 제외한 10개 지층의 두께는 약 3m이다(사진 3. 그림 14). 여기서 후기와 중기구석기층으로 보고된 제4층과 제7층의 퇴적 두께는 각각 18~30㎝와 21~42㎝이며, 두 문화층의 깊이 차이는 약 1.1m이다. 제4지층의 밑에는 토양쐐기가 표시된 제5지층이 있다. 그러나 이것은 이른바 상부토양쐐기로 알려진 것처럼 쐐기의 테두리와 그 안의 토양색이 뚜렷이 구분되지 않을 뿐 아니라, 토양쐐기 현상이 표시된 토양의 색깔이 암갈색이 아니라는 점에서 빙하극성기(LGM)의 증표로 인정하기 어렵다.

216

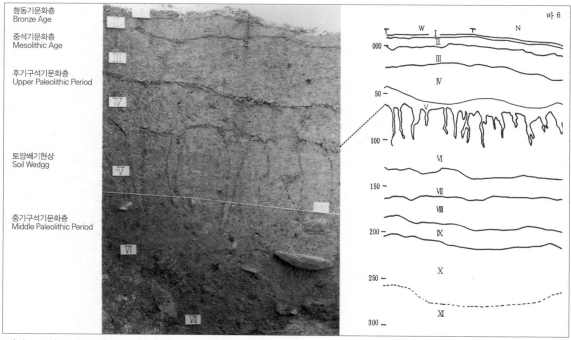

청동기문화층
Bronze Age

중석기문화층
Mesolithic Age

후기구석기문화층
Upper Paleolithic Period

토양쐐기현상
Soil Wedgg

중기구석기문화층
Middle Paleolithic Period

바 6

〈사진 3. 그림 14〉 곡천유적 제3지구의 지층과 문화층(이융조·우종윤 편저 1998 ; 이융조·윤용현 1990)

3. 문화층별 석기의 내용

세 지구에서 조사된 출토유물은 문화층별 대표 유물을 소개하는 식으로 보고되었고, 전체 석기의 종류와 수량은 자세히 제시되지 않았다. 그래서 문화층별 석기군의 정확한 통계나 세세한 내용을 파악하기 어려운 상황이다. 보고서에 기술된 내용을 토대로 '곡1지구'와 '곡3지구'의 문화층별 석기의 수량과 종류를 정리해 보면 다음과 같다(표 16, 17).

곡1지구 출토 석기의 돌감 종류는 석영, 규암, 뻘돌(니암), 안산반암 등이며, 이 중 석영이 가장 많이 쓰였다고 한다.

〈표 16〉 '곡1지구'의 문화층, 석기 점수와 종류

문화층	기술된 석기 수	석기 종류	시대
8	7	밀개, 긁개, 슴베찌르개, 망치	후기구석기
7	8	밀개, 긁개, 자르개, 톱니날, 몸돌, 망치	후기구석기
6	4	밀개, 망치, 깎개, 격지	후기구석기
5	5	밀개, 새기개, 안팎날찍개, 주먹대패, 망치	
4	1	긁개	
3	1	자르개	
2	2	밀개	
1	1	자르개	

〈표 17〉 '곡3지구'의 문화층, 석기 점수와 종류

문화층	기술된 석기 수	석기 종류
후기구석기	15	좀돌날몸돌, 스키스폴, 격지, 밀개, 긁개, 찌르개, 뚜르개, 새기개, 망치
중기구석기	10	몸돌, 격지, 긁개, 안팎날찍개, 주먹도끼, 주먹찌르개, 주먹대패

보고자는 여덟 개의 문화층을 중기구석기시대의 이른 시기부터 후기구석기시대 후기에 해당한다고 하였다. 그리고 제6~8문화층을 크게 하나의 문화층으로 볼 수 있으며, 후기구석기시대로 편년하였다(이융조·윤용현 1990).

전체 문화층의 석기 종류를 살펴보면 2점 이상 보고된 문화층에는 빠짐없이 밀개가 포함되어 있다. 제8문화층에서는 석영제 슴베찌르개가 매우 주목된다. 그리고 제5문화층의 안팎날찍개는 비록 아프리카에서 가장 오래 전에 등장한 종류이지만, 월평유적의 후기구석기층에서도 보고된 바 있어 편년에 주의를 요한다(그림 15).

곡3지구 출토 석기의 돌감 종류는 후기구석기문화층의 경우 석영, 규암, 니암, 반암 등이나, 중기구석기문화층에서는 주로 석영이 이용되었다. 표에서 보듯이 후기와 중기구석기문화층은 각각 좀돌날석기와 몸돌석기가 대표되는 종류로, 전자는 후기구석기 후반, 그리고 후자

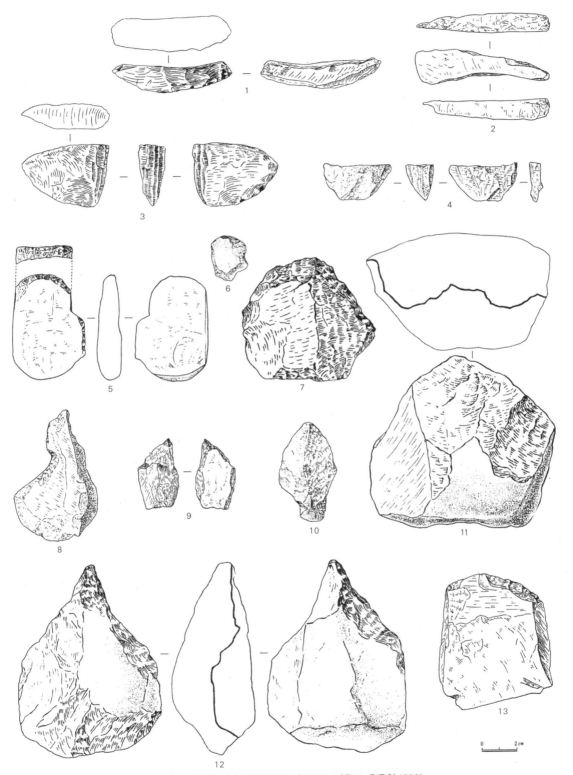

〈그림 15〉 곡천유적의 석기(이융조 와 1998 ; 이융조·윤용현 1990)

(1),(2) 때림면격지 (3),(4) 좀돌날몸돌 (5)~(7) 밀개 (8) 홈날 (9) 새기개 (10) 슴베찌르개 (11) 찍개 (12) 주먹도끼 (13) 주먹대패

는 중기구석기시대로 편년되었다(그림 16. 관련사진은 제2장 곡천유적 참조). 중기구석기시대로 추정된 문화층은 후기 구석기문화층과의 퇴적 두께 차이가 1.1m 정도인 점을 고려할 때 그렇게 편년할 수 있지만 단정하긴 어렵다.

4. 맺음말

곡천유적은 금평유적과 함께 1986년에 처음으로 구석기가 발견되고 조사된 유적이란 점에서 호남 구석기학사에서 중요한 의미를 지닌다. 이 유적에서 발굴된 좀돌날석기군은 인접한 금평유적과 죽산유적에서도 보고되어 당시 호남 역사의 상한을 신석기시대에서 2만 년 전 무렵으로 끌어올리는 확실한 근거가 되었다.

그런데 충북대 박물관은 곡천유적에서 좀돌날석기문화층을 포함하여 그 아래의 세분된 지층에서 밀개, 긁개 같은 잔손질석기와 함께 소량의 주먹도끼, 주먹찌르개, 찍개 등이 포함된 석기군을 여럿 발견하였다. 이것들이 발굴자의 견해처럼 중기구석기시대에 속하는지 또는 후기구석기시대 전기에 속하는지는 면밀한 검토와 논의가 필요하지만, 당시 주암댐 수몰지역에서 조사된 다른 유적들과 달리 적어도 두 개 이상의 구석기문화층이 분명히 존재하는 사실을 밝혔다는 점에서 의미가 크다.

또한 석기문화 연구에 그치지 않고 토양분석과 꽃가루분석 같은 자연과학분석까지 수행하여 당시의 자연환경을 복원하려고 노력한 점도 인상적이다. 수몰되는 유적임에도 3년간 네 차례의 발굴조사를 열정적으로 수행한 조사단에 경의를 표하며, 이런 집념어린 조사와 연구가 호남 구석기연구의 초창기에 있었다는 사실은 두고두고 기억되어야 할 것이다.

II. 신평리 금평유적

1. 머리말

금평유적은 순천시 송광면 신평리 산 100-3번지 일대에 있다. 이 유적은 조계산(884m)에서 서쪽으로 뻗은 연봉산의 서쪽 능선 끝자락에 있는데 유적의 서와 북, 동측을 보성강이 반달처럼 감싸 흐르고 강 건너 서편에 모후산(919m)이 우뚝 솟아있다. 수몰되기 전의 지도와 보고서(임병태·이선복 1988)를 참조하면, 이 유적은 남쪽의 배후산지(약 130m)에서 북쪽으로 약 1~1.5°의 경사를 이루며 발달한 대지에 위치하는데, 대지의 규모는 동서 약 700m, 남북 약 1,000m로 상당히 크다(그림 16. 전경사진은 제2장 금평유적 참조).

1986년 11~12월에 숭실대학교 박물관이 지석묘를 발굴하던 중 무덤방(석실)의 안과 밖 그리고 점토층에서 좀돌날몸돌 1점과 격지 2점을 찾았다(사진 4, 5. 임병태·최은

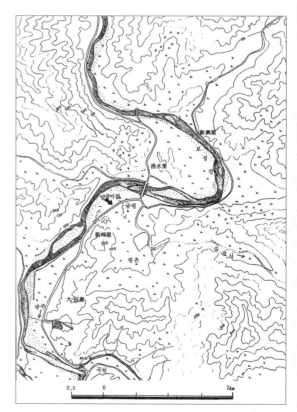

〈그림 16〉 금평유적의 위치(임병태·최은주 1987)

발견하였다. 아래에서 발굴조사와 지표조사의 내용을 소개하고 성과를 살펴보겠다.

〈사진 4〉 금평유적의 고인돌 발굴 전 모습(임병태·최은주 1987)

〈사진 5〉 고인돌에서 좀돌날몸돌 출토 모습(임병태·최은주 1987)

주 1987). 이를 계기로 이듬해 6~7월에 추가 발굴이 이뤄져 좀돌날과 격지, 밀개, 새기개 등 모두 207점의 뗀석기가 새로 찾아졌다(사진은 제2장 금평유적 참조. 임병태·이선복 1988). 한편, 1995년 이후 조선대학교 박물관은 여러 번의 지표조사에서 100여 점의 석영암과 산성화산암제 석기를

2. 지층과 문화층

보고자는 이 유적이 하안단구 잔존부가 가장 현저한 발달상을 보이는 지점에 위치하고 있으며, 단구퇴적층의 두께는 고르지 않지만 발굴지점 주위에서 두터운 곳은 3~4m 내외로 추정된다고 한다(임병태·이선복 1988, 25~28. 그림 17). 유적의 층위에 관해 기술된 내용을 정리하여 인용하면 다음과 같다 :

기반암 위에 분급이 잘 된 자갈층(50~150㎝), 자갈과 점토의 혼합층(150~300㎝), 점토층(50~100㎝)이 차례로 쌓여 있다. 맨 위의 점토층은 B2, B3, C1로 세분되는데, B2와 B3는 순수 점토 및 미량의 불순물(4㎜ 이하의 석영, 운모 조각)로 구성되어 있고, C1은 분급 상태가 좋지 않은 청백색의 석영암 각력이 상당수 섞여 있는데 일부는 '서석기(pseudolith)'로 보이는 것들이다(그림 18. 지층사진은 제2장 금평유적 참조).

B2, B3, C1 각층의 경계는 뚜렷한 것은 아닌데, B2, B3의 경계는 대체로 화석화된 진흙 갈라짐(mud crack)이 등장하는 면을 따라 설정할 수 있다. B2층의 색조는 문셀토양색깔표에 따를 때 젖었을 때에는 5YR 4/6, 건조하였을 때에는 10YR 6/8 정도의 색조이며, B3는 각각 10R 4/8, 2.5 YR 4/6의 색상을 나타낸다.

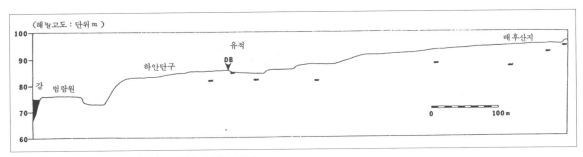
〈그림 17〉 금평유적 일대의 지형단면도(임병태·이선복 1988)

220

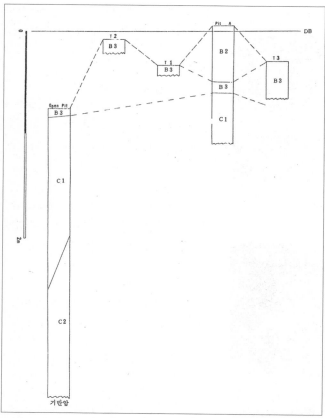

〈그림 18〉 금평유적의 층위모식도(임병태·이선복 1988)

할 만하다. 원래 유적 일대에는 표토 휴무스층과 B2층 사이에 A층이 그리 발달하지는 않았던 것으로 추정된다.

| 임병태·이선복 1988, 27~28 |

보고서에 제시된 각 지층은 최근까지의 갱신세층 연구 성과에 비춰 다음과 같이 정리될 수 있다: ① 표토 휴무스층 = 겉흙층 또는 경작층, ② A층 = ?, ③ B2층 = 명갈색찰흙층, ④ B3층 = 암갈색찰흙층, 상부에 토양쐐기현상, ⑤ C1층 = 갈색 또는 적갈색 찰흙층, ⑥ 자갈과 점토의 혼합층, ⑦ 자갈층, ⑧ 기반암 풍화층.

전체 지층에서 기반암 위에 있는 자갈층, 그리고 자갈과 점토 혼합층은 강물에 의해서, 그리고 갈색찰흙층(C1층)~겉흙층은 주로 배후산지의 퇴적물이 중력에 의해 흘러 쌓인 것으로 추정된다. 발굴조사 시 문화층은 명갈색찰흙층(B2층)에서 확인되었다. 한편 지표조사에서는 B2층보다 아래에 놓인 지층에서 석기가 발견되었는데, 보고자가 '서석기'로 판단한 청백색의 석영암 각력이 섞여 있는 C1층일 가능성이 있다.

한편 B3층부터 아래로 중금속광물의 침전에 의한 짙은 다갈색의 반점(mottle)이 나타나기 시작한다. 토양 침전물에 의해 형성되는 반점은 B2에서는 단위면적당 5% 이내, B3은 15% 정도로서 서로 현격한 차이가 있다. 토양 구조(structure)는 B2가 아주 고운 조금 모난 덩어리(very fine sub-angular blocky)의 형태인 반면, B3은 고운 조금 모난 덩어리(fine sub-angular blocky)의 형태다. 토양의 상태(consistence)는 양자 모두 젖었을 때에는 매우 말랑말랑(plastic)하고 건조 시에는 매우 단단하나, 단단한 정도는 B2가 B3보다 높다. B2에서 B3로의 전이는 매우 모호하여 그 경계는 불분명하나, B3과 C1의 경계는 이보다 뚜렷한 편으로 점이적이라고

3. 석기와 문화상

보고자는 발굴갱 두 개와 시굴갱 세 개를 구획하여 조사하였다. 이 중 유물이 출토한 곳은 사방 약 3×10m 크기의 발굴갱 A뿐이다. 여기서 209점의 석기가 나왔는데, 유물의 출토 양상이 평면도와 단면도로 제시되어 있다(임병태·이선복 1988). 평면분포도를 보면 밀개 두 점이 30cm쯤 떨어져 나왔고, 거기서 오른쪽으로 160cm쯤 거리에 새기개와 찌르개가 드러났으며, 그 오른쪽으로 2m쯤 거리에 또 하나의 새기개가 위치한다. 단면분포도에서 두 점의 밀개와 맨 오른쪽의 새기개는 비슷한 높이다(그림

〈표 18〉 금평유적 출토유물의 돌감 및 석기의 종류와 수량

돌감/석기	몸돌	격지	좀돌날	부스러기와 조각돌	밀개	새기개	찌르개	사용 석기	모듬
니암	3	10	23	49	2	1	1	5	94
석영	1	11	6	97	0	0	0	0	115
모듬	4	21	29	146	2	1	1	5	209

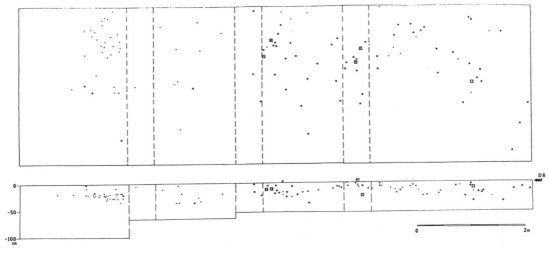

〈그림 19〉 금평유적의 유물분포도(임병태·이선복 1988)

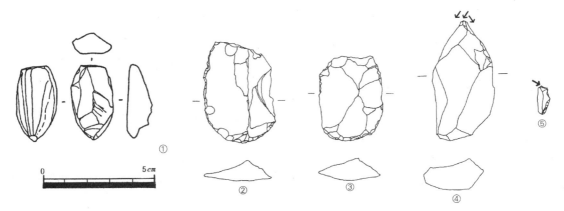

〈그림 20〉 금평유적의 석기(임병태·최은주 1987 ; 임병태·이선복 1988)
① 좀돌날몸돌 ②·③ 밀개 ④·⑤ 새기개

19, 20-②~④. 석기사진은 제2장 금평유적 참조).

　보고된 유물 209점의 돌감 및 석기의 종류와 수량을 정리하면 다음과 같다(표 18).

　전체 유물은 몸돌, 격지, 좀돌날, 부스러기와 조각돌, 그리고 도구와 사용석기로 구성되어 있다. 석기의 재료로 니암과 석영 두 가지가 쓰였는데, 니암제 석기는 94점, 석영제 석기는 115점이다. 니암제 석기는 좀돌날을 제작하는 과정에서 나온 부산물(격지, 부스러기와 조각돌)과 목적물(좀돌날), 폐기물(좀돌날몸돌), 그리고 밀개, 새기개, 찌르개 및 사용석기(utilized piece)가 있고, 석영제 석기로는 몸돌, 격지, 부스러기와 조각돌, 그리고 좀돌날이 있다.

　보고자는 "유물이 수직적으로 비교적 제한된 범위 내에서 수습되었지만 유물의 집중 출토면이나 구조로 인정할 만한 것은 확인할 수 없다"고 하였고, 문화층의 연대는 좀돌날석기의 존재 및 베르호렌스카야 고라형(Verkhorenskaya Gora-type) 새기개와 유사한 석기(그림 5-⑤)를 근거로 유적의 상한이 15,000~13,000B.P. 이상 올라가기 어려울 것으로 추정하였다(임병태·이선복 1988, 27 ; 30).

　그런데 구석기유적에서 유물의 '집중 출토면'을 어떻게 판단할지는 쉽지 않은 문제다. 보고자는 유물이 수직분포에서 더 제한되지 못하였기 때문에 집중면으로 인정하기 어렵다고 보지 않았나 싶다. 그러나 서리작용, 지중생물, 식물뿌리를 비롯한 여러 요인들이 유물의 위치를

위, 아래로 이동시키는 유적의 후퇴적 과정을 감안하면 원래의 수직 분포는 더 집중된 상태였을 것이다.

그리고 사방 약 3×10m에서 나온 209점의 유물은 그 밀집도가 1㎡당 약 7점으로 꽤 높은 편이다. 여기에 석기 제작 과정의 모든 종류인 몸돌, 좀돌날, 격지, 부스러기 등이 흩어져 있고, 니암제 석기 중 부스러기와 조각돌의 비율이 약 5할이나 되며, 밀개 두 점이 중앙에, 새기개와 찌르개가 1m 남짓 떨어져 위치하고 있어 사람의 행위를 잘 반영하고 있는 분포 양상이라고 생각된다. 적어도 좀돌날을 제작하였고 밀개와 새기개를 사용했을 장소로 볼 수 있다. 이런 관점에서 발굴갱 A지점은 구석기인들이 당장 필요한 일을 하며 잠시 머물다간 '임시 캠프(temporary camp)'로 해석된다.

한편 지표조사에서는 발굴조사에서 확인된 종류 이외에도 망치, 찍개, 주먹대패, 공모양석기류, 긁개, 새기개, 홈날, 톱니날, 뚜르개, 부리날, 배모양석기 등 매우 다양한 몸돌석기와 잔손질석기가 발견되었다(조선대학교 박물관 2018). 이와 같은 종류와 구성은 보성강과 송광천변의 도롱유적, 사비유적, 죽산유적에서도 확인되고 있는바, 금평유적에서 좀돌날석기군 단계보다 더 이른 시기의 문화층이 존재할 가능성을 보여준다.

지표유물 중 매우 흥미로운 것은 배모양석기(183.3g, 110×44×36㎜)다. 이것은 석영맥암자갈에서 떼어낸 두터운 격지를 몸체로 삼아 배면(ventral)쪽 양 가장자리를 등 방향으로 다듬고, 이어서 등면(dorsal)의 중앙부를 격지면 방향으로 다듬어 능선을 이루게 하였다. 그래서 유선형의 배를 닮은 석기가 완성되었는데 다만 앞 부위는 뾰족하지 않다(사진은 제2장 금평유적 참조). 일본학계에서는 이런 제작 방식을 호로카 기법(幌加技法)으로 부르고 있다(舊石器文化談話會 編 2001). 이 유물은 배모양 좀돌날몸돌의 선형(preform)으로도 볼 수 있지만, 돌감이 석영맥암이

고 크기가 중형이어서 더 검토가 필요하다.

4. 맺음말

보고자는 유적의 입지와 퇴적층에 대해서 지질고고학의 관점에서 자연환경과 관련지어 유적의 형성과 배경을 이해하기 쉽게 설명하였다. 또한 유물의 출토 양상을 평면과 단면분포도로 제시하여 입체적으로 파악하기 좋게 하였다. 나아가 출토 석기의 크기에 관한 다양한 계측치와 뗀각도, 그리고 때림면, 등면과 배면의 상태에 관한 자세한 관찰 내용을 표로 제시하여 석기군을 객관적으로 이해하는 데 기여하였다. 다만, 석기의 실측도는 능선만 표시되어 있고 방사선이나 동심원이 표현되지 않아 뗀 방향이나 순서를 알 수 없다.

발굴자는 금평유적에 대해 "금강 이남의 한반도 서부지역에서 최초로 정식 조사된 구석기유적으로서 구석기문화 분포의 공간적 범위를 크게 확대하였다"(임병태·이선복 1988, 30)고 자평하였다. 이에 더하여 이 유적은 당시 수몰지역에서 조사된 구석기유적들 중 좀돌날석기군의 양상과 문화를 가장 잘 보여주는 점에서도 소중한 의미를 지닌다고 생각한다.

한편 조선대 박물관의 지표조사를 통해 좀돌날석기군보다 더 빠른 시기에 속하는 석기들이 발견되었으며, 유물들의 분포 범위는 대단히 넓은 것으로 나타났다. 현장에서 확인한 두터운 갱신세층과 수습된 다양한 석기들의 종류는 인근의 도롱유적, 덕산유적과 유사하여 금평유적은 보성강유역을 이동하며 살았던 구석기인들이 선호했던 곳 중의 하나였다고 추정된다. 안타깝게도 이 유적은 평소 물에 잠겨 있으며, 가뭄이 아주 심할 때나 유적의 모습을 볼 수 있다.

Ⅲ. 덕산리 죽산유적

1. 머리말

죽산유적은 전라남도 순천시 송광면 덕산리 416번지 일대에 있다. 유적에서 남쪽으로 약 3㎞ 거리에 멧골산(약 500m)이 있으며, 이 산에서 북쪽으로 약 900m 거리에 집봉(약 500m)이 있다. 하늘에서 보면 집봉과 거기서 북동쪽으로 뻗은 능선과 집봉 서편에 북서쪽으로 뻗은 능선이 마치 두 팔을 벌려 죽산유적을 품은 형세다. 유적의 북동편으로 송광천이 흐르며 천 건너 멀리 조계산(884m)이 우뚝 솟아있다. 가까이 보면 유적은 남북으로 달리는 산줄기에서 동편으로 흘러내린 능선 끝의 완만한 비탈과 그 동편의 독립된 언덕에 걸쳐 위치하며, 송광천이 둥글게 휘돌아 흐른다(사진 6).

1987년 8월에 고려대학교 박물관은 죽산마을 인근의 지석묘를 발굴하였으며, 그 과정에서 좀돌날몸돌과 선형(preform), 그리고 격지 등 5점의 뗀석기를 발견하였다(지동식·박종국 1988). 1988년 12월부터 1989년 1월에 걸쳐 구석기 유물층에 대한 서울대학교 박물관의 추가조사가 이뤄졌으며, 슴베찌르개와 좀돌날 등 200여 점의 뗀석기가 발굴되었다(이선복 과 1990). 당시 구석기가 조사된 지점은 곡천에서 벌교로 가는 신작로(현재는 물에 잠김)와 마을 앞으로 난 소로의 중간쯤이다(그림 21).

한편, 조선대학교 박물관은 1995년부터 최근까지 수시로 이 유적에 대한 지표조사를 하여 유적의 규모, 퇴적층과 석기군에 대한 새로운 정보를 확보하였다(이기길 2018c). 아래에서 발굴조사와 지표조사의 내용을 소개하고 성과를 살펴보겠다.

〈사진 6〉 죽산유적의 전경(이선복 과 1990)

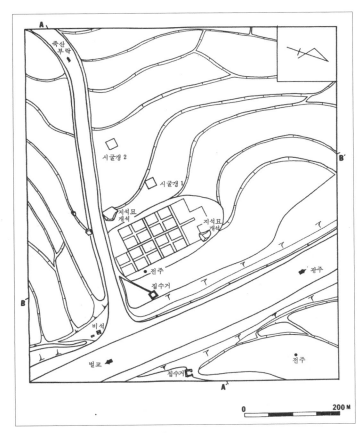

〈그림 21〉 죽산유적의 위치(이선복 과 1990)

2. 지층과 문화층

보고자는 유적이 산사면 퇴적층이 하천의 침식운동에 의해 깎인 단구층(cut terrace) 위에 있으며, 유물은 산

224

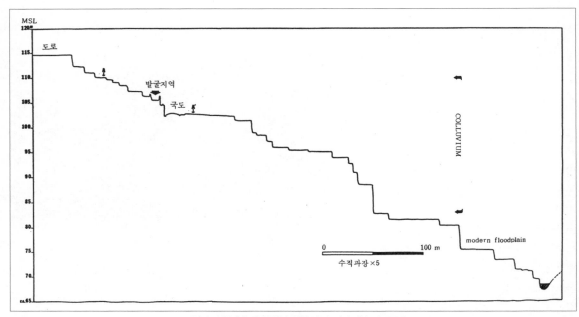

〈그림 22〉 죽산유적 일대의 지형 단면도(이선복 과 1990)

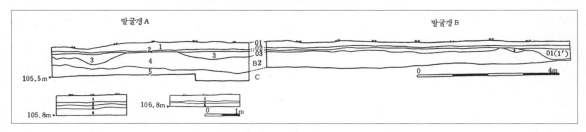

〈그림 23〉 발굴갱 A 및 B 서남벽, 시굴갱 1, 2 남동벽 층위도 (이선복 과 1990)

사면을 따라 얇은 두께로 형성된 비탈쌓임층(colluvium) 상의 고토양층 내에서 불규칙하게 발견되었다고 한다 (그림 22). 이 층의 시기는 후곡리마을 어귀에 드러난 퇴적 단구(fill terrace)의 단면에서 보이는 띠 모양의 중금속 침 전층(cold frontier의 예)과 금평유적 퇴적층의 갈라짐(soil fracture) 현상을 근거로 전신세(Holocene) 이전에 쌓인 것 으로 추정하였다(이선복 과 1990, 24).

조사단은 5×5m의 발굴구덩이 4개와 그 위쪽에 2× 2m의 시굴구덩이 두 개를 배치하여 조사하였다(그림 22). 그런데 네 개의 발굴구덩이 중 A와 C의 남서쪽 절반을 제외한 나머지는 파괴되어 실제로는 노출된 면을 정리 하여 유물을 수습하였고, A와 C 구덩이의 제법 살아남 은 부분은 매우 조심스럽게 조사하였다고 한다. 보고서 의 지층(그림 23)에 관한 내용을 정리하여 인용하면 다음 과 같다:

제1~2지층(Q1, Q2층)은 경작층이며, 심하게 마모된 유 물이 소량 수습되었다.

제3지층(Q3층)은 암갈색조의 얇은 고토양층으로 소규 모 주머니(pocket) 모양으로 곳곳에 노출되어 있다. 후 기구석기인의 활동면에 해당하리라 판단된다.

제4지층(B2층)은 적색조의 점토성분을 다량 함유하고 있는 비탈쌓임층으로서 주문화층에 해당되는데, 이 층 의 아래에 있는 제5지층이 풍화되어 형성된 것으로 판단된다. 유물은 수직으로 넓게 퍼진 상태로 발견 되었다.

제5지층은 각력과 굵은 입자의 암반풍화물질을 다량 함유하는 층으로서 전형적인 C Horizon의 특징을 지 닌다. 유물은 존재하지 않는다.

│이선복 과 1990, 25│

보고자는 시굴구덩이에서는 제3지층과 제4지층이 존

재하지 않거나 혹은 그 두께가 매우 얇아서, 유물을 포함하는 토양층이 매우 얇은 두께로 일종의 렌즈 모양으로 존재하며 유물이 수직으로 넓게 퍼진 상태로 해석하였다. 그러나 유물분포도가 제시되지 않아 석기들의 정확한 출토상황은 판단하기 어렵다.

한편, 지표조사에서 발굴지점보다 낮은 물가 쪽에 3m가 넘는 두터운 퇴적 단면을 발견하였다. 위로부터 명갈색찰흙층, 암갈색찰흙층(상부 토양쐐기 포함층), 갈색찰흙층, 적갈색찰흙층(하부 토양쐐기 포함층)이 차례로 쌓여 있으며(지층사진은 제2장 죽산유적 참조), 이 중 암갈색과 적갈색 찰흙층에 뗀석기가 드러나 있었다(사진 7, 8). 따라서 발굴조사와 지표조사의 결과를 종합해보면, 적어도 명갈색, 암갈색, 적갈색 찰흙층에는 문화층이나 유물층이 존재하는 것으로 해석된다.

3. 석기의 양상

발굴조사에서 수습된 유물의 총수는 200여 점이다. 보고자는 3점을 제외한 나머지 석기는 모두 '버리는 것(debitage)' 범주에 속하는 것이고, 도구로 분류할 만한 것으로 석영제 찍개, 니암제 긁개 및 니암제 유경첨두기편이 있다고 하였다. 그리고 좀돌날몸돌이 있는데, 전형적인 쐐기형석핵이 여럿 수습되었고, 더 이상 박편을 뗄 수 없을 정도까지 사용한 쐐기형석핵을 재가공하여 떨어져 나온 박편도 1점 있으며, 서로 결합되는 석기도 2점 발견되었다고 한다.

보고서에 소개된 석기 중 가장 흥미로운 것은 유경첨두기, 즉 슴베찌르개다(그림 24-⑩. 사진 9). 이것은 찌르개 부위가 부러진 상태이지만 몸체가 돌날임을 분명히 보여준다. 전체 길이, 너비, 두께는 각각 47.5mm, 21.5mm와 6.8mm고, 슴베의 길이, 너비, 두께는 각각 22.2mm, 12.8mm, 5.0mm다. 그리고 찌르개와 슴베 부위의 횡단면은 각각 삼각형과 오각형이다.

죽산유적의 슴베찌르개는 진그늘유적 슴베찌르개의 너비와 두께의 평균치인 20.3mm와 7mm와 거의 같아서 부러지기 전의 길

〈사진 7〉 암갈색찰흙층의 석기

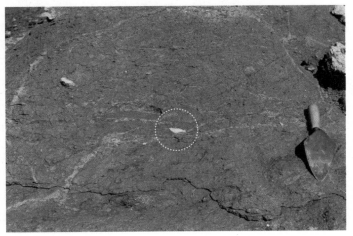

〈사진 8〉 적갈색찰흙층의 석기

〈사진 9〉 슴베찌르개(국립광주박물관 2013)

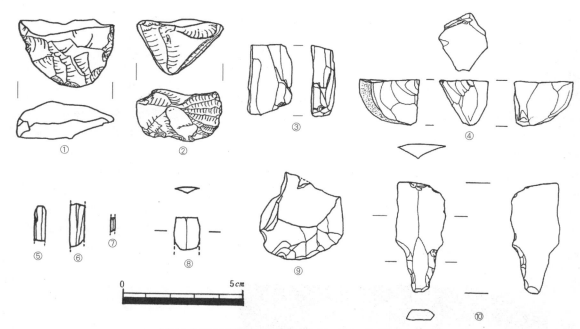

〈그림 24〉 죽산유적의 석기(지동식·박종국 1988 ; 이선복 과 1990)
① 좀돌날몸돌 선형 ②~④ 좀돌날몸돌 ⑤~⑦ 좀돌날 ⑧ 돌날 ⑨ 밀개 ⑩ 슴베찌르개

이는 60㎜ 내외로 추정된다[6]. 그리고 슴베의 양변이 모두 오목하며 찌르개 부위는 자연날 또는 일부 잔손질되었을 가능성이 있는데, 좌우대칭을 이루도록 아주 잘 만들어진 도구이다.

좀돌날몸돌로 보고된 것은 4점인데, 이 중 3점은 쐐기형, 1점은 주상(柱狀)으로 구분하였다. 그런데 쐐기형 좀돌날몸돌 3점의 실측도와 사진에는 좀돌날이 떼어진 나란한 능선을 찾아볼 수 없으며, 때림면 가장자리에도 오목오목한 모습이 보이지 않는다(그림 24-④). 한편 주상으로 보고된 것은

〈사진 10〉 죽산유적의 지표석기

길이, 너비, 두께가 각각 30㎜, 10㎜, 18㎜인데, 이 역시 좀돌날을 연속해서 떼어낸 나란한 능선이 보이지 않는다(그림 24-③). 이것들을 직접 관찰하지 못해서 단정하기 어렵지만 소형몸돌일 가능성이 있다.

그러나 고려대 박물관이 지석묘 조사 과정에서 발견한 좀돌날몸돌은 6~7개의 좀돌날을 떼어낸 면이 뚜렷하게 존재한다(그림 24-②). 이것의 길이, 너비, 두께는 각각

25㎜, 19㎜, 35㎜다. 그리고 좀돌날몸돌의 선형(preform) 역시 발굴되었는데, 양면을 다듬은 것으로 길이, 너비, 두께는 28㎜, 17㎜, 40㎜다(그림 24-①).

보고서에 긁개로 제시된 석기는 볼록날이고 날각도가 65도여서 밀개로 구분해도 무방할 것이다(그림 24-⑨). 한편 석영제 찍개로 소개된 것은 길이, 너비, 두께가 각각 88㎜, 69㎜, 39㎜고, 날 각도가 90도라고 한다. 그런데 이것은 아주 양질의 석영암으로 판판한 육면체에 가까운 형태인데 겉면 전체가 격지자국면(negative scars)이고 자

---

6 진그늘유적에서 출토한 슴베찌르개 32점의 길이, 너비, 두께 평균치는 각각 57.6㎜, 20.3㎜, 7㎜다(이기길 2011).

갈면은 남아있지 않아서 몸돌로 볼 수 있다.

한편, 지표조사에서는 산성화산암제 돌날과 몸돌, 긁개, 밀개, 홈날, 톱니날, 부리날 같은 잔손질석기와 찍개, 주먹도끼, 주먹대패, 공모양석기류 등의 몸돌석기가 발견되었다. 이 중 몸돌석기들의 대다수는 암갈색과 적갈색 찰흙층에서 지표 수습된 사례들이 있어 후기구석기시대보다 이른 시기에 속하는 유물일 가능성이 크다(사진 10).

4. 맺음말

죽산유적은 곡천유적, 금평유적과 함께 호남구석기연구의 초창기에 발굴된 유적이라는 학사적 의미를 지닌다. 그러나 보고서는 유물분포도가 제시되지 않았고, 유물의 계측치와 상태를 관찰한 내용이 주요 유물에 한정되는 등 소략한 편이어서 아쉬움을 남긴다.

보고자는 이 유적의 연대를 퇴적환경과 슴베찌르개를 근거로 후기구석기 말에 속하며, 12,000~13,000B.P. 이상 오르기 어렵다고 보았다(이선복 과 1990, 27~28). 물론 이 편년은 지금으로부터 약 30년 전의 학문적 성과와 배경 속에서 제시된 것이며, 최근 좀돌날석기군의 상한연대는 약 30,000년 전으로 추정하고 있다.

발굴조사에서 좀돌날몸돌, 밀개, 슴베찌르개와 더불어 몸돌, 격지, 돌날, 좀돌날, 부스러기 등이 출토하였다. 슴베찌르개는 이미 석장리유적과 수양개유적에서 보고된 바 있어 새삼스럽지 않지만, 두 종류가 동 시대의 산물인가에 대해서는 뜨거운 논쟁이 지속되는 중이었다(松藤和人 1987). 그런즉 죽산유적에서 돌날로 만든 슴베찌르개가 좀돌날몸돌과 같이 발견된 사실은 매우 주목해야 할 사건이었다. 왜냐하면 슴베찌르개와 좀돌날석기가 함께 존재했던 시기도 있었다는 사실을 알려주는 첫 번째 사례이기 때문이다.

한편 1995년 이래 조선대 박물관의 지표조사를 통해 유적의 규모가 발굴 당시 추정했던 것보다 훨씬 광대하며 여러 문화층이 존재한다는 사실을 알게 되었다. 즉 유물의 분포 범위는 발굴된 곳을 중심으로 위로는 '청주한씨 묘역'까지, 그리고 아래로는 갈수기 때 드러나는 논에 이르기까지이며, 두터운 퇴적 단면에서 적어도 세 개의 유물층이 확인되었다. 이와 같은 증거들을 통해 죽산유적은 송광천과 보성강 유역을 터전으로 삼았던 구석기인들이 오랫동안 자주 찾아와 살던 중요한 거점이었다고 생각된다.

IV. 사수리 대전유적

1. 머리말

대전유적은 전라남도 화순군 남면 사수리 산 15번지인 대전마을 일대에 있다. 이 유적은 해발 약 500m인 매봉산의 남서쪽 자락(111.0~112.5m)에 위치하며, 그 앞으로 동복천이 활처럼 휘어 흐른다. 천 너머 서쪽과 남쪽에는 약 3km 거리에 봉정산(410m)과 까치봉(500m)이 솟아있다. 이처럼 대전유적의 입지는 산속의 물가 언덕형에 속한다(그림 25. 전경 사진은 제2장의 대전유적 참조).

이 유적은 1987~1989년에 충북대학교 박물관에 의해 모두 세 차례 발굴되었다(이융조 와 1988b ; 이융조·윤용현 1992a). 1987년 7월의 제1차 발굴은 고인돌 조사를 목적으로 시작되었으나, 무덤방 밑의 갱신세층에서 뗀석기가 찾아져 1988년의 제2차 발굴부터 구석기문화층을 대상으로 조사가 이루어졌다(발굴사진은 제2장의 대전유적 참조).

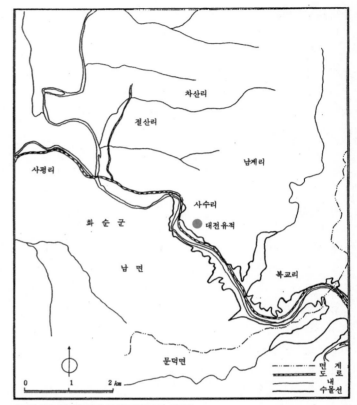

〈그림 25〉 대전유적의 위치(이융조 와 1988)

2. 지층과 문화층

이 유적은 동복천보다 약 30m 더 높은 곳에 위치한다. 지형상으로는 단구의 모습이 뚜렷하지 않지만 하상퇴적층이 존재하는 점에서 과거에 단구였으나 나중에 중력에 의해서 토양이 덮여 완만한 비탈이 된 것으로 해석되었다. 자연과학분석과 문셀토양색깔표를 근거로 유적의 지층이 구분되었다. 보고서에 기술된 내용을 지층번호, 지층명, 두께, 퇴적 시기와 문화층으로 구분하여 정리하면 다음과 같다(표 19. 사진 11. 그림 26).

전체 지층은 화강암질편마암반 위에 자갈모래층, 고운모래층, 사면붕적층, 모난돌뻘층, 고운 모래질찰흙층, 겉흙층의 순서다. 그리고 I~II지층은 제3단구 퇴적층, 그리고 III~VII지층은 마지막 빙하기에 형성된 비탈쌓임층이며, 추운 기후를 가리키는 토양구조가 관찰되지 않아서 IVa층은 마지막 빙하기의 초기에 형성된 것으로 추정되었다. 여기서

〈표 19〉 대전유적의 지층과 문화층

지층번호	지층명	두께(cm)	퇴적 시기	문화층
VII	표토층	8~30		
VI	부식토층			청동기
Vb	황갈색 모래질찰흙층	30		중석기
Va	짙은 황갈색 모래질찰흙층		마지막 빙하기	후기구석기
IVb	붉은색 찰흙층	40	비탈쌓임층	
IVa	모난돌 낀 붉은색 뻘층			중기구석기
IIIb	옅은 노란-붉은 뻘층	100		
IIIa	잔자갈 낀 모래뻘층			
IIc	노란 고운 모래뻘층	100 이상		
IIb	망간 낀 고운 모래층(산화철층)			
IIa	붉은 모래질층		제3단구 퇴적층	
I	고기하성층(자갈모래층)	100 내외		
	화강암질편마암반			

〈표 20〉 대전유적 출토 좀돌날몸돌의 돌감, 크기와 무게

그림 번호	돌감	몸체 종류	길이-너비-두께(mm)	무게(g)
3-①	반암[7]	소형 격지	24-34-10	12
3-②	반암	몸돌 ?	56-24-16	27[8]
3-③	니암	중형 격지	89-44-20	95

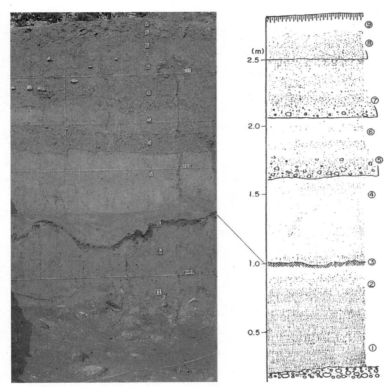

〈사진 11. 그림 26〉 대전유적의 층위(이융조·윤용현 1990)

암, 수정, 반암, 화강암, 편마암 등이며, 이 중 석영맥암의 비율이 가장 높다고 한다. 그런데 이 층의 석기들에 대한 개별 기술이나 실측도 및 사진이 거의 없어 전체 성격이나 특징을 파악하기 어렵다.

한편 후기구석기문화층에서 출토한 석기의 수량은 487점이며, 종류는 좀돌날몸돌, 몸돌, 격지, 모룻돌, 망치, 긁개, 밀개, 새기개, 찌르개, 뚜르개, 톱니날, 찍개, 주먹도끼, 대패, 사냥돌(공모양석기류), 흑요석기 등 매우 다양하다. 쓰인 돌감의 종류는 석영맥암, 니암, 반암, 수정, 흑요석, 플린트이며, 이 가운데 석영맥암이 가장 많이 쓰였다고 한다. 그런데 석재 종류 중 흑요석의 존재는 매우 흥미로운데 그 석기의 실측도나 사진은 제시되지 않아 매우 안타깝다.

후기구석기문화층의 성격과 시기를 가장 잘 드러내주는 것은 세 점의 좀돌날몸돌이다. 이것의 돌감, 몸체 종류, 크기와 무게를 정리해 보았다(표 20).

후기구석기시대와 중기구석기시대의 유물이 나온 지층은 각각 짙은 황갈색 모래질찰흙층(Va층)과 모난돌 낀 붉은색 뻘층(IVa층)이다.

3. 석기와 유구

중기와 후기 구석기시대의 문화층이 하나씩 보고되었다. 후기구석기문화층의 발굴 면적은 422.5㎡이지만, 중기구석기문화층의 조사 범위는 일부에 국한된다고 한다.

중기구석기문화층에서 나온 석기의 수량은 156점이고, 종류는 몸돌, 격지, 망치, 긁개, 밀개, 찌르개, 새기개, 찍개 등이다. 사용된 돌감의 종류는 석영맥암, 규암, 사

〈표 20〉에서 보듯이 세 점의 석기는 몸체(blank)의 종류와 크기가 다르다. 실측도와 사진을 기초하여 각각의 선형(preform)과 때림면을 만든 방식을 보면, 〈그림 27-①〉번은 소형 격지를 선택하여 배면은 손질하지 않고 등면의 굽쪽과 위끝쪽 두 가장자리를 다듬어 쐐기모양의 선형을 완성한 뒤, 두터운 굽 부위를 가로(좌우)방향으로 쳐서 긴 때림면을 만들었다(사진은 제2장의 대전유적 참조).

---

7   당시에는 반암, 니암 등으로 언급되었지만, 이후 암석학자의 박편 분석 사례들을 참고하면 산성화산암(유문암과 응회암의 총칭)일 가능성이 크다.

8   보고서 43쪽에는 270g으로 기술되어 있으나 나머지 두 유물과 크기를 비교해보면 27g의 오자일 가능성이 크다.

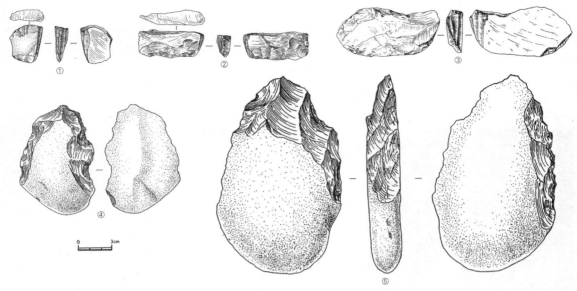

〈그림 27〉 대전유적의 석기(이융조·윤용현 1990)
①~③ 좀돌날몸돌 ④~⑤ 주먹도끼

〈그림 27-③〉번의 경우 〈그림 27-①〉번과의 차이는 몸체가 중형 격지라는 점과 때림면을 세로(앞뒤)방향으로 쳐서 만들었다는 점이다. 한편 〈그림 27-②〉번은 몸체의 양면이 모두 다듬어져서 격지인지 몸돌인지를 판단하기 어렵다. 이것은 배모양이고, 때림면은 〈그림 27-①〉과 같은 방식으로 만들었다.

다음으로 주목되는 석기는 긁개와 주먹도끼로 보고된 석기다(그림 27-④, ⑤). 둘 다 몸체는 둥글납작한 자갈이다. 먼저 긁개로 보고된 석기는 실측도의 축척을 참고하면 길이가 약 10㎝, 너비는 약 6.5㎝이다. 전체 모습은 아래 가장자리를 제외한 왼쪽, 위쪽, 오른쪽 모두 한 방향으로 떼어졌으며 대체로 좌우대칭을 이룬다. 이것은 몸체의 종류, 날의 제작수법과 형태, 평면모습으로 보아 잔손질석기보다 소형의 외면주먹도끼(uniface)로 분류할 수 있다.

주먹도끼(handaxe)는 길이가 약 18㎝, 너비가 약 11㎝, 두께가 약 3㎝이다. 이것의 아랫면은 왼쪽 상부와 위쪽, 오른쪽 가장자리의 중간까지 등 방향으로 떼어졌고, 윗면은 오른쪽 가장자리가 밑 방향으로 떼어졌다. 이것은 전면이 아닌 가장자리에 국한하여 손질되었으며, 위끝이 뾰족하고 양옆은 날카로우며 아래는 둥근 자갈면이 남아있고 좌우대칭을 이루고 있다. 형식을 구분한다면 심장형(cordiform)에 가깝다.

주먹대패로 보고된 석기는 판판한 자갈을 골라 밑면의 약 3/4을 등 방향으로 떼고 다듬어 말굽 모양의 날을 만든 것으로 길이는 8.9㎝이다(사진 12-①). 주먹찌르개(pick)는 길이가 12.8㎝이며, 큰 자갈의 위쪽 양 변을 등

〈사진 12〉 대전유적의 주먹대패와 주먹찌르개(이융조·윤용현 1990)

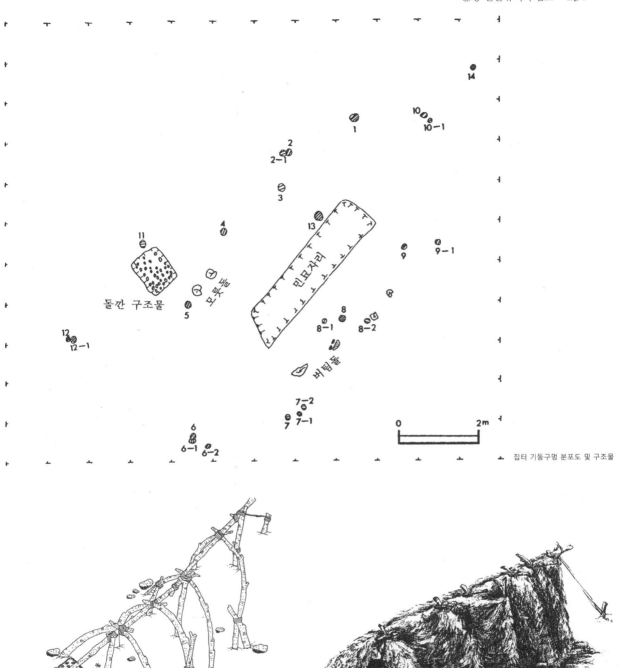

돌간 구조물

민묘자리

버팀돌

집터 기둥구멍 분포도 및 구조물

0   2m

가죽 다루는 사람
※ 집터안에 있는 것은 모룻돌과 석기임.

집터 복원 투시도

위. 이니시드

집터 복원도

〈그림 28〉 대전유적의 집터와 복원도(이융조·윤용현 1990)

232

방향으로 떼고 다듬어 삼능선의 뾰족한 날을 만든 것이다(사진 12-②). 그리고 사냥돌은 다면체의 자갈을 여러 방향에서 떼어 공모양에 가깝게 만든 것으로 자연면이 남아있다. 이것은 축척이 표시되지 않아 크기나 무게를 알 수 없다.

한편, 후기구석기문화층에서 큰 집터의 유구로 추정되는 기둥구멍들이 보고되었다(그림 28). 모두 24개나 되는 기둥구멍의 평균지름은 약 20㎝(5.5~28㎝), 평균깊이는 27.4㎝(5~56㎝)이며, 기둥 사이의 간격은 대개 1~2m라고 한다. 그리고 기둥구멍의 기울기는 51~88도다. 이것들의 크기와 기울기 및 배열을 근거로 나무를 휘어 만든(생목휘임형) 긴 터널 모양의 막집으로 추정되었고, 내부 면적은 약 30㎡로 계산되었다. 비록 화덕자리는 찾지 못했지만 유구 중앙에 있는 민묘로 인해 파괴되었을 것으로 보았다.

4. 맺음말

대전유적은 동복천변에서 맨 처음 조사된 구석기유적으로 중기와 후기구석기시대의 문화층이 하나씩 존재하는 것으로 보고되었다.

앞에서 보았듯이 중기구석기문화층의 석기들은 긁개, 밀개 등의 다양한 잔손질석기와 찍개로 구성되어 있다. 그런데 잔손질석기의 비중이 매우 높은 가운데 소량 (4.48%)의 찍개가 있다고 해서 후기구석기보다 앞선 중기구석기시대로 편년하는 것은 주저된다. 왜냐하면 이 문화층과 후기구석기 문화층 사이의 퇴적두께가 불과 8~25㎝이기 때문이다.

후기구석기문화층에서는 후기구석기 후반기를 대표하는 좀돌날석기와 전기구석기부터 제작된 주먹도끼, 주먹찌르개, 사냥돌이 함께 출토하였다. 이처럼 서로 다른 시대의 석기들이 뒤섞여 존재하는 현상은 오랫동안 고고학자를 매우 혼란스럽게 하였고, 발굴조사를 잘못 하였기 때문으로 오해될 소지도 다분하였다. 그로부터 10년 이후인 1998년과 2003년에 각각 월평유적과 신북유적에서 좀돌날석기와 몸돌석기들이 같이 발견됨으로써 이 문제는 일단락될 수 있었다. 즉 우리나라의 경우 전기구석기시대부터 제작된 몸돌석기들이 후기구석기의 늦은 단계까지 명맥을 유지하며 잔존한 것으로 드러났기 때문이다(이기길 2012).

또한 최근의 연구에서 보성강유역의 구석기인들이 백두산과 일본 규슈산 흑요석을 이용하였음이 밝혀졌다(Lee & Kim 2015). 만약 대전유적 출토 흑요석기에 대한 원산지분석이 그 때 이뤄졌다면 구석기인들의 원거리교류에 관한 인식과 이해가 더 빨랐을 것이다. 끝으로 '긴 터널 모양의 막집'으로 해석된 유구는 인정 여부에 대한 논란이 있지만, 구석기시대의 집자리가 조사된 사례가 매우 드문 상황에서 보다 심화된 연구가 이어지길 희망한다.

V. 죽산리 하죽유적

1. 머리말

하죽유적은 전라남도 보성군 문덕면 죽산리 산 152-12 일대에 있다(그림 29). 이 유적은 경희대 발굴조사단이 1989년 청동기 ~초기철기시대 집자리를 조사할 당시 인접한 언덕에서 석영제 찍개와 긁개 등 수백 점의 구석기를 발견하면서 알려졌다(황용훈·신복순 1990). 이후 경희대 발굴단이 문화재연구소의 위촉을 받아 1990년 11~12월에 구석기문화층에 대한 조사를 하였다(황용훈·신복순 1994).

이 유적은 서쪽으로 약 4.6km 거리에 있는 까치봉(550m)에서 동쪽으로 뻗은 능선의 끝자락에 있다. 유적에서 사방을 바라보면, 북쪽에 모후산(919m), 남동쪽에 망일봉(650m), 남서쪽에 천봉산(609m), 북서쪽에 백락봉(450m)과 매봉산(490m)이 솟아있다. 물과의 관계를 보면 동복천과 죽산천이 만나는 두물머리에 있어 하죽유적은 물가 언덕형에 속한다. 동복천은 유적 부근에서 북서쪽에서 남동쪽으로 비스듬히 흐르므로 하죽유적은 퇴적사면에 해당되고, 제2지류로 수량이 적은 죽산천은 유적의 남쪽을 흘러 동복천에 합류한다(전경사진은 제2장 하죽유적 참조).

한편, 조선대 박물관은 1995년 이래 지표조사를 통해 몸돌, 격지, 찍개, 주먹찌르개, 긁개, 밀개, 콧등날 등의 석기들을 수습하였으며, 발굴 지점을 포함하여 유물의 분포범위가 꽤 넓다는 사실을 확인하였다.

2. 지층과 문화층

수몰되기 전 유적의 위쪽은 과수원과 밭, 아래쪽은 논으로 경작되고 있었다. 발굴조사는 민묘에

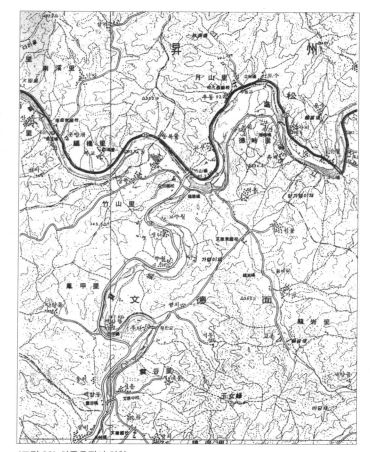

〈그림 29〉 하죽유적의 위치

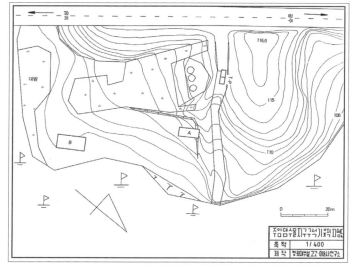

〈그림 30〉 하죽유적의 조사구덩이 배치도(황용훈·신복순 1990)

서 약 10m 아래 지점을 A지구(해발 107~108m), 그리고 거

234

기서 남쪽으로 약 40m 거리의 지점을 B지구(해발 104m), 그리고 민묘 바로 뒤편에 시굴구덩이(해발 113m)를 배치하여 진행되었다(그림 30). A지구는 가로 4m, 세로 9m 규모로 그 안에 6개의 발굴구덩이를, B지구는 가로 6m, 세로 12m 규모로 그 안에 12개의 발굴구덩이를, 그리고 시굴구덩이는 가로 2m, 세로 6m 규모로 2개를 구획하였다.

유적의 층위는 위부터 부식토층(I층), 재퇴적층(II층), 문화포함층(III층), 암반부식토층(IV층)으로 구분된다고 한다(표 21).

보고된 지층의 이름은 일반적으로 퇴적물의 구성과 입자 크기 및 색깔에 근거한 방식과 달라서 낯설 뿐 아니라 각 지층에 대한 설명 또한 매우 혼란스럽다. 보고서의 지층 사진 10~11번을 자세히 보면 네 개의 지층은 모두 찰흙이 바탕 성분이라고 생각된다. III층에는 하부에 풍화된 상태의 커다란 둥근 암편이 군데군데 보이고, IV층에는 희끗희끗한 작은 돌조각들이 골고루 섞여있으며 유사 토양쐐기 현상이 보인다(사진 13).

따라서 IV층은 암반부식토층이 아닌 토양 성분들이 퇴적된 층으로 생각된다. 그러므로 발굴조사는 암반층까지 내려가지 않았다고 판단된다. 그리고 II층을 재퇴적된 층으로 설명하였으나 그렇게 봐야 할 이유가 분명

하게 제시되지 않았고, 지층 사진에서도 그럴 만한 현상이 보이지 않는다. 더군다나 "상당수의 구석기유물이 수거되었다"(황용훈·신복순 1994. 19)는 점에서 구석기시대에 형성된 원래의 지층이 아닐까 싶다.

한편, B지구 조사 결과, 다른 발굴지점에는 없었던 '엷은 황갈색지층'이 바로 표토층 밑에 존재하며, 여기서 니암계통의 석기 한 점이 발견되었다고 한다. 이것은 보고서에 〈그림 9〉, 〈사진 25〉로 제시된 유물이다(황용훈·신복순 1994. 20 ; 23 ; 46).

3. 석기의 양상

조사자는 보고서에 발굴조사에서 찾은 유물 중 9점, 그리고 지표채집유물 15점을 소개하고 있다.

보고서에 실린 석기의 사진을 검토하면 돌감의 종류는 양질의 석영맥암(보고서의 사진 17번 석기), 조질의 석영맥암(보고서의 사진 31), 석영암(보고서의 사진 22), 규암(보고서의 사진 30), 산성화산암(보고서의 사진 25) 등 적어도 5가지로 추정된다. 이 종류들은 모두 보성강변에 분포하며 자갈면을 지니고 있다. 그래서 구석기인들이 유적 앞 천변에서 찾아서 썼을 것으로 생각한다(사진 14).

발굴된 석기의 종류와 수량은 찍개 4점, 새기개 1점, 긁개 3점, 첨두기 1점으로 기술되어 있다. 보고서의 사진과 실측도를 살펴보면, 찍개로 보고된 것 중에는 잔손질석기(보고서의 사진 20), 그리고 새기개라고 하는 것은 뚜르개(보고서의 사진 18), 긁개로 보고된 것 중에 몸돌(보고서의 사진 21)로 추정되는 것도 있다(사진 15).

지표채집 석기의 종류와 수량은 긁개 7점과 찍개 8점이다. 이 중 가장 주목되는 것은 찍개로 보고된 석기다(보고서의 사진 30). 이것은 길이 약 10cm, 너비 약 13cm나 되는 큰 석영암 자갈의 절반쯤을 등 방향으로 떼서 좌우대칭의 볼록날을 만든 외날찍개다.

〈표 21〉 하죽유적 A지구의 층위

번호	이름	두께(cm)	색깔	비고
I층	부식토층	10~15	10YR 6/6	교란된 부식토층
II층	재퇴적지층	25~30	5YR 4/8	풍화된 편마암편, 굵은 모래 포함. 유물 출토
III층	문화포함층	55~60	5YR 5/6	고운 진흙층, 유물 출토
IV층	암반부식토층	50 이상	10YR 4/6	사질 포함 편마암반 부식층

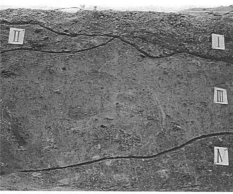

〈사진 13〉 하죽유적의 지층(황용훈·신복순 1990)

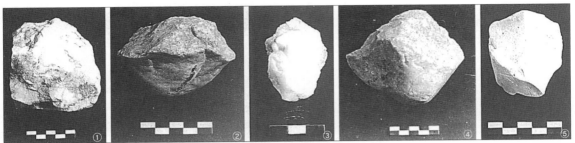

〈사진 14〉 하죽유적의 석재 종류(황용훈·신복순 1990)
① 양질의 석영맥암 ② 조질의 석영맥암 ③ 석영암 ④ 규암 ⑤ 산성화산암

〈사진 15〉 하죽유적의 석기(황용훈·신복순 1990)
① 잔손질석기 ② 뚜르개 ③ 몸돌

4. 맺음말

이 유적은 주암댐수몰지역의 다른 구석기유적과 달리 더 이른 시기로 추정되는 석영맥암제 몸돌석기들이 지표조사에서 수습되고 이를 계기로 발굴조사가 이뤄졌다는 점에서 의의가 적지 않다. 그러나 기반암까지 발굴조사가 이뤄지지 않았고, '재퇴적지층', '암반부식토층' 등의 명칭 및 문화층 여부의 해석 문제와 함께 보고된 유물이 단지 24점뿐이어서 편년에 중요한 근거가 되는 유적의 층서와 석기군의 양상을 이해하는 데 있어 너무 소략하다는 느낌이다.

구석기유적의 입지 측면에서 하죽유적은 산속 두물머리에 위치한다는 특징을 지니고 있다. 유적의 규모는 중형급이며, 지표석기들은 현재 도로 근처인 해발 약 110m부터 과거 논으로 경작된 해발 약 95m 높이까지 15m 정도의 수직범위에서 수습되었다. 이와 같은 유물의 분포 양상은 주암댐수몰지역에 산재하는 구석기유적들에서 대체로 공통되어 주목되며, 보성강유역에서 마지막 간빙기~빙하기 동안의 기후변화 속에서 형성된 유적의 위치 변화를 반영하는 단서일지 모른다.

석기는 세 개의 지층, 즉 A지구의 II층과 III층, 그리고 B지구의 '엷은 황갈색지층'에서 출토하였다. A지구에서 발굴된 석기의 종류는 석영맥암자갈로 만든 찍개, 몸돌, 긁개, 뚜르개 등이고, B지구에선 니암제 긁개로 보고된 산성화산암제 석기가 있다. 종합해보면 하죽유적에는 적어도 세 개의 문화층이 존재하며, A지구의 석영맥암제 찍개와 긁개가 주류인 석기군 이후 B지구의 산성화산암제 석기가 포함된 석기군이 대신한 것으로 정리된다.

VI. 월암리 월평유적

1. 머리말

전라남도 순천시 외서면 월암리 204-2 일대에 있는 월평유적은 조선대학교 박물관이 '보성강유역 구석기유적의 학술지표조사' 사업을 진행하던 1995년 7월에 처음 발견되었다. 당시 유적의 대부분은 밭으로 경작되고 있었으며, 겉흙에는 유문암, 수정과 석영제 석기가 여기저기 드러나 있었고, 그 중에 슴베찌르개, 좀돌날몸돌, 밀개 같은 석기들이 포함되어 있었다(사진 16, 17). 틈날 때마다 유적에 들러 지표조사를 하던 중 겉흙에서 불과 20cm 내외의 깊이에 문화층이 잘 남아있는 모습이 목격되었다(제2장 참조).

1998년 가을에 전라남도의 조사비 지원으로[9] '유적의 성격 파악과 보존계획 수립'을 위한 제1차 발굴에 들어갔다(사진 18). 언덕 전체에 걸쳐 모두 20개의 시굴구덩이를 배치하여 조사한 결과(그림 31), 유적은 7만여 ㎡나 되는 대규모급으로 밝혀졌다. 그리고 유문암 자갈로 석기를 만든 지점과 수정제 유물이 주류인 지점도 찾아졌다. 특히 제1구역의 남2서26 시굴구덩이에서 4개의 유물층이 존재하는 것을 알게 되었다(이기길 2002).

제1차 발굴조사로부터 약 3년이 지난 2001년에 다시 전라남도의 지원을 받아 제2차 발굴조사를 하게 되었다(사진 19). 제1차 발굴에서 4개의 유물포함층이 확인된 바 있어, 그것들이 문화층인지 아닌지를 확인하는 것이 중요하다고 판단되었다. 그래서 발굴 대상지를 제1구역으로 정하였다. 조사 결과 상부의 두 유물포함층에서 각각 7,760점과 1,170점의 많은 석기가 드러났다. 그리고 맨 위층에서는 많은 밀개와 갈린 자갈, 그리고 등잔으로 추정되는 석기가 분포하는 생활면(living floor)이 드러났다. 그래서 각각을 제4문화층과 제3문화층으로 이름 하였다. 한편 제3문화층의 하부에서 218점의 석기가 드러났으나

〈사진 16〉 월평유적의 지표에서 찾은 유문암제석기

〈사진 17〉 월평유적의 지표에서 찾은 수정제석기

발굴을 마무리해야 할 상황이어서 더 이상 조사할 수 없었다(이기길 과 2004).

이후 순천시의 예산 지원으로 2005년 여름에 제3차 발굴조사에 착수했다(사진 20). 제2차 발굴에서 내려가지 못했던 하부의 유물포함층을 대상으로 조사를 시작하였다. 그러나 제3문화층에서 218점, 그리고 비문화층으로 간주되었던 지층에서 2,787점의 석기가 나와서 원래 목적했던 하부의 유물포함층 조사는 엄두를 낼 수 없었다. 그런데 2,787점 중에는 격지는 물론 도구의 제작 과정을 잘 보여주는 다수의 붙는 유물들이 포함되어 있었다. 그래서 이 유물포함층을 '중간문화층'으로 명명하였다(이기길·김수아 2009).

세 번의 학술발굴을 통해 유적의 전체 규모, 그리고 세 개의 문화층과 두 개의 유물포함층이 존재하는 사실이 확인되었다. 발굴된 유물의 수량은 제4문화층 9,525점, 제3문화층 1,409점, 그리고 중간문화층 3,005점 등 모두 13,939점이다(표 22).

---

9 1995년의 유적 발견 이후, 조선대 박물관은 해당 지자체인 순천시에 유적의 중요성과 함께 학술조사의 시급성을 알리는 공문을 수차례 발송하였으나 묵묵부답이었다. 그 뒤 1998년 여름에 일본 구석기학자들이 조선대 박물관 소장 구석기유물의 관찰과 죽내리유적 답사 차 방문한 사실이 지역신문에 보도되었고, 그 기사를 본 전라남도 문화환경국장인 이병훈 님이 흔쾌히 발굴비를 지원해주었다. 이후 제2차 발굴예산도 마련해주어 2004년에 월평유적이 국가 사적으로 지정되는 데 크게 기여하였다.

〈사진 18〉 월평유적의 제1차 발굴 모습

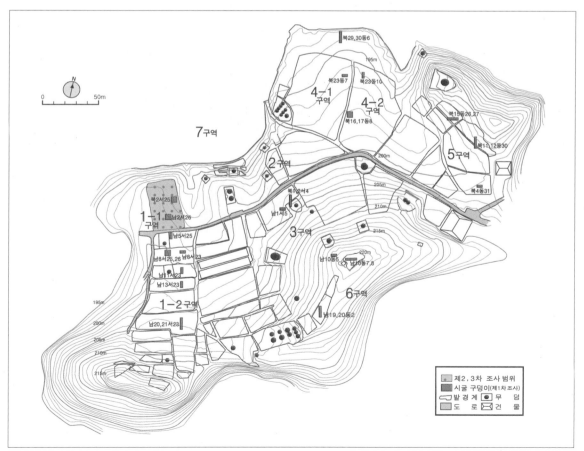

〈그림 31〉 월평유적의 구역, 시굴구덩이와 발굴 범위

〈사진 19〉 월평유적의 제2차 발굴 모습

〈사진 20〉 월평유적의 제3차 발굴 모습

〈표 22〉 월평유적 제1~3차 발굴조사의 내용과 성과

조사명	조사 기간	발굴 면적	유물 점수		조사 성과
1차 발굴	1998. 11~12.	85평(280㎡)	제4문화층	1,765점	유적의 전체 규모 확인, 4개의 유물포함층 확인
			제3문화층	21점	
2차 발굴	2001. 9~11.	353평(1,165㎡)	제4문화층	7,760점	2개의 문화층 확인
			제3문화층	1,170점	
			중간문화층	218점	
3차 발굴	2005. 7~8.	2차 발굴 범위의 하부	제3문화층	218점	중간문화층의 확인
			중간문화층	2,787점	
모듬	약 5달	약 1,445㎡		13,939점	

2. 자연환경과 고고환경

1) 자연환경

월평유적은 산으로 둘러싸인 긴 지름 약 9km, 짧은지름 약 6km인 외서분지의 중앙부에 위치한다. 이 분지는 몇몇의 좁고 긴 계곡들이 직교하는 좁은 산악분지이며, 분지를 둘러싼 산봉우리들의 고도는 북쪽이 높고 남쪽이 낮은 경향이다. 분지 서쪽의 국기봉에서 발원한 송광천은 분지 내 계곡을 따라 흐르는 작은 천들이 차례로 합류하며, 금성리를 통하여 분지 밖으로 나와 보성강 중류의 주암호로 흘러든다(이윤수 2002).

외서면과 송광면 일대는 최근에 산등성이나 비탈을 따라 건설된 4차선 국도를 제외하면 현대화의 상징인 공장이나 아파트 조성 같은 대형의 토목공사가 없었기에 옛 지형을 거의 그대로 유지하고 있다. 산지의 좁은 골짜기를 따라 형성된 송광천은 구석기시대에도 오늘날과 별 차이가 없었다고 생각되나, 최근 '하천재해 예방사업'을 하여 예전의 자연스러움과 생명력 넘치는 모습을 잃고 말았다[10]. 구석기시대는 빙하기와 간빙기가 반복되었으므로 송광천 유역도 빙하기가 심하면 아한대성, 간빙기가 고조되면 아열대성의

---

10 '송광천 하천재해 예방사업'은 전라남도청 지역계획과의 발주로 백산건설이 2015년 1월 5일부터 2018년 12월 14일까지 총 공사비 366억6천6백79만원을 들여 제방 14.76km, 교량 11개, 보 10개를 건설한 것이다. 필자는 1995년 이래 30년 가까이 송광천 일대를 답사하며 다녔지만 홍수가 나서 큰 피해를 입은 것을 거의 본 적이 없다. 이 공사로 인해 수만 년 이상 송광천이 만들어놓은 기암괴석, 여울과 모래톱, 생명력 넘치는 물소리와 자연스런 뚝방의 모습이 사라지고, 주변의 경관과 어울리지 않는 21세기의 모습으로 변했다.

〈사진 21〉 월평유적의 전경

식물과 짐승의 비율이 더 높았을 것이고, 그 사이는 오늘날처럼 온대성기후의 동식물이 번성하였을 것이다.

조계산의 지맥인 고동산(해발 709.4m) 자락의 낮은 언덕에 자리한 월평유적은 송광천과 외서천이 세 면을 감싸 흘러 마치 해자로 둘러싸인 성 같은 모습이며, 그 바깥을 해발 600m 내외의 산봉우리들이 서 있어 병풍을 두른 듯하다. 그런 탓에 유적은 외부로부터 거의 영향을 받지 않는 아주 안정된 여건이며, 겨울에도 해질 무렵까지 햇빛이 비쳐 그 언저리에서 제일 따뜻한 곳이다(사진 21).

유적의 가장자리는 천보다 10m 정도 높으며, 천까지의 최단거리는 100m쯤 된다. 이와 같은 입지는 각종 식물과 사냥감이 풍부한 산으로 접어드는 길목이면서 마시고 씻을 물이 충분하고 맹수나 침입자를 경계할 수 있어, 채집과 사냥으로 살던 구석기인들의 살림터로 안성맞춤이었을 것이다.

2) 고고환경

길이 약 21㎞인 송광천을 따라 분포하는 크고 작은 언덕에서 최근까지 모두 13개의 구석기유적이 발견되었다

(표 23. 사진 22. 그림 32).

송광천변의 구석기유적은 주암댐건설을 계기로 1986년에 처음 발견된 이래, 조선대 박물관이 1995년부터 시작한 학술지표조사를 통해 대다수가 확인되었다. 13개의 유적 중 지표조사에서 찾아진 것이 11개이고, 우산리 곡천과 덕산리 죽산유적은 1980년대 후반에 발굴조사가 이뤄졌다. 이후 월암리 월평유적은 1998~2005년에 세 차례 학술발굴되었으며, 월암리 외록골유적은 도로건설로 파괴되기 전 2006~2007년에 구제발굴되었다.

발굴조사를 통해 주로 좀돌날석기를 포함하는 문화층이 확인되었으며, 그보다 이른 시기로 추정되는 문화층도 보고되었으나 좀돌날석기 문화층과의 퇴적 두께를 감안할 때 대체로 후기구석기시대에 속하는 것으로 가늠된다. 그러나 덕산리 죽산유적의 경우는 갱신세 퇴적층이 최소 3m 이상이고, 발굴조사에서 좀돌날몸돌과 슴베찌르개, 그리고 지표조사에서 돌날몸돌과 주먹도끼 등이 수습되어 중기구석기 후반까지 소급될 가능성이 크다. 13개의 유적들에서 나온 석기들의 돌감 구성을 보면, 석영맥암과 산성화산암이 1, 2위를 차지하고 수정이나 흑요석은 아주 소량이다.

〈표 23〉 송광천변의 구석기유적

번호	유적명	행정구역명	대표 유물	유적 현상	조사연도	조사기관/참고문헌
1	구룡리 영봉	송광면 구룡리	홈날(A), 격지(B)	밭, 무덤	1995	이기길 과 2015
2	구룡리 오룡	송광면 구룡리	몸돌(A), 격지(B)	밭, 도로	1995	신규
3	금성리 금성	외서면 금성리	주먹도끼(A), 좀돌날몸돌(B)	밭, 비닐하우스	1995	이기길 1997
4	금성리 평지들	외서면 금성리	주먹찌르개(A), 격지(B)	태양광 건설로 많이 파괴됨	1995	이기길·김선주 2001
5	덕산리 죽산	송광면 덕산리	주먹도끼(A), 돌날(B)	수몰지역	1987	지동식·박종국 1988 이선복 과 1990
6	반용리 가용	외서면 반용리	긁개(A)	밭	2002	신규
7	우산리 곡천	송광면 우산리	긁개(A), 좀돌날몸돌(B)	수몰지역	1986	이융조 과 1988a, b 이융조·윤용현 1990
8	월암리 구암	외서면 월암리	밀개(A, B)	밭, 무덤	1995	이기길 과 2004
9	월암리 외록골	외서면 월암리	몸돌(A), 밀개(B)	도로	2006	이기길 2009
10	월암리 월평	외서면 월암리	뚜르개(A), 좀돌날몸돌(B, C), 밀개(A, B), 격지(D) 등	밭, 묘목	1995	이기길 1997, 2002 이기길 과 2004, 2009
11	이읍리 이읍	송광면 이읍리	몸돌(A)	논, 도로	2001	이기길·김선주 2001
12	이읍리 인덕	송광면 이읍리	슴베찌르개(A), 돌날몸돌(B)	밭, 과수원	1995	이기길 1997
13	장안리 장동	송광면 장안리	모룻돌(A), 격지(B)	밭, 과수원	1995	이기길 1997

※ A: 석영맥암, B: 산성화산암, C: 수정, D: 흑요석

〈사진 22〉 송광천변의 구석기유적군

　이 유적들은 거의가 밭으로 경작되고 있으나, 도로건설로 일부 또는 전부 사라지기도 하였고, 태양광 부지로 조성되거나 비닐하우스를 지으면서 적지 않게 파괴된 경우도 있으며, 수몰지역에 포함된 것도 있다. 소중한 역사문화유적이 멸실되고 훼손되는 안타까운 일들이 반복되고 있어 방지대책이 시급하다.

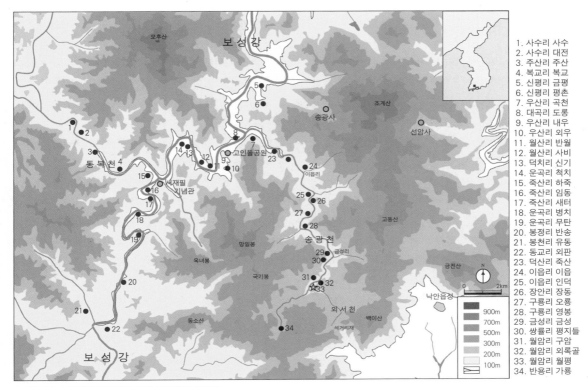

〈그림 32〉 송광천과 보성강변의 구석기유적 분포도

1. 사수리 사수
2. 사수리 대전
3. 주산리 주산
4. 복교리 복교
5. 신평리 금평
6. 신평리 평촌
7. 우산리 곡천
8. 대곡리 도롱
9. 우산리 내우
10. 우산리 외우
11. 월산리 반월
12. 월산리 사비
13. 덕치리 신기
14. 운곡리 척치
15. 죽산리 하죽
16. 죽산리 임동
17. 죽산리 새터
18. 운곡리 병치
19. 운곡리 무탄
20. 봉정리 반송
21. 봉천리 유동
22. 동교리 외판
23. 덕산리 죽산
24. 이읍리 이읍
25. 이읍리 인덕
26. 장안리 장동
27. 구룡리 오룡
28. 구룡리 영봉
29. 금성리 금성
30. 쌍률리 평지들
31. 월암리 구암
32. 월암리 외록골
33. 월암리 월평
34. 반용리 가룡

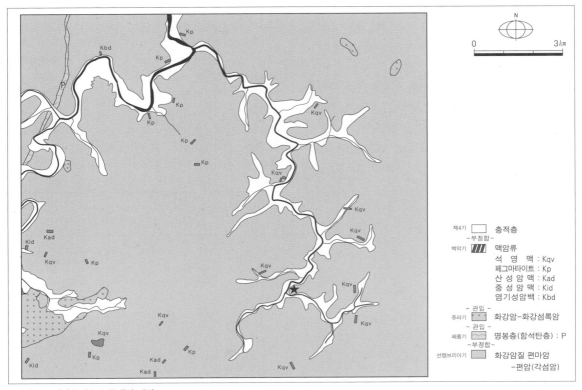

〈그림 33〉 월평유적(★) 둘레의 지질

제4기 □ 충적층
~부정합~
백악기 ▨ 맥암류
　석 영 맥 : Kqv
　페그마타이트 : Kp
　산 성 암 맥 : Kad
　중 성 암 맥 : Kid
　염기성암백 : Kbd
-관입-
쥐라기 ▦ 화강암-화강섬록암
-관입-
페름기 ◎ 명봉층(함석탄층) : P
~부정합~
선캠브리아기 ▤ 화강암질 편마암
-편암(각섬암)-

242

3. 지층과 문화층

유적이 위치한 외서분지의 지질(그림 33)은 반상변정질 편마암으로 이뤄져있고, 군데군데 석영맥암이 소규모로 관입하여 있다. 송광천변에 분포하는 자갈들은 화강편마암류와 석영맥암이 대부분이다. 제4기층은 골짜기를 따라 형성되어 있는데, 강물쌓임층(하성층)과 비탈쌓임층(사면봉적층)으로 이뤄져 있다(이상만·김형식 1996 ; 이민성 과 1989 ; 이윤수 2000, 2004).

전체 층위는 기반암인 화강편마암 풍화층 위에 크게 두 개의 퇴적 단위, 즉 약 1.5m 두께의 '자갈 섞인 모래층'과 1.5m가 넘는 '찰흙, 뻘, 모래의 퇴적층'으로 구분된다. 자갈과 모래로 이뤄진 하부의 퇴적물은 물의 작용으로 쌓인 것이나, 유물이 포함된 찰흙질 모래층이나 모래질 찰흙층은 주로 중력에 의한 비탈쌓임의 결과로 해석된다(김주용 과 2004).

1-1구역의 남2서26구덩이와 북2서29구덩이의 퇴적을 종합하여 층서를 구분하면 모두 12개로 세분된다(표 24. 사진 23) :

이처럼 12개로 세분된 지층 가운데 2a, 2b지층은 '제4문화층'으로, 3a, 3b, 3c지층은 '제3문화층'으로, 4지층은 '중간문화층'으로 구분되며, 5지층과 6지층에서는 유물은 확인되었으나 조사 면적이 좁아 문화층 여부는 아직 단정하기 어렵다.

지금까지의 발굴조사에서 숯을 비롯한 유기물질을 찾지 못하여 토양을 시료로 방사성탄소(AMS-C14)연대측정과 광자극발광(OSL)연대측정을 하였다. 그 결과 제1~3문화층은 OSL연대측정으로 42~37 ka, 제3~제4문화층은 AMS연대측정으로 36,000~10,840년 전으로 보고되었다(표 25).

방사성탄소연대는 토양을 시료로 잰 결과이기 때문에 일반적으로 숯으로 잰 연대보다 신뢰도가 떨어지지만, 3a지층을 제외하고 하부에서 상부로 갈수록 차례로 젊어지는 연대이므로 의미가 없지 않다고 생각된다. 또한 이 결과는 유적의 퇴적이 세월의 흐름대로 안정되게 퇴적되었음을 가리킨다고 판단된다.

한편 광자극발광연대를 보면, 한국기초과학연구원에서 측정한 결과는 하부층의 연대가 상부층보다 어리게 나오는 등 혼란스럽지만, 네오시스코리아 방사성기술연구소의 측정값은 순차적이다. 두 기관의 연대값은 한국기초과학연구원의 제2유물층 연대를 제외하면 약 37±6~42.65±1.75 ka로서 방사성탄소연대값과 자연스럽게 조화를 이룬다. 대체로 절대연대측정 결과는 월평유적의 형성연대가 약 43,000~10,840년 전임을 가리킨다고 볼 수 있다.

〈표 24〉 월평유적의 지층과 문화층

지층번호	지층명	두께	문화층
제1지층	경작층	8~20cm	
제2a지층	명갈색 찰흙층	37cm	제4문화층
제2b지층	흑갈색 찰흙층	30cm	
제3a지층	갈색 찰흙층	16~20cm	
제3b지층	황갈색 찰흙층	12~20cm	제3문화층
제3c지층	황갈색 모래질찰흙층	15~20cm	
제4지층	암갈색 찰흙모래층	35cm	중간문화층
제5지층	황갈색 모래질찰흙층	10cm	제2유물층
제6지층	황갈색 찰흙질모래층	60cm	제1유물층
제7지층	황색 뻘층	15cm	
제8지층	암갈색 자갈모래층	약 156cm	
제9지층	기반암		

〈표 25〉 월평유적의 절대연대

문화층	지층	방사성탄소연대 (서울대 AMS연구실)	광자극발광연대 (한국기초과학연구원)	광자극발광연대 (네오시스코리아 방사성기술연구소)
제4문화층	2a지층	10,840±350 (SNU05-685)		
	2b지층	21,500±300 (SNU05-686)		
제3문화층	3a지층	18,200±100 (SNU05-687)		
	3b지층	27,500±150 (SNU05-688)		
	3c지층	36,000±400 (SNU05-689)	41±3 ka	37.25±1.85 ka
중간문화층			40±6 ka	39.65±1.35 ka
제2유물층			31±5 ka	41.20±1.40 ka
제1유물층			37±6 ka	42.65±1.75 ka

1지층:
경작층

2a지층:
명갈색찰흙층

2b지층:
흑갈색찰흙층

4문화층

3a지층:
갈색찰흙층

3b지층:
황갈색찰흙층

3문화층

3c지층:
황갈색
모래질찰흙층

(북2서29구덩이 남벽)

1지층:
경작층

2지층:
갈색찰흙층
4문화층

3지층:
황갈색찰흙층
3문화층

4지층:
암갈색
찰흙질모래층
중간문화층

5지층:
황갈색
모래질찰흙층
2문화층

6지층:
황갈색
찰흙질모래층
1문화층

7지층:
황색뻘층

8지층:
암갈색
자갈모래층

(남2서26구덩이 서벽)

1지층:
경작층

2지층:
갈색찰흙층
4문화층

8지층:
암갈색
자갈모래층

9지층:
기반암층

(북12서26구덩이 남벽)

〈사진 23〉 월평유적의 지층과 문화층

4. 문화층의 조사 내용

여기서는 중간문화층, 제3문화층, 제4문화층의 유물 출토양상, 그리고 돌감과 석기의 구성에 대해 살펴보겠다.

244

1) 중간문화층

이 문화층에서 3,005점의 유물들이 나왔다. 이것들은 발굴 범위의 남쪽에 치우쳐 드러났다. 분포 양상을 보면 남쪽과 서쪽으로 갈수로 두터워지는 경향이며 최대두께는 40~50㎝이다. 유물들의 평면과 수직의 분포양상을 종합해보면, 드러난 유물들은 문화층의 중심부가 아니고 북쪽 가장자리에 해당되는 것으로 판단된다(그림 34).

여기서 85점의 붙는(부합) 유물이 나왔는데, 그 중에는 몸돌과 격지가 붙는 무리가 넷, 격지끼리 붙는 무리가 아홉, 조각돌끼리 붙는 무리가 열하나, 그리고 도구와 격지가 붙는 무리가 여덟 개 있다 (사진 24, 25. 그림 35~37). 특히 남3서28칸에서 모룻돌을 중심으로 많은 격지, 조각돌, 부스러기와 몸돌이 드러났다. 이 가운데 몸돌에 격지와 조각돌 여덟 점이 붙어 원석의 상태와 크기를 추정할 수 있는 예, 그리고 '얼룩무늬 석영맥암'제 석기 열일곱 점 중 몇 점씩 서로 붙는 예가 있다. 이것들은 이 층의 유물들이 석기 제작의 결과로 남겨졌으며, 구석기인들이 떠난 후 그대로 잘 보존되었음을 가리키는 증거라고 하겠다.

전체 유물을 석기의 종류 및 돌감에 따라 구분해 정리하면 다음 〈표 26〉과 같다.

표에서 보듯이, 사용된 돌감의 종류와 수량을 보면 석영맥암이 2,990점으로 99.5%나 되는 반면, 산성화산암, 사암, 응회암 등은 불과 15점으로 0.5%를 차지한다. 여기서 석재로 분류된 석영맥암자갈 13점, 사암자갈 및 응회암자갈 각 1점의 무게 분포를 보면, 약 300~500g이 4점, 700~900g이 6점, 2kg 내외가 2점, 4~5kg 내외가 3점이다. 사암자갈의 무게는 505g, 응회암자갈은 4,085g이며, 몸돌로 분류된 석영맥암자갈의 무게는 76.4g, 350g, 375g, 650g, 1.825kg, 5.81kg 등이다. 이를 통해 석기 제작 시 약 5kg 이하의 중형과 소형 자갈이 선택되었음을 알 수 있다.

석기의 구성을 보면, 몸체 생산과 관련된 것으로 몸돌 12점, 격지 805점, 조각돌 741점, 부스러기 1,308점이 있으며, 석재로 추정

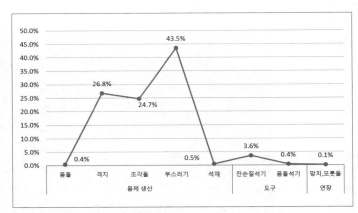

〈그림 38〉 중간문화층의 석기갖춤새

되는 자갈 15점이 있다(그림 38). 이것들은 전체의 95.9%를 차지한다. 그런데 약 3천 점의 석기 중 돌망치는 1점뿐이어서 신기할 정도로 의아하다. 혹 돌망치를 갖고 다녔을지도 모른다. 한편, 잔손질석기는 밀개 12점, 긁개 20점, 홈날 23점, 톱니날 1점, 부리날 5점, 뚜르개 2점, 미완성석기 44점인 반면, 몸돌석기는 주먹도끼 1점, 찍개 3점, 여러면석기 3점, 대형긁개 2점, 말굽형석기 1점, 미완성석기 3점이다. 이처럼 미완성석기를 포함한 도구들의 비율은 겨

〈표 26〉 월평유적 중간문화층의 돌감과 석기갖춤새

석기 종류		석영맥암	니질셰일, 사암 등	모듬
몸체 생산	일반몸돌	12	0	12 (0.4%)
	격지	800	5	805 (26.8%)
	조각돌	736	5	741 (24.7%)
	부스러기	1,307	1	1,308 (43.5%)
잔손질 석기	밀개	12	0	12 (0.4%)
	긁개	20	0	20 (0.7%)
	홈날	23	0	23 (0.8%)
	톱니날	1	0	1 (0.03%)
	부리날	5	0	5 (0.2%)
	뚜르개	2	0	2 (0.07%)
	미완성석기	44	0	44 (1.5%)
몸돌 석기	주먹도끼	1	0	1 (0.03%)
	찍개	3	0	3 (0.1%)
	공모양석기류	3	0	3 (0.1%)
	대형긁개	2	0	2 (0.07%)
	말굽형석기	1	0	1 (0.03%)
	미완성석기	3	0	3 (0.1%)
연장	망치	1	0	1 (0.03%)
	모루	1	2	3 (0.1%)
석재		13	2	15 (0.5%)
모듬		2,990 (99.5%)	15 (0.5%)	3,005

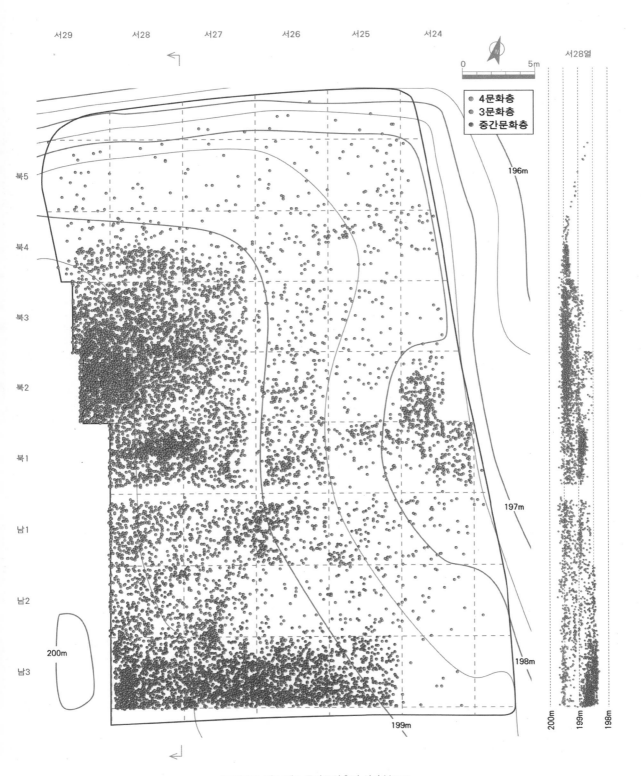

서29　서28　서27　서26　서25　서24

서28열

0　　　　5m

● 4문화층
● 3문화층
● 중간문화층

북5

북4

북3

북2

북1

남1

남2

남3

200m

196m

197m

198m

199m

200m　199m　198m

〈그림 34〉 제4, 제3, 중간문화층의 석기 분포도

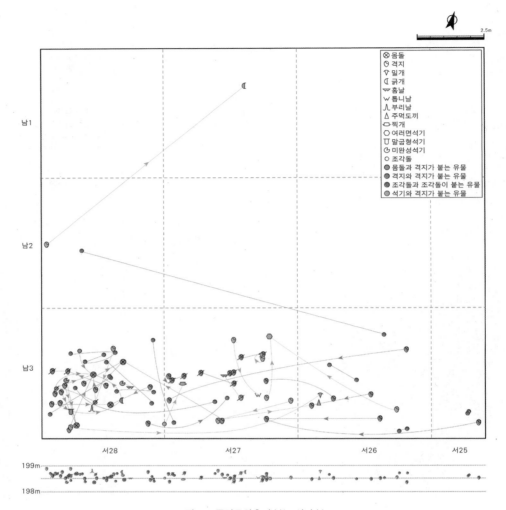

<그림 35> 중간문화층의 붙는 석기 분포도

우 4%에 그친다. 여기서 완성된 도구 중 몸돌석기의 비율이 20.6%나 되고, 그 중에 가장 오래 전에 등장했던 공모양 석기류와 주먹도끼가 포함되어 있어 매우 주목된다. 또한 잔손질석기 중 긁개와 홈날의 비율이 밀개보다 높은 점도 눈길을 끈다.

2) 제3문화층

이 문화층에서 발굴된 유물은 모두 1,388점으로 제 1~3차 발굴에서 각각 21점, 1,170점, 218점이 찾아졌다. 유물의 분포 양상을 제4문화층, 중간문화층과 비교해보면, 제4문화층의 집중부에서 동남쪽에 드러났고 소규모로 집중되는 지점들이 있지만 두 문화층에 비해 밀집도

가 매우 낮은 편이다. 석재별 분포 양상을 보면, 석영맥암제 유물이 전체에 걸쳐 점점이 분포하고, 남2서27칸을 중심으로 산성화산암 및 화강편마암제 유물이 섞여 있다(그림 34 참조).

북1서27, 28칸의 경계를 중심으로 슴베찌르개 1점, 그리고 석영맥암 격지, 조각돌과 부스러기 48점이 드러났다(사진 26). 이 유물들의 평면분포는 긴지름 2.5m, 짧은 지름 1.5m의 타원형을 이루고, 수직분포는 거의 수평으로 최대 높이차는 11.6cm이다. 평면분포를 보면, 가운데쯤 슴베찌르개와 미완성석기가 조금 떨어져 자리하고 이 두 석기를 중심으로 마치 동편과 서편으로 갈라져 무리지어 있는 모습이다. 그러나 이것을 제2차 발굴에서 조사된 같은 지층의 유물분포와 비교해보니 겹치지 않았

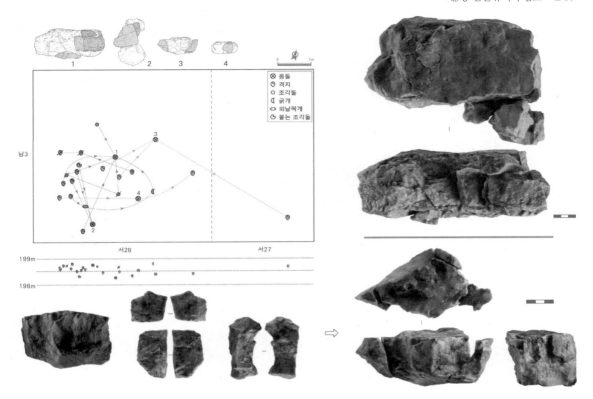

〈사진 24. 그림 36〉 중간문화층의 서로 붙는 몸돌과 격지

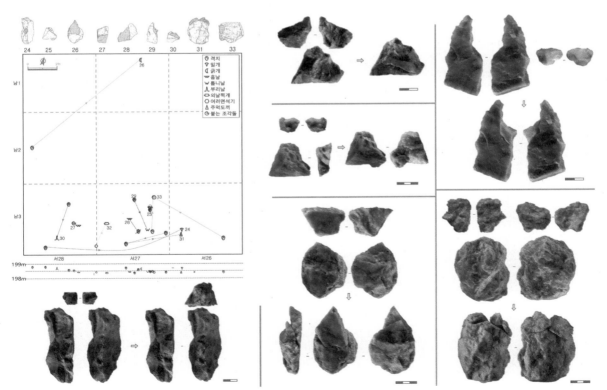

〈사진 25. 그림 37〉 중간문화층의 서로 붙는 도구와 격지

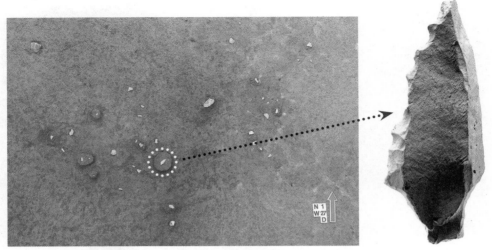

〈사진 26〉 제3문화층에서 슴베찌르개와 석영맥암 석기가 드러난 모습

〈표 27〉 월평유적 제3문화층의 돌감과 석기갖춤새

석기 종류		석영맥암			산성화산암		화강암/편마암	모듬	
		1차 발굴	2차 발굴	3차 발굴	2차 발굴	3차 발굴	2차 발굴		
몸체 생산	일반몸돌	2	13	0	3	0	0	18	(1.3%)
	모루망치몸돌	0	0	1	1	0	0	2	(0.1%)
	돌날몸돌	0	0	0	3	0	0	3	(0.2%)
	격지	8	368	62	24	1	0	463	(32.7%)
	모루망치격지	0	1	0	1	0	0	2	(0.1%)
	돌날	0	0	0	7	0	0	7	(0.5%)
	플런징	0	0	0	1	1	0	2	(0.1%)
	좀돌날	0	0	0	1	0	0	1	(0.1%)
	조각돌	11	322	54	1	1	1	390	(27.7%)
	부스러기	0	324	78	4	0	1	407	(28.9%)
잔손질 석기	밀개	0	6	2	0	1	0	9	(0.6%)
	긁개	0	10	2	0	0	0	12	(0.9%)
	홈날	0	11	4	0	0	0	15	(1.1%)
	톱니날	0	1	0	0	0	0	1	(0.1%)
	뚜르개	0	5	1	0	0	0	6	(0.4%)
	부리날	0	1	0	0	0	0	1	(0.1%)
	찌르개	0	1	0	0	0	0	1	(0.1%)
	슴베찌르개	0	0	0	1	1	0	2	(0.1%)
	미완성석기	0	43	3	2	0	0	48	(3.4%)
몸돌 석기	찍개	0	1	0	0	0	0	1	(0.1%)
	주먹도끼	0	1	0	0	0	0	1	(0.1%)
	주먹찌르개	0	1	0	0	0	0	1	(0.1%)
	공모양석기류	0	2	0	0	0	0	2	(0.1%)
	미완성석기	0	1	2	0	0	0	3	(0.2%)
연장	망치	0	2	2	0	0	0	4	(0.3%)
	모룻돌	0	1	0	0	0	0	1	(0.1%)
석재	자갈	0	4	1	0	0	0	5	(0.4%)
	풍화	0	0	0	0	1	0	1	(0.1%)
모듬		21 (1.5%)	1,121 (79.4%)	215 (15.0%)	51 (3.5%)	8 (0.4%)	4 (0.1%)	1,420	

으며, 또한 동, 서 양 편에서 나온 두 점의 유물은 하나의 격지가 세로로 쪼개진 것으로 밝혀졌다. 따라서 하나의 제작지점으로 판단된다. 이 밖에 붙는 유물의 무리가 세 개 있는데 유물 간의 거리가 불과 21~28㎝로 가깝고, 깊이 차이도 0.4~2.8㎝이다. 이와 같은 점에서 이 문화층도 중간문화층처럼 잘 보존되었다고 생각된다.

전체 유물을 석기의 종류 및 돌감에 따라 구분해 정리해보았다(표 27).

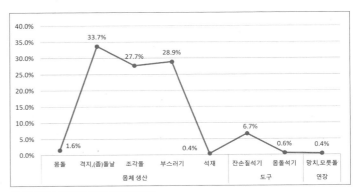

〈그림 39〉 제3문화층의 석기갖춤새

표에서 보듯이, 돌감의 종류는 석영맥암이 1,352점으로 96%를 차지하고, 유문암을 비롯한 산성화산암은 55점으로 3.9%, 그리고 기타 석재는 2점으로 0.1%로 적다. 석재별 석기의 종류를 보면, 석영맥암을 이용하여 밀개, 긁개, 홈날, 뚜르개, 찍개, 주먹도끼, 공모양석기 등 여러 가지를 만들었지만, 산성화산암은 돌날, 슴베찌르개처럼 정교한 석기를 제작하는 데 국한되었다. 그리고 화강편마암은 망치나 모룻돌로 이용되었다.

석기의 구성을 보면, 몸체 생산과 관련된 것으로 일반몸돌 18점, 모루망치몸돌 2점, 돌날몸돌 3점, 격지 463점, 모루망치격지 2점, 돌날 7점, 플런징격지 2점, 좀돌날 1점, 조각돌 390점, 부스러기 407점이 있으며, 석재로 추정되는 자갈 5점이 있다. 이것들의 비율은 92.3%로 대단히 높다. 격지류와 돌날을 제작할 때 쓰인 돌망치는 4점, 모룻돌은 1점에 불과하다(그림 39).

한편, 잔손질석기로는 밀개 9점, 긁개 12점, 홈날 15점, 톱니날 1점, 뚜르개 6점, 부리날 1점, 찌르개 1점, 슴베찌르개 2점과 미완성석기 48점이 있다. 이 중 홈날의 비율이 가장 높고 그 다음으로 긁개, 밀개와 뚜르개의 비율이 높으며, 특히 슴베찌르개가 포함된 점이 주목된다. 몸돌석기로는 찍개 1점, 주먹도끼 1점, 주먹찌르개 1점, 공모양석기류 2점과 미완성석기 3점이 있다. 전기구석기시대에 등장했던 다양한 종류의 몸돌석기가 잔존하고 있다. 전체에서 도구의 비율은 7.3%이지만 미완성석기를 제외하면 3.7%에 그친다. 또 몸돌석기의 비중은 잔손질석기의 10% 내외로 낮다.

3) 제4문화층

이 문화층의 석기는 모두 9,525점으로 제1차 발굴에서

1,765점, 제2차 발굴에서 7,760점이 발굴되었다. 제1차 발굴의 유물은 유적 전체에 군데군데 배치한 20개의 시굴 구덩이 중 17개의 구덩이(총 280㎡)에서 출토한 것이고, 제2차 발굴의 유물은 1-1구역의 1,165㎡에서 나온 것이다.

1-1구역에서 출토한 유물의 분포 양상을 등고선과 관련지어 보면, 북-2서29칸을 정점으로 둥글게 분포하며 북, 동, 남쪽으로 갈수록 비탈지듯이 유물의 밀도가 떨어지고 있다. 그런즉 구석기인들은 높으면서 평탄한 곳에서 석기 제작을 활발히 했음을 엿볼 수 있고, 미처 발굴하지 못한 서편을 발굴하면 유물들의 분포 양상이 마치 거울에 비친 모습처럼 대칭으로 드러나리라 예상된다. 한편 남8서25, 26 구덩이에선 좀돌날몸돌의 선형을 만든 과정을 보여주는 석기들이 한 지점에 흩어져 있었다(사진 27).

전체 유물을 석기의 종류 및 돌감에 따라 구분해 정리해보았다(표 28).

돌감의 종류별 수량을 보면, 석영맥암 8,613점, 산성화산암 822점, 수정 22점, 니질셰일 7점, 비정질실리카 1점, 사누카이트 1점, 송지암 2점, 화강암/편마암 56점, 알 수 없는 것 1점이다. 이 밖에 지표조사에서 흑요석 격지 1점이 발견되었다. 이처럼 석기 제작에 최소 열한 가지의 종류가 이용되었음을 알 수 있다. 그렇지만 전체 가운데 석영맥암이 90.4%로 절대 다수이고, 산성화산암은 8.6%, 그리고 나머지는 모두 합해도 1%에 그쳐 석재 이용이 매우 편중되었음을 알 수 있다. 그리고 돌날과 슴베찌르개는 산성화산암, 좀돌날과 밀개는 산성화산암, 수정과 양질의 석영맥암으로 제작된 반면, 긁개, 홈날, 톱니날, 뚜르개, 부리날, 찍개, 주먹도끼, 주먹찌르개, 공모양석기류는 거의가 석영맥암으로 만들어졌다.

〈표 28〉 월평유적 제4문화층의 돌감과 석기갖춤새

	석기 종류	석영맥암		산성화산암		수정		니질셰일	비정질실리카	사누카이트	송지암	기타		모듬
		1차	2차	1차	2차	1차	2차	1차	1차	1차	2차	1차	2차	
몸체 생산 8,653(90.84%)	일반몸돌	16	86	5	14	0	0	1	0	0	0	0	0	124
	모루망치몸돌	2	9	0	3	0	0	0	0	0	0	0	1	15
	돌날몸돌	0	0	0	5	0	0	0	0	0	0	0	0	5
	좀돌날몸돌	0	0	7	7	3	0	0	0	0	0	0	0	17
	좀돌날몸돌선형	0	1	0	3	0	0	0	0	0	0	0	0	4
	격지	396	1,887	154	301	9	0	0	0	1	0	1	20	2,769
	모루망치격지	0	7	0	1	0	0	0	0	0	0	0	0	8
	돌날	0	0	7	18	0	0	0	0	0	0	0	0	25
	좀돌날	0	0	8	8	0	0	0	0	0	0	0	0	16
	좀돌날면격지	0	0	0	3	0	0	0	0	0	0	0	0	3
	때림면격지	0	0	4	4	0	0	0	0	0	0	0	0	8
	플런징	0	1	0	2	0	0	0	0	0	0	0	0	3
	조각돌	833	1,977	38	50	4	0	0	1	0	2	0	3	2,908
	부스러기	0	2,713	0	29	0	4	0	0	0	0	0	2	2,748
잔손질석기 668(7.01%)	밀개	12	92	4	15	0	0	0	0	0	0	0	2	125
	긁개	19	60	3	6	0	0	0	0	0	0	0	0	88
	밀개+긁개	0	2	0	0	0	0	0	0	0	0	0	0	2
	새기개	0	2	0	4	0	0	0	0	0	0	0	0	6
	홈날	30	55	0	3	0	0	0	0	0	0	0	1	89
	톱니날	7	9	2	1	0	0	0	0	0	0	0	0	19
	뚜르개	4	5	1	0	1	0	0	0	0	0	0	0	11
	부리날	0	10	0	1	0	0	0	0	0	0	0	0	11
	찌르개	4	1	0	3	0	0	0	0	0	0	0	0	8
	슴베찌르개	0	0	2	1	0	0	0	0	0	0	0	0	3
	미완성석기	72	216	2	14	1	0	0	0	0	0	0	1	306
몸돌석기 38(0.40%)	찍개	0	12	0	0	0	0	0	0	0	0	0	2	14
	주먹도끼	0	2	0	0	0	0	0	0	0	0	0	0	2
	주먹찌르개	0	3	0	0	0	0	0	0	0	0	0	0	3
	공모양석기류	0	9	0	0	0	0	0	0	0	0	0	0	9
	말굽형석기	0	5	0	0	0	0	0	0	0	0	0	0	5
	미완성석기	4	1	0	0	0	0	0	0	0	0	0	0	5
연장 41(0.43%)	망치	6	13	0	0	0	0	0	0	0	0	0	12	31
	모룻돌	3	2	0	0	0	0	0	0	0	0	0	5	10
가공구 6(0.06%)	갈린돌	0	0	0	0	0	0	0	0	0	0	0	6	66
기타 97(1.01%)	등잔모양석기	0	0	0	0	0	0	0	0	0	0	0	1	11
	풍화유물	0	0	90	0	0	0	6	0	0	0	0	0	96
석재 24(0.25%)	자갈	2	22	0	0	0	0	0	0	0	0	0	0	24
모듬		1,410	7,202	327	496	18	4	7	1	1	2	1	56	19,074

〈사진 27〉 제4문화층의 좀돌날몸돌 선형(preform) 제작소와 출토 석기를 되붙인 모습

석기의 구성을 보면, 몸체 생산과 관련된 것으로 일반몸돌 124점, 모루망치몸돌 15점, 돌날몸돌 5점, 좀돌날몸돌 17점, 좀돌날몸돌선형 4점, 격지 2,769점, 모루망치격지 8점, 돌날 25점, 좀돌날 16점, 좀돌날면격지 3점, 때림면격지 8점, 플런징 격지3점, 조각돌 2,908점, 부스러기 2,748점이 있으며, 석재로 추정되는 자갈이 24점 있다. 전체 석기 중 이것들의 비율은 91.1%로 대단히 높다. 몸체 생산에 직접 관련된 도구인 돌망치는 31점, 모룻돌은 10점이 나와 묘하게도 제3문화층과 거의 비슷한 비율을 보인다(그림 40).

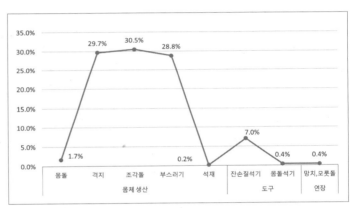

〈그림 40〉 제4문화층의 석기갖춤새

잔손질석기로는 밀개 125점, 긁개 88점, 밀개+긁개 2점, 새기개 6점, 홈날 89점, 톱니날 19점, 뚜르개 11점, 부리날 11점, 찌르개 8점, 슴베찌르개 3점과 미완성석기 306점이다. 이 중 밀개의 비율이 가장 높은 점, 그리고 찌르개와 슴베찌르개를 합한 수량이 11점에 이르는 점이 주목된다. 그리고 몸돌석기로는 찍개 14점, 주먹도끼 2점, 주먹찌르개 3점, 여러면석기류 9점, 말굽형석기 5점과 미완성석기 5점이다. 전기구석기시대부터 제작된 다양한 몸돌석기류

가 잔존하고 있는 점은 매우 특징적이다. 전체 중 도구들의 비율은 7.4%이며, 잔손질석기가 대다수를 차지한다.

한편 나란한 줄자국이 남아있는 중대형의 자갈은 석기 제작 이외에 식량이나 재료를 가공했던 행위를 연상하게 한다(사진 28). 또 125점의 밀개가 집중 분포하는 양상은 무두질 같은 가죽 처리가 활발했을 가능성을 가리킨다. 끝으로 등잔모양석기는 구석기인들이 여기서 일정 기간 이상 거주했음을 보여주는 자료로 해석된다(사진 29).

〈사진 28〉 제4문화층의 갈린 자갈(갈판)

〈사진 29〉 제4문화층의 돌등잔

252

5. 고찰

1) 유물의 분포 양상

먼저 1-1구역에서 드러난 세 문화층의 유물 분포 양상을 보면, 제3문화층의 집중부를 중심으로 제4문화층은 북서쪽에, 그리고 중간문화층은 남쪽에 위치한다(그림 35 참조). 이처럼 시기별로 유물의 분포 범위와 밀집도가 다른 현상은 좁은 범위에서도 구석기인들의 행위 지점이 달랐음을 가리킨다. 그리고 제4문화층의 경우 유물의 빈도는 평평하고 높은 곳에서 높았고 비탈에서는 낮았다. 이런 경향은 장흥 신북유적, 임실 하가유적에서도 마찬가지였다. 아마도 구석기인들은 내다보기 좋으면서 작업하기 편한 평평한 마루 같은 지점을 선호한 것이 아닐까 싶다.

중간문화층과 제4문화층에서 붙는 석기들이 많이 확인되었다. 중간문화층에서는 격지를 떼어내는 과정을 보여주는 몸돌과 격지뿐 아니라, 밀개, 긁개, 홈날, 톱니날, 부리날, 주먹도끼처럼 다양한 도구를 완성하는 과정을 잘 보여주는 사례들이 있다(사진 24, 25. 그림 36, 37 참조). 또한 붙는 유물들의 깊이 차이는 대부분 10㎝ 내외에 불과하다. 이와 같은 점들은 각 문화층의 유물들이 거의 원상태대로 잘 보존되었음을 뜻한다. 결국 월평유적은 구석기인들이 살았을 때도, 그리고 그들이 떠난 이후에도 매우 안정된 환경에 놓여 있었던 것이다.

2) 문화층별 돌감갖춤새

세 문화층의 돌감 종류를 통계 내어보면 〈표 29〉와 같다.

석기의 재료로 쓰인 종류를 보면 석영맥암, 유문암, 응회암, 니질셰일, 비정질실리카, 수정, 흑요석, 송지암, 사암, 화강편마암, 안산암 등 11가지가 넘는다. 이 중 석영맥암이 가장 많이 이용되었는데 제4문화층은 90.4%, 제3문화층은 96.0%, 중간문화층은 99.5%이고, 전체 평균은 92.9%이다. 그 다음은 산성화산암(유문암과 응회암)인데, 제

4문화층이 8.6%, 제3문화층이 3.9%이고, 중간문화층은 0%이다. 이밖에 수정, 흑요석, 화강편마암 등이 쓰였지만 그 비율은 아주 낮다(그림 41).

이와 같은 현상은 유적의 지질환경과 밀접한 관련이 있다. 즉 가장 많이 쓰인 석영맥암은 인근의 송광천변에서도 구할 수 있으나, 산성화산암은 유적에서 10㎞ 이상 떨어진 보성강변이나 벌교까지 나가야 얻을 수 있다. 그러나 나중 시기로 올수록 특히 산성화산암과 수정의 비율이 높아지는 양상은 주목된다. 이는 구석기인들이 원하는 석재를 구하기 위해 이전보다 더 멀리 다니는 수고를 마다하지 않은 것으로 해석되기 때문이다.

한편 제4구역의 지표에서 발견된 흑요석제 격지의 화학 성분을 LA-ICP-MS 방법으로 분석해 보니 원산지가 규슈의 고시다케/하리오지마산으로 추정되었다. 그런데 북교리 신북유적에서는 일본 규슈산 흑요석은 물론 저 멀리 백두산의 흑요석까지 발견되었다. 그렇다면 월평유적의 구석기인들은 보성강유역을 오갔을 뿐 아니라 일본 규슈의 구석기인들과도 교류하고 있었다고 보아도 터무니없는 얘기가 아닐 것이다.

돌감 별로 제작된 도구의 종류를 보면, 석영맥암으로

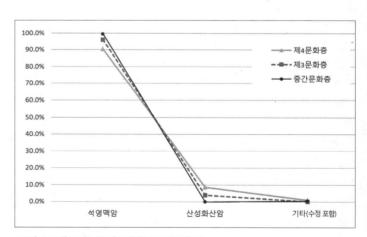

〈그림 41〉 제4, 제3, 중간문화층의 돌감갖춤새

〈표 29〉 월평유적의 문화층별 돌감의 종류와 수량(제1~3차 발굴)

문화층	석영맥암	산성화산암	수정	기타	모듬
제4문화층	8,613 (90.4%)	822 (8.6%)	22 (0.2%)	68 (0.7%)	9,525
제3문화층	1,352 (96.0%)	55 (3.9%)	0	2 (0.1%)	1,409
중간문화층	2,990 (99.5%)	0	0	15 (0.5%)	3,005
모듬	12,955 (92.9%)	877 (6.3%)	22 (0.2%)	85 (0.6%)	13,939

※ 기타에는 니질셰일, 송지암, 사암, 화강편마암 등이 포함됨.

는 밀개, 긁개, 홈날, 톱니날, 뚜르개, 부리날석기, 찍개, 주먹도끼, 여러면석기류, 그리고 유문암으로는 돌날, 좀돌날, 슴베찌르개, 새기개, 나뭇잎모양찌르개, 밀개, 톱니날 등이 제작되었다. 대체로 석영맥암은 잔손질석기 중보다 덜 정교해도 괜찮은 종류, 그리고 큼직큼직하게 떼어 날을 만드는 몸돌석기의 제작에 쓰였다. 석영맥암은 켜면이 발달하여 제작자의 의도와 다르게 깨지는 단점이 있지만, 역으로 그 켜면을 이용해 평평한 면을 얻고 그 가장자리를 다듬으면 볼록날, 오목날, 곧은날 같은 다양한 날을 만들기 쉽다. 반면, 유문암은 석영맥암보다 입자가 곱고 균질하다는 장점을 지녀 돌날, 좀돌날, 슴베찌르개, 나뭇잎모양찌르개 같은 정교한 도구를 만들기에 적합하였다.

이처럼 월평유적 각 문화층의 주인공들은 주로 재지(토박이) 돌감을 사용하여 도구를 제작하였으며, 그것으로 만들 수 없는 종류에 한해 외지(바깥) 돌감을 이용한 것으로 나타난다. 그래서 후기구석기인들은 서로 다른 시기에 살았더라도 주변의 암석 환경에 같은 방식으로 대응하였음을 알 수 있다.

3) 문화층별 석기갖춤새

각 문화층의 석기 구성과 변화 양상을 살펴보겠다. 먼저 몸돌, 격지 도구의 구성을 검토해보면, 몸돌, 격지, 조각과 부스러기 같은 부산물(waste)의 비율은 92.6~96.0%로 매우 높다. 그리고 다양한 종류의 붙는 석기들이 중간문화층과 제4문화층에서 발굴되었다. 이와 같은 사실은 각 문화층에서 석기제작이 활발하였음을 가리킨다. 반면 도구의 비율은 미완성석기를 모두 포함하더라도 중간문화층은 4%, 제3문화층은 7.4%, 제4문화층은 5.4%이다(그림 42). 도구의 비율이 이렇게 낮은 이유는 석재로 90% 이상의 석영맥암이 사용되었기 때문이라고 생각한다.

이제 세 문화층의 몸돌석기, 잔손질석기, 연장의 구성을 살펴보겠다(사진 30. 그림 42 참조). 각 문화층에서 세 요소의 구성비 차이는 뚜렷하지 않다. 그렇지만 중간문화층

보다 제3~4문화층에서 몸돌석기의 비율이 낮아진 반면 연장의 비율은 더 높아진 변화가 보인다.

더 자세히 파악해보기 위해 각 도구들이 차지하는 비중을 문화층별로 비교해보았다(표 30).

먼저 몸돌석기 중 그 비율이 2.5% 이상인 종류들은 하나도 없어 각 문화층은 잔손질석기가 주류인 석기군이라고 하겠다. 그런데 주먹도끼와 공모양석기류는 세 문화층에서 모두 존재하여 각 층의 연관성뿐 아니라, 전기~중기구석기의 전통이 후기구석기시대까지 지속되었음을 보여주는 사례로서 의미가 크다. 다만 주먹도끼의 경우 4점 모두 길이가 10cm 내외의 소형이라는 점에서 겨우 명맥만 유지하고 있다는 인상이다.

중간문화층에서 제4문화층, 즉 후대로 오면서 더 많

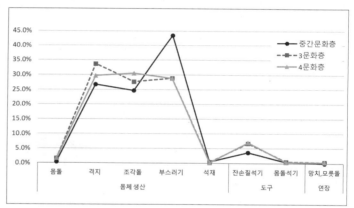

〈그림 42〉 제4, 제3, 중간문화층의 석기갖춤새의 비교

〈표 30〉 월평유적의 문화층별 도구의 비율

석기 종류	중간문화층	제3문화층	제4문화층
밀개	10.0%	8.7%	17.9%
긁개	16.7%	11.6%	12.5%
홈날	19.2%	14.5%	12.6%
톱니날	0.8%	1.0%	2.7%
뚜르개	1.7%	5.8%	1.6%
새기개	0	0	0.8%
부리날	4.2%	1.0%	1.5%
찌르개	0	1.0%	1.1%
슴베찌르개	0	1.9%	0.4%
찍개	2.5%	1.0%	2.0%
주먹도끼	0.8%	1.0%	0.3%
주먹찌르개	0	1.0%	0.4%
말굽형석기(대형긁개 포함)	2.5%	0	0.7%
공모양석기류	2.5%	1.9%	1.3%
미완성석기	39.2%	49.5%	44.0%

제4문화층: ① ~ ④ 좀돌날몸돌 ⑤ 돌날몸돌 ⑥ 망치 ⑦ 주먹도끼 ⑧ ~ ⑨ 슴베찌르개 ⑩ 나뭇잎모양찌르개 ⑪ ~ ⑭ 밀개 ⑮ 톱니날 ⑯ 뚜르개 ⑰ 새기개 ⑱ 등잔 모양 석기 ⑲ 버금공모양석기

제3문화층: ① 슴베찌르개 ② ~ ③ 밀개 ④ ~ ⑤ 뚜르개 ⑥ 주먹도끼

중간 문화층: ① ~ ② 밀개 ③ ~ ④ 뚜르개 ⑤ ~ ⑥ 부리날 ⑦ 홈날 ⑧ 붙는 몸돌과 격지 ⑨ 여러면석기 ⑩ 찍개 ⑪ 주먹도끼

〈사진 30〉 월평유적 석기갖춤새의 변화(중간, 제3, 제4문화층)

아진 도구는 밀개, 톱니날, 찌르개류인데, 밀개는 거의 두 배 가까이, 톱니날은 세 배 이상, 그리고 슴베찌르개가 새롭게 등장하였다. 반면 긁개, 홈날, 부리날, 찍개, 주먹도끼, 말굽형석기, 공모양석기류는 비율이 낮아졌다.

각 문화층에서 밀개, 긁개, 홈날을 합한 비율이 35~46%나 되므로 이 종류들이 주류라고 하겠다. 이 밖에 톱니날, 뚜르개, 부리날, 새기개 같은 것들은 각 문화층에서 6.7~7.8%를 차지한다. 그리고 찌르개와 슴베찌르개는 제3문화층과 제4문화층에서 각각 2.9%와 1.5%이다. 이와 같은 도구의 구성을 근거로 가죽을 무두질하고 구멍을 뚫어 옷을 짓는 행위가 있었을 것이며, 그 밖에 다양한 일이 이뤄졌다고 추정된다.

한편 슴베찌르개, 뚜르개, 밀개 중 부러진 것들이 있다(사진 31). 그리고 밀개의 길이가 33~82mm로 다양한 점을 보면, 처음부터 그렇게 만든 것도 있지만 사용하면서 날이 무뎌지고 이빨이 빠졌을 경우 몇 번이고 수리하여 재사용하면서 작아진 것도 있다고 생각한다. 이 밖에 제4문화층에 갈린 줄자국이 뚜렷한 중대형의 자갈이 3점, 등잔으로 추정되는 유물이 1점 있다(사진 28, 29 참조).

앞에서 분석한 내용을 종합해보면 월평유적은 후기구석기인들이 도구의 제작과 수리, 가죽 만들기와 식량의 가공을 비롯한 일상생활을 꾸려가던 보금자리(Base camp)로 추정된다.

〈사진 31〉 제4, 3문화층의 부러지고 수리된 도구들

4) 월평유적의 연대

이제 유적의 연대에 대해 생각해보자. 약 2m 두께의 퇴적 속에 세 개의 문화층과 두 개의 유물층이 차례로 위치하고 있다. 이 중 중간, 제3, 제4문화층은 유물의 분포 양상뿐 아니라 서로 붙는 석기들이 발견되어 원래의 상태를 잘 유지하고 있다고 판단되었다. 이 가운데 제3과 제4문화층은 거기서 좀돌날몸돌, 슴베찌르개, 밀개 등이 출토하여 후기구석기시대 후반으로 편년된다. 중간 문화층은 밀개, 긁개, 뚜르개, 부리날 같은 잔손질석기의 비중이 매우 높고 몸돌석기의 비중은 매우 낮아 중기구석기시대보다 후기구석기시대에 속할 것으로 판단된다.

제3, 제4문화층의 토양을 가지고 측정한 다섯 개의 방사성탄소연대는 36,000±400 B.P.~10,840±350B.P.로 보고되었다. 이 중 중간에 해당되는 제3a지층의 연대가 그 위의 지층인 제2b지층보다 젊게 나왔지만, 나머지는 층서와 일치하기 때문에 제3, 제4문화층은 후기구석기시대에 속한다고 보아도 무리가 없다고 생각된다.

그런데 인근의 월암리 외록골유적에서 월평유적의 제4문화층 출토 밀개와 형태나 제작기법을 구별하기 어려울 정도로 유사한 밀개가 출토하였는데, 그 문화층의 토양으로 잰 방사성탄소연대는 15,100±100.B.P.(SNU07-406)와 16,800±100B.P.(SNU07-407)이다. 이 연대는 월평유적 제2a~3a지층의 연대 폭에 해당되므로 월평유적의 절대연대를 신뢰해도 무방하지 않을까 싶다.

한편 제1, 2 유물층과 중간 및 제3문화층의 토양으로 잰 8개의 광자극발광연대는 한국기초과학연구원의 경우 31±5~41±3ka, 네오시스코리아 방사성기술연구소의 경우 37.25±1.85~42.65±1.75ka이다. 전자의 연대값은 지층의 선후 순서와 일치하지 않으며, 최대 1만 년의 편차가 있는 반면, 후자는 층서와 일치하며 편차도 5천수백 년 정도다. 이런 차이가 있지만 두 기관이 통보한 연대측정값의 공통점은 이 문화층들이 후기구석기시대 전반에 해당된다는 것이다.

충서와 유물의 형식, 그리고 두 가지 방식의 절대연대를 종합해보면 월평유적은 약 3만여 년 가량 지속된 후기구석기시대 동안 구석기인들이 찾아와 살았던 곳임을 알 수 있다.

6. 맺음말

2004년에 국가사적 제458호로 지정된 순천 월평유적은 무엇보다도 구석기시대의 지형이 거의 그대로 잘 남아있어 당시의 경관과 구석기인들이 선호한 입지를 이해하기 좋은 곳이다. 또한 송광천변에 점점이 흩어져 있는 13개의 유적들은 구석기인들의 이동생활을 잘 대변할 뿐 아니라 유적군 형성 및 각 유적들의 다양한 기능을 연구하고 규명하기 좋은 대상이라고 하겠다.

월평유적의 맨 마지막 단계에 속하는 제4문화층의 석기갖춤새는 좀돌날석기, 돌날석기, 격지석기와 몸돌석기로 나뉜다(사진 30 참조). 주류는 좀돌날석기로 여러 가지 형식의 좀돌날몸돌이 존재한다. 수량 면에서는 격지석기가 가장 많고, 돌날석기, 몸돌석기의 순서로 적다. 격지석기의 상당수는 밀개, 긁개이며, 돌날석기로는 슴베찌르개가 대표된다. 한편 찍개, 주먹도끼, 버금공모양석기 같은 몸돌석기가 소량이지만 존속하고 있다.

이처럼 후기구석기 후반의 좀돌날석기 단계에서도 격지석기, 돌날석기와 몸돌석기가 지속되고 있음이 주목된다. 이전 시기에 없었던 새로운 좀돌날석기의 사용은 분명 혁신적인 것이지만, 후기구석기 전반에 등장한 새로운 돌날석기와 더욱 정교해진 다양한 격지석기, 심지어 전기구석기시대부터 제작되었던 몸돌석기의 존재는 전통의 선별적 수용과 개선을 보여주고 있다.

한편 2만여 평이나 되는 유적 안 곳곳에서 발굴된 붙는 석기들과 수정제 석기나 밀개 등의 집중 지점, 등잔모양 석기, 갈린 자갈 등은 구석기인들의 다양한 행위를 자세히 복원할 수 있는 소중한 학술자료다. 나아가 두터운 퇴적 속에 차례로 남아있는 5개의 문화층과 표지 유물은 구석기문화의 변천 과정을 연구하고 편년을 세우는 데 있어 기본 틀이 될 것이다. 더군다나 규슈의 고시다케/하리오지마산으로 밝혀진 흑요석은 한국 남부와 일본열도 사이에 형성된 원거리교류망의 존재를 입증하며 월평유적이 양 지역을 잇는 거점유적임을 보여준다.

이처럼 월평유적은 한국 남부에서 생활하였던 후기구석기인들이 선호한 자연환경과 입지, 도구의 제작기법과 변화 양상, 형식학 연구와 편년 구축, 유적의 구조와 기능 연구, 생존 전략, 그리고 문화교류를 규명할 수 있는 매우 소중한 문화유산이라고 하겠다.

VII. 북교리 신북유적

1. 머리말

장흥 신북유적은 2002년 5월 6일에 발견되었다(이기길 2004 ; 이기길 과 2008). 그 날 조선대학교 박물관 연구원들은 '배산-세산 농어촌도로 건설' 구간에 대한 지표조사를 나 갔다가 '장흥-장동간 도로신설' 구 간의 '반산1교' 공사로 파헤쳐진 갈색 찰흙층에 드러나 있는 유문암제 좀돌 날, 돌날몸돌, 밀개, 새기개, 나뭇잎모 양찌르개 등을 발견하였다(사진 32).

그런데 이곳은 교차로가 들어설 예 정이어서 약 7천 평에 이르는 면적이 원래의 모습을 잃고 삭평될 처지였다. 자초지종을 확인해보니 도로 건설구 간에 대한 환경영향평가와 지표조사 도 없이 공사가 진행된 것이었다. 이 에 도로공사 중지 요청 공문을 전라 남도청에 보내고, 현장사무소로 찾아 가 발굴조사가 이뤄질 때까지 더 이상 파괴하지 말 것을 당부하였다.

유적이 분명함에도 익산지방국도 관리청의 요청으로 지표조사 절차를 거쳐 2003년 7월말부터 발굴조사에 착수하였다(사진 33). 그런데 유물의 출 토수량이 너무 많아 부득이 동절기인 1,2월만 잠시 중단했다가 연장발굴까 지 더하여 2004년 5월 하순까지 230 여 일 간이나 현장조사를 해야 했다.

신북유적의 중요성이 부각되면서 김광원 님(당시 장흥군의회 부의장)과 김 창남 님(당시 전라남도의회 행정자치위원 장)을 중심으로 2004년 5월 11일에 '장흥 신북 구석기유적 보존회'가 만 들어지는 경사가 있었다. 곧이어 유 적보존회와 장흥군(김인규 군수)의 적 극 지원으로 신북유적을 기념하는 국제학술대회가 2004년 6월 22~24

일에 장흥군 문화예술회관과 전라남도 일대에서 개최되 었다. 이를 통해 신북유적의 학술적 가치를 지역민들과 국내외 학자들에게 널리 알리게 되었다(이기길 편저 2004).

그로부터 5년 뒤인 2009년 말에는 장동초등학교의 강 당 신축 터에 대한 발굴이 있었다(사진 34). 조사 결과 좀 돌날석기를 포함하는 문화층이 드러나서 검은둥이 언덕 의 중간쯤까지 유적이 존재하는 사실이 밝혀졌다. 한편 필자는 2014년 7월 28일에 신북유적의 도기념물 지정 기

〈사진 32〉 발견 당시의 신북유적(2002년 5월. 반산1교 주변)

〈사진 33〉 도로공사지점의 발굴 모습(2003~2004년)

〈사진 34〉 장동초교지점의 발굴 모습(2009년)

넘식에 참석차 장동면사무소에 들렀다가 그 옆의 다목적회관 신축부지에서 유문암제 몸돌을 비롯한 뗀석기를 발견하였다(사진 35). 여기는 얼마 전 민족문화유산연구원에 의해 표본조사[11]가 이뤄진 곳이었다(한성욱 과 2014). 이로써 검은둥이 언덕 전체에 구석기인들의 생활 자취가 남아있음이 실물 자료로 확인되었다. 끝으로 2015년 2월 9일~3월 30일에는 대한문화재연구원이 신북유적 표지석 인근의 국유지 1,700㎡를 대상으로 발굴조사를 하였는데[12], 기존 조사와 대동소이한 내용이 확인되었다(사진 36. 이영철 과 2017).

신북유적의 범위와 조사지점은 〈그림 43〉에 표시하였다. 최근까지의 조사 약사를 정리하면 〈표 31〉과 같다.

〈사진 35〉 표본조사된 장동다목적회관 신축터(2014년)

〈사진 36〉 표지석지점의 발굴 모습(2015년. 대한문화재연구원 제공)

2. 자연환경과 고고환경

1) 자연환경

이 유적은 장흥군 장동면 북교리 신북마을이 자리한 '검은둥이' 언덕(190~165m)에 있다(사진 37). 이 언덕의 길이는 약 1㎞, 너비는 약 100~350m이며, 동쪽과 서쪽에는 개울이 하나씩 흐른다. 주민에 따르면 검은둥이는 땅모양이 현악기인 '거문고'의 등과 비슷하다고 하여 '거문고등'으로 부르던 것이 와전된 것으로 양쪽의 개울은 거문고의 줄로 비유된다고 한다. 발굴조사가 이뤄진 지점은 이 언덕의 남단이고, 중간쯤에 장동초등학교, 그리고 북편에 신북마을

이 자리한다.

시야를 넓혀 살펴보면, 유적은 해발 685.4m인 설산(망산)을 포함하여 주로 200~400m대의 산으로 둘러싸인 분지 안에 있다. 분지의 규모는 동서로 약 2㎞, 남북으로 약 1㎞이며, 여기에 검은둥이와 중매산(200.9m)으로 부르는 긴 언덕이 남북 방향으로 뻗어있다. 중매산은 검은둥이의 동편 약 300m 거리에 있어 검은둥이에 살던 구석기인들은 이것을 동쪽 울타리쯤으로 여겼을 것 같다.

---

11 2014년 5월 16일에 제출된 보고서에는 "유구와 유물이 확인되지 않았다"고 기술되어 있다.

12 문화재청에 올린 조사계획서에는 유적의 전체 범위를 파악하는 것이 목적이었으나, 실재로는 도로공사 지점에 인접한 표지석 인근을 발굴함으로써 원래의 취지는 무색하게 되었다.

〈표 31〉 신북유적의 조사 약사

번호	조사 기간	조사 지점	조사 종류	조사 면적	출토유물	조사 기관
1	2002. 5. 6	도로공사	지표조사		돌날몸돌 등	조선대 박물관
2	2003. 7.~2004. 5.	도로공사	발굴조사	21,331㎡	약 31,000	조선대 박물관
3	2009. 11.~12.	장동초교	발굴조사	800㎡	202	조선대 박물관
4	2014. 5.	다목적회관	표본조사	약 4,000㎡	2	민족문화유산연구원
5	2015. 2.~3.	유적표지석	발굴조사	148㎡	524	대한문화재연구원

〈사진 37〉 신북유적의 전경(2004년)

〈사진 38〉 설산에서 본 신북유적의 입지(2004년)

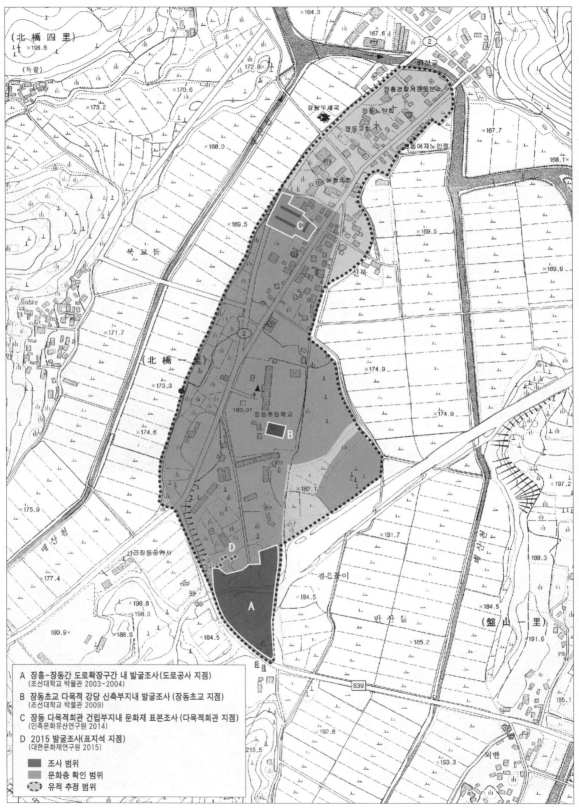

<그림 43> 신북유적의 범위와 조사 지점(1대 5,000)

A 장흥-장동간 도로확장구간 내 발굴조사(도로공사 지점)
　　(조선대학교 박물관 2003~2004)
B 장동초교 다목적 강당 신축부지내 발굴조사 (장동초교 지점)
　　(조선대학교 박물관 2009)
C 장동 다목적회관 건립부지내 문화재 표본조사 (다목적회관 지점)
　　(민족문화유산연구원 2014)
D 2015 발굴조사(표지석 지점)
　　(대한문화재연구원 2015)

　　조사 범위
　　문화층 확인 범위
　　유적 추정 범위

현재까지 알려진 구석기시대의 유적 중 대접이나 잔을 닮은 분지 안에서 위치하는 예는 매우 드물다(사진 38). 이런 입지의 특징은 큰 무리가 터전으로 삼기에 적합하며, 분지 안으로 오가는 짐승과 사람들을 조망하며 경계하기 좋다는 점이다. 또 언덕 근처의 개울은 식수로 부족함이 없었을 것이며, 설산을 거쳐 제암산(해발 778m)으로 접근하는 길목에 있어 채집하고 사냥하러 가기 좋고, 배산천을 따라 내려가면 보성강 본류로 이어져 석재 채취는 물론 외부 세계로 나아가기 편리하다.

2) 고고환경

장흥군에서 구석기유적이 처음 알려진 때는 1995년이다. 당시 조선대학교 박물관에서 보성강유역의 구석기유적에 대한 학술조사를 하면서 1997년 1월까지 장평천 일대에서 월곡, 병동, 우산, 오산, 봉림, 금산, 사마정, 부도리 등 8곳의 유적을 찾았고, 이와 함께 보성군에 위치한 용소유적과 동고지유적도 발견하였다(이기길 1997).

그 뒤 2002년 5월에 신북유적의 발견을 계기로 2004년 5월까지 주변 지역에 대한 추가 정밀지표조사를 한 결과, 석수동, 구암동, 흑석, 경림, 안산, 석정, 양촌리, 내반, 외반, 우봉, 가신, 서촌, 해룡 등 모두 12곳의 유적을 더 찾게 되었다. 이후 철도청의 의뢰로 2006년 4월에 보성-임성리 제2공구(장흥-장동간) 철도 공사구간의 지표조사를 나갔다가 관등유적을 발견하였다(이기길 과 2008). 또한 2016년에 장평천 최하류 일대의 지표조사에서 운수동유적과 양촌유적을 새로 찾았다.

이런 과정으로 신북유적을 중심으로 반경 약 12km 안에 30개의 구석기유적이 분포함을 알게 되었다. 발견된 유적들을 수계별로 보면 장평천변에 오산유적을 포함

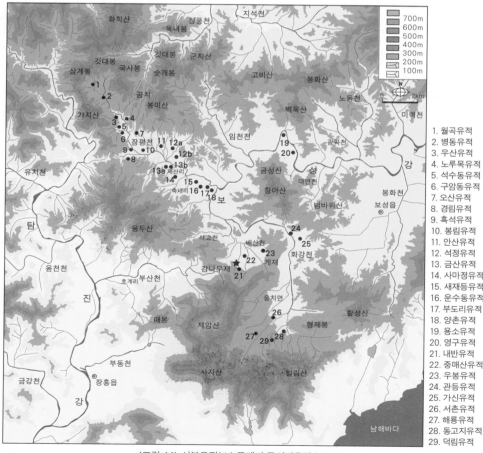

1. 월곡유적
2. 병동유적
3. 우산유적
4. 노루목유적
5. 석수동유적
6. 구암동유적
7. 오산유적
8. 경림유적
9. 흑석유적
10. 봉림유적
11. 안산유적
12. 석정유적
13. 금산유적
14. 사마정유적
15. 새재등유적
16. 운수동유적
17. 부도리유적
18. 양촌유적
19. 용소유적
20. 영구유적
21. 내반유적
22. 중매산유적
23. 우봉유적
24. 관등유적
25. 가신유적
26. 서촌유적
27. 해룡유적
28. 동고지유적
29. 덕림유적

〈그림 44〉 신북유적(★) 둘레의 구석기유적 분포도

하여 18개, 맹산천변에 신북유적을 비롯하여 4개, 화강천변에 동고지유적을 포함하여 6개, 그리고 보성강 본류에 용소유적 등 2개가 자리한다(그림 44).

이 중 장평천은 하천연장이 겨우 11.2㎞이지만, 양지바른 언덕이면 거의 빠짐없이 구석기유적이 위치하고 있다. 총 18개의 유적이 약 250~1,500m마다 분포하고 있어 그 밀집도가 매우 높다. 그리고 신북, 내반, 외반, 우봉유적이 위치한 맹산천유역, 그리고 해룡, 동고지, 서촌유적이 자리한 화강천유역은 하나의 독립된 분지를 이룬다. 이런 점에서 양지바른 언덕이 점점이 분포하는 좁은 골짜기, 그리고 소규모 분지는 후기구석기인들이 매우 선호한 환경이었다고 생각된다.

현재까지 지표조사로 알려진 구석기유적들에 대해 행정구역명, 조사연도, 대표 유물, 유적 현상을 정리해보면 〈표 32〉와 같다.

〈표 32〉에 제시된 유적들의 규모는 지표조사만 된 상태여서 정확하게 말하기 어렵다. 그러나 1/5,000 지형도에 표시하여 얼추 셈해보면, 초대형, 대형, 중형, 소형 등 크기가 다양하다. 그리고 석기가 발견된 지층은 거의가 밝은 갈색찰흙층이었다. 그렇지만 용소유적에서는 그보다 더 밑에서, 그리고 외반유적에선 적갈색찰흙층에서도 석기가 발견되어 유물층이 적어도 3개 이상으로 추정된다. 이 유물층들은 보성 도안리 석평유적의 조사 결과(김진영·송장선 2012)를 참고할 때, 후기~중기구석기시대에 해당될 것으로 생각한다.

석기와 돌감의 구성을 보면, 거의 모든 유적에서 산성화산암, 석영맥암, 규암으로 제작된 석기가 나왔다. 산성화산암으로 만든 좀돌날몸돌, 슴베찌르개, 밀개, 새기개, 주먹자르개, 그리고 양질의 규암으로 제작된 밀개와 긁개, 석영맥암으로 만든 밀개, 긁개, 홈날, 톱니날, 부리날,

〈표 32〉 신북유적 둘레의 구석기유적

번호	유적명	행정구역명	조사 연도	대표 유물	유적 현상
1	월곡	장흥군 장평면 병동리 월곡	1995	몸돌(A, B), 격지(A)	밭
2	병동	장흥군 장평면 병동리 병동	2003	몸돌(B)	논과 밭
3	우산	장흥군 장평면 우산리 우산	1995	밀개(A), 격지(A)	밭
4	노루목	장흥군 장평면 우산리 노루목	1995	주먹찌르개(B)	밭
5	석수동	장흥군 장평면 우산리 석수동	2003	격지(B)	논과 밭
6	구암동	장흥군 장평면 우산리 구암동	2003	격지(A, B), 긁개(B)	밭
7	오산	장흥군 장평면 봉림리 오산	1995	몸돌(A), 격지(B), 여러면석기(B), 밀개(A, B)	밭
8	경림	장흥군 장평면 봉림리 경림	2003	밀개(A)	수목원
9	흑석	장흥군 장평면 봉림리 흑석	2003	몸돌(B), 격지(A, B)	밭과 숲
10	봉림	장흥군 장평면 봉림리 봉림	1995	새기개(A), 뚜르개(B), 긁개(B), 홈날(B)	밭
11	안산	장흥군 장평면 청룡리 안산	2003	몸돌(A), 격지(B)	밭과 과수원
12	석정 '가'	장흥군 장평면 청룡리 석정	2003	긁개(B)	밭과 과수원
13	금산	장흥군 장평면 제산리 금산	1995	뚜르개(B)	밭과 과수원
14	사마정	장흥군 장평면 축내리 사마정	1995	몸돌(B), 밀개(C), 홈날(B), 주먹도끼(B)	밭과 마을
15	새재들	장흥군 장평면 양촌리 새재들	1995	버금공모양석기(B), 긁개(B)	밭과 무덤
16	운수동	장흥군 장평면 양촌리 운수동	2016	버금공모양석기(B)	밭과 무덤
17	감나무골	장흥군 장평면 양촌리 감나무골	2003	몸돌(B), 격지(B)	밭
18	양촌	장흥군 장평면 양촌리 양촌	2016	몸돌(B)	밭
19	용소	보성군 노동면 옥마리 용소	1995	좀돌날몸돌(A), 슴베찌르개(A), 찍개(B)	논과 밭
20	영구	보성군 노동면 금호리 영구	2013	격지(A, B)	논과 밭
21	내반	장흥군 장동면 반산리 내반	2003	긁개(C)	밭과 수목원
22	외반	장흥군 장동면 반산리 외반	2002	몸돌(B), 격지(A)	밭과 숲
23	우봉	장흥군 장동면 배산리 우봉	2002	격지(B)	밭
24	관동	보성군 보성읍 대야리 관동	1995	밀개(A)	밭
25	가신	보성군 보성읍 대야리 가신	1995	격지(A), 긁개(B), 홈날(B)	밭
26	서촌	보성군 웅치면 중산리 서촌	1995	격지(B)	밭
27	해룡	보성군 웅치면 대산리 해룡	2003	몸돌(A, B), 격지(B), 망치(B), 좀돌날몸돌(A), 슴베찌르개(A), 주먹자르개(A)	밭
28	동고지	보성군 웅치면 용반리 동고지	1995	좀돌날몸돌(A), 격지(A)	밭과 축사
29	덕림	보성군 웅치면 용반리 덕림	2013	몸돌(B)	밭

※ A: 산성화산암, B: 석영맥암, C: 규암

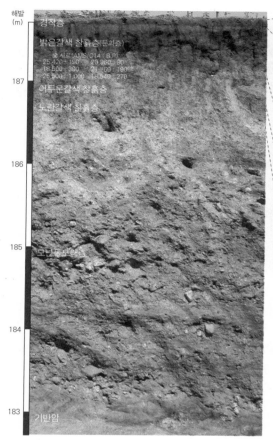

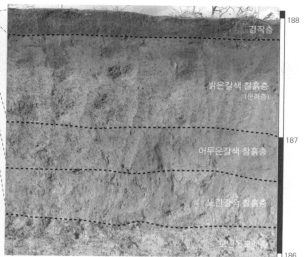

〈사진 39〉 신북유적의 지층(도로공사지점 I 37칸)

뚜르개, 찍개, 여러면석기, 버금공모양석기 등이 있다. 이와 같은 석기 종류는 거의가 신북유적의 좀돌날석기군에 포함되어 있는 것으로 아마도 맨 위 문화층에 있었던 유물들이 경작 등의 행위로 드러난 것이라고 추정된다. 그런즉 더 이른 시기의 문화층이 잘 보존되어 있을 가능성이 매우 높다고 본다.

3. 지층과 문화층 및 절대연대

도로공사지점을 발굴할 당시 기준층위 단면으로 경작층을 포함하여 전 지층이 잘 남아있는 I37칸의 북벽을 선정하였다. 여기의 층위는 위로부터 겉흙층, 밝은 갈색찰흙층, 어두운 갈색찰흙층, 황갈색모래질찰흙층, 모난돌모래층, 그리고 기반암

의 순서다(사진 39, 표 33). 이와 같은 층서는 표지석지점과 장동초교지점에서도 동일하였다.

전체 지층 가운데 유물이 포함된 제2지층과 다른 유적에서 보기 드문 모난돌모래층에 대해 더 자세히 살펴보겠다.

제2지층의 퇴적물은 점성이 높은 찰흙으로 수분이 증발하면 초콜릿 조각처럼 작은 덩어리로 갈라진다. 이층의 상부는 검은 물감이 번지듯 아래로 가면서 검은색이 옅어진다. 검은색 부위의 두께는 약 10~15㎝이다. 이와 같은 현상은 아마도 후대의 식생이나 경작으로 인해 유기물이 스며들었기 때문이 아닐까 싶지만, 자연과학분석에 의한 정확한 이유를 밝히는 연구가 필요하다. 유물은 검은색을 띠는 부위의 하부부터 아래 지층의 경계지점까지 출토하였다(사진 40).

모난돌모래층은 기반암의 석비레층을 침식하고 퇴적된 것으로 그 두께는 4m에 이른다. 모래가 주성분이며 응회암 모난돌이 포함되어 있고, 뻘이 렌즈 모양으로

〈표 33〉 신북유적 도로공사지점 I 37칸의 지층과 문화층

번호	지층 이름	두께(㎝)	특징	문화층 여부
1	겉흙층	10	경작으로 인한 흑회색	×
2	밝은 갈색찰흙층	50	아래로 가면서 검은색이 옅어짐	○
3	어두운 갈색찰흙층	20~25	퇴적물의 구성은 위 지층과 같음	×
4	황갈색모래질찰흙층	20~30	위의 지층보다 모래성분을 더 포함	×
5	모난돌모래층	400 이상	모난돌의 지름은 수~12㎝ 내외	×
6	기반암층		화강편마암 석비레층	×

264

〈사진 40〉 제2지층에서 유물 드러난 모습

군데군데 끼어있다. 이층은 내반, 외반마을과 중매산의 북쪽 기슭에서도 확인되며, 그 두께는 산으로 갈수록 두터워진다. 내반마을이 위치한 산중턱의 기슭과 밭 주변에 다양한 크기의 응회암 모난돌이 분포하고 있다. 제4기학자에 따르면 분지 안에 분포하는 이층은 구성물과 퇴적 두께의 변화를 종합해볼 때 큰물의 영향으로 상당히 짧은 동안에 쌓인 '선상지성' 퇴적이라고 한다.

기존의 퇴적물을 비롯하여 석비레층의 상부까지 깎아내고 매우 두터운 모난돌모래층이 퇴적된 이후, 안정기로 접어들면서 찰흙에 모래 성분이 포함된 제4지층이 형성되었으며, 더욱 안정되면서 찰흙 성분 위주의 제3지층이 쌓였고, 이후 구석기인들이 찾아와 삶의 터전으로 삼았다가 떠났던 것으로 해석된다.

신북유적에 관한 절대연대는 모두 방사성탄소연대(AMS-14C)로 도로공사지점, 장동초교지점, 표지석지점 등 세 지역에서 채취한 숯 또는 토양으로 측정된 것이다. 도로지점에선 숯과 토양으로 잰 연대가 각각 8개와

9개, 장동초교지점에서 토양으로만 잰 연대가 4개, 표지석지점에선 토양과 숯으로 잰 연대가 각각 4개와 1개다.

그런데 표지석지점의 경우 숯 시료의 위치가 표시되지 않아 어느 지층이 유물과 관련된 연대인지 정확히 알 수 없고, 토양으로 잰 연대들은 시료를 지층단면의 상하 12㎝의 범위에서 채취한 것이어서 정확도가 떨어질 우려가 있어 보인다(이영철 과 2017, 38~41)[13]. 한편 시료가 토양인 경우 일반적으로 숯보다 신뢰도가 낮은 편이다. 이와 같은 이유로 여기서는 도로공사지점의 숯으로 잰 절대연대를 중심으로 검토해보겠다(표 34).

여덟 개의 연대는 화덕자리들과 특정 석기 주변에서 거둔 시료(그림 45)를 잰 결과인데, 이 중 전화선공사로 오염되었다고 생각되는 제1호 화덕자리의 측정값을 제외한 일곱 개의 연대를 대상으로 CalPal 프로그램으로 실연대를 구하였다. 그 결과 문화층의 연대는 세 그룹(SB Ⅰ, Ⅱ, Ⅲ)으로 나뉘었다. 이것을 CalPal 프로그램의 Calgroup 명령어를 써서 통계적으로 결합한 결과, SB Ⅰ은 20,240±410 cal B.C., SB Ⅱ는 23,650±700 cal B.C., SB Ⅲ는 27,560±1,010 cal B.C.이다(이기길·김명진 2008).

이 연대들을 종합하면 28,130~20,250 cal B.C.(22,200~30,080 B.P.)가 된다. 이것을 CalPal프로그램에 있는 하인리히 이벤트의 연대와 비교하면 H-3과 H-1 사이인 7,880년 동안에 적어도 세 번 찾아와 살았던 것으로 해석된다.

---

13 갱신세의 찰흙층은 1㎝ 퇴적되는 데 수백 년이 걸릴 수도 있다. 장동초교지점의 경우 퇴적률을 단순하게 추정하면 3.2㎝/ka의 속도로 퇴적되었다고 한다(김명진 2017, 113).

〈표 34〉 신북유적 도로공사지점의 방사성탄소연대

번호	측정기관번호	방사성탄소연대(B.P., 1s SD)	실연대(cal B.P., 1s SD)	나온 칸	출토 상황
1	SNU03-912	18,500±300	22,170±410	H5	붙는 몸돌과 격지 주변
2	SNU03-913	21,760±190	26,060±370	G25	철석영(광물 안료) 주변
3	SNU03-914	25,500±1,000	30,270±1,010	G33	갈린 판석 주변
4	SNU03-569	20,960±80	24,910±80	M16	1구역 석기 출토면 바로 밑
5	SNU03-915	18,540±270	22,210±400	ㅍ30	3구역 석기 출토면 바로 밑
6	SNU04-337	11,300±300	13,220±290	F13	1호 화덕 (주위 교란)
7	SNU04-338	23,850±160	28,730±350	E15	3호 화덕
8	SNU03-568	25,420±190	30,250±210	L17	5호 화덕

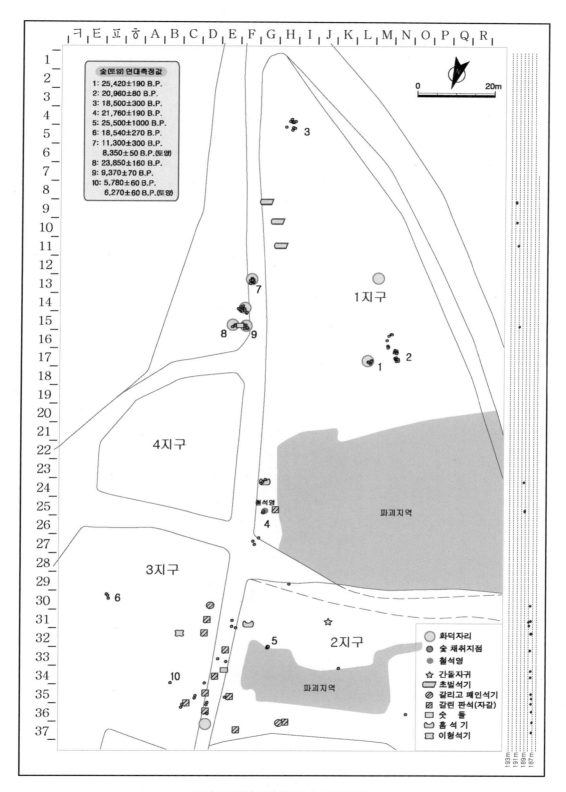

숯(토양) 연대측정값
1: 25,420±190 B.P.
2: 20,960±80 B.P.
3: 18,500±300 B.P.
4: 21,760±190 B.P.
5: 25,500±1000 B.P.
6: 18,540±270 B.P.
7: 11,300±300 B.P.
    8,350±50 B.P.(토양)
8: 23,850±160 B.P.
9: 9,370±70 B.P.
10: 5,780±60 B.P.
    6,270±60 B.P.(토양)

1지구

4지구

3지구

2지구

파괴지역

파괴지역

철석영

화덕자리
숯 채취지점
철석영
간돌자귀
초벌석기
갈리고 패인석기
갈린 판석(자갈)
숫 돌
홈 석 기
이형석기

〈그림 45〉 화덕, 갈린 석기와 숯 시료의 위치

266

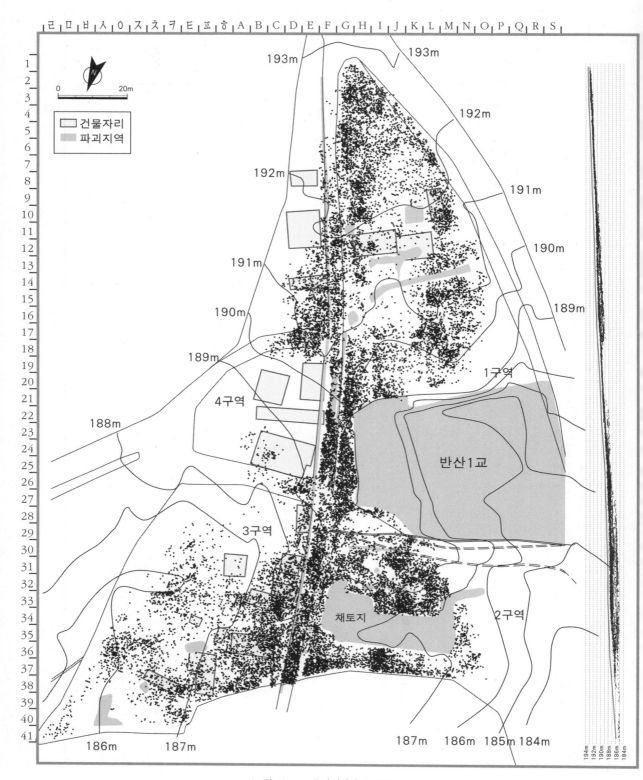

〈그림 46〉 도로공사지점의 유물분포도

4. 각 지점의 조사 내용

1) 도로공사지점

이 지점은 검은둥이 언덕의 남단에 해당되는데 발굴조사 착수 전 이미 도로공사와 채토로, 그리고 그 이전에 집이나 가마가 만들어지면서 적지 않게 훼손되고 파괴되었다. 그래서 공사로 인해 현상이 변경되는 면적은 21,331㎡(약 6,464평)이지만, 이 중에 발굴된 면적은 10,425㎡(약 3,159평)이고, 유물이 나온 면적은 6,224㎡(약 1,886평)이다.

유물은 제2지층인 밝은 갈색찰흙층에서 드러났으며 그 수량은 31,000여 점에 이른다(그림 46). 단위면적당 유물 수는 1평당 16점 남짓이고, 1㎡당 약 5점이다. 그렇지만 밀집도가 매우 높은 것으로 평가된 반산교와 채토지점이 훼손 또는 멸실된 점을 감안하면 단위면적 당 출토 유물 수는 더 증가할 것이다.

유물은 발굴 범위 전체에 걸쳐 고루 분포하는 양상이고, 수직분포는 언덕의 기울기처럼 남-북 방향으로 약 3.2도의 완만한 경사로 낮아지고 대체로 20~30㎝의 두께를 이룬다. 붙는 석기들이 있으며, 좀돌날과 좀돌날몸돌이 집중된 곳도 있고, 새기개나 밀개, 갈리거나 쪼인 석기류가 따로따로 분포하여서 곳곳에서 석기제작이나 특정 행위가 있었다고 추정된다. 그러나 특이하게도 갈린 석기 종류는 주로 높은 마루(능선)에서 출토하였다(그림 45 참조).

발굴된 석기들은 크게 뗀석기와 갈린 석기로 나뉘지만 뗀석기가 거의 전부다. 뗀석기의 감으로는 유문암, 응회암, 수정, 흑요석, 옥수, 규암, 양질 석영맥암 등이 쓰였다(사진 41). 이 종류들은 앞 시대의 돌감들보다 더 곱고 균질한 특징을 지닌다. 그 비율을 보면, 양질의 석영맥암이 67%, 산성화산암(유문암+응회암)이 31%를 차지한다.

유문암은 돌날과 좀돌날, 새기개, 밀개, 슴베찌르개, 창끝찌르개, 뚜르개, 칼, 주먹도끼 같은 정교한 석기를, 그리고 응회암은 주먹도끼, 주먹자르개, 식칼모양의 자르개, 대형밀개처럼 큰 도구를 제작하는 데 쓰였다(사진 42). 그러나 수정과 흑요석은 좀돌날, 새기개, 밀개를 만드는 데 국한되었다(사진 43). 한편 양질의 석영맥암은 긁개, 밀개, 홈날, 톱니날 등을 만드는 데 이용되었다.

붙는 석기 중 몸돌과 격지가 붙는 두 가지를 소개한다. 하나는 초대형의 응회암 원석에서 격지를 제작한 것으로 H4~5칸에서 드러났다(사진 44. 그림 47). 같은 암질로 분류된 12점 중 7점의 격지가 몸돌에 붙는다. 격지들은 몸돌을 중심으로 북동에서 동쪽 사이에 주로 분포하는데, 각각은 최소 21㎝, 최대 760㎝ 떨어져 있다. 몸돌의 무게는 7.66kg이며, 격지 7점의 무게는 45~125g이다.

다른 하나는 석영맥암으로 격지를 제작한 보기다. 몸돌과 격지 16점이 2.4×4.5m 범위에서 드러났다. 이것들의 무게를 더하면 4kg이 넘는다. 큰 석영맥암을 먼저 두 덩어리로 크게 조각낸 뒤 따로따로 격지를 떼었다. A무리의 경우 몸돌은 1.065kg, 5점의 격지들은 35~125g, B무리는 몸돌이 2.170kg, 9점의 격지와 조각돌은 5~125g이다.

〈사진 41〉 돌감의 여러 가지 ① 유문암, 수정, 차돌, 흑요석 ② 규암, 석영맥암, 응회암, 옥수, 수정 등

268

〈사진 42〉 유문암과 응회암제 석기(아래 왼쪽은 규암)   〈사진 43〉 수정과 흑요석제 석기

떼석기의 종류는 매우 다양하지만 석기군을 대표하는
좀돌날몸돌, 밀개, 새기개와 나뭇잎모양찌르개를 소개
한다(사진 45).

좀돌날몸돌의 수량은 100여 점으로 상당히 많은 편이
다. 몸돌과 더불어 타원형의 양면 몸체(선형, preform), 단
면 삼각형 및 직사각형의 첫 번째 스폴과 스키모양스폴
이 있다(사진 46). 이것들은 유베쓰형 좀돌날몸돌의 선형
을 만들고 때림면을 조성할 때 생기는 부산물이다. 유베
쓰형이 가장 많지만 다른 형식들도 존재한다.

밀개는 250여 점으로 대단히 많다. 이것들의 몸체는
격지, 돌날, 조각돌 등 다양하며, 크기는 엄지손톱만한
것부터 어른 손의 반 정도까지 다양하고, 날의 모양은 여
러 가지 형식으로 세분된다.

새기개 역시 80여 점이나 되는데 국내에서 이만한 수량
의 새기개가 보고된 유적은 아직 없다. 크고 작은 격지와
돌날, 조각돌에다 새기개를 만들었다. 날의 개수나 위치
가 아주 다양하여 구석기 전문서적에 소개된 종류의 대
다수를 볼 수 있다. 새기개의 날을 여러 번 다시 만든 자
국을 지닌 것들이 많아서 구석기인들이 새기개를 사용하
다가 날이 닳으면 다시 수리하여 사용했다고 생각한다.

나뭇잎모양찌르개는 2002년의 유적 발견 당시 반산1
교의 공사장에서 중간이 부러진 채 반쪽만 남은 것이다.
뿔이나 나무 같은 유기질망치로 직접 잔손질하여 좌우,
양면 대칭의 늘씬한 양끝 찌르개를 만든 것이다. 남아있
는 길이는 64mm(원래 길이는 130mm로 추정), 너비는 30mm, 두
께는 13mm이다.

떼석기와 함께 발견된 갈린 석기로는 간돌도끼 2점
(104×50×14mm, 111×59×21mm), 갈리고 패인 자갈, 발화석일

가능성이 있는 둥근 홈석기(68×64×38mm, 255g), 고드랫돌
모양 석기(45×42×36mm, 116.2g), 떼기로 다듬은 뒤 간 판석,
긴네모꼴 몸체의 가장자리를 안팎으로 다듬고 끝이 일
부 갈린 석기, 그리고 숫돌(194×63×58, 138×37×18)이 있
다(사진 47, 48). 이것들의 수량은 다 합쳐 20점에 불과하
다. 이것들의 돌감은 산성화산암, 반상변정편마암, 편마
암, 편암, 사암, 니암, 규암 등 다양하며, 구석기의 재료로
잘 쓰이지 않던 종류가 새로 나타났다.

철석영 자갈(82×62×50mm, 300g)이 깨진 상태로 드러났
다(사진 49). 이런 유물은 일본 니가타현(新潟縣)의 아라사
와(荒澤) 유적(小熊博史 2003)과 홋카이도의 가와니시(川西)
C유적에서 보고된 바 있다(北海道帶廣市敎育委員會 1998).
이것은 붉은색의 광물성안료로 쓰였다고 한다. 한편 남
양주 호평동유적의 1문화층에서는 사용된 흑연자갈(51
×34×11mm)이 발견되었는데 검은색의 안료라고 한다(홍미
영·김종헌 2008).

끝으로 구석기유적에서 드물게 발견되는 '화덕'이 있
다. 이것들은 모난 응회암이나 석영맥암을 둥글게 1~2단
정도 쌓아 만든 것으로 돌들은 금이 가거나 터졌고 붉은
색으로 변하였지만, 화덕자리 둘레의 흙이 단단하게 구
워진 흔적은 뚜렷하지 않다. 다만 흙속에 작은 숯 조각
들이 남아있었다.

화덕으로 분류되는 것은 모두 여섯 개다. 이 중 네 개
가 사방 4.5×13.2m 범위에 모여 있었다(사진 50. 그림 48).
제1호는 지름이 33~45cm, 제2호는 불탄 돌들이 사방
200×207cm 범위에 흩어져 있다. 그리고 제3호의 경우 불
탄 돌들이 사방 105×100cm에 분포하는데, 그 중 둥글게
모여 있는 부분은 정형성을 띠며 그 지름은 55~57cm이

〈사진 44〉 응회암 석기제작소의
몸돌과 붙는 격지들

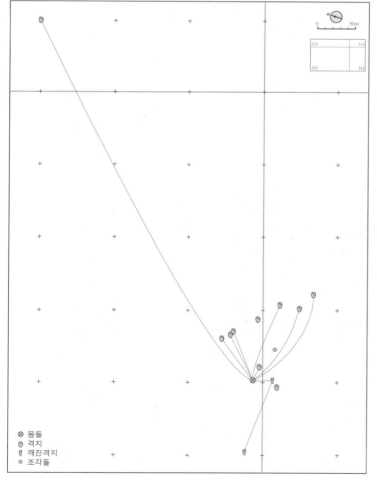

⊗ 몸돌
◉ 격지
🔻 깨진격지
○ 조각들

〈그림 47〉 응회암 석기제작소의 몸돌과 붙는 격지들

〈사진 45〉 신북유적의 석기갖춤새

①~③ 좀돌날몸돌 ④ 슴베찌르개 ⑤ 나뭇잎모양찌르개 ⑥ 톱니날 ⑦~⑬ 새기개 ⑭~⑳ 밀개 ㉑ 긁개 ㉒ 주먹자르개 ㉓~㉔ 주먹도끼

〈사진 46〉 좀돌날 제작 전 과정의 석기들

〈사진 47〉 홈자갈(○)과 뗀석기가 같이 나온 모습

〈사진 49〉 철석영자갈

다. 그 둘레에 밀개, 좀돌날몸돌, 격지 등의 뗀석기들과 숫돌이 있었다. 이 밖에 화덕의 돌처럼 열을 받아 색이 변하고 금이 가거나 터진 돌들이 낱개로 드러났는데 화덕의 일부라기보다 용도가 달랐던 것 같다.

2) 장동초교지점

　발굴조사 대상 면적 800㎡(약 242평) 중 유물이 분포하는 면적은 약 200㎡이다. 문화층은 밝은 갈색찰흙층에서 드러났는데, 출토유물은 202점으로 사방 18×12m 범위에 모여 있으며 수직면 상에서는 거의 수평을 이룬다.

　석기들의 분포 양상을 보면, 몸돌류와 격지들이 있는 지점과 밀개, 뚜르개 같은 도구들이 있는 지점으로 양분된다. 즉 좀돌날몸돌, 좀돌날, 격지몸돌 등은 다7칸과 라7칸의 서편에 하나, 그리고 좀돌날몸돌, 돌날, 격지몸돌 등은 망치와 함께 나6칸, 다5칸, 라6칸에 걸쳐 독립된 영역을 형성하고

〈사진 48〉 갈기, 쪼기, 떼기로 제작된 석기들과 숫돌

① 간돌도끼　②~③ 패이고 갈린 자갈　④ 고드랫돌 모양 석기　⑤ 홈석기　⑥ 떼이고 갈린 자갈　⑦ 숫돌　⑧ 뒤지개 닮은 석기

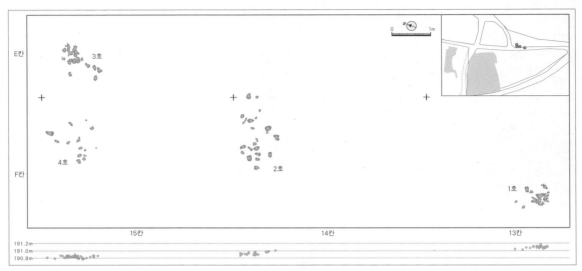

〈그림 48〉 제1~4호 화덕 분포도

〈사진 50〉 제1~4호 화덕이 모여있는 모습(아래 왼쪽부터 제1호 화덕, 제2호 화덕, 제3호 화덕)

있다. 반면, 도구들은 좀돌날석기의 두 무리 사이인 다 6~7칸, 라6~7칸에, 그리고 라4~5칸을 중심으로 다4칸, 라6칸, 마4칸의 일부에 걸쳐 분포한다(그림 49).

이 밖에 실금이 갔거나 터진 면들이 있는 붉은색의 응회암 모난돌들이 나왔다. 이것들은 돌의 종류나 크기, 모양, 색이나 겉면의 상태가 '도로공사지점'에서 보고된 불탄 돌과 같지만, 화덕자리 같은 유구를 이루지 못하고 낱개로 흩어져 있었다.

다7칸에서 응회암제 몸돌, 격지, 밀개 등 12점이 드러났는데 그 중 9점이 서로 붙는다(사진 51. 그림 50). 이것들은 3.2×2.3m의 범위 안에 분포하는데, 격지 한 점(다7-438번)을 빼고 모두 몸돌의 북동쪽에 위치하며, 그 중 한 점은 약 0.9m, 그리고 밀개를 비롯한 11점은 약 1.5~2.7m 떨어져 있다. 몸돌을 중심으로 다른 것들의 상대높이를 비교해보면, 3㎝ 이내인 것이 5점, 5~7㎝가 3점, 그리고 8.9㎝, 14.3㎝와 19.7㎝가 1점씩이어서 석기 제작 직후의 상태를 잘 보여주고 있다고 생각된다.

석기의 돌감으로 산성화산암과 석영암 두 종류가 쓰였는데, 각각의 비율은 73.3%, 26.7%이다. 유문암은 좀돌날, 돌날, 새기개, 부리날처럼 작고 정교한 석기를 만드는 데 주로 쓰였고, 응회암은 중대형의 밀개, 찌르개형 격지 등을 만들 때 활용되었다. 석영암제 석기 중 조각돌의 비율은 76.1%로 산성화산암제 조각돌의 7배가 넘는다. 이 수치는 석영암의 효율성이 낮음을 잘 보여준다. 석영암제 도구로는 조각돌에 만든 밀개와 뚜르개뿐이고, 이 밖에 모루망치몸돌과 망치가 있다.

석기는 크게 몸체 생산과 관련된 것(waste)과 도구 (tools)로 나뉜다. 전자의 비율은 82.7%로 유적 안에서 석기제작이 활발하였음을 보여준다. 좀돌날몸돌과 격지몸돌, 그리고 모루망치몸돌의 수량을 비교해보면 좀돌날몸돌의 비율이 58.3%나 되어서 좀돌날의 비중이 가장 컸음을 알 수 있다.

도구의 비율은 17.3%로 전체 석기의 약 1/6이다. 여기서 불분명한 미완성도구를 제외하고 산성화산암제와 석영암제 도구의 비율을 셈해보면 각각 83.3%와 16.7%여서 산성화산암제 도구의 비중이 5배나 높았던 것으로 나타난다. 도구 중에는 밀개의 수량이 12점으로 50%나 되는데, 여기에 복합도구인 '밀개+긁개'를 더하면 절반이 넘는다. 그 다음은 뚜르개 16.7%, 새기개와 복합도구 '부리날+새기개'는 12.5%이다.

3) 표지석지점

이 지점은 40×10m와 25×10m의 범위를 대상으로 그 안에 4×4m의 구덩이 5개, 4×3m의 구덩이 3개, 4×2m의 구덩이 4개를 서로 건너뛰듯 배치하여 모두 148㎡가 조사되었다. 보고자는 제3지층인 갈색점토층(다른 지점의 어두운 갈색찰흙층)의 상부에서 230점, 하부에서 294점의 유물이 나와서 각각을 제1문화층과 제2문화층으로 구분하였고, 문화층의 두께는 각각 20~30㎝, 30~60㎝라고 한다(그림 51. 이영철 과 2017). 그러나 이와 같은 구분은 현장 사진을 보면 맞지 않다(사진 52). 사진에서 보듯이 유물은 제2지층인 암갈색점토층(다른 지점의 밝은 갈색찰흙층)에서 드러났기 때문이다.

제시된 유물분포도에서 수직분포 양상은 동쪽에서 서쪽으로 가면서 완만하게 기울어지는데, 이것은 조사 범위가 언덕의 마루에서 비탈로 내려가는 곳이기 때문이다. 유물의 수량은 평평한 마루에 많고 비탈로 가면서 적어지며, 문화층의 두께는 N1E4~N1E2 구덩이에서 20~30㎝ 정도고 N1E1~N1W1 구덩이에서 10㎝ 내외로 얇아진다(이영철 과 2017, 43). 그런데 단면분포도에서 제1문화층과 제2문화층의 유물이 분명하게 구분되지 않아서 어떤 근거로 문화층을 구분했는지 의아하다.

여기서도 여러 점이 붙는 응회암제 석기들이 능선 쪽의 N1E4 구덩이에서 발견되었다. 한편 N1E2 구덩이에선 유물 사이로 전선이나 건축 자재가 드러나 일부 교란되었음을 보여준다(사진 53). 발굴지역이 농가 근처여서 관련된 공사로 인해 문화층이 일부 훼손된 모습을 보이지만, 유물의 출토양상이 보여주듯이 대부분은 잘 보존된 상태라고 하겠다.

발굴된 유물은 모두 524점이다. 이 중 산성화산암은 196점으로 37.4%이고 석영맥암은 315점으로 60.1%이며, 이 밖에 규암 7점, 수정 4점, 반암과 사암이 1점씩 있다. 석기 중에는 산성화산암제 돌날몸돌, 수정 및 유문암제 좀돌날몸돌, 산성화산암제 밀개와 긁개 그리고 유문암제 나뭇잎모양찌르개와 슴베찌르개가 포함되어 있다. 이 가운데 눈길을 끄는 것은 나뭇잎모양찌르개(11.8×3.6×1.0㎝, 36.8g)다. 이것은 얇은 판상의 몸체를 마련한 뒤 그 둘레를 뿔망치로 직접 잔손질하여, 양 끝이 뾰족하고 가장자리는 오불꼬불한 날이 되게 만든 것이다(사진 54. 그림 52).

274

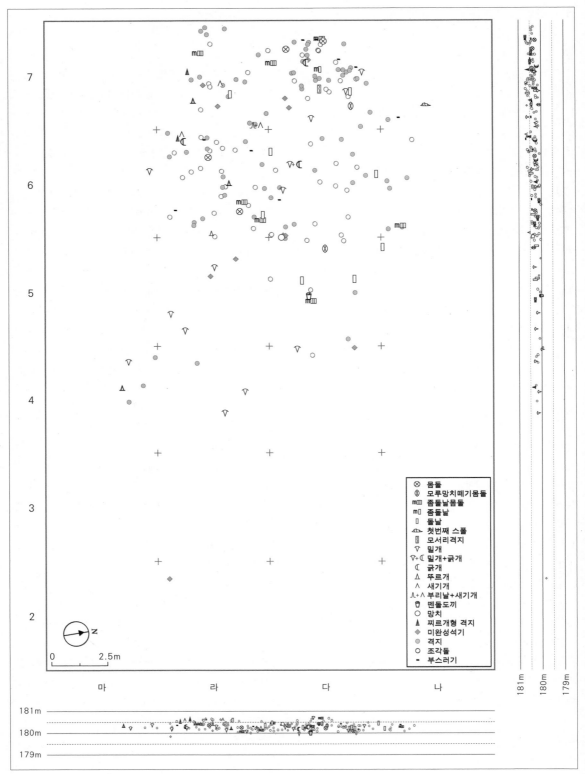

<그림 49> 장동초교지점의 석기분포도

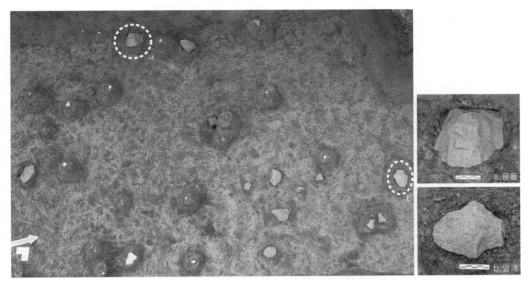

<사진 51> 응회암 석기제작소의 서로 붙는 몸돌, 격지와 밀개

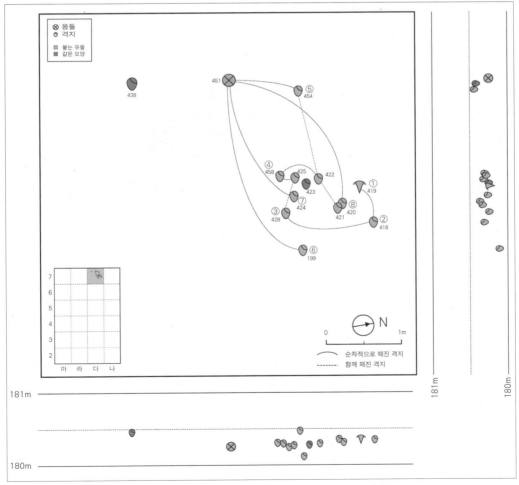

<그림 50> 응회암 석기제작소의 서로 붙는 몸돌, 격지와 밀개

276

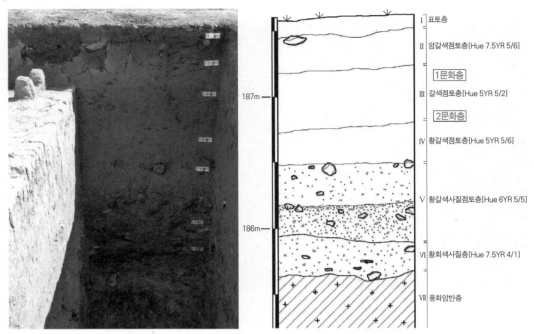

〈사진 52. 그림 51〉 표지석지점의 지층과 문화층(이영철 과 2017)

〈사진 53〉 유물 출토 모습과 일부
교란된 흔적(표지석지점 N1E2구덩이)

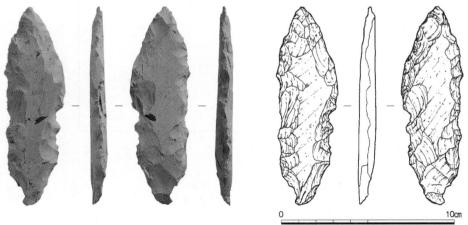

0   10cm

〈사진 54. 그림 52〉 표지석지점 출토 나뭇잎모양찌르개(이영철 과 2017)

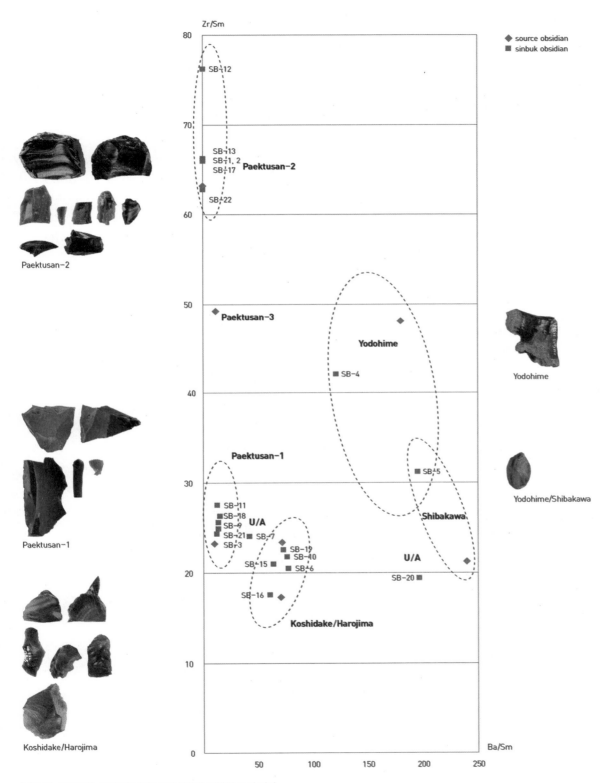

〈사진 55. 그림 53〉 신북유적 출토 흑요석기와 원산지 분석 결과

278

5. 맺음말

2002년 봄에 발견된 신북유적은 지금까지 발굴조사와 표본조사 등 모두 네 차례 조사되었다. 그 결과 검은둥이 언덕의 남단에서 북단에 이르는 거의 전체에 구석기시대의 문화층이 남아있는 것으로 밝혀졌다. 그 면적은 최소 6만여 평으로 추정되어 최근까지 우리나라에서 조사된 후기구석기시대유적 중 최대급에 속한다.

유적 인근의 배산리(盃山里)라는 지명에서도 알 수 있듯이 '잔 모양의 분지' 안에 위치한 유적의 입지 또한 처음으로 알려진 사례다. 장경이 약 2㎞인 분지는 경계가 수월한 탓에 큰 무리의 구석기인들이 보금자리로 택해 살기 좋은 이점을 지닌다. 게다가 식물성 식량과 사냥감이 풍부한 제암산 줄기로 이어지는 길목이자 보성강으로 합류하는 실개천이 흐르는 양지바른 검은둥이 언덕은 석기를 만들어 채집과 사냥으로 사는 구석기인들에게 안성맞춤의 장소였을 것이다.

방사성탄소연대측정 결과 약 30,000~22,000년 전에 적어도 세 번 이상 구석기인들이 찾아와 살았던 것으로 밝혀졌다. 여기서 발굴된 약 3만2천 점의 다양한 석기와 밀집된 화덕자리는 마지막 빙하기에서 살았던 구석기인들의 풍요로운 살림 모습을 반영하고 있다.

예를 들면, 슴베찌르개, 나뭇잎모양찌르개, 끼움날연장 등의 사냥도구와 식칼모양의 자르개, 밀개, 긁개, 새기개, 뚜르개 등의 연장을 통해 신북유적의 주인공들이 사냥한 짐승을 해체하고 가죽을 손질하며 뼈나 뿔, 나무 등을 가공하였고, 화덕자리의 존재를 통해 요리하고 의사를 소통하며 생존했던 모습을 그려볼 수 있다.

또 간돌자귀, 숫돌, 갈린 판석, 갈리고 패인 자갈과 둥근 홈석기, 고드랫돌모양석기 등은 동시대의 다른 유적에서는 거의 보고되지 않은 종류들로서 후기구석기시대의 다채로운 생활상을 잘 보여준다. 나아가 신석기시대의 마제석기 제작기법이 후기구석기시대로부터 기원하였음을 알려주는 점에서도 의미가 크다.

한편 보성강의 발원지와 장평천을 따라 분포하는 29개의 구석기 출토 지점들은 후기구석기시대의 유물이 발견되어 신북유적과 같거나 비슷한 시기에 형성된 유적들로 생각된다. 이 유적들의 입지와 규모, 출토 유물 수 등을 비교해보면 신북유적의 위상은 마치 종갓집에 버금가지 않았을까 싶다.

그뿐 아니라 일본열도의 서일본과 동일본의 구석기문화를 대표하는 슴베찌르개와 유베쓰형 좀돌날몸돌, 그리고 백두산과 규슈의 흑요석으로 만들어진 석기가 함께 나온 사실(사진 55. 그림 53. Lee, G.K. and Kim, J.K. 2015)을 종합해보면, 신북유적은 한반도 북부의 백두산 지역, 그리고 바다 건너 일본열도와 원거리교류를 하던 남부지역의 중요한 거점임이 분명하다고 생각된다.

그러므로 신북유적은 후기구석기시대의 석기군과 편년, 생활방식, 유적군 형성 그리고 직선거리로 최대 800㎞ 이상 떨어진 지역과의 교류와 상호작용을 복원할 수 있는 귀중한 학술자료로 평가된다. 이처럼 학술가치뿐 아니라 문화자산으로서의 잠재력이 큰 신북유적은 2008년 4월에 '전라남도기념물 제238호'로 지정되었으며, 그 면적은 67,224㎡(20,371평)이다.

VIII. 도안리 석평유적

1. 머리말

이 유적은 1995년 겨울, 조선대학교 박물관의 지표조사로 처음 발견되었다(이기길 1997). 조사 당시 비닐하우스를 만들면서 깎인 단면에 겉흙층, 명갈색찰흙층, 토양쐐기 포함 갈색찰흙층, 자갈모래층이 드러나 있었고, 석영제 홈날과 석영맥암제 버금공모양석기 등 네 점이 토양쐐기현상이 나무뿌리처럼 내려가는 중간에 얼굴을 내밀고 있었다(지층사진은 제2장의 석평유적 참조. 사진 56). 여기는 훗날 '목포-광양간 도로건설공사' 구간에 포함된 탓에 마한문화연구원이 2008년에 시굴조사를 하였다. 그 결과 원삼국~삼국시대문화층과 구석기시대문화층이 확인되었고, 구석기문화층은 2010년에 발굴조사가 이뤄졌다(김진영·송장선 2012).

보성강의 상류지역에 있는 석평유적은 행정구역명이 전라남도 보성군 겸백면 도안리 530번지 일대다. 유적에서 사방을 둘러보면 서북쪽에 석호산(약 420m), 동북쪽에 최일봉(287m)과 초암산(576m), 동쪽에 주월산(550m), 동남쪽에 방장산(530m), 서남쪽에 대룡산(440m)이 병풍처럼 솟아있다. 그리고 보성강 본류가 유적의 세 면을 마치 하회마을처럼 둥글게 휘감고 흘러간다(유적사진은 제2장 석평유적 참조).

구석기시대의 유물은 석호산의 동남쪽 끝자락이 보성강과 만나는 곳에 홀로 솟아있는 'ㄴ'자 모양의 언덕에 분포한다. 세 개의 봉우리(190.5m, 146m, 129m)로 이뤄져 있는 이 언덕의 중간과 제일 낮은 동쪽 봉우리 사이에 작

은 골짜기가 있어, 발굴단은 오른쪽을 1구역, 왼쪽을 2구역으로 구분하였다.

완만하고 야트막한 1구역은 조사 범위가 가로 180m, 세로 최대 60m로 매우 넓다. 여기서 4개의 구석기시대 문화층이 드러났고 모두 4,577점의 유물이 출토하였다. 그러나 중간 봉우리의 동쪽 비탈인 2구역에서는 석영맥암자갈로 만든 몸돌 2점과 큰 조각돌에 만든 긁개 1점 등 3점의 유물만이 찾아졌을 뿐이다(김진영·송장선 2012).

여기서는 1구역의 조사 내용을 중심으로 소개하고 성과와 의미를 살펴보겠다.

2. 유적의 층위와 절대연대

D12칸과 H29칸의 대표단면 층위는 다음과 같다(표 35. 사진 57. 그림 54)[14].

D12칸과 H29칸의 층서 차이는 6번의 적갈색찰흙층이 존재하지 않을 뿐이며, 나머지 층들은 같은 순서로 퇴적되어 있다. 이와 같은 퇴적층과 층서는 물가의 한데유적에서 흔히 알려진 바와 대동소이하다. 즉 모래층까지의 하부 퇴적층은 주로 강물작용에 의해서, 그리고 적갈색찰흙층부터 그 위의 퇴적층은 강물의 영향에서 벗어나 중력, 바람, 비나 눈 등의 작용을 받아 형성된 비탈쌓임층이다. 네 개의 문화층은 모두 비탈쌓임층이라고 하는 상부 퇴적에 위치한다.

한편 D12칸과 H29칸의 제Ⅱ~Ⅶ지층에 대한 절대연대 측정 결과는 〈표 36〉과 같다(그림 54 참조).

측정된 방사성탄소연대는 4개이며 시료의 종류는 모두 토양이다. 제4문화층이 포함된 갈색찰흙층은 7,614±49

〈표 35〉 석평유적의 지층(D12칸과 H29칸)과 문화층

번호	지층 이름	두께(cm)	문화층 여부	퇴적층의 구분
1	겉흙층		비문화층	
2	갈색찰흙층	30	제4문화층	
3	황갈색찰흙층	40	비문화층	비탈쌓임층
4	황적색모래질찰흙층	60	제3문화층	
5	적갈색모래질찰흙층	30~70	제2문화층	
6	적갈색찰흙층	30	제1문화층	
7	모래층	60	비문화층	강물쌓임층
8	자갈모래층	80	비문화층	
9	화강암반		비문화층	

〈사진 56〉 석평유적 지층 단면의 석기

14 보고서의 지층 이름 중 사질은 모래질, 점토는 찰흙으로 바꿔 썼다.

280

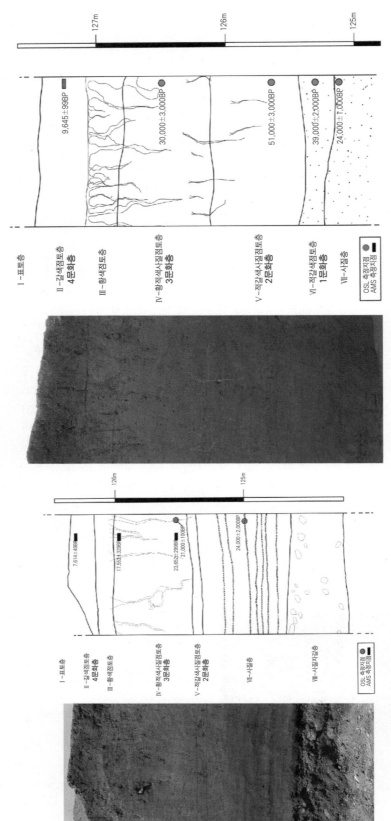

〈사진 57. 그림 54〉 석광유적 D12칸과 H29칸의 지층과 문화층(김진영·송장선 2012)

cal. B.P.(D12칸), 9,645±99 cal. B.P.(H29 칸), 제3문화층이 포함된 황적색 모래질찰흙은 17,5524±329 cal. B.P.(D12칸), 23,652±299 cal. B.P.(D12 칸)이다. 한편 광자극발광연대측정법으로 재어진 연대는 6개다. 제3문화층이 포함된 황적색모래질찰흙층은 21,000±100B.P.(D12칸), 30,000± 3,000B.P.(H29칸), 제2문화층이 포함된 적갈색모래질찰흙층은 51,000±3,000B.P.(H29칸), 제1문화층의 포함된 적갈색찰흙층은 39,000±2,000B.P.(H29칸)이고, 그 밑의 모래층 상부는 24,000±1,000B.P.(H29칸), 24,000±2,000B.P.(D12칸)이다.

3. 문화층의 조사 내용

각 문화층의 규모와 유물의 분포 양상, 돌감의 종류와 석기군의 구성에 대해 정리해보겠다.

1) 제1문화층

제1문화층의 유물은 석영맥암 자갈로 만든 공모양석기 1점(89×89×96mm, 1,000g)과 중형의 첫격지 1점(114×106×31mm, 449g), 그리고 자갈돌 1점 등 3점뿐으로 조사범위 중 동쪽에 치우쳐서 출토하였다(사진 58, 59). 조사범위 밖으로 지층이 이어지고 있어 유물이 더 발견될 가능성이 있다고 한다.

2) 제2문화층

제2문화층에서는 2,167점의 유물이 드러났는데, 동서 140m, 남북 20~45m 범위에 분포한다(그림 55. 사진 60). 분포 양상은 조사 범위의 동, 서 양편에 집중되고 가운데는 성글게 흩어져 있다. 서편은 유물들

〈표 36〉 석평유적의 절대연대

지층과 문화층	D12칸		H29칸	
	AMS (cal. B.P.)	OSL (cal. B.P.)	AMS (cal. B.P.)	OSL (cal. B.P.)
Ⅱ지층 4문화층	7,614±49		9,645±99	
Ⅳ지층 3문화층	17,5524±329			30,000±3,000
Ⅴ지층 2문화층	23,652±299	21,000±1,000		51,000±3,000
Ⅵ지층 1문화층				39,000±2,000
Ⅶ지층 비문화층		24,000±2,000		24,000±1,000

이 정상부를 둘러싸듯 그 주위에 둥글게 분포하며, 약 열 개의 석기무리(bloc, 집중부)가 띄엄띄엄 흩어져 있는 양상이다. D2, E2, G2칸의 몸돌과 격지 3점, 그리고 H7칸과 I20칸의 몸돌과 격지 1점이 서로 붙는다. 동편은 정상부의 서쪽으로 유물들이 분포하는데 서편보다 더 집중된 석기무리가 있다.

단면분포도를 보면 유물들이 상당히 일정한 두께를 이루는 것으로 나타나며, 서편의 유물들은 거의가 수평

〈사진 58〉 석평유적 제1문화층의 유물 드러난 모습(김진영·송장선 2012)

〈사진 59〉 석평유적 제1문화층의 석기(김진영·송장선 2012)

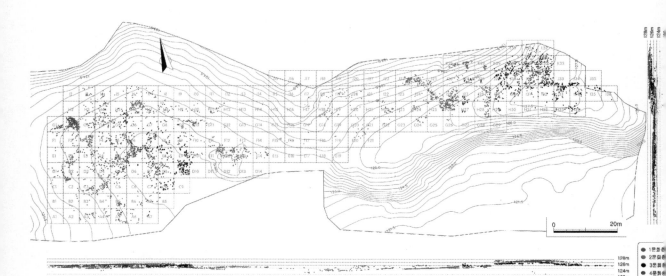

<그림 55> 석평유적 제2~4문화층의 유물분포도(김진영·송장선 2012)

<사진 60> 석평유적 제2문화층의 유물 드러난 모습

이거나 살짝 비스듬하고, 동편의 유물들은 서편보다 더 기운 모습이다. 한편 동쪽은 전체 유물의 분포 양상으로 h아 29열에도 유물이 존재할 가능성이 있는데 한 점도 없어 의아하다.

　보고자는 석기의 돌감 종류로 석영자갈돌, 규암자갈돌, 석영맥암을 언급하고 있다. 석영자갈은 차돌(quartz), 규암자갈은 개차돌(quartzite), 석영맥암은 vein quartz를 뜻한다. 그런데 석영으로 만들어진 석기는 색깔이나 질감이 마치 순백의 덩어리 느낌이지만, 규암제 석기는 고운 모래가 압착되어 굳어진 느낌이고, 석영맥암은 굵은 입자들이 울퉁불퉁 엉켜있는 인상이다. 생성요인도 석영암과

석영맥암은 화성암이고, 규암은 변성암으로 서로 다르다.

　대체로 석기의 떼어진 면(scar surface)을 보면 석영암, 규암, 석영맥암 순으로 면이 곱고 능선이 뚜렷하다. 그러나 석평유적 출토 석기들에서 이와 같은 차이는 분명하지 않으며, 거의 전부가 입자 또는 색깔의 차이만 보일 뿐이다. 그래서 대부분의 석재는 석영맥암에 속한다고 생각한다.

　유물의 종류는 크게 석기와 자갈로 양분된다. 전체 유물 2,167점 중 자갈은 157점으로 7.2%를 차지한다. 이처럼 사용되지 않은 자갈이 7.2%에 이르고 석기의 상당수에 자갈면이 남아있는 사실은 구석기인들이 천변에서 돌감을 주워 썼음을 가리킨다.

　석기는 몸돌과 격지류, 망치와 모룻돌, 몸돌석기와 잔손질석기로 나뉜다(그림 56). 몸체 제작과 관련된 것으로 몸돌, 격지, 돌날[15], 부스러기가 있는데, 그 수량은 각각 13점, 196점, 8점, 1,341점이다. 이것들은 모두 1,558점으로 전체의 71.9%를 차지하는데, 이 중 부스러기와 격지

---

15 여기서 돌날로 보고된 것은 돌날몸돌이 나오지 않았고 석재가 돌날을 제작하기 힘든 종류이기 때문에 '긴격지'로 구분하는 것이 타당할 것이다.

의 비율이 각각 86.1%, 13.1%로 더하면 99.2%이다. 그리고 망치와 모룻돌로 보고된 것은 각각 10점과 1점이다.

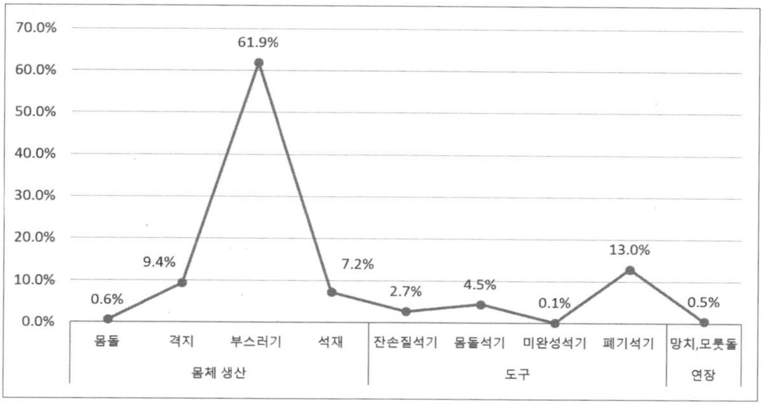

〈그림 56〉 석평유적 제2문화층의 석기갖춤새

몸돌석기는 주먹찌르개 2점, 주먹도끼 1점, 외면석기(uniface) 1점, 찍개류 52점, 공모양석기류 27점, 주먹대패 14점 등 97점으로 전체의 4.5%이다(사진 61). 이 가운데 찍개, 공모양석기류, 주먹대패의 비중이 각각 53.6%, 27.8%, 14.4%로 높고, 주먹찌르개, 주먹도끼, 외면석기의 비율은 합해서 4.1%에 불과하다.

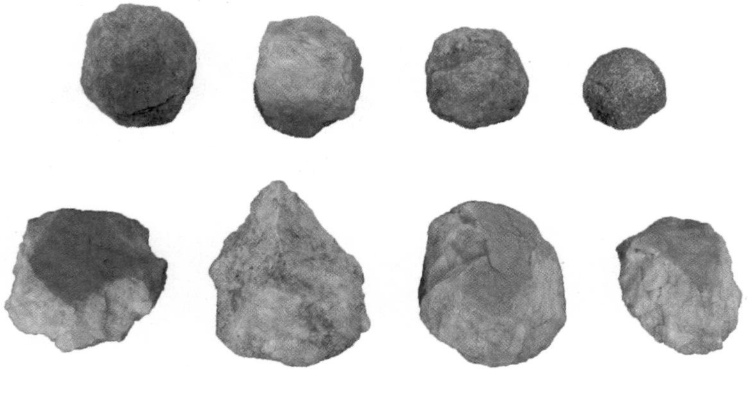

〈사진 61〉 석평유적 제2문화층의 석기(김진영·송장선 2012)

잔손질석기는 긁개 29점, 끝날긁개(밀개) 5점, 홈날 16점, 뚜르개 2점, 부리형석기 3점, 손질석기(잔손질된 석기) 4점 등 59점으로 전체의 2.7%이다. 이 중 긁개, 홈날의 비중은 각각 49.2%, 27.1%이고, 밀개, 부리형석기, 뚜르개의 비율은 합해서 16.9%이다. 그런데 잔손질석기로 분류된 것 중에는 몸체가 자갈돌인 것도 있어 분류 기준이 의아하다.

이 밖에 기타로 보고된 것 중에 미완성석기가 3점(0.1%), 폐기된 석기가 282점(13.0%) 있다. 폐기된 석기의 비율이 몸돌석기와 잔손질석기를 합한 비율의 거의 2배에 달해 중요하다고 생각되지만 보고서에 정확한 개념이나 정의가 제시되지 않아 어떻게 이해해야 할지 막막하다.

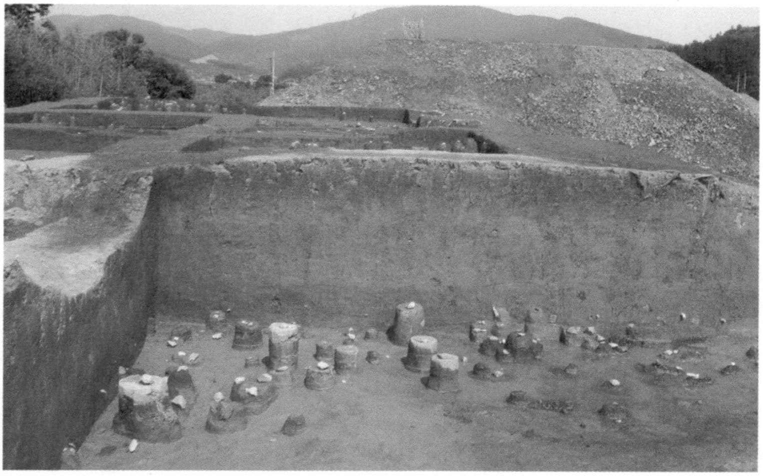

〈사진 62〉 석평유적 제3문화층의 유물 드러난 모습

3) 제3문화층

제3문화층에서는 553점의 유물이 출토하였으며, 그것들의 분포 규모는 서편의 경우 동서 약 30m, 남북 약 40m, 동편은 동서 약 50m, 남북 약 20m이다(그림 55, 사진 62). 유물분포도를 보면 서편은 주로 정상부에서 북서쪽을 향해 다섯 내외의 석기무리가 띄엄띄엄 분포한다. 몸돌과 홈날이 붙는 것이 G7칸에서 확인되었다. 동편의 경우, 서쪽보다 최대 1m 정도 더 높은 완만한 정상부의 양편에 유

284

물이 밀집되어 있다. I29, 30칸과 K30, J30칸에서 ① 조각돌과 격지, ② 조각돌의 좌, 우 조각, 그리고 I33, J32, J33칸에서 ① 몸돌과 격지 2점, ② 격지의 위, 아래 조각이 붙는 것이 출토하였다. 평면 및 단면 분포도를 종합해볼 때 다섯 내외의 석기제작 단위가 있었다고 생각된다.

돌감의 구성과 비율은 석영자갈돌 78%, 규암자갈돌 9%, 석영맥암 12%, 각섬암 1%라고 한다. 그러나 앞에서 언급했듯이 이와 같은 구분은 암석학의 분류기준에 맞지 않는다고 생각되며 특히 78%나 되는 석영자갈돌은 거의가 석영맥암으로 보인다.

유물의 종류는 크게 석기와 자갈로 양분된다. 553점 중 석기는 531점으로 96%, 자갈은 22점으로 4%인데, 사용되지 않은 자갈의 비율이 제2문화층보다 절반 가까이 줄었다.

석기는 몸돌과 격지류, 망치와 모룻돌, 몸돌석기와 잔손질석기, 그리고 폐기석기로 나뉜다(그림 57). 몸체제작과 관련된 몸돌, 격지, 부스러기의 수량은 각각 6점, 54점, 241점으로 모두 301점이고 전체의 54.5%를 차지하며, 이 중 부스러기와 격지의 비율은 각각 80%, 18%로 98%에 달한다. 폐기석기는 168점으로 무려 30.4%나 된다. 그리고 망치로 분류된 것은 3점이다.

몸돌석기는 찍개류 17점, 공모양석기류 4점, 주먹대패 1점 등 22점으로 전체의 4.0%이다(사진 63). 이 가운데 찍개와 공모양석기류의 비중이 각각 77.3%, 18.2%이다. 잔손질석기는 긁개 16점, 끝날긁개(밀개) 2점, 홈날 9점, 톱니날 1점, 뚜르개 3점, 부리형석기 1점, 손질석기(잔손질된 석기) 5점 등 37점으로 전체의 6.7%이다. 이 중 긁개, 홈날의 비중은 각각 43.2%, 24.3%이고, 밀개, 톱니날, 뚜르개, 부리형석기의 비율은 합해서 18.9%이다. 그런데 잔손질석기로 분류된 것 중에는 몸체가 격지가 아닌 것들이 있어서 재검토가 필요하다.

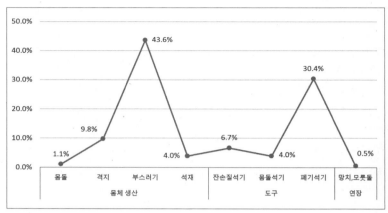

〈그림 57〉 석평유적 제3문화층의 석기갖춤새

〈사진 63〉 석평유적 제3문화층의 석기(김진영·송장선 2012)

4) 제4문화층

제4문화층에서는 1,854점의 유물이 출토하였다. 이것들은 조사 범위의 양쪽에 있는 정상부를 중심으로 분포하는데 그 범위는 서편이 동서 약 45m, 남북 약 45m이고, 동편은 동서 약 30m, 남북 약 20m이다(그림 55. 사진 64).

서편은 완만한 정상부에서 북서 방향을 중심으로 G2칸, 그리고 E5칸, E6칸, E7칸 및 D7~8칸에 유물이 집중된 양상이고, 동편은 서편보다 1.5m쯤 높은 정상부의 북서측에 치우쳐 좁은 범위에 유물이 밀집되어 있는 모습이다. 서편에는 붙는 유물이 B2~C2칸, G1~2칸, C5칸, D5칸에 1세트씩, D3칸, E6칸에 2세트씩, A5~B5칸에 5세트가 있고, 동편에는 K31, J32, I33칸에 1세트씩 있다. 붙는 유물의 종류는 몸돌과 긁개, 몸돌과 격지, 격지와 격

지, 부러진 격지 조각, 찍개와 격지 등
이다. 단면분포도를 보면, 유물들이
거의 수평을 이루거나 살짝 기울어
져 당시 구석기인들이 평편한 곳을
선호하였음을 보여준다.

석재의 종류는 석영자갈돌 55%,
규암자갈돌 18%, 석영맥암 12%, 유
문암이 13%, 화강암이 1%를 차지
한다. 그러나 석영과 규암 자갈돌의
대부분은 석영맥암으로 보인다. 여
기서 주목되는 바는 아래의 세 문화
층에서 보이지 않던 유문암이 쓰였
으며, 그 비율이 1할 남짓이라는 점
이다.

유물의 종류는 크게 석기와 자
갈로 양분된다. 석기는 1,821점으
로 98.2%나 되고, 자갈은 33점으로
1.8%이다.

석기는 몸돌과 격지류, 망치와 모
룻돌, 몸돌석기와 잔손질석기로 나
뉜다(그림 58. 사진 65). 몸체 제작과
관련된 것으로 일반몸돌, 좀돌날
몸돌, 격지, 돌날, 부스러기가 있는
데, 그 수량은 각각 14점, 1점, 204
점, 3점, 1,477점이다. 이것들은 모두
1,699점이고 전체의 91.6%를 차지
하는데, 이 중 부스러기와 격지의 비
율이 각각 86.9%, 12.0%로 98.9%에
달한다. 그리고 망치와 모룻돌로
보고된 것이 각각 13점(0.7%)과 2점
(0.1%)이다.

몸돌석기는 찍개류 9점(0.5%), 공
모양석기류 1점 등 10점으로 전체
의 0.5%이다. 잔손질석기는 긁개 18
점, 끝날긁개(밀개) 5점, 홈날 14점,
톱니날 2점, 뚜르개 1점, 손질석기
(잔손질된 석기) 15점 등 55점으로 전
체의 3.0%이다. 이 중 긁개, 밀개, 홈
날의 비중은 각각 32.7%, 9.1%, 25.5%이다. 그런데 뚜르
개로 분류된 것은 몸체가 자갈돌이고 무게가 272g이어

〈사진 64〉 석평유적 제4문화층의 유물 드러난 모습

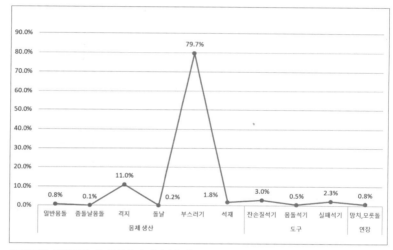
〈그림 58〉 석평유적 제4문화층의 석기갖춤새

〈사진 65〉 석평유적 제4문화층의 석기(김진영·송장선 2012)

서 오히려 주먹찌르개(pick)로 분류하는 것이 타당할 것
이다.

4. 고찰

각 문화층의 크기와 출토유물의 수량, 돌감과 석기의 종류를 정리하면 〈표 37〉과 같다.

일부만 조사되었고 단지 3점의 석기만 발견된 제1문화층을 제외하고 나머지 문화층들의 크기를 보면, 제2문화층, 제4문화층, 제3문화층의 순서로 작다. 유물의 분포 양상을 보면, 제2문화층은 동쪽 끝의 정상부를 제외한 전역에 폭넓게 분포하는 반면, 제3문화층과 제4문화층은 동, 서편 양끝의 정상부를 중심으로 위치하고 있어 차이가 뚜렷하다. 이와 같은 양상이 당시의 강물높이 변화, 국부지형 차이 같은 자연환경, 또는 주인공들이 유적 사용목적과 그들의 취향, 후퇴적작용 등 어떤 요소를 반영하는지에 대한 연구가 이뤄지면 매우 흥미로울 것이다.

문화층별 출토유물의 수량은 마치 분포 면적에 비례하듯 제2문화층에서 2,167점, 제4문화층에서 1,854점, 제3문화층에서 553점이 나왔다. 각 문화층에서 망치돌을 제외한 뗀석기의 돌감을 보면, 석영맥암, 석영암, 규암, 그리고 제4문화층에서 유문암이 추가된다. 이 가운데 가장 많이 쓰인 것은 석영맥암이다. 자갈면이 남아있는 석기들이 많고 제2, 4문화층의 경우 옮겨진 자갈돌도 있어, 구석기인들이 물가에서 필요한 돌감을 주워서 살림터로

옮겨와 석기를 만들었다고 하겠다. 한편 유문암으로 제작된 것들은 좀돌날몸돌, 소형몸돌과 소형의 격지인 반면, 큰 석기들을 비롯한 상당수의 잔손질석기들은 주로 석영맥암으로 제작되었다.

앞에서 살펴본 세 문화층의 유물 구성을 정리해 보았다(표 38. 그림 59). 세 문화층의 석기 구성과 비율을 보면, 몸돌, 격지, 부스러기 같은 몸체 제작 종류가 54.4~91.6%, 망치와 모룻돌은 0.5~0.8%, 도구(몸돌석기와 잔손질석기)는 3.5~10.7%이다.

이와 같은 구성은 세 시기 모두 석기제작활동이 중심이었음을 보여주며, 붙는 석기들이 세 문화층에서 다 발견된 점도 이를 뒷받침한다. 또한 붙는 유물들의 존재는 구석기인들이 살던 동안이나 그들이 떠난 뒤에도 문화층이 별로 훼손되지 않았음을 의미한다. 한편 복잡한 준비 작업이 필요한 석기가 많지 않은데도 부스러기의 비율이 43.5~79.7%나 되는 것은 상대적으로 질이 좋지 않은 석영맥암을 많이 썼기 때문으로 생각된다.

각 문화층의 도구 구성과 비율을 보면, 제2문화층은 몸돌석기 4.5%, 잔손질석기 2.7%, 제3문화층은 몸돌석기 4.0%, 잔손질석기 6.7%, 제4문화층은 몸돌석기 0.5%, 잔손질석기 3.0%이다. 제2문화층은 몸돌석기의 비중이 더 크나, 제3~4문화층은 잔손질석기의 비중이 더 크다.

〈표 37〉 석평유적 각 문화층의 크기, 유물 수, 돌감의 종류와 대표 석기

문화층	크기(길이×너비m)	유물 수	돌감의 종류	대표 석기
1	일부 조사	3	석영맥암	공모양석기, 격지
2	140×20~45	2,167	석영맥암, 석영암, 규암 등	몸돌, 격지, 망치, 찍개, 주먹도끼, 주먹찌르개, 공모양석기류, 주먹대패, 긁개, 홈날, 부리날, 뚜르개
3	서편 30×35 / 동편 50×20	553	석영맥암, 석영암, 규암, 각섬암	몸돌, 격지, 망치, 찍개, 공모양석기류, 긁개, 홈날, 톱니날, 뚜르개
4	서편 45×45 / 동편 30×20	1,854	석영맥암, 석영암, 규암, 유문암, 화강암	몸돌, 좀돌날몸돌, 격지, 망치, 찍개, 주먹찌르개, 공모양석기류, 긁개, 밀개, 콧등날밀개, 홈날, 부리날
모듬		4,580		

〈표 38〉 석평유적 각 문화층의 유물 구성

문화층	몸체 제작			연장		몸돌석기		잔손질석기		미완성 석기	폐기 석기	자갈돌	모듬
	몸돌	격지	부스러기	망치/모루		양면석기/기타		밀개/기타					
2	13	204	1,341	10	1	3	94	5	54	3	282	157	2,167
		1,558(71.9%)		11(0.4%)		97(4.5%)		59(2.7%)		(0.1%)	13.0%)	(7.2%)	
3	6	54	241	3	0	0	22	2	35	0	168	22	553
		301(54.4%)		3(0.5%)		22(4.0%)		37(6.7%)			(30.4%)	(4.0%)	
4	15	207	1,477	13	2	0	10	5	50		0	33	1,854
		1,699(91.6%)		15(0.8%)		10(0.5%)		55(3.0%)				(1.8%)	

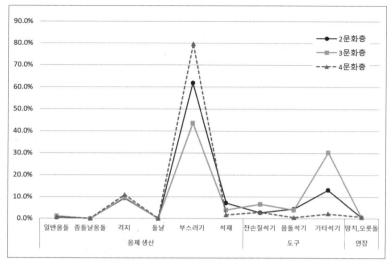

〈그림 59〉 석평유적 제2~4문화층의 석기갖춤새 비교

도구의 종류를 보면, 제2문화층에는 찍개, 주먹도끼, 주먹찌르개, 공모양석기류, 주먹대패, 긁개, 홈날, 부리날, 뚜르개가 있다. 제3문화층에는 찍개, 공모양석기류, 주먹대패, 긁개, 홈날, 톱니날, 뚜르개가 있으며, 제4문화층에는 찍개, 주먹찌르개, 공모양석기류, 긁개, 밀개, 콧등날밀개, 홈날, 부리날 등이 있다.

세 문화층에 몸돌석기 중 찍개와 공모양석기류가 모두 존재하며, 잔손질석기 가운데 긁개가 가장 많다. 대체로 제2, 3문화층의 도구 구성은 주먹도끼와 주먹찌르개의 존재 여부를 제외하면 거의 같은 양상인 반면, 제3, 4문화층은 제2문화층에 비해 몸돌석기의 종류가 줄어들고 잔손질석기의 종류는 늘어났다. 여기서 몸돌석기와 잔손질석기의 관계를 자세히 보면 제3문화층에선 잔손질석기의 수량이 몸돌석기의 1.7배이나, 제4문화층에선 6배나 되어 두 문화층 간에도 차이가 뚜렷하다. 그런데 제4문화층의 경우 밀개의 수량이 제2, 3문화층과 차이가 없어 의아하며, 주먹찌르개가 늦은 시기까지 잔존하고 있다.

이제 절대연대측정 결과를 살펴보자. D12칸의 경우 3개의 방사성탄소연대값은 아래에서 위로 가면서 차례로 젊어져 퇴적층이 차곡차곡 쌓였음을 가리키지만, H29칸의 광자극발광연대값 4개는 늦고 빠르고 늦은 순서여서 종잡을 수 없다. D12칸에서 제3문화층이 포함된 황적색모래질찰흙층 하부의 토양을 시료로 잰 23,652±299B.P.의 방사성탄소연대와 21,000±100B.P.의 광자극발광연대는 상당히 근접하지만, H29칸의 같은 지층의 중간쯤을 잰 광자극발광연대는 그보다 오래된 30,000±3,000B.P.이다. 그런즉 측정된 절대연대의 신뢰도는 낮은 편이다.

이런 상황에서는 석기의 종류나 형식을 근거로 시기를 추정하게 된다. 제4문화층은 좀돌날몸돌이 존재하기 때문에 후기구석기시대 후반으로 편년하는 데 이의가 없을 것이다. 여기에 소량의 찍개, 주먹찌르개, 공모양석기류가 존재하는 점은 앞 시기 석기군의 전통이 쇠잔해가는 양상으로 해석된다. 한편, 제2, 3문화층은 찍개, 주먹도끼, 공모양석기류를 주축으로 하고 있으며, 후기구석기의 전반부를 대표하는 슴베찌르개나 돌날 석기가 나오지 않았다. 이런 점에서 후기구석기보다 빠른 중기구석기시대로 편년해도 무방할 것이다.

이처럼 중기구석기시대 후반부터 후기구석기시대 후반에 속하는 4개의 문화층이 차례로 쌓여 있고, 다량의 유물이 출토하였으며 붙는 석기들이 나온 석평유적은 석기제작기술을 포함한 문화의 발달 과정을 비롯하여 보성강유역의 구석기시대를 편년하고 구석기인들의 생활상을 규명하는 데 있어 매우 중요한 위치를 차지하고 있다.

IX. 대곡리 도롱유적

1. 머리말

도롱유적은 전라남도 순천시 송광면 대곡리 472-26번지 일대에 위치한다. 이 유적은 전남에서 무등산(1187m) 다음으로 높은 모후산(919m)의 남동쪽 기슭에 있다. 그 앞으로 보성강의 본류가 V자 모양으로 급하게 휘돌아 흐르고 동쪽에서 송광천이 합류한다. 강 건너 동쪽에는 조계산(884m), 남서쪽에는 천봉산(609m)이 솟아있다(그림 60. 전경사진은 제2장의 도롱유적 참조).

1986년 11~12월에 한국교원대학교 박물관에 의해 지석묘, 그리고 국립광주박물관에 의해 무문토기시대와 원삼국시대의 주거지가 발굴되었고, 이듬해에는 주거지에 대한 추가발굴이 국립광주박물관과 서울대학교 박물관에 의해 이뤄졌다(정영호 1987 ; 서성훈·성낙준 1989 ; 최몽룡 과 1989). 그 결과 이 유적은 청동기시대부터 삼국시대 전기의 유적으로 알려졌다.

그러나 1996년에 조선대학교 박물관이 지표조사에서 갱신세층에 포함된 뗀석기를 발견함으로써 구석기시대 문화층의 존재가 비로소 확인되었다(이기길 1997). 그리고 최근까지 수십 차례의 지표조사에서 다양한 종류의 타제석기가 다량 수습되었다(이기길 2018). 한편 2013년에는 대한문화재연구원이 구석기문화층, 청동기시대의 지석묘와 주거지, 삼국시대의 석곽묘, 토광묘와 수혈 등을 발굴하였다(이영철 과 2015). 그러나 구석기시대 문화층에 대한 조사는 탐색구덩이 중심의 시굴 수준이었지 본격적인 발굴조사는 아니었다(그림 61). 아래에서 구석기문화층에 대한 조사 내용을 정리하고 성과에 대해 생각해보겠다.

2. 지층과 문화층

구석기가 분포하는 범위는 동쪽으로 뻗어 내린 긴 능

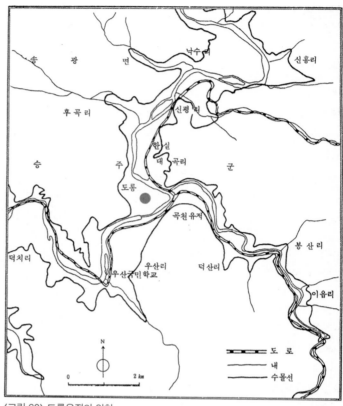

〈그림 60〉 도롱유적의 위치

선의 북편과 동편의 완만한 비탈인데, 옛 지형도에는 밭과 논으로 표시되어 있다. 여기는 보성강이 흘러가는 방향을 기준하면 이른바 퇴적사면에 해당되므로 강물의 직접 영향을 덜 받는 자리다. 수몰 전의 지형도에 그 범위를 표시해보면 보성강유역의 구석기유적 중 대단히 큰 편에 속한다.

유적의 층위에 대해서 조사자는 80개의 시굴구덩이 중 제2번 구덩이를 기준삼아 기술하고 있는데, 본문을 인용하면 다음과 같다:

유적의 전반적인 퇴적양상은 5개 층으로 구분되는데, 세부양상은 아래와 같다.

I. 갈색점토층 : 현재 표토층으로 경적의[16] 흔적도 일부 확인되지만 고토양층의 최상부층으로 지속적인 층위변동에[17] 의해 영향을 많이 받았던 층위

---

[16] '경작'의 오자로 생각된다.
[17] 전체 맥락상 '수위' 변동의 오자로 생각된다.

II. 명갈색점토층 : 구석기시대 문
화층, 층위 내 최하단부에서 석기
출토

III. 적갈색사질점토층 : 토양쐐기
층으로 일부분에서 석영맥암이
확인되고, 자갈이 혼입되어 있음

IV. 적색사질점토층 : 사질성분이
강하며, V층에서 기원한 화강암
대 풍화암편이 혼입되어 있음

V. 풍화암반층 : 화강암대 풍화
암반층으로 풍화과정의 암편이
혼입되어 있음

| 이영철 과 2015, 38 |

그런데 층위에 대한 기술 내용은
이어서 제시된 지층단면 사진 및 층
위도의 지층 번호와 일치하지 않는
다(사진 66). 즉 본문에는 지층을 다
섯 개로 구분하였으나 층위도에는
여섯 개로 나누었다. 아마도 층위도
의 II층과 III층을 본문에서는 II층의
명갈색찰흙층으로 합해서 기술한 듯
싶다. 사진과 층위도면이 객관성을
지니므로 이것을 기준삼아 층서를
정리하면 다음과 같다(표 39).

보고자는 V층에 화강암대 풍화
암편이 포함되어 있다고 하였지만,
지층 사진을 보면 자갈이 포함된
적갈색의 뻘모래층이다. 이 자갈은
마치 무 잘리듯 삽날에 잘린 모습
인데 아마도 자갈이 상당히 오래 전
에 생성되어 석비레처럼 되었기 때
문으로 생각된다. 그 위의 IV층은
모래와 뻘이 켜켜이 쌓인 층으로 추
정되며 적갈색을 띠고 있다. 두 지
층은 자갈을 제외하면 나머지 성분
이나 색깔은 공통된다. 보고자는
두 개의 지층으로 구분하였지만 모
두 물의 작용, 예를 들면 홍수가 났

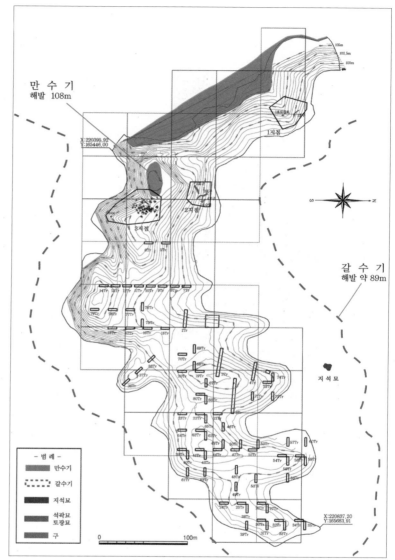

<그림 61> 도롱유적의 시굴구덩이 배치도(이영철 과 2015)

<표 39> 보고서에 제시된 도롱유적의 층위

지층번호	보고서의 지층명	필자의 지층명	층 두께	비 고
I층	갈색점토층	갈색찰흙층 1	약 0.45m	
II층	갈색찰흙층	갈색찰흙층 2	약 0.4m	
III층	명갈색찰흙층	갈색찰흙층 3	약 02~06m	최하부에서 유물 출토
IV층	적갈색사질점토층	적갈색모래뻘층	0.05~0.3m	토양쐐기층, 석영맥암, 자갈 혼입
V층	적색사질점토층	적갈색자갈뻘모래층	두께 1m 이상	풍화암편 혼입
VI층	풍화암반층	풍화암반층		풍화 과정의 암편 혼입

을 때처럼 V층은 물살이 거셌을 때, IV층은 물살이 약해
졌을 때 쌓인 퇴적물이라고 생각된다. 이렇게 본다면 하나

의 지층 단위로 보고 그 안에서 세분하는 것이 타당할 것이
며, 이 층에서 제 자리(in situ)의 유물이 나오지 않는 점은

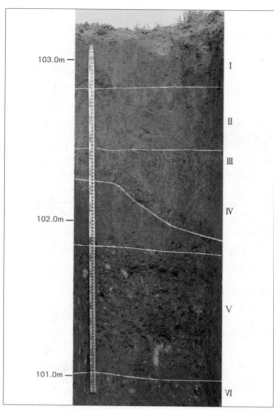

〈사진 66〉 도롱유적의 2번 시굴구덩이 지층(이영철 과 2015)

대체로 당연하다.

한편 Ⅲ층은 갈색찰흙층으로 아래의 지층과 달리 중력에 의한 비탈쌓임층이다. 이것의 상부에 토양쐐기 현상이 관찰되는데, 이른바 암갈색찰흙층에서 관찰되는 토양쐐기보다 크기가 작고 내부충전물의 색깔이 다르다. 그리고 Ⅱ층과 Ⅰ층은 사진만으로는 구별이 어렵지만, Ⅰ층이 표토를 포함하기 때문에 보고자가 두 지층을

구별한 듯싶다. 그런데 지층이 언급된 구덩이는 해발높이가 102m 내외로 만수위가 108m인 점을 고려하면 수몰 이후 30년 가까운 세월이 지났으므로 보고자도 지적하였듯이 물의 영향을 많이 받았을 것이다. 그렇다면 상부 토양은 상당히 유실되었을 가능성이 크다.

이를 반영하듯 지표조사에서 상부토양쐐기가 뚜렷한 암갈색찰흙층과 그 위의 명갈색찰흙층의 존재를 확인하였으며, 거기서 많은 석기를 수습하였다(관련 사진은 제2장의 도롱유적 참조). 그래서 시굴과 지표조사의 내용을 종합해보면 적어도 3개의 지층, 즉 명갈색찰흙층, 암갈색찰흙층, 그리고 갈색찰흙층 3(Ⅲ층)에 문화층이 남아있다고 판단된다(표 40).

현재까지의 조사 결과, 도롱유적의 전체 층위는 기반암 풍화층 위에 강물퇴적층인 Ⅴ, Ⅳ지층과 비탈쌓임층인 Ⅲ, Ⅱ, Ⅰ, 암갈색찰흙층과 명갈색찰흙층이 차례로 쌓여있다고 하겠다. 이와 같은 퇴적 양상과 층서의 갱신세층은 섬진강 최상류에 위치한 임실 하가유적에서 확인된 바 있다(이기길 과 2008).

3. 석기의 양상

시굴조사에서 격지, 몸돌, 찍개, 주먹도끼, 긁개, 홈날, 뚜르개, 부리형석기 등이 Ⅱ층의 최하단부에서 출토한 것으로 보고되었다. 이것들의 돌감은 거의가 석영암으로 입자가 거칠지만, 고운 입자의 돌감도 소량 포함되어 있다.

유물 중 주먹도끼로 보고된 것은 4점(보고서의 유물번호 23~26번)이다. 이 중 23번(그림 62-①)은 길이가 12.1㎝로

〈표 40〉 도롱유적의 지층과 문화층

번호	지층이름	보고서 지층번호	두께(cm)	특징	문화층 여부	조사 구분
1	겉흙층				×	지표조사
2	명갈색찰흙층				○	지표조사
3	암갈색찰흙층			상부토양쐐기	○	지표조사
4	갈색찰흙층 1	(Ⅰ)	45		×	시굴조사
5	갈색찰흙층 2	(Ⅱ)	40		×	시굴조사
6	갈색찰흙층 3	(Ⅲ)	20~60	토양쐐기 현상	○	시굴조사
7	적갈색모래뻘층	(Ⅳ)	5~30	토양쐐기 현상	×	시굴조사
8	적갈색자갈뻘모래층	(Ⅴ)	100 이상	썩은 자갈 포함	×	시굴조사
9	풍화암반층				×	시굴조사

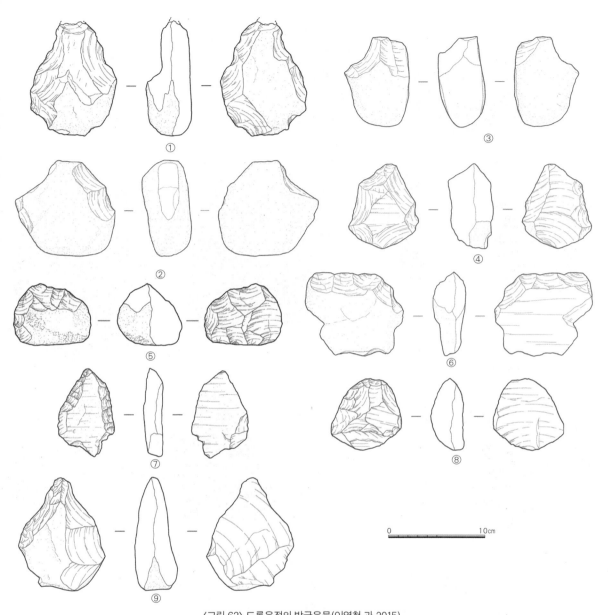

〈그림 62〉 도롱유적의 발굴유물(이영철 과 2015)

① 주먹도끼 ② 몸돌 ③ 주먹찌르개? ④ 몸돌? ⑤~⑥ 안팎날찍개 ⑦ 긁개 ⑧ 밀개 ⑨ 뚜르개

소형이며, 심장형(cordiform)에 가깝다(Bordes, F. 1981). 그러나 24번(그림 62-②)은 몸돌일 가능성이 크며, 25번(그림 62-③)은 주먹찌르개의 뾰족한 끝이 부러졌을 가능성이 있다. 한편 보고서의 유물번호 32번(그림 62-⑤)과 34번(그림 62-⑥)은 안팎날찍개라고 생각한다.

　잔손질석기 중에 찌르개라고 하는 35번(그림 62-⑦)은 양변에 날을 만든 긁개로 생각된다. 긁개로 소개된 37번

유물(그림 62-⑧)은 입자가 아주 고운 양질의 돌감을 썼는데 전체 형태로 보아 볼록날 밀개로 볼 수 있다. 그리고 39번(그림 62-⑨)은 석영암 자갈에서 떼어낸 중형격지의 양변을 등 방향으로 잔손질하여 뾰족한 삼능선의 날을 만든 뚜르개다.

　지표조사 유물의 종류는 망치, 격지(소형~대형), 몸돌, 돌날, 돌날몸돌, 외날찍개, 안팎날찍개, 주먹도끼, 주먹찌

<사진 67> 도롱유적의 지표 석기
① 돌날몸돌 ② 밀개 ③ 톱니날 ④~⑤ 주먹대패 ⑥~⑦ 찍개 ⑧~⑨ 주먹도끼 ⑩~⑪ 주먹찌르개 ⑫~⑭ 공모양석기류

르개, 주먹대패, 여러면석기, 버금공모양석기, 공모양석기, 긁개, 밀개, 홈날, 톱니날, 뚜르개, 부리날석기 등으로 시굴조사에서 보고된 종류보다 더욱 다양하다(사진 67).

돌날몸돌은 입자가 고운 납작한 자갈을 선택하여 좁고 긴 모서리에서 돌날을 뗀 자국이 있어 이른바 측면몸돌의 전형적인 사례라고 생각된다. 돌날은 굽쪽이 잘 남아있는데 입자가 고운 돌에서 떼어진 것으로 두 가장자리와 두 개의 능선이 나란하다.

외날찍개 중 하나는 무게가 2,175g, 안팎날찍개는 1,460g으로 대형에 속한다. 주먹도끼의 크기는 길이가 17.5㎝ 내외인 것이 두 점 있는데, 돌감은 규암과 석영암이고 형태는 모두 심장형이다. 주먹찌르개는 길이가 12.5㎝와 13.2㎝이고, 무게는 431.9g, 742.7g으로 소형이다. 그리고 여러면석기, 버금공모양석기, 공모양석기도 있는데 1㎏ 내외가 여러 점 있으며, 소형도 있다. 밀개 중에는 길이가 10.9㎝이고 무게가 373.1g, 그리고 톱니날 중에도 길이가 11.9㎝이고 무게가 420.7g인 대형이 있어 눈길을 끈다.

4. 맺음말

앞에서 살펴본 도롱유적의 지층과 문화층 및 석기군의 시기에 대해 검토해보겠다.

이 유적의 갱신세층은 기반암 위에 약 1m 이상의 강물 쌓임층과 적어도 2m 내외로 추정되는 상부의 비탈쌓임층으로 이뤄져 있다. 모두 8개로 구분되는 지층 가운데 지표조사에서 석기가 발견된 명갈색찰흙층과 암갈색찰흙층, 그리고 시굴조사에서 석기가 찾아진 갈색찰흙층(보고자의 명갈색점토층) 등 세 개의 문화층이 존재한다.

보고자는 시굴조사에서 확인된 문화층의 연대를 다음과 같이 언급하고 있다.

문화층은 쐐기구조가 시작되는 명갈색점토층에 해당되며, 문화층 하부는 쐐기구조와 서관구조가 함께 확인되고 있다. 토양쐐기는 문화층의 하부에서 시작해 암반풍화층까지 연결되는 양상을 보이고 있다. 문화층 하부에서는 서관구조도 함께 확인된다. (중략)
한국의 구석기 유적에서 확인되는 서관구조는 일반적으로 토양쐐기층 하부에서 관찰되는데, 토양쐐기층에서 확인되는 AT화산재와 서관구조 하부퇴적의 OSL연대측정 결과에 따라 서관구조들은 플라이스토세 말기인 약 4만 년 전에서부터 2만 5천 년 전 사이에 형성된 것으로 추정된다. (중략)
구석기문화층과 관련된 절대연대는 측정되지 않았지만, 서관구조가 확인되고 있는 층 상면에 문화층이 위치한 점 등을 토대로 볼 때 최대 4만 년 이후에 문화층이 형성된 것으로 추정할 수 있다.

| 이영철 과 2015, 120~121 |

인용한 글에서 보듯이 보고자는 문화층의 위, 아래에 쐐기구조가 존재하는 것으로 기술하고 있으며, 토양쐐기와 서관구조를 근거로 문화층은 4만 년 이후에 형성된 것으로 추정하고 있다. 그런데 이 쐐기구조는 이른바 상부토양쐐기로 부르는 것과 달리 우선 크기가 아주 작으며, 내부충전물의 색깔도 다르다. 그러므로 이것을 암갈색찰흙층에 발달한 상부토양쐐기와 같다고 할 수 없다. 그리고 이 지층이 암갈색찰흙층보다 최소 1m 이상 밑에 있기 때문에 4만 년 전보다 이른 시기인 MIS 4기 동안으로 추정하는 것이 보다 합리적이다.

이와 같은 시기 추정은 이 층에서 발굴된 찍개, 주먹도끼, 긁개, 그리고 지표조사에서 수습한 주먹도끼, 주먹찌르개, 주먹대패, 공모양석기류처럼 후기구석기시대보다 선행하는 종류들이 존재하는 점에서도 뒷받침된다. 한편 지표유물 중 돌날과 돌날몸돌, 밀개 등은 후기구석기시대를 대표하는 종류들이다. 그러므로 도롱유적은 중기~후기구석기시대에 속하는 문화층이 적어도 세 개 남아있다고 생각된다.

이처럼 도롱유적은 주먹도끼류로 대표되는 몸돌석기부터 돌날석기에 이르기까지 구석기인들의 점유 기간이 상당히 오랫동안 이어졌고, 유적의 규모도 초대형급에 속한다. 따라서 보성강유역의 구석기문화를 규명하는 데 있어 매우 커다란 잠재력을 지니고 있다고 하겠다. 그러나 유적이 수몰지역에 위치하고 댐 건설 당시와 2013년에 발굴조사가 이뤄진 바 있어 재발굴은 쉽지 않겠지만, 향후 구석기문화층에 대한 본격적인 발굴조사가 이뤄진다면 다양한 학술자료가 풍부하게 확보될 것으로 기대된다.

294

X. 복다리 신기유적

1. 머리말

신기유적은 전라남도 순천시 주암면 복다리 2-8번지 일원에 있다. 이 유적은 순천 가축분뇨 에너지화 사업부지로 파괴될 처지에 놓여 대한문화재연구원에 의해 2013년 3~4월에 발굴조사가 이루어졌다(이영철 과 2015).

유적에서 사방을 둘러보면 동쪽에 후아산(530m), 동남쪽에 오성산(600m), 남쪽에 시루산(610m), 서쪽에 옥녀산(400m)과 마늘산(330m), 북쪽에 계관산(250m)과 옥녀산(350m)이 병풍처럼 솟아 있다. 유적은 좁은 곡간평지의 독립된 언덕 위에 있으며, 동쪽과 서쪽으로 약 300~600m 거리에 주암천과 용촌천이 흐른다(전경사진은 제2장 복다리 신기유적 참조).

주암천을 따라 약 5km를 내려가면 보성강과 합류하는 부근에 구산리 금곡유적이 있고, 거기서 보성강 하류 쪽

으로 약 2km 거리에 궁각리 영귀유적이 위치한다. 두 유적은 조선대 박물관의 지표조사로 1995년과 2019년에 각각 발견되었으며, 금곡유적은 한국바둑중학교의 교사 신축을 계기로 2016~17년에 발굴조사 되었다(동북아지석묘연구소 2018).

2. 지층과 문화층

유적이 발견된 언덕(140m)은 '山'자처럼 정상부에서 북서쪽과 남쪽으로 두 팔을 펼친 모습이다. 문화층이 드러난 남쪽은 타원형에 가까우며 장축이 약 100m, 단축은 약 10~35m로 북서쪽보다 더 넓고 평평하다(관련사진은 제2장 복다리 신기유적 참조).

유적의 층위에 대해서 조사자는 다음과 같이 구분하고 있다(사진 68. 그림 63).

I층 : 표토층으로 현재 경작이 이루어지는 층

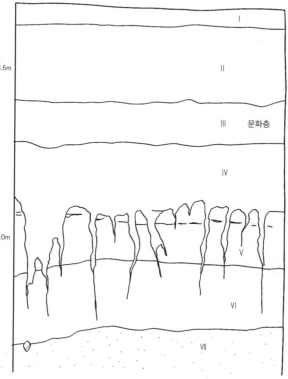

〈사진 68. 그림 63〉 복다리 신기유적의 지층과 문화층(이영철 과 2015)

Ⅱ층 : 복토층으로 W1열과 E1열의 경계부에서 확인됨
(10YR 4/3)

Ⅲ층 : 명갈색점토층, 두께 10㎝ 정도로 남아있으며, 상
면은 복토층에 의해 일부 훼손되었음. 입자가 가
늘고 점성이 강함. 문화층(7.5YR 5/8)

Ⅳ층 : 갈색점토층, 약 20㎝ 두께로 Ⅲ층과 토양의 특
성은 유사하나 갈색점토의 혼입량이 많음. 층의
하단부에서 토양쐐기구조 시작(5YR 5/8)

Ⅴ층 : 진갈색사질점토층, 입자가 가늘고 강도는 단단
함. 소량의 석영모래가 혼입되어 있으며, 토양쐐
기 구조를 포함하고 있음. 층의 상면에서 수평쐐
기 구조 확인(7.5YR 4/6)

Ⅵ층 : 적갈색사질점토층, 입자가 굵고 Ⅶ층에서 기
원한 풍화암편이 층의 하단부에서 일부 확인됨.
사질과 망간의 함유량이 증가함(7.5YR 5/6)

Ⅶ층 : 풍화암반층(7.5YR 6/8)

| 이영철 과 2015, 33 |

그러나 보고서에 실린 지층단면의 사진을 근거로 보
고자의 견해와 다른 관점에서 지층을 구분할 수 있다.
즉 Ⅲ층과 Ⅳ층을 하나의 지층으로 보는 것이 타당하며,
진갈색사질점토층은 상부 토양쐐기가 발달한 암갈색찰
흙층으로 생각한다. 층위에 대한 보고자와 필자의 견해
를 정리하면 〈표 41〉과 같다.

유적의 층위는 기반암 위에 망간이 포함된 갈색모래질
찰흙층, 토양쐐기현상이 뚜렷한 암갈색찰흙층, 명갈색찰
흙층, 복토층, 겉흙층의 차례다. 기반암 위의 퇴적물은 강
물의 영향이 미칠 수 없는 언덕 위에 있으므로 중력, 비나

눈, 바람 등의 작용으로 형성된 비탈쌓임층이라고 하겠다.
문화층은 명갈색찰흙층 중 상부에 위치한다. 그 규모
는 남동-북서 방향으로 약 90m, 남서-북동 방향으로
10~35m이고, 두께는 10~20㎝ 내외이며, 남동-북서축
양단의 높이 차이는 20㎝ 내외로 거의 수평이다. 발굴 결
과 3,304점의 구석기가 출토하였으며, 유물의 분포 면적
은 1,800㎡쯤 된다. 유물의 평균 밀집도를 셈해보면 1.8
점/㎡으로 월평유적이나 신북유적의 밀집도보다 낮다.

출토유물의 칸별 수량을 보면, E1열의 N1, N2칸은
400점 내외, N4, N5칸은 거의 300점, 그리고 N3칸은
약 200점이다. 한편 W1열의 N3, N4, N5칸은 각각 305
점, 255점, 226점, 그리고 N8칸은 189점, N9칸은 31점이
다. 또 N5W2칸은 조사범위가 1/2임에도 출토유물 수는
209점이나 된다. N7열의 약 7할, 그리고 N8열의 약 4할
은 후대의 묘목 식재로 훼손된 탓에 유물을 확인하지 못
했다고 한다(그림 64).

칸별 빈도 차이와 출토 유물의 종류는 무엇보다도 구
석기인이 공간별로 어떤 행위를 했는가를 밝힐 수 있는
기초자료다. N1E1, N4E1, N5W2, N0E1칸에는 몸돌, 격
지, 망치, 모룻돌, 반입석재 등이 집중된 양상이고, 길이
가 0.5㎝ 미만의 잔격지도 다량 나와서 석기제작과 관련
된 지점으로 추정하였고, 붙는 유물들이 있어 석기제작
소의 성격을 띤다고 하였다(이영철 과 2015, 70~72). 그러나
아쉽게도 붙는 유물의 위치나 거리, 종류 등이 도면이나
표로 자세히 보고되지 않아 석기제작의 구체적인 행위
복원은 불가능하다.

3. 석기군의 내용

석기의 돌감 종류와 수량은 〈표
42〉와 같다.

사용된 석재는 모두 여섯 가지다.
석영맥암이 91.6%로 압도적이고, 두
번째가 유문암으로 7.1%, 그리고 응
회암, 규암, 수정, 사암은 모두 합하
면 1.2%이다(그림 65). 지질도를 보면
유문암, 응회암, 사암은 주암면 곳곳
에 관입해 있어 주암천이나 보성강변
에 자갈 형태로 분포할 것이다. 보고

〈표 41〉 복다리 신기유적의 지층과 문화층

지층번호	보고서의 지층명	필자의 지층명	두께	문화층	비고
Ⅰ	표토층	표토층	10㎝	×	
Ⅱ	복토층	복토층	20㎝	×	
Ⅲ	명갈색점토층	명갈색찰흙층 상부	10㎝	○	
Ⅳ	갈색점토층	명갈색찰흙층 하부	20㎝	×	
Ⅴ	진갈색사질점토층	암갈색찰흙층	30㎝	×	토양쐐기현상
Ⅵ	적갈색사질점토층	갈색모래질찰흙층	15㎝ 이상	×	망간 포함
Ⅶ	풍화암반층	기반암 석비례층		×	

〈표 42〉 복다리 신기유적 출토석기의 돌감 종류와 수량

종류	석영맥암	규암	수정	유문암	응회암	사암	모듬
수량	3,027(91.6%)	11(0.3%)	9(0.3%)	236(7.1%)	14(0.4%)	7(0.2%)	3,304

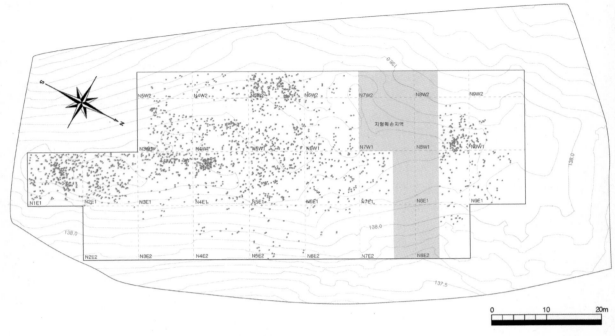

〈그림 64〉 복다리 신기유적의 유물분포도(이영철 과 2015)

자는 석영맥암을 언덕의 북동쪽에 있는 신기마을에서 구할 수 있으며, 석영과 규암 자갈은 주암천변에서 주울 수 있다고 하였다. 유물 중에 자갈면이 남아있는 격지가 44점이나 되므로 이와 같은 추정은 합리적이다(사진 69-⑨).

석기의 종류와 돌감별 수량은 〈표 43〉과 같다.

유물의 종류는 크게 석기와 반입석재로 양분된다. 석기는 2,960점으로 89.6%, 반입석재는 344점으로 10.4%를 차지한다. 석기는 몸돌과 격지류, 망치와 모룻돌, 몸돌석기와 잔손질석기, 그리고 손질된 자갈과 부스러기 등 크게 네 개의 범주로 나뉜다.

몸체 제작과 관련된 것으로 일반몸돌, 돌날몸돌, 좀돌날몸돌, 격지(기술격지 포함), 돌날, 부스러기가 있다

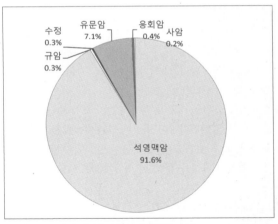

〈그림 65〉 복다리 신기유적의 석재 종류와 수량

〈표 43〉 복다리 신기유적의 석기 종류별, 돌감별 수량

석기	몸체 생산						공구		몸돌석기			잔손질석기							그 밖		돌감	모듬
	일반몸돌	돌날몸돌	좀돌날몸돌	격지	돌날	부스러기	망치	모룻돌	외날찍개	주먹도끼	여러면석기	긁개(밀개포함)	홈날	톱니날	찌르개	슴베찌르개	새기개	손질된자갈	손질된부스러기			
석영맥암	76	5	1	305	13	1,994	16	1	12	4	7	52	31	17	2	0	1	27	94	335	2,993
규암	3	0	0	2	0	8	4	2	0	0	0	0	0	0	0	0	0	0	0	0	19
수정	0	0	1	3	0	9	0	0	0	0	0	0	0	0	0	0	0	0	0	0	13
유문암	0	17	7	65	32	77	0	0	0	0	0	18	6	3	4	3	3	0	9	4	248
응회암	0	1	0	13	4	2	0	0	0	0	0	0	0	0	0	0	0	0	0	0	20
사암	0	0	0	0	0	6	0	0	0	0	0	0	0	0	0	0	0	0	0	5	11
모듬	79	23	9	388	49	2,096	20	3	12	4	7	70	37	20	6	3	4	27	103	344	3,304

(사진 69). 그 수량은 각각 79점, 23점, 9점, 388점, 49점, 2,096점이다. 이것들은 모두 2,644점이고 전체의 80%를 차지하는데, 이 중 부스러기와 격지 및 돌날의 비율이 각각 79.2%, 14.7%, 1.9%로 95.8%에 달한다. 한편 망치와 모룻돌로 보고된 것이 각각 20점(0.60%)과 3점(0.09%)이다. 그리고 몸돌석기와 잔손질석기는 각각 23점(0.69%)과 140점(4.23%)이다. 끝으로 손질된 자갈과 부스러기는 각각 27점(0.8%)과 103점(3.1%)이다(그림 66).

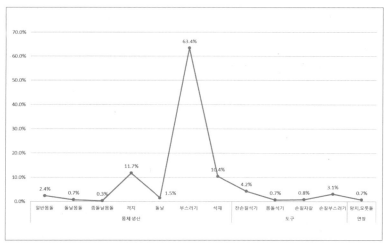

〈그림 66〉 복다리 신기유적의 석기갖춤새

0   10cm

〈사진 69〉 복다리 신기유적의 돌날몸돌, 좀돌날몸돌, 격지와 돌날(이영철 과 2015)

①~③ 돌날몸돌 ④ 좀돌날몸돌 ⑤~⑥ 격지 ⑦~⑪ 돌날

〈사진 70〉 복다리 신기유적의 망치, 찍개와 공모양석기(이영철 과 2015)
①~③ 망치 ④~⑤ 찍개 ⑥ 공모양석기

〈사진 71〉 복다리 신기유적의 잔손질석기(이영철 과 2015)
① 밀개 ② 뚜르개 ③ 부리날 ④ 찌르개 ⑤~⑦ 슴베찌르개

유문암제 몸돌의 크기는 격지나 돌날 어느 것을 생산했더라도 길이, 너비, 두께 중 6㎝를 넘는 건 없다. 대체로 길이는 4㎝ 내외, 너비는 3㎝ 내외, 두께는 2㎝ 내외가 많다. 몸돌의 크기와 상관관계를 지니는 돌날의 크기는 길이가 3~4㎝ 정도이고 너비는 1.2~2.2㎝로 소형이다(사진 69). 보고서의 128번 유물은 슴베만 완성하고 찌르개 부위는 돌날 그대로인 미완성품인데 길이는 5.2㎝이다(사진 71-⑤). 결국 유문암제 몸돌은 격지나 돌날을 최대한 떼어낸 뒤 버려진 이른바 소진된 몸돌이고, 크기가 작은 돌날은 슴베찌르개 같은 도구의 몸체로 쓰기에 적당하지 않아서 유적에 남게 되었을 것이다.

한편 자문회의 자료집(대한문화재연구원 2013)에 사진으로 제시된 유문암제 좀돌날몸돌(사진 69-④)을 제외하고, 보고서에 좀돌날몸돌로 분류된 석영제 21번과 유문암제 22번 유물을 보면 때림면의 가장자리에 남는 우묵점의 특징이 눌러떼기의 흔적과 다르고, 유문암제 23번 유물은 좀돌날을 뗀 생산면이 존재하지 않아 좀돌날몸돌로 보기 어렵다. 한편 문화층이 잘 보존된 상태이고 분명한 좀돌날몸돌이 있음에도 3,304점의 유물 가운데 한 점의 좀돌날도 발견되지 않은 점은 의아하다.

격지는 크기에 따라 5㎝ 이하의 소형 302점, 5~10㎝의 중형 61점, 10㎝ 이상의 대형 2점으로 구분되며, 소형격지 중 1㎝ 이하의 잔격지는 126점으로 41.7%를 차지한다. 대형 격지의 크기는 원석의 원래 크기가 10㎝ 이상인 것들이 있었으며, 잔격지의 비율이 4할 남짓이나 되는 바는 몸돌의 때림면을 정밀하게 다듬거나 도구의 날을 잔손질하는 행위가 빈번했음을 가리킨다. 한편 돌날 중 전체 길이를 알 수 있는 것은 29점이며, 굽쪽이 부러진 것 7점, 위끝이 부러진 것 4점, 양쪽 모두 부러진 것 9점이다.

망치돌로 둥글고 납작한 모양의 규암이나 석영 자갈

이 이용되었다. 온전하거나 제 크기를 알 수 있는 82번, 84번, 85번의 길이, 너비, 두께는 각각 6.1×6.0×4.2㎝, 10.9×9.1×5.7㎝, 9.4×7.0×4.4㎝로 소형과 중형이다(사진 70-①~③). 월평유적 제4문화층에서도 82번과 비슷한 크기의 망치돌이 발굴된 바 있다.

몸돌석기는 주먹도끼 4점, 외날찍개 12점, 공모양석기류 7점 등 23점으로 전체의 0.7%를 차지한다. 그런데 주먹도끼로 분류된 3점(보고서 유물번호 86~88번)은 인위적인 떼기 정도, 좌우 및 양면의 대칭성, 측면의 날 형태를 종합해볼 때 재분류가 요망된다. 유물번호 89번과 90번 유물은 자갈돌의 일부를 뗀 외날찍개로 길이, 너비, 두께는 각각 8.2×9.9×4.4㎝, 10.9×8.3×7.4㎝의 중형이다(사진 70-④, ⑤). 그리고 공모양석기에 해당되는 96번은 길이, 너비, 두께가 5.9×5.4×5.1㎝로 소형에 속한다(사진 70-⑥).

잔손질석기는 긁개(밀개 포함) 70점, 홈날 37점, 톱니날 20점, 슴베찌르개 3점, 찌르개 6점, 새기개 1점 등 137점으로 전체의 4.1%이다. 이 중 긁개, 홈날, 톱니날의 비중은 각각 51.1%, 27%, 14.6%이다.

긁개로 보고된 104번 유물, 그리고 부리형석기로 보고된 120번 유물은 날의 위치와 모양을 감안할 때 밀개로 보는 것이 타당할 듯싶다(사진 71-①). 두 유물과 밀개로 보고된 108번, 110번 석기의 길이와 너비는 4.2~5.9㎝, 두께는 1.9~2.8㎝로 상당히 일정한 편이다. 홈날로 보고된 113번 유물(5.2×3.9×2.6㎝)은 양변을 잔손질해 세 능선이 모여 뾰족한 날을 이룬 뚜르개일 가능성이 있다(사진 71-②).

돌날에 부리날을 만든 부리형석기(121번 유물)는 드문 사례로 주목된다(사진 71-③). 그리고 세모꼴 격지의 양변을 고르게 잔손질해 만든 125번 유물은 잘 만들어진 소형의 찌르개(4.6×2.5×1.2㎝)다. 세 점의 슴베찌르개는 사용 후 파손된 것(126번과 127번)과 슴베만 만들고 찌르개 부위는 손질하지 않은 미완성품(128번)으로 나뉜다(사진 71-⑤~⑦). 127번 유물은 길이 3.5㎝, 너비 1.7㎝, 두께 0.8㎝인데, 찌르개 부위가 일부 깨져 원래는 2~3㎜쯤 더 길었을 것이다(사진 71-④).

4. 고찰

신기유적은 일반 유적과 달리 좁은 산간 분지 속에 마치 성처럼 솟아있는 해발 140m의 작은 언덕에 위치한다.

이와 같은 입지는 '독립 언덕형'으로 물가까지 오가려면 꽤 걸어가야 하므로 불편하지만 주위를 조망하기 좋아 외부의 침입을 경계하기 좋은 장점을 지닌다. 구석기인들은 언덕 위의 길이 약 100m, 너비 약 35m 내외인 평평한 곳을 골라 살림을 하였는데, 이 정도의 규모는 소형급에 속한다.

기반암 위에 약 1m 남짓의 갱신세층이 쌓여 있으며, 이 가운데 문화층이 포함된 명갈색찰흙층과 그 밑에 암갈색찰흙층이 각각 30㎝ 정도의 두께로 고르게 퇴적되어 있다. 이처럼 기반암 위에 갱신세퇴적이 일정한 두께로 수평을 이루며 폭넓게 남아있는 양상은 홍수나 산사태 같은 급작스런 영향이 미치지 못하는 언덕이었기 때문이라고 생각된다. 그리고 유물의 높이 차이가 10~20㎝ 내외이고, 붙는 석기들이 있으며, 다량의 잔격지가 존재하는 걸로 보아 묘목이 심겨진 곳을 제외하고는 문화층이 잘 보존된 상태였음을 알 수 있다.

여기서 발굴된 3,304점의 유물 종류를 보면 몸체 제작과 관련된 것들이 80%나 되며, 망치와 붙는 석기들, 미완성품, 그리고 밀개, 긁개, 홈날, 톱니날, 부리날, 찌르개, 슴베찌르개, 찍개, 공모양석기 등 다양한 도구가 있다. 이것들은 사냥용 도구의 제작과 수리, 잡은 짐승의 처리와 가죽을 가공하는 등 구석기인들의 일상적인 작업에 필요한 것들이다.

비록 절대연대측정은 이뤄지지 않았지만, 좀돌날몸돌의 존재는 이 석기군이 후기구석기시대 후반에 속함을 잘 보여준다. 그런데 이 석기군에는 중기구석기시대 이전부터 등장한 찍개와 공모양석기, 그리고 후기구석기시대 초두부터 출현한 슴베찌르개가 포함되어 있다. 이와 같은 석기 구성은 월평유적 제4문화층에서 보고된 바 있으며, 한반도 후기구석기문화의 독특한 양상으로 해석되고 있다.

문화층의 크기 및 유물의 수량을 고려하면 신기유적은 작은 무리의 구석기인들이 찾아와 살던 살림터로 추정된다. 그런데 이 유적에서 사용된 석영맥암과 산성화산암의 비율은 각각 91.6%, 7.5%인데, 그 비율이 92.4%, 6.1%인 월평유적의 제4문화층과 놀라울 정도로 비슷하다. 직선거리로 20여 ㎞ 떨어진 두 유적에서 제작된 석기의 종류와 구성, 그리고 석재의 이용 양상이 판박이처럼 유사한 점에서 두 유적의 주인공이 같은 문화권에 속한 무리이거나 동일한 사람들이었을 가능성이 크다.

제4장

종합과 분석

여기서는 제2장과 제3장에서 정리한 지표유적과 발굴유적의 기본 정보들을 종합하여 유적의 분포와 입지, 유적의 크기와 문화층, 갱신세층과 절대연대, 돌감의 구성과 마련, 석기갖춤새와 편년 등을 검토함으로써 보성강유역 구석기유적의 전체 양상과 특징, 그리고 시대별 석기문화상에 대한 종합적인 이해를 시도해보고자 한다.

I. 유적의 분포와 입지

1. 유적의 분포

보성강유역 구석기유적들의 분포 양상을 자세히 파악하기 위하여 본류의 상, 중, 하류 및 지류별로 분포하는 유적의 수를 통계 내었다. 그리고 유로연장을 기준한 수계별 유적의 밀집도를 검토하였다(표 44).

보성강의 본류와 지류에 있는 유적의 총수는 각각 34개(40.0%)와 51개(60.0%)로 본류보다 지류에 1.6배나 많다. 본류 중 상류에 11개, 중류에 16개, 하류에 7개의 유적이 분포한다. 지류에 분포하는 유적의 수를 보면 상류 구간에 28개(54.9%), 중류 구간에 20개(39.2%), 하류 구간에 3개(5.9%)다. 자세히 보면, 용반천과 대산천 유역에 각각 2개, 맹산천과 장평천 유역에 각각 5개와 19개, 율어천과 일봉천 유역에 각각 1개, 동복천과 송광천 유역에 각각 5개와 13개, 그리고 주암천과 동계천 유역에 각각 2개와 1개의 유적이 분포한다(그림 67, 68).

유로연장 1km당 유적의 밀집도는 본류가 0.28이고, 지류는 0.32이다. 그리고 본류의 경우 상류, 중류, 하류의 밀집도는 각각 0.21, 0.38, 0.26이다. 한편 지류의 경우는

장평천 1.17, 맹산천 1.12, 송광천 0.62, 용반천 0.41, 대산천 0.31, 주암천 0.16, 일봉천 0.12, 동복천 0.08, 율어천 0.07, 동계천 0.06의 순서다.

1km당 유적 밀집도의 평균치는 본류와 지류의 수치를 감안하면 대략 0.3이다. 여기서 각 천별 유적의 밀집도를 보면 장평천과 맹산천유역은 평균보다 거의 4배, 송광천유역은 2배로 높은 반면, 주암천, 율어천, 일봉천, 동복천과 동계천유역은 아주 낮다.

그런데 이 결과는 원래 유적의 존재 여부, 후대의 멸실 여부, 유적 조사의 적극성 정도 등을 종합적으로 감안하

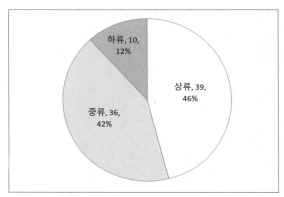

〈그림 67〉 보성강 상류, 중류, 하류의 구석기유적 수

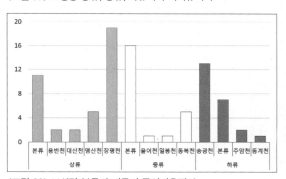

〈그림 68〉 보성강 본류와 지류의 구석기유적 수

〈표 44〉 수계별 구석기유적의 수

본류(길이)	상류(약 51km)				중류(약 42km)				하류(약 27km)		계
유적 수	11				16				7		34
지류	용반천	대산천	맹산천	장평천	율어천	일봉천	동복천	송광천	주암천	동계천	
유로연장(km) *	4.90	6.35	4.44	16.23	14.83	8.25	58.80	21.09	11.93	15.49	
유적 수	2	2	5	19	1	1	5	13	2	1	
소계	28				20				3		51
총계	39				36				10		85

* 하천의 종점에서 기점을 거쳐 지형도상에 하천으로 표기된 구간의 최상류 지점까지의 거리(건설교통부·한국수자원공사, 2002).

여 평가해야 할 것이다. 한 예로 동복천은 보성강 유로연장의 거의 절반에 가까운 큰 지류인데 여기서 알려진 유적은 단지 5개뿐인 이유는 무엇일까? 동복천변에서 보고된 유적은 모두 주암댐수몰지역에 분포하는 사실은 유적 찾기가 수몰지역에 국한되었음을 가리키고 있다. 유적이 원래 적었다기보다 지표조사가 활발하지 못했기 때문으로 향후 동복천의 중상류 구간에 대한 적극적인 조사 결과가 기대된다.

현재까지의 자료를 통해 우리는 구석기인들이 가장 선호했던 지역이 보성강유역의 최상류인 장평천과 맹산천유역이며, 그 다음이 송광천유역이었다는 것을 인정할 수 있다. 그 이유는 무엇일까? 앞으로 유적 밀집도에서 큰 차이를 보이는 유역들을 대상으로 지형 여건, 암석 분포, 동식물의 분포 같은 자연환경에 대한 비교연구를 통해 구석기인들이 살림터를 선정하는 데 어떤 요인이 더 우선적이며 매력적이었는지에 대한 답이 구해지길 기대한다.

2. 유적의 입지와 유형

유적분포도에서 보듯이 85개의 구석기유적들은 높이가 400~900m 내외의 산들인 동명산, 백아산, 모후산, 천운산, 천봉산, 금성산, 가지산, 제암산, 일림산, 존제산, 조계산, 봉두산 등으로 둘러싸인 보성강변에 자리하고

있다.

유적의 해발높이를 보면, 상류의 본류 구간에서 120~180m, 지류인 장평천에서 160~250m이고, 중류의 본류 구간은 90~130m, 지류인 송광천에선 95~295m이며, 하류의 본류 구간은 55~80m, 지류에선 80~135m 높이에 유적이 위치한다(그림 69).

해발높이가 높은 유적으로 295m의 반용리 가용유적과 250m의 병동리 월곡유적이 있다. 낮은 유적은 상류의 본류역에서 120m의 운림리 숙호유적, 지류역에서 160m의 양촌리 감나무골유적, 중류의 본류역에서 90m의 덕치리 신기유적, 지류역에서 95m의 우산리 곡천유적, 하류의 본류역에서 55m의 태평리 태평 '나' 유적, 지류역에서 80m의 동계리 동계유적이다.

이처럼 구석기인들은 보성강가의 약 55~295m 높이의 산자락에 터전을 마련하였다. 비록 유적들의 해발높이 차이는 최대 240m나 되지만, 각 유적과 그 앞을 흐르는 강이나 천과의 높이 차이는 특별한 경우를 빼면 불과 10m 내외다. 이와 같은 입지는 하천과 산이란 두 영역, 즉 마실 물과 물고기 등의 수생식량 및 석재, 또 채집할 나물이나 열매, 사냥할 짐승이 서식하는 곳으로 쉽게 접근할 수 있는 이점을 지니고 있다.

지류와 본류를 따라 분포하는 유적들은 구석기인들이 물길을 따라 오가며 살았음을 보여준다. 물길을 따라 내려가면 더 큰 물줄기를 만나고, 거슬러 올라가면 고개를 넘어 새로운 영역으로 이어진다. 이처럼 천변은 다른

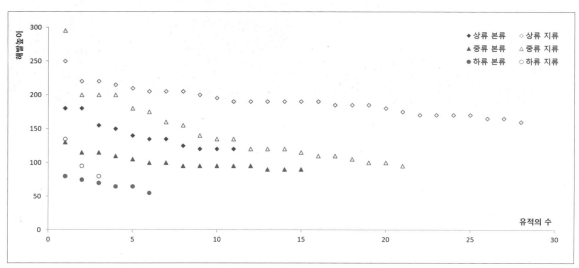

〈그림 69〉 보성강 구석기유적의 해발높이

〈사진 72〉 구석기유적의 입지 유형 ① 물가 언덕형(장동유적) ② 독립 언덕형(복다리 신기유적) ③ 분지 언덕형(신북유적) ④ 해자 언덕형(월평유적)

디보다도 물과 식량 그리고 석재를 얻으면서 수월하게 다닐 수 있는 구석기시대의 고속도로였다.

이제 전체 유적들의 입지를 비교해보면 크게 네 가지의 유형으로 구분이 가능하다(사진 72).

첫 번째는 '물가 언덕형'이다. 이것은 물가에 인접한 양지바른 언덕을 뜻한다. 이곳을 터전으로 삼을 경우 사람들은 바로 물가로 접근할 수 있는 장점이 있지만, 그 사

이에 울타리나 방어물의 역할을 하는 것이 없어 외부의 갑작스런 침입에 속수무책이다. 이런 여건이라면 비교적 날마다의 생활을 하며 짧은 동안 머물러 사는 용도의 '뜬살림터(temporary camp)'로 괜찮았을 것이다. 장안리 장동유적을 비롯한 대다수의 유적이 이 유형에 속한다.

두 번째는 '독립 언덕형'이다. 좁은 곡간평지에 성처럼 솟아있는 언덕을 가리킨다. 여기는 주위를 조망하며 경

③

④

계하기 좋지만, 높은 데까지 무엇을 운반하거나 물가까지 내려가야 하는 불편함을 감수해야 한다. 그리고 언덕 위의 평지 크기에 따라 살 수 있는 인원이 제한될 것이다. 복다리 신기유적이 바로 이런 유형을 대표한다.

세 번째는 '분지 언덕형'이다. 이것은 분지 안에 있는 완만한 언덕을 살림터로 이용한 경우다. 분지라는 지형 자체가 낮은 산들이 울타리처럼 둥글게 돌아가고 그 안

은 평지이므로 외부의 침입을 경계하고 막기가 쉬운 편이다. 상대적으로 안전한 터전이므로 제법 오래 머물기 좋은 여건이다. 이 유형을 대표하는 예가 북교리 신북유적이다. 신북유적은 검은둥이 언덕 전체에 문화층이 남아있어 6만여 평이 넘는 초대형급이며, 3만 천여 점의 유물이 출토하였다.

네 번째는 '해자 언덕형'이다. 완만한 산자락의 세 면

을 천이 감싸 흐르고 그 바깥을 산들이 둘러서 있는 형세다. 여기를 터전으로 삼는다면 바깥에 성벽, 그 안에 해자라는 이중의 방어막을 두른 셈이다. 이런 입지는 물가에 접근하기 좋으면서 경계와 방어가 수월한 이점을 지닌다. 이 유형의 좋은 보기가 바로 월평유적이다. 이 유적은 천 안쪽의 규모가 5만여 평이며, 유물의 분포범위가 2만여 평으로 밝혀져 구석기인들의 '본거지(base camp)'로 추정되고 있다.

II. 유적의 크기와 문화층

유적의 크기는 문화층의 범위를 뜻한다. 각 유적에서 유물이 발견된 지점의 해발높이와 그 주변의 완만한 정도를 검토하여 1/5,000 지형도에 그 범위를 표시하였다. 수몰지구의 유적은 수몰 전의 지형도를 구해 표시하였다.

이렇게 문화층의 평면 범위가 표기된 85개 유적은 소형, 중형, 대형, 초대형의 네 가지로 구분이 가능하다. 편의상 약 70,000㎡인 월암리 월평유적을 '대형'으로 삼고, 이것보다 절반 이상 더 큰 약 100,000㎡ 이상을 '초대형', 절반 정도인 약 35,000㎡ 내외를 '중형', 그리고 1/4 정도인 약 17,500㎡ 내외를 '소형'으로 정하였다.

이 기준을 적용해 분류해보면, 초대형급으로 신북유적, 용소유적, 덕치리 신기유적, 도롱유적, 대형급으로 반송유적, 금평유적, 사수유적, 금성유적, 죽산유적, 죽림유적, 중형급으로 해룡유적, 석평유적, 외판유적, 내우유적, 그리고 소형급으로 월곡유적, 병치유적, 영봉유적, 장동유적, 동계유적 등이 있다.

보성강 전역을 상, 중, 하류로 나눠 본류와 지류에 분포하는 유적의 크기를 통계 내어보았다(표 45).

보성강유역에서 초대형, 대형, 중형, 소형 유적의 분포비율은 각각 5.9%, 14.1%, 25.9%, 54.1%이다(그림 70). 모집단의 크기가 39개와 36개인 상류와 중류지역의 크기별 비율은 소형이 51.3%와 52.8%, 중형은 33.3%와 22.2%, 대형은 10.3%와 16.7%, 그리고 초대형은 5.1%와 8.3%로 전 유역의 소형>중형>대형>초대형과 같은 분포다. 또 본류와 지류의 유적별 크기 비율을 보면, 소형, 중형, 대형은 지류에 좀 더 많지만, 초대형은 본류에 더 많아 주목된다(그림 71).

유적의 크기와 문화층의 수를 발굴조사와 지표조사로 나눠 통계 내어보았다. 발굴유적의 경우는 보고서의

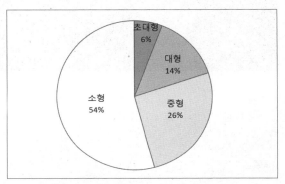

〈그림 70〉 보성강 구석기유적의 크기 분포

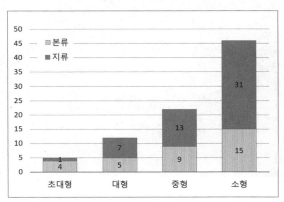

〈그림 71〉 본류와 지류별 구석기유적의 크기 분포

〈표 45〉 유역별 구석기유적의 크기 분포

유적 크기	상류		중류		하류		모듬		모듬
	본류	지류	본류	지류	본류	지류	본류	지류	
초대형	1	1	3	0	0	0	4 (80.0%)	1 (20.0%)	5 (5.9%)
대형	1	3	2	4	2	0	5 (45.5%)	7 (63.6%)	12 (14.1%)
중형	3	10	5	3	1	0	9 (40.9%)	13 (59.1%)	22 (25.9%)
소형	6	14	5	14	4	3	15 (32.6%)	31 (67.4%)	46 (54.1%)

〈표 46〉 발굴조사와 지표조사 유적의 크기와 문화층의 수

문화층 수	발굴유적				지표유적				발굴유적	지표유적	모듬
	초대형	대형	중형	소형	초대형	대형	중형	소형			
1	1	1	0	3	0	8	16	39	5(7.4%)	63(92.6%)	68(80.0%)
2	1	2	1	2	3	0	4	2	6(40.0%)	9(60.0%)	15(17.6%)
3	0	0	0	0	0	0	0	0	0(0.0%)	0(0.0%)	0(0.0%)
4	0	0	1	0	0	0	0	0	1(100%)	0(0.0%)	1(1.2%)
5	0	1	0	0	0	0	0	0	1(100%)	0(0.0%)	1(1.2%)
모듬	2	4	2	5	3	8	20	41	13	72	85

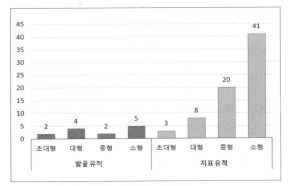

〈그림 72〉 발굴유적과 지표유적의 크기 분포

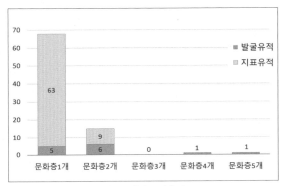

〈그림 73〉 발굴유적과 지표유적의 문화층 수

내용과 필자가 지표조사한 결과를 종합하여 판단한 숫자고, 지표유적의 경우는 퇴적층 단면에서 문화층이 확인되거나 또는 석기의 종류를 근거로 판단한 최소 개수다(표 46).

발굴유적의 경우는 크기별 비율이 소형〉대형〉중형과 초대형의 순서이지만, 지표유적은 소형〉중형〉대형〉초대형의 차례다(그림 72). 발굴유적은 조사의 목적이나 계기가 다양한 인위적인 동기에서 조사되었기 때문에 유적의 크기 순서에 별다른 의미를 부여하기 어렵다. 그렇지만 지표유적의 크기 분포가 소형〉중형〉대형〉초대형의 순서로 나타난 것은 구석기인들이 평소 소규모 단위로 흩어져 살다가 특정 계절이나 사회적 필요에 따라 많은 사람이 모여 지내는 방식에 부합하는 것이 아닐까 싶다. 그래서 소형 유적이 54.1%로 가장 많고, 대형이나 초대형 유적은 14.1%와 5.9%로 적은 것이 자연스럽다고 생각된다.

다음으로 발굴유적에서 보고된 문화층의 수를 보면, 소형 유적은 하나나 둘, 중형 유적은 둘이나 넷, 대형 유적은 하나나 둘에서 다섯, 초대형 유적은 하나나 둘이다. 여기서 중형이나 대형 유적은 소형 유적보다 문화층의 개수가 많은 경향이 뚜렷하다. 그러나 지표유적의 경우

는 크기와 관계없이 문화층이 하나나 둘에 그친다(그림 73). 이 결과는 지표조사가 발굴조사와 달리 주로 지표에 드러난 유물을 수습하였기 때문일 것이다. 그래서 중형이나 대형의 지표유적이 발굴된다면 발굴유적처럼 문화층의 개수는 더 늘어날 것으로 예상된다.

Ⅲ. 갱신세층과 절대연대

구석기시대에 쌓인 퇴적물, 즉 갱신세층(pleistocene deposits)은 다양한 자연유물(ecofacts)뿐 아니라 유구와 유물을 포함하고 있어 구석기시대의 자연과 인류의 삶을 규명할 수 있는 매우 중요한 학술자료다. 그런데 갱신세층에 층서나 절대연대 같은 시간 자료를 추가하면 자연환경의 변화와 문화의 발달을 보다 체계적으로 이해할 수 있게 된다. 이런 맥락에서 보성강유역에서 알려진 갱신세층과 그동안 측정된 절대연대에 대해 정리하고 살펴보겠다.

1. 갱신세층

보성강변의 갱신세층에 대한 자세한 정보는 거의가 발굴조사가 이뤄진 유적들에서 알려졌다. 그런데 각 유적의 갱신세층은 퇴적의 규모나 퇴적물의 구성이 똑같지 않다. 그 이유는 유적마다 퇴적물의 기원이나 퇴적요인이 다르고, 퇴적 시기와 기간도 다르며, 형성된 이후에도 침식과 재퇴적 등 다양한 작용을 받아 변형되거나 심지어 없어졌기 때문이다. 그래서 각 유적에서 보고된 퇴적층을 마치 퍼즐 맞추듯 종합해야 유구한 세월 동안 형성되었던 갱신세층의 복원이 불완전하나마 가능할 것이다.

갱신세층에 미친 자연의 작용은 어쩔 수 없다고 치더라도 보고자마다 사용하는 용어나 기준의 차이는 또 다른 장애물이다. 유적마다 보고된 지층명이 모두 퇴적물의 구성성분과 함량 분석치, 그리고 문셀흙색깔표 같은 일정한 기준에 근거하여 명명된 것이 아니기 때문이다. 이와 같은 문제와 한계를 감안하면서 발굴조사가 이뤄진 금곡유적, 석평유적, 월평유적, 신북유적, 신기유적을 대상으로 갱신세층을 검토하여 종합해보겠다.

1) 구산리 금곡유적

2017년 말~2018년 초에 발굴된 이 유적은 아직 보고서가 발간되지 않아 자문위원회 자료와 현장에서 관찰한 바를 중심으로 정리하였다(동북아지석묘연구소 2018).

금곡유적은 마늘산(해발 350m)에서 북북서 방향으로 뻗은 산줄기의 끝자락 언덕(해발 77~86m)에 위치한다. 유적은 북동쪽으로 흐르는 보성강의 동편에 있어 강물의 퇴적사면에 해당하며, 발굴지점은 능선 주변이어서 강물의 영향이 미치지 못할 환경이다(제2장 참조).

여러 개의 층위 관찰용 구덩이에 드러난 지층들을 종합하면 전체 층서는 위부터 ① 겉흙층, ② (명)갈색찰흙층(문화층), ③ (암)갈색찰흙층(상부토양쐐기 포함), ④ 모난돌뻘질모래찰흙층, ⑤ 갈색찰흙층, ⑥ 황색찰흙층(하부토양쐐기 포함), ⑦ 밤색찰흙층, ⑧ 밤색찰흙모래층, ⑨ 기반암의 순서다(사진 73-①).

상부의 지층이 잘 남아있는 구덩이에서 제1~3지층까지의 두께는 약 1.8m이고, 기반암까지 깊이 내려간 구덩이에서 제4~8지층까지의 두께는 약 2.4m이다. 따라서 전체 퇴적층의 두께는 4m가 넘는다. 그리고 토양쐐기가

뚜렷한 제3지층과 제6지층은 이른바 상부와 하부의 토양쐐기층으로 판단된다.

기반암과 상부토양쐐기층 사이에 퇴적된 다섯 개의 지층 색깔은 갈색, 황색, 밤색 등으로 다른데, 이것은 기후조건이 달랐음을 반영할 뿐 아니라 상당히 오랜 기간에 걸쳐 퇴적되었음을 의미한다. 전체 층서를 산소동위원소 편년에 대비해보면, 토양쐐기를 포함하는 제3지층과 제6지층은 각각 MIS 2기와 4기, 그리고 그 아래의 제7~8지층은 MIS 5기의 후반에 상응하는 것으로 볼 수 있다.

죽내리유적과 도산유적에서 MIS 5기에 해당되는 퇴적은 기반암 위의 자갈모래층이나 뻘모래층이었다. 그러나 금곡유적에서 이 시기로 추정되는 제7~8지층의 퇴적은 강물쌓임층이 아닌 비탈쌓임층이다. 이와 같은 차이는 발굴지점이 과거 강물의 영향을 직접 받는 환경이었는지 아니었는지에 달렸다고 생각한다. 즉 금곡유적은 홍수가 나더라도 강물의 영향이 미치지 못하는 곳이었지만, 죽내리나 도산유적은 그 영향을 받는 위치였던 것이다.

2) 도안리 석평유적

유적은 석호산의 동남쪽 끝자락인 낮은 언덕에 있으며, 보성강은 언덕의 남, 동, 북 세면을 U자형으로 휘돌아 흐른다. 그래서 물의 영향이 쉽게 미칠 수 있는 입지다(제2장 참조).

보고서에 기술된 지층은 위부터 ① 겉흙층, ② 갈색점토층(약 30cm, 제4문화층), ③ 황갈색점토층(약 40cm), ④ 황적색사질점토층(약 60cm, 제3문화층), ⑤ 적갈색사질점토층(약 30~70cm, 제2문화층), ⑥ 적갈색점토층(약 30cm, 제1문화층), ⑦ 모래뻘층(약 60cm), ⑧ 자갈모래층(약 80cm), ⑨ 기반암의 순서다(김진영·송장선 2012. 사진 73-②).

기반암을 제외한 퇴적물의 두께는 약 4m이다. 하부의 자갈모래층과 모래뻘층은 강물퇴적층인 반면 그 위의 지층들은 주로 중력에 의한 비탈퇴적물이다. 토양쐐기현상은 제3지층인 황갈색점토층의 하부에서 시작되어 그 아래 지층, 심지어 제7지층인 모래뻘층에도 존재한다. 그러나 이것은 전형적인 토양쐐기에 비해 크기가 가늘고 길며 충전물의 색깔도 다르다.

제2지층에서 좀돌날몸돌을 포함하는 석기군(제4문화층), 제4~5지층에서 찍개, 주먹도끼, 공모양석기류, 긁개,

홈날 등을 포함하는 몸돌·격지석기군(제3, 2문화층), 제6지층에서 공모양석기와 중형의 격지(제1문화층)가 나왔다. 그리고 제2~4문화층은 유물의 분포양상과 붙는 유물들에 근거하여 거의 원 상태를 유지했던 것으로 보고되었다. 각 지층에서 발굴된 석기군의 특징에 근거하여 이 유적의 갱신세층은 중기구석기시대 후반부터 후기구석기시대 후반에 걸쳐 형성되었다고 추정된다.

3) 월암리 월평유적

월평유적은 조계산계에 속하는 고동산의 동남쪽 능선의 끝자락인 낮은 언덕에 위치한다. 외서천과 송광천이 언덕의 세 면을 감싸 흐르고, 그 바깥을 낮은 산들이 병풍처럼 둘러서 있다(제2장 참조). 이런 탓에 유적은 외부의 영향이 거의 차단되는 매우 안정된 환경 아래 있는데, 이를 입증하듯 14년 전인 2005년에 발굴한 1-1구역이 오늘날에도 당시의 모습을 그대로 유지하고 있다.

전체 층서는 위부터 ① 겉흙층 ② 명갈색찰흙층(제4문화층), ③ 갈색찰흙층(제3문화층), ④ 황갈색찰흙층(중간문화층, 토양쐐기 현상), ⑤ 황갈색모래질찰흙층(제2문화층), ⑥ 황갈색찰흙질모래층(제1문화층), ⑦ 황색뻘층, ⑧ 암갈색자갈뻘질모래층, ⑨ 기반암의 순서다(이기길·김수아 2009. 사진 73-③).

자갈이 섞여 있는 제8지층은 북12서26구덩이에서 약 1.5m 두께이고, 그 위에 있는 지층들의 두께는 남2서26구덩이에서 약 2m이다. 북2서29구덩이에서 제4문화층이 포함된 지층은 명갈색찰흙층(37㎝)과 어두운갈색찰흙층(30㎝)으로 더 나뉘고, 제3문화층이 포함된 지층은 갈색찰흙층(16~20㎝), 황갈색찰흙층(12~20㎝), 황갈색모래질찰흙층(15~20㎝)으로 세분된다. 그래서 동 시기의 층이 남아있는 금곡유적, 석평유적, 복다리 신기유적에 비해 후기구석기시대 전체에 걸친 퇴적상과 문화의 발달과정을 더 자세히 규명할 수 있는 장점을 지닌다.

문화층의 토양을 시료로 잰 절대연대는 10,840±350B.P.~42.65±1.75 ka이며, 맨 위의 두 문화층에서는 좀돌날석기와 슴베찌르개, 밀개 등이 나와서 후기구석기시대 후반, 그리고 그 아래의 문화층과 유물층은 후기구석기시대 전반으로 추정된다. 이와 같은 점들을 고려하면 월평유적의 퇴적층은 MIS 3기 이후 최근까지 형성된 것으로 판단된다.

4) 북교리 신북유적

신북유적은 제암산의 북쪽 능선의 끝자락에 위치하며, 지름 약 2㎞의 분지 안에 있는 거문고 모양의 좁고 긴 언덕 위에 있다. 분지의 남쪽은 높고 북쪽은 낮아 산비탈의 퇴적이 밀려 내려오기 쉬운 지형이다(제2장 참조).

전체 층서는 위부터 ① 겉흙층(약 10㎝), ② 밝은 갈색찰흙층(문화층, 50여㎝), ③ 어두운 갈색찰흙층(약 20~25㎝), ④ 황갈색모래질찰흙층(약 20~30㎝), ⑤ 모난돌모래층(약 1.5~4m), ⑥ 기반암의 순서다(이기길 과 2008. 사진 74-①).

제5지층인 모난돌모래층은 도로공사지점(I37구덩이)에서 약 4m, 장동초교지점(마7구덩이)에서 약 1.5m 이상이며, 검은등이뿐 아니라 분지의 중앙에 있는 중매산과 서쪽 가장자리에 위치한 북교리 신월유적에서도 관찰된다. 이 지층은 퇴적물의 구성과 단면의 기울기가 도로공사지점에서 장동초교지점으로 갈수록 낮아지는 점 등을 고려할 때 큰물의 작용으로 산기슭에서 분지 안으로 밀려와 쌓인 선상지성퇴적으로 판단되었다. 이 모난돌모래층은 제2지층의 절대연대 및 제3, 4 지층의 존재를 고려하면 아마도 MIS 3기의 어느 한 시점에 퇴적되었을 것으로 추리된다.

한편 제4지층의 퇴적물은 모래가 포함된 찰흙층으로 제5지층과 달리 차츰 환경이 안정기로 접어들었음을 보여준다. 제3지층과 제4지층은 모두 찰흙층으로 이전 시기보다 더 안정된 환경이었지만 밝고 어두운 차이가 있어 기후 조건이 똑같지 않았음을 가리킨다. 제2~4지층의 두께는 1m 남짓이다.

제2지층에서 발견된 숯으로 잰 7개의 방사성탄소연대는 실연대로 22,000~30,000 cal B.P.이다(이기길·김명진 2008). 대개 상부 토양쐐기를 포함하는 암갈색찰흙층의 연대를 25,000~42,000 cal B.P.로 추정하므로(김명진 2010 ; 한창균 2003) 신북유적의 지층 중 암갈색찰흙층이나 토양쐐기 현상이 보이지 않는 점은 대단히 의아하다.

그런데 신북유적에서 직선거리로 약 4km 거리에 있는 해룡유적의 1m가 넘는 두터운 지층 단면에도 갈색찰흙층만 있을 뿐이다(사진 74-②). 그러나 약 700m 거리에 있는 신월유적에는 명갈색찰흙층 아래 토양쐐기를 포함한 암갈색찰흙층이 버젓이 존재하고 있다(사진 74-③). 이런 사례들은 빙하극성기라고 할지라도 토양쐐기가 어디나 반드시 생기는 것이 아님을 보여준다.

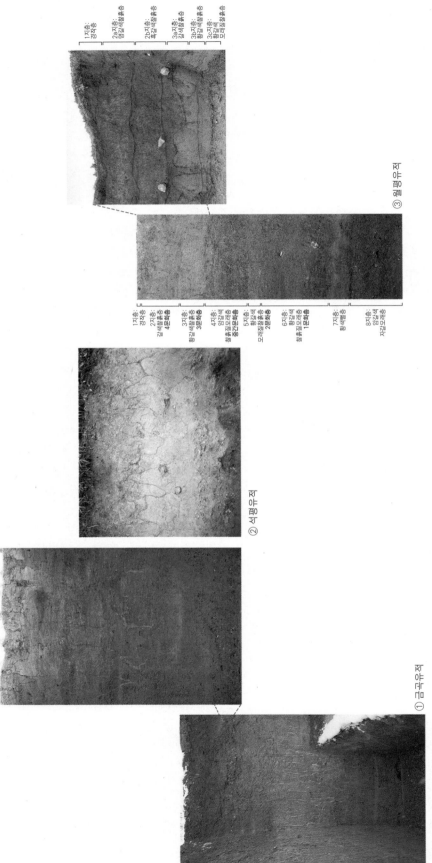

1지층: 경작층
2a지층: 암갈색참흙층
2b지층: 흑갈색참흙층
3a지층: 갈색참흙층
3b지층: 황갈색참흙층
3c지층: 황갈색 모래질참흙층

③ 월평유적

1지층: 경작층
2지층: 갈색참흙층 **4문화층**
3지층: 황갈색참흙층 **3문화층**
4지층: 암갈색 참흙질모래층 **중간문화층**
5지층: 황갈색 모래질잔자갈층 **2문화층**
6지층: 황갈색 참흙질모래층 **1문화층**
7지층: 황색뻘층
8지층: 암갈색 자갈모래층

② 석평유적

① 금곡유적

〈사진 73〉 보성강유역의 갱신세층

〈사진 74〉 보성강유역의 갱신세층

① 신북유적

② 해룡유적

③ 신월유적

④ 복다리 신기유적

5) 복다리 신기유적

복다리 신기유적은 소규모 곡간평야 내에 위치한 독립된 언덕에 있으며, 언덕에서 약 300~500m 떨어져 동편에는 주암천, 서편에는 용촌천이 흐른다. 그래서 유적의 입지는 하천의 영향이 전혀 미칠 수 없는 여건이다(제2장 참조).

전체 층서는 위부터 ① 겉흙층(약 30㎝), ② 명갈색찰흙층(약 35㎝, 문화층), ③ 암갈색찰흙층(약 30㎝. 토양쐐기현상), ④ 갈색모래질찰흙층(15㎝ 이상), ⑤ 기반암의 순서이며, 기반암 위의 퇴적물 두께는 1m 남짓 된다(이영철 과 2015. 사진 74-④). 이 중 명갈색찰흙층의 상부에서 좀돌날석기, 밀개, 슴베찌르개를 포함하는 석기군이 발굴되었다.

2. 절대연대

구석기문화의 편년을 세우는 데 있어 갱신세층의 층서, 석기의 형식학(typology)과 더불어 절대연대는 상당히 중요하다. 최근까지 보성강유역에서 절대연대가 측정된 유적은 세 군데뿐이다. 1990년대까지 조사된 유적에선 절대연대측정이 없었고, 2000년대 이후 국가사적이나 도기념물로 지정된 유적과 다문화층 유적에서 연대측정이 체계적으로 시도되었다.

다양한 절대연대측정 방법 중 선호된 것은 방사성탄소연대(AMS-14C)와 광자극발광연대(OSL) 측정법의 두 가지다. 절대연대측정이 이루어진 유적의 문화층과 지층, 방사성탄소연대와 시료 종류, 그리고 광자극발광연대[18]를 정리하면 다음 〈표 47〉과 같다.

보고된 절대연대를 측정방법, 시료 종류, 유적별로 정리하면 다음 〈표 48〉과 같다.

---

18 신북유적 표지석지점의 광자극발광연대는 미발표자료임.

방사성탄소연대측정에 쓰인 시료의 종류를 보면 숯이 9개인 반면, 토양은 26개로 세 배 가까이 많다. 잘 알려져 있듯이 토양으로 잰 연대의 신뢰도는 떨어지지만 숯이 발견되지 않은 상황에선 어쩔 수 없는 선택으로 이해된다.

신북유적에서 토양으로 측정한 방사성탄소연대는 숯으로 잰 것보다 약 1만년 이상, 그리고 석평유적의 연대 역시 몸돌·격지석기군의 편년보다 2만년 이상 젊다. 그러나 월평유적의 경우는 예상한 연대에 가깝거나 오히려 더 오래되었다. 반면 신북유적의 경우는 동위원소 비율 변화 δ^{13}C값, 연대의 오차, 층서의 안정성 등을 고려할 때 측정된 연대 자체는 신뢰할 수 있으며, 갱신세층의 퇴적 속도와 후대의 교란을 평가하는 데 있어 참고자료로 유용하는 평가가 있다(김명진 2017).

숯으로 잰 9개의 절대연대를 근거로 신북유적에서 구석기인들이 살았던 동안은 28,130~20,250 cal B.C.의 세 시기, 즉 27,560±1,010 cal B.C., 23,650±700 cal B.C., 20,240±410 cal B.C.로 추정되었다(이기길·김명진 2008). 이 연대는 형식학에 근거한 좀돌날석기군의 편년과도 부합하며, 지금보다 아주 춥고 메마른 기후인 하인리히 이벤트 2기를 전후한 시기에 속한다. 신북유적에서 발견된 많은 화덕과 불탄 돌들은 이와 같은 기후 조건과 밀접하게 관련될 듯싶다.

현재까지 알려진 광자극발광연대는 모두 21개이며, 월평유적에서 8개, 신북유적에서 7개, 석평유적에서 6개 측정되었다. 먼저 월평유적의 중간문화층과 그 아래 문화층의 연대는 두 기관에서 모두 4만 년 전을 전후한 것으로 재어져서 신뢰도가 높은 편이다. 그러나 중간문화층은 좀돌날석기군이 나온 제3, 4문화층보다 아래에 있어 후기구석기시대의 이른 단계에 속할 것으로 추정되므로 절대연대가 실연대보다 더 오래 전으로 재어졌다고 생각한다.

석평유적의 경우는 절대연대가 층서와 일치하지 않고

〈표 48〉 보성강유역 구석기유적의 절대연대 측정방법과 시료 종류

측정 방법	시료 종류	월평유적	신북유적			석평유적	모듬
			도로공사지점	표지석지점	장동초교지점		
AMS	숯	0	8	1		0	9
	토양	5	9	4	4	4	26
OSL	토양	8	0	7	0	6	21

〈표 47〉 보성강유역 구석기유적의 방사성탄소연대(AMS)와 광자극발광연대(OSL)[19]

유적	문화층	지층	방사성탄소연대(B.P.)	시료	광자극발광연대(ka)	
월평	제4문화층	2a지층	10,840±350	토양		
		2b지층	21,500±300	토양		
	제3문화층	3a지층	18,200±100	토양		
		3b지층	27,500±150	토양		
		3c지층	36,000±400	토양	41±3	37.25±1.85
	중간문화층			토양	40±6	39.65±1.35
	제2유물층			토양	31±5	41.20±1.40
	제1유물층			토양	37±6	42.65±1.75
신북	붙는 몸돌과 격지 주변		18,500±300	숯		
	철석영 주변		21,760±190	숯		
	갈린 판석 주변		25,500±1,000	숯		
	1구역 석기출토면 바로 밑		20,960±80	숯		
	3구역 석기출토면 바로 밑		18,540±270	숯		
	1호 화덕자리(주위 교란)		11,300±300	숯		
	3호 화덕자리		23,850±160	숯		
	5호 화덕자리		25,420±190	숯		
도로 공사 지점	1호 화덕자리(주위 교란)		8,350±50	토양		
	4호 화덕자리(주위 교란)		9,370±70	토양		
	검은 갈색찰흙층 상부		3,340±40	토양		
	검은 갈색찰흙층 하부		4,970±60	토양		
	밝은 갈색찰흙층 상부		6,890±60	토양		
	밝은 갈색찰흙층 하부		13,100±160	토양		
	어두운 갈색찰흙층		14,250±120	토양		
	노란 갈색찰흙층 상부		19,750±250	토양		
	노란 갈색찰흙층 하부		22,740±80	토양		
신북	밝은 갈색찰흙층		9,725±35	토양		11±1
				토양		18±1
			23,850±160	숯		25±2
	어두운 갈색찰흙층		16,330±60	토양		42±6
표지석 지점				토양		76±15
	노란 갈색찰흙층		14,385±45	토양		66±7
				토양		39±6
	모난돌모래층 상부		17,810±60	토양		
신북 장동 초교 지점	밝은 갈색찰흙층		5,420±60	토양		
			8,510±60	토양		
			11,540±90	토양		
	어두운 갈색찰흙층		19,770±120	토양		
석평 D12칸	제4문화층	Ⅱ지층	6,730±30	토양		
	제3문화층	Ⅳ지층	14,450±50	토양		
	제2문화층	Ⅴ지층	19,820±80	토양		21±1
	제1문화층	Ⅵ지층				
	비문화층	Ⅶ지층		토양		24±2
석평 H29칸	제4문화층	Ⅱ지층	8,690±40	토양		
	제3문화층	Ⅳ지층		토양		30±3
	제2문화층	Ⅴ지층		토양		51±3
	제1문화층	Ⅵ지층		토양		39±2
	비문화층	Ⅶ지층		토양		24±1

19 월평유적과 신북유적 도로공사지점과 장동초교지점의 방사성탄소연대는 서울대학교 기초과학공동기기원 정전가속기기구센터(이기길 과 2008 ; 이기길·김수아 2017), 그리고 신북유적의 표지석지점은 일본의 Paleo Lab AMS 연대측정그룹(伊藤茂 와 2017), 석평유적은 일본의 Institute of Acceleration Analysis Ltd.(김진영·송장선 2012)에서, 반면 광자극발광연대는 월평유적의 후자를 네오시스코리아 방사성기술연구소, 그리고 나머지는 한국기초과학지원연구원에서 측정하였다(이기길 2014 ; 김진영·송장선 2012).

314

뒤섞인 양상이며, 특히 맨 아래층의 연대가 위층보다 더 젊게 나왔다. 비록 방사성탄소연대보다 오래되었지만 몸돌·격지석기군의 존속기간으로 생각되는 중기구석기 시대 후반보다 젊은 연대이므로 받아들이기 어려운 측정치로 판단된다.

신북유적의 광자극발광연대는 76±15 ka와 66±7 ka를 제외하면 층서에 순차적으로 부합한다. 특히 밝은 갈색찰흙층의 18±1 ka와 25±2 ka는 그 층의 방사성탄소연대와도 잘 어울리며, 좀돌날석기군의 편년에도 잘 맞아 신뢰할 수 있는 연대라고 생각한다.

3. 갱신세층과 편년

앞에서 금곡유적, 석평유적, 월평유적, 신북유적, 복다리 신기유적의 갱신세층을 층서, 문화층과 절대연대를 포함하여 자세히 검토하였다. 그 결과 가장 긴 세월을 반영하는 갱신세층은 기반암 위에 8개의 지층이 쌓여 있는 금곡유적의 경우로 그 두께는 4m 이상이다. 여기에는 토양쐐기현상이 뚜렷한 암갈색찰흙층과 적갈색찰흙층이 상부와 하부에 존재한다.

대체로 하부퇴적은 석평유적처럼 자갈모래층이나 뻘모래층 같은 강물퇴적으로 구성되어 있다. 그렇지만 금곡유적의 경우는 비탈퇴적물이 쌓여있는데, 이것은 조사지점이 강물의 영향권에서 벗어나 있기 때문이다. 상부퇴적은 명갈색, 암갈색, 갈색을 띠는 찰흙층이 주류이지만, 모난돌이 낀 지층도 존재한다. 중력의 영향이 가장 크고 거기에 바람과 비 같은 물의 작용이 일부 더해져 쌓인 퇴적물로 여겨지지만, 드물게 큰비나 눈 등에 의한 작은 산사태도 일어났다고 생각한다.

한편 월평유적이나 신북유적의 하부퇴적은 모래, 뻘, 그리고 자갈이나 모난돌로 구성되어 있으며 그 두께는 각각 1.5m, 3.5m이다. 이것의 구성물은 석평유적의 하부퇴적과 같아 큰물에 의해서 형성되었다고 생각되지만 그 위에 존재하는 문화층과 석기군의 성격 및 절대연대를 감안하면 다른 시기, 즉 MIS 3기 중 4만년 이전의 시점으로 추정된다. 한편 월평유적에서 중간문화층이 포함된 지층은 위, 아래의 지층보다 모래성분이 많은데, 이것은 비탈에 쌓여 있던 굵은 모래가 더 많이 공급된 결과로 해석된다.

두 유적의 상부퇴적은 갈색, 명갈색, 황갈색, 암갈색을 띠는 뻘찰흙층이다. 거의 비슷한 시기에 형성된 갱신세층이 신월유적과 복다리 신기유적에서 관찰된다. 다만 신북유적에서 실연대로 30,000~22,000년전으로 재어진 지층과 그 아래 지층에서 상부토양쐐기가 발달한 암갈색찰흙층은 없었으나 서쪽으로 700m 떨어진 신월유적에선 그것이 존재한다. 그러나 산 너머 4.5km 거리에 있는 해룡유적(슴베찌르개 출토)에선 보이지 않는다. 그러므로 토양쐐기현상은 어디나 형성된 것이 아니었다고 하겠다. 그렇다고 토양쐐기현상이 특정 시기와 무관하다는 주장은 성급하다고 생각한다. 어떤 조건에서 이것이 생기고 생기지 않는가에 대한 사례연구가 더 필요하다.

앞에서 살펴본 다섯 유적들의 갱신세층, 문화층, 절대연대, 그리고 기존의 연구 성과(한창균 2003 ; 김명진 2010) 및 심해저퇴적의 산소동위원소 편년(Lisiecki and Raymo 2005)을 참고하여 보성강유역 갱신세층의 종합과 편년을 시도해보았다(표 49).

보성강유역에서 갱신세층이 형성된 연대는 MIS 5기의 후반~2기로 추정된다. C층에 해당하는 갱신세층은 비탈퇴적과 강물퇴적 두 가지가 있는데, 이것은 유적형성 당시 그 위치가 물의 영향이 미치거나 또는 그렇지 못한 입지 조건의 차이 때문이다. B2층에 속하는 갱신세층에도 비탈퇴적과 강물퇴적 두 가지가 모두 있다. 예를 들어 월평유적의 하부 지층은 강물퇴적이나 신북유적의 하부 지층은 선상지성퇴적이고, 금곡유적과 석평유적의 경우는 비탈퇴적이다. 그러나 B1층과 A층에 해당하는 갱신세층은 모두 비탈퇴적이다. 그렇지만 이 시기에 해당하는 강물퇴적이 어딘가에 남아있을 것이다.

IV. 돌감의 구성과 마련

보성강유역의 구석기인들은 석기의 재료를 어디서 구했으며 무엇을 선호하였을까? 이 문제는 기본적으로 암석의 원산지 파악과 분포 범위, 각 도구에 적합한 석재에 대한 연구를 통해 접근할 수 있으며, 그 결과는 구석기인들의 활동반경은 물론 경제적 행위까지 해석할 수 있는 중요한 자료가 된다(이윤수 2004 ; 이형우 2001 ; Inizan, M.-L. et al. 1999).

〈표 49〉 보성강유역 갱신세층의 종합과 편년

A, B, C층 (MIS 2~5)	금곡유적	석평유적	월평유적	신북유적	신기유적
전신세층	겉흙층	겉흙층	겉흙층	겉흙층	겉흙층
A층 : 12 ~ 23 ka BC (상부 토양쐐기 연대, 김명진 2010) MIS 2	명갈색찰흙층 (문화층)	갈색점토층 (4문화층)	명갈색찰흙층(4문화층) / 흑갈색찰흙층(4문화층) / 갈색찰흙층(3문화층) / 황갈색찰흙층(3문화층) / 황갈색모래질찰흙층(3문화층)	밝은갈색찰흙층 (문화층)	명갈색찰흙층 (문화층)
B1층 : 23 (상부 토양쐐기 연대) ~ 40 ka BC (한창균 2003) MIS 3 후반기	암갈색찰흙층 (상부 토양쐐기 포함)	황갈색점토층	암갈색찰흙질모래 (상부 토양쐐기 포함. 중간문화층) / 황갈색모래질찰흙층(2문화층) / 황갈색찰흙질모래층(1문화층)	어두운갈색찰흙층 / 황갈색찰흙층	암갈색찰흙층 (상부 토양쐐기 포함)
B2층 : 40 ~ 59 ka BC (하부 토양쐐기 연대, 김명진 2010) 또는 65 ka BC (한창균 2003) MIS 3 전반기	모난돌뻘질 모래찰흙층 / 갈색찰흙층	황적색사질점토층 (3문화층) / 적갈색사질점토층 (2문화층) / 적갈색점토층 (1문화층)	황색 뻘층 / 암갈색자갈모래층	모난돌모래층	갈색모래질 찰흙층
C층 : 약 59 ka BC (하부 토양쐐기 연대) 또는 65 ka BC (한창균 2003) ~ 128 ka BC MIS 4~5	황색찰흙층 (하부 토양쐐기 포함) / 밤색찰흙층 / 밤색찰흙모래층 / 기반암	모래뻘층 자갈모래층 / 기반암	기반암	기반암	기반암

그런데 암석의 분류에 있어 암석학자와 고고학자는 기준이나 명칭이 서로 다른 경우가 종종 있다(성춘택 2003). 대체로 암석학자는 더 세분된 암석명을 사용하는 반면 고고학자는 큰 범주의 분류명을 선호한다. 예를 들어 암석학자가 월평유적과 죽내리유적의 석기를 분석한 바에 따르면, 화성암질 거정질 석영맥암(맥석영), 석영암, 변성암질 거정질 규암, 변성암질 세립질 규암, 유문암, 결정질 유문암, lithic 응회암, rhyodacitic 결정질 응회암, 산성응회암 등으로 구분하고 있다(이윤수 2000, 2004).

그러나 암석에 관한 전문지식이 부족한 필자로서는 화성암질 거정질 석영맥암 또는 맥석영은 '석영맥암', 변성암질 거정질 규암과 변성암질 세립질 규암은 '규암'으로 일컫고, 석영맥암, 석영암, 규암 모두를 '석영암류'로 통칭하고자 한다. 그리고 유문암, 결정질 유문암, lithic 응회암, rhyodacitic 결정질 응회암, 산성응회암 등은 일괄하여 '산성화산암'으로 일컫겠다.[20]

보성강유역에서 구석기인들이 사용한 돌감의 구성과 비율을 파악하기 위해 발굴유적 12곳과 20점 이상의 석기가 수습된 지표유적 34곳을 대상으로 검토하였고, 암석의 종류는 '석영암류'(A), 산성화산암(B), 수정(C), 흑요석(D), 사누카이트(E)에 국한하였으며, 있는 경우에 많고 적음을 ●〉◎〉○의 차례로, 그리고 없는 경우는 ×로 표시하였다(표 50).

지표유적의 석재 구성은 발굴유적과 비교해볼 때 사누카이트(andesite의 일종) 하나만 없을 뿐이고 나머지는 같다. 그리고 발굴유적이나 지표유적 모두 석영암류가 가장 많고, 산성화산암은 그 다음이며, 수정이나 흑요석은 극히 드물다. 이처럼 석재의 구성과 종류별 수량의 다과에서 지표유적과 발굴유적 간에 별 차이가 없는 것은 자연스럽다고 생각한다.

그러나 희귀석재는 발굴유적과 지표유적 간 빈도 차이가 뚜렷하다. 예를 들면, 발굴유적에서 수정과 흑요석이 나온 유적의 수는 각각 넷과 셋으로 전체 중 1/3과 1/4이지만, 지표유적에선 두 종류가 각각 하나의 유적에서 발견되어 1/34이다. 그래서 장래에 지표유적이 발굴된다면 수정이나 흑요석기가 나오는 유적의 수는 여덟

20 석기의 돌감 동정에 대해서 고고학자뿐 아니라 암석학자와 고고학자 사이에도 견해 차이가 있다. 한 예로 순천 죽내리유적 후기구석기문화층의 석기를 대자율 측정과 현미경 관찰 및 현지조사를 통해 유문암(화성암의 일종)으로 판정한 것에 대하여 성춘택(2017)은 퇴적암일 가능성이 높다고 하였다.

316

<표 50> 지표유적과 발굴유적 출토 석기의 돌감 구성

	유적명	A	B	C	D	E		유적명	A	B	C	D	E
발굴 유적	구산리 금곡	●	◎	×	×	×	발굴 유적	사수리 대전	●	◎	×	×	×
	대곡리 도롱	●	◎	×	×	×		신평리 금평	●	◎	×	×	×
	덕산리 죽산	●	◎	○	×	×		우산리 곡천	●	◎	×	○	×
	도안리 석평	●	◎	×	×	×		월암리 외록골	●	◎	×	×	×
	복다리 신기	●	◎	×	×	×		월암리 월평	●	◎	○	○	○
	북교리 신북	●	◎	○	○	×		죽산리 하죽	●	◎	○	×	×
지표 유적	구룡리 영봉	●	◎	×	×	×	지표 유적	옥마리 용소	●	◎	×	×	×
	금성리 금성	●	◎	×	×	×		용사리 용암	●	◎	×	×	×
	금성리 평지들	●	◎	×	×	×		용정리 살내	●	◎	×	×	×
	대산리 해룡	●	◎	×	×	×		우산리 구암동	●	◎	×	×	×
	대야리 관동	◎	◎	×	×	×		우사리 내우	●	◎	×	○	×
	덕치리 신기	●	◎	○	×	×		우산리 외우	●	◎	×	×	×
	동계리 동계	●	◎	×	×	×		우산리 우산	◎	◎	×	×	×
	동교리 외판 '나'	●	◎	×	×	×		운곡리 무탄	●	◎	×	×	×
	반산리 내반	●	◎	×	×	×		월산리 사비	●	◎	×	×	×
	봉갑리 고수월	◎	◎	×	×	×		월암리 구암	●	◎	×	×	×
	봉갑리 병치	●	◎	×	×	×		율어리 우정	●	◎	×	×	×
	봉갑리 새터	●	◎	×	×	×		이읍리 인덕	●	◎	×	×	×
	봉림리 봉림	●	◎	×	×	×		장안리 장동	●	◎	×	×	×
	봉림리 오산	◎	◎	×	×	×		주산리 주산	●	◎	×	×	×
	봉림리 흑석	●	◎	×	×	×		죽림리 죽림	●	◎	×	×	×
	봉정리 반송	●	◎	×	×	×		태평리 태평 '가'	◎	◎	×	×	×
	양촌리 새재들	●	◎	×	×	×		태평리 태평 '나'	●	◎	×	×	×

<사진 75> 월평유적과 내우유적의 흑요석기   ① 월평유적 ②~⑤ 내우유적

<사진 76> 월평유적 사누카이트 격지

배 이상 많을 것으로 예상된다.

현재까지 희귀석재인 흑요석과 수정이 함께 출토한 유적은 발굴조사가 이루어진 월평유적과 신북유적뿐이다. 두 유적의 규모는 각각 대형급과 초대형급이고, 유물의 출토수량도 수만 점에 이르며, 구석기인들이 여러 번 찾아와 살았던 곳이라는 공통점을 지닌다. 한편 지표조사에서 흑요석이 발견된 우산리 내우유적, 수정이 발견된 덕치리 신기유적은 각각 중형급과 초대형급에 속하며 다량의 석기가 수습된 바 있다. 이런 사례들에서 희귀석재의 소비는 거점유적 또는 본거지로 쓰인 중형 이상의 유적에 국한되었을 가능성이 크다.

한편 양성자유발X선발생법(PIXE)에 의한 미량원소 분석 결과, 월평유적과 내우유적에서 보고된 흑요석기의 원석은 규슈의 고시다케산으로 판정되었고(사진 75), 신북유적의 흑요석들의 원석은 '백두산 1'과 '백두산 2' 및 규슈의 고시다케와 하리오지마, 요도히메와 시바카와로 드러났다(사진 55 참조). 그리고 월평유적에서 발굴된 사누카이트석기의 원석은 규슈의 다쿠(多久)산으로 추정되었다(사진 76).[21]

지질도와 암석학자의 현지답사에 따르면 보성강유역의 서쪽과 남쪽 경계부는 퇴적암류(응회질사암, 셰일, 이암)와 화산암/화산쇄설암류(응회암, 역암, 안산암, 유문암)에 접하고 있으며, 여기에는 화강암 및 다양한 성분의 맥암류(염기성/중성/산성맥암 및 석영맥암)도 분포한다. 이 종류들은 암괴에서 떨어져 나와 중력 등 여러 요인에 의해 아래로 옮겨지면서 마침내 보성강변에 자갈 상태로 존재한다(이윤수 2000 ; 2004).

이처럼 석영맥암, 석영암, 규암, 사암, 편암, 산성화산암, 수정 등은 보성강유역에 분포하고 있는 것으로 구석기인들이 유적지 인근에서 마련하였다고 하겠다. 그러나 흑요석이나 사누카이트는 원산지가 직선거리로 약 300~800㎞나 멀리 있으며, 출토수량이 매우 적다. 이처럼 원거리에 있는 바깥(외지) 돌감은 구석기인들이 직접 채취했다고 보기는 어렵다. 그런데 신북유적의 흑요석는 자연면(natural cortex)이 남아있어 원석의 상태로 반입되었음을 보여준다.

V. 석기군과 편년

보성강유역에서 발견된 석기의 종류는 크게 몸체(blank) 제작과 관련된 것들 및 도구로 나뉜다. 전자는 몸돌, 격지, 돌날몸돌, 돌날, 좀돌날몸돌, 좀돌날, 망치, 모룻돌이 있고, 후자는 찍개, 주먹도끼, 주먹찌르개, 주먹자르개, 주먹대패, 여러면석기, 공모양석기류 등의 '몸돌석기'와 긁개, 밀개, 새기개, 홈날, 톱니날, 부리날, 뚜르개, 자르개(backed knife), 각추상석기(모뿔석기), 슴베찌르개, 나뭇잎모양찌르개 등의 '잔손질석기'가 있다.

이처럼 최소 26종으로 구분되는 다양한 석기들은 층서와 절대연대 및 기존의 연구에 의하면 대체로 중기구석기시대와 후기구석기시대에 속한다고 알려져 있다. 이것들을 '돌날·좀돌날석기군'과 '몸돌·격지석기군'으로 구분하여 유적별 출토 상황을 살펴보고, 구체적인 편년을 시도해보겠다.

1. 돌날·좀돌날석기군과 편년

후기구석기시대를 대표하는 돌날석기나 좀돌날석기가 발견된 발굴유적 10개와 지표유적 17개를 대상으로 슴베찌르개, 밀개, 새기개의 공반 여부를 정리해 보았다(표 51).

표로 정리한 내용을 돌날석기와 좀돌날석기, 슴베찌르개, 그리고 나머지 석기로 구분하여 살펴보고 편년을 검토하겠다.

1) 돌날석기와 좀돌날석기의 편년

유적에서 수습된 석기 가운데 돌날몸돌, 돌날, 때림면격지 등은 돌날제작의 전 과정에서 생기는 것으로 마치 '닭과 달걀의 관계'이므로 이 중 하나만 있어도 '돌날석기'의 존재가 인정된다. 마찬가지로 좀돌날몸돌, 좀돌날, 스키스폴 중 어느 하나만 있어도 '좀돌날석기'의 존재가 인정된다[22].

---

21 스기하라 도시유키(杉原敏之)와 후지키 사토시(藤木聰)가 유물을 맨눈으로 관찰한 소견이다.

22 돌날몸돌을 준비하기 위해 원석을 다듬을 때 나오는 '격지', 때림면을 조정하려고 다듬을 때 생기는 '격지', 그리고 새로운 때림면을 만드는 과정에서 나오는 '때림면격지'도 돌날석기의 존재를 알려주

〈표 51〉 돌날석기나 좀돌날석기의 출토유적에서 슴베찌르개, 밀개, 새기개의 공반 여부

	유적명	돌날몸돌	돌날	좀돌날몸돌	좀돌날	스키스폴	슴베찌르개	밀개	새기개
발굴유적	구산리 금곡	×	○	×	×	×	×	×	×
	대곡리 도롱	○(지표)	○(지표)	×	×	×	×	○(지표)	×
	덕산리 죽산	×	○	○	×	×	○	○	○
	도안리 석평	×	○	○	×	×	○	○	×
	복다리 신기	○	○	○	×	×	○	○	?
	북교리 신북	○	○	○	×	×	○	○	○
	사수리 대전	×	×	○	?	×	×	○	×
	신평리 금평	×	○	○	○	×	×	○	○(지표)
	우산리 곡천	×	×	○	×	○	?	○	?
	월암리 월평	○	○	○	○	×	○	○	○
지표유적	금성리 금성	×	○	○	×	×	×	×	×
	덕치리 신기	○	○	×	×	×	×	○	○
	반산리 내반	○	○	×	×	×	×	○	×
	봉갑리 고수월	○	×	○	×	×	×	×	×
	봉갑리 병치	○	○	×	×	×	×	○	×
	봉갑리 반송	○	○	×	×	×	×	○	×
	옥마리 용소	×	×	○	×	×	×	○	×
	용반리 동고지	×	×	○	×	×	×	○	×
	우산리 구암동	×	○	×	×	×	×	×	×
	우산리 내우	×	×	○	×	×	×	○	×
	우산리 외우	×	○	×	×	×	×	○	○
	운곡리 무탄	○	×	×	×	○	×	×	×
	월산리 사비	×	×	×	○	×	×	○	×
	이읍리 인덕	○	×	×	×	×	○	×	○
	주산리 주산	×	×	○	×	×	×	○	×
	중산리 서촌	×	○	×	×	×	×	○	×
	태평리 태평 '가'	×	○	×	×	×	×	○	×
모듬		8	15	13	6	2	6	24	7

※ 표의 '?'는 보고자의 견해와 다름을 의미함.

이런 관점에서 보면, 돌날석기만 나온 유적은 모두 11개다. 즉 발굴유적 가운데 금곡과 도롱 등 2개, 지표유적 중에 신기, 내반, 병치, 반송, 구암동, 외우, 인덕, 서촌, 태평 '가' 등 9개가 있다. 한편, 돌날석기와 좀돌날석기가 함께 나온 유적은 8개다. 발굴유적 가운데 죽산, 석평, 신기, 신북, 금평, 월평 등 6개, 지표유적 중에 고수월과 무탄 등 2개다. 그리고 좀돌날석기만 나온 유적은 전부 8개인데, 발굴유적 중 대전과 곡천 등 2개, 지표유적 가운데 금성, 용소, 동고지, 내우, 사비, 주산 등 6개다.

이처럼 각 경우에 해당하는 유적의 수가 각각 11개, 8개, 8개로 마치 각각의 독립된 무리를 이루는 것처럼 보인다. 그래서 '돌날석기', '돌날석기와 좀돌날석기', '좀돌날석기'가 후기구석기시대의 전기, 중기, 후기에 해당하며, 세 단계의 발전 과정을 거친 것으로 생각될 수 있다.

그러나 조심스러운 점은 발굴유적 중 '돌날석기'만 나온 것으로 표시된 금곡유적과 도롱유적의 경우, 전자는 정식보고서가 미간이어서 분명하게 단정하기 곤란하고, 후자는 표본조사 수준의 발굴이었으며 돌날석기는 지표조사에서 찾아진 것이어서 본격적인 발굴조사가 이뤄진다면 좀돌날석기가 찾아질 가능성도 배제할 수 없다. 그리고 두 유적에서 문화층에 대한 절대연대측정이 이뤄지지 않아서 4만~3만 년 전후로 선뜻 편년할 수 없는 상황이다. 한편 발굴조사에 비해서 조사 방법과 규모 등 여러 가지로 매우 제한된 지표조사의 결과는 그 유적의 석기구성을 제대로 대변한다고 보기 어렵다.

는 것들이지만 지표조사에서 발견되는 경우는 매우 드물다. 마찬가지로 좀돌날을 생산하는 과정에서도 '잔격지', '생산면격지' 같은 여러 가지의 부산물이 있다.

이러한 한계가 있음에도 최근 남한강유역의 수양개유적 6지구(하진리유적)에서 4만 년 무렵의 돌날석기 문화층이 확인되어(이용조 와 2018), 보성강유역에서도 돌날석기만 존재했던 시기가 있을 가능성이 커졌다. 한편 '좀돌날석기' 단계에 대한 판단은 아직 유보하는 것이 나을 듯싶은데, 그것은 좀돌날석기가 발굴된 여덟 개의 유적 중 여섯 곳에서 '돌날석기'가 함께 나왔고, 무엇보다도 후기구석기시대의 늦은 단계로 편년되는 월평유적 제4문화층에서 좀돌날몸돌과 돌날몸돌이 같이 출토하였기 때문이다(이기길 과 2004).

2) 슴베찌르개의 편년

슴베찌르개가 발견된 유적은 모두 6개로 발굴유적 가운데 죽산, 신기, 신북, 월평 등 넷, 그리고 지표유적 중 용소와 인덕 등 2개다. 슴베찌르개는 한반도에서 후기구석기시대의 서막을 알리는 석기로 이전 시기에는 없던 새로운 사냥도구다. 이것은 중국에서는 아직까지 한 점도 발견되지 않았고, 연해주의 우스티노브카유적에서 단 한 점 발견된 반면, 한반도의 수양개유적과 진그늘유적 등에서 가장 많은 수량이 출토하였다(이기길 2011). 그래서 신인류(anatomically modern human)가 화북지방에서 동쪽과 북쪽으로 확산했다고 보는 관점에서 슴베찌르개는 한반도 중부에서 발명된 도구로 인정되고 있다(佐川正敏 2018).

현재까지의 조사 결과를 보면 슴베찌르개만 출토한 유적은 1개, 슴베찌르개가 좀돌날석기와 같이 발견된 유적은 5개, 그리고 좀돌날석기만 보고된 유적은 11개다. 그런데 슴베찌르개와 관련하여 ① 슴베찌르개 단독 존재, ② 슴베찌르개와 좀돌날석기 공존, ③ 좀돌날석기의 단독 존재 등 세 단계로 편년한 견해(小畑弘己b 2004 ; 장용준 2007a)가 제시된 바 있다.

그러나 이 편년안이 보성강유역에 그대로 적용될지는 아직 단언하기 어렵다. 현재로서는 돌날석기 단계를 인정하고, 월평유적 제4문화층에서 좀돌날몸돌과 슴베찌르개가 공존한 점(이기길 과 2004)을 고려할 때, 슴베찌르개의 단독 시기 이후 좀돌날석기와 공존하는 시기 등 두 시기로 편년하는 것이 합리적일 듯싶다.

3) 기타 석기의 편년

밀개와 새기개도 후기구석기시대를 대표하는 종류다.

표에서 보듯이 밀개는 24개 유적에서 발견되었고 병치, 반송과 구암동유적에서만 찾아지지 않았다. 그러나 세 곳 모두 지표조사유적이고 돌날석기가 발견되었기 때문에 밀개가 찾아질 가능성은 매우 높다. 밀개는 그것이 출토한 신북유적과 월평유적 제4문화층의 절대연대와 층서를 근거로 약 3만 년 전부터 후기구석기가 끝날 때까지 존재한 것이 확실하다. 그러나 수양개유적 6지구 제3문화층에서 정교한 밀개가 보고되었기(이용조 와 2018) 때문에 4만 년 전 무렵까지 소급될 가능성이 높다.

흔히 밀개와 짝을 이루는 새기개가 나온 유적은 7개인데, 발굴유적 중 죽산, 신북, 금평, 월평, 지표유적 가운데 신기, 외우, 인덕이다. 특히 신북유적에서는 아주 다양한 형식의 새기개가 70여 점이나 발굴되어 이 도구의 제작기법, 용도 등을 이해하는 데 있어 상당한 진전이 기대된다. 새기개도 신북유적과 월평유적 제4문화층에서 발굴되어서 밀개와 같은 동안에 존재한 것으로 편년된다.

표에는 빠졌지만 주목할 종류로 각추상석기(모뿔석기)와 나뭇잎모양찌르개(창끝찌르개)가 있다. 각추상석기는 외우유적에서 발견되었는데 이것과 아주 흡사한 것이 임실 하가유적에서 발굴되었다(그림 74. 사진 77). 하가유적의 각추상석기는 슴베찌르개와 불과 60㎝ 떨어져 같은 높이에서 드러나서 동시에 남겨진 유물일 뿐 아니라, 각추상석기에 붙는 잔격지가 32㎝ 옆에서 발견되어 그 자리에서 만든 도구임을 알려준다. 이 문화층의 숯으로 잰 두 개의 방사성탄소연대는 19,700±300B.P.(보정연대 기원전 21,500년)과 19,500±200B.P.(보정연대 기원전 21,300년)이다(이기길 2018a).

두 점의 제작기법을 보면 두터운 격지를 선택하여 양 가장자리를 등방향으로 잔손질해서 한 끝을 뾰족하게 만들었다. 그래서 뚜르개의 일종으로 볼 수도 있지만 몸체 종류와 손질의 정교함에서 차이가 뚜렷하다. 즉 뚜르개는 몸체의 종류가 격지, 조각돌, 자갈 등 다양한 반면 각추상석기는 두터운 격지로 한정되며, 뚜르개는 잡이 부분의 손질이 대충 적당한 수준이지만 각추상석기는 아주 규칙적이고 반복적인 손질로 좌우대칭에 가깝게 만들었다. 그런즉 두 석기를 구별하는 것이 타당하다고 생각한다.

끝으로 나뭇잎모양찌르개(창끝찌르개)는 월평유적에서 한 점, 신북유적에서 두 점, 그리고 하가유적에서도 몇 점 발견되었다(사진 78). 이것들은 모두 산성화산암을 골라 유

320

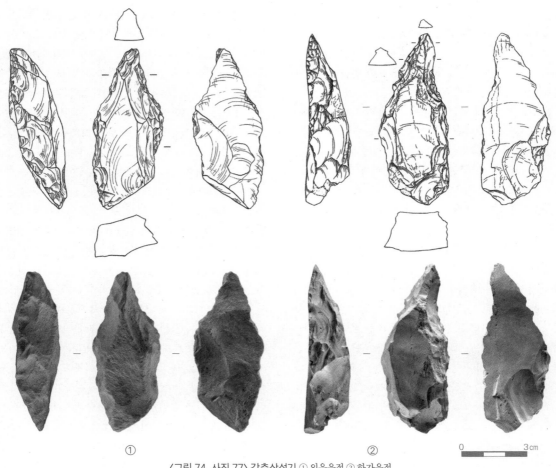

〈그림 74. 사진 77〉 각추상석기 ① 외우유적 ② 하가유적

기질망치 직접다듬기 방식으로 완성되었다. 국내에서는 석장리유적(손보기 1993), 대전 대정동유적(충남대학교 박물관 2000), 성하동유적(장용준 2007a), 수양개 6지구(이융조 와 2018) 등지에서 발견된 사례가 있다.

이 석기는 일본열도에서 좀돌날석기보다 먼저 나타났다(安蒜政雄 2010). 한반도에선 좀돌날석기 단계 중에서도 늦은 시기, 또는 후기구석기시대 종말기에 등장한 것으로 보는 견해도 있다(장용준 2007a ; 성춘택 2019a). 그렇지만 신북유적과 하가유적의 절대연대 및 월평유적 제4문화층의 연대를 고려하면 후기구석기시대 중반부터 등장하여 계속 존재한 것으로 생각된다(大谷薫 2019). 유럽의 경우 솔뤼트레앙기(22,000~17,000B.P.)에 많이 제작된 점(서인선 2018)도 감안할 필요가 있다.

이 석기는 신석기시대 조기로 편년되는 제주 고산리유적에서도 출토하였고(강창화 2006), 일본열도의 신석기시대 초창기로 편년되는 유적에서 좀돌날석기와 함께 발견되었다(堤隆 2011). 이런 점에서 나뭇잎모양찌르개는 동북아시아에서 후기구석기시대와 신석기시대의 문화 관련성을 밝히는 데 있어 대단히 중요한 유물이다.

앞에서 살펴본 돌날석기, 좀돌날석기, 밀개, 새기개, 슴베찌르개, 나뭇잎모양찌르개, 각추상석기 등은 보성강유역의 후기구석기시대를 대표하는 종류들이다. 그런데 이것들은 바다 건너 일본열도에도 분포하고 있다. 비록 종류별로 출현연대가 같지 않지만[23] 후기구석기시대에 양 지역의 문화교류가 매우 긴밀하였음을 보여주므로 의미가 매우 크다.

---

[23] 예를 들면 좀돌날석기는 보성강유역에서 약 3만 년 전에 나타났지만 규슈에서는 약 2만 년 전에 처음 등장하였다(장용준 2015).

〈사진 78〉 나뭇잎모양찌르개 ① 월평유적 ②~③ 신북유적

2. 몸돌·격지석기군과 편년

일반적으로 후기구석기보다 앞선 시대에 등장한 '몸돌·격지석기군'에 대해 살펴보겠다. 이 석기군을 대표하는 종류는 주먹도끼, 주먹찌르개, 주먹자르개, 공모양석기류(spheroids와 bola의 통칭) 등이다. 발굴유적과 지표유적에서 이 종류들이 보고된 21개의 유적을 대상으로 하였고, 존속 기간을 검토하기 위해 돌날석기와 좀돌날석기, 밀개, 슴베찌르개의 공반 여부까지 정리해 보았다(표 52).

〈표 52〉 주먹도끼, 주먹찌르개, 주먹자르개, 공모양석기류가 나온 유적의 주요 석기 구성과 최소 문화층 수

	유적명	주먹도끼	주먹찌르개	주먹자르개	공모양석기류	돌날석기	좀돌날석기	밀개	슴베찌르개	최소 문화층 수
발굴유적	대곡리 도롱	○	○	×	○	○	×	○	×	2
	덕산리 죽산	○	○	×	×	○	○	○	○	3
	도안리 석평	○	○	×	○	○	○	○	×	4
	북교리 신북	○	×	○	×	○	○	○	○	1
	사수리 대전	○	○	×	○	×	○	○	×	2
	우산리 곡천	×	○	×	○	×	○	○	?	2
	월암리 월평	○	×	×	○	○	○	○	○	5
지표유적	금성리 평지들	○	×	×	×	×	×	×	×	1
	대산리 해룡	×	×	○	×	×	×	×	○	1
	덕치리 신기	○	○	×	○	○	×	○	×	2
	봉갑리 고수월	×	○	×	○	○	○	○	×	2
	봉갑리 새터	×	○	×	○	×	×	○	×	1
	봉정리 반송	○	○	×	○	○	×	반송	×	1
	옥마리 용소	×	×	○	○	×	○	○	○	2
	용반리 동고지	×	○	×	○	×	○	○	×	1
	우산리 내우	×	○	×	○	×	○	○	○	2
	우산리 노루목	○	×	×	○	○	×	○	×	1
	월암리 구암	×	○	×	○	×	○	×	×	1
	이읍리 인덕	○	○	×	○	○	×	○	×	1
	죽림리 죽림	×	○	×	○	×	○	○	×	1
	축내리 사마정	○	×	×	×	×	×	○	×	1
모듬		12	15	4	14	9	10	18	6	

※ 표의 '?'는 보고자의 견해와 다름을 의미함.

표에서 보듯이 주먹도끼와 주먹찌르개가 같이 나온 곳은 발굴유적 가운데 도롱, 죽산, 석평, 대전과 지표유적 가운데 신기, 반송, 인덕으로 모두 7개다. 그리고 둘 중 하나만 발견된 유적은 발굴유적 중 신북, 곡천, 월평과 지표유적 가운데 평지들, 고수월, 새터, 동고지, 내우, 노루목, 구암, 죽림, 사마정으로 총 12개다. 한편 주먹자르개가 출토한 유적은 발굴유적 중 신북이 유일하고 지표유적 가운데 해룡과 용소가 있다. 그리고 주먹도끼, 주먹찌르개, 주먹자르개 중 한 점이라도 보고된 유적은 21개이며 이 가운데 공모양석기류가 나온 유적은 12개다.

그런데 주먹도끼, 주먹찌르개, 주먹자르개, 공모양석기류는 이른바 몸돌석기군을 구성하는 종류들로 한 점이라도 출토되었다면 차후 발굴조사가 이뤄질 경우 나머지가 발견될 가능성이 아주 높다. 한편 이 종류들은 흔히 전기와 중기구석기시대를 대표하는 석기로 알려졌으나, 근래에는 후기구석기시대 문화층에서 출토하는 사례들이 늘어나고 있다(이형우 2019).

그래서 몸돌석기류가 돌날석기나 좀돌날석기와 함께 발견되었는지의 여부도 살펴보았다. 그 결과 도롱, 죽산, 석평, 신북, 대전, 곡천, 월평, 신기, 고수월, 반송, 용소, 동고지, 내우, 인덕 등 모두 14개의 유적에서 같이 나왔다. 이 가운데 신북과 월평유적의 몸돌석기류는 후기구석기 문화층에서 출토하였다. 그리고 해룡과 인덕유적의 경우는 유물이 표토 아래 퇴적된 갈색찰흙층에 박힌 채 드러나 있었고, 평지들, 동고지, 구암유적의 경우는 지표에서 수습되었지만 후기구석기유물들과 같이 발견되었다.

그러나 갱신세 퇴적층이 수미터로 매우 두터운 죽산, 내우, 신기, 새터, 반송유적의 경우는 신중을 요한다. 죽산유적의 경우는 표토 아래의 갈색찰흙층, 상부 토양쐐기를 포함하는 암갈색찰흙층, 그리고 하부 토양쐐기가 발달한 적갈색찰흙층에서 유물이 발견되어 적어도 세 개의 문화층이 남아있다고 생각된다. 여기서 주먹도끼는 맨 아래의 적갈색찰흙층에서 발견되었다. 한편 내우유적의 주먹찌르개도 적갈색찰흙층에서 드러났다. 이와 같은 사례를 석평유적의 제2~3문화층에서 볼 수 있다(김진영·송장선 2012). 따라서 하부 퇴적층에서 출토한 주먹도끼나 주먹찌르개는 중기구석기시대로 편년된다.

이처럼 보성강유역에서 보고된 주먹도끼, 주먹찌르개, 주먹자르개, 찍개류, 공모양석기류는 층서와 발굴 사례를 근거로 적어도 중기~후기구석기시대 동안 존속한 것으로 나타난다. 다만 이것들은 후기구석기시대에 들어와 전체 석기군에서 차지하는 비율은 아주 적어진다. 반면에 밀개와 긁개는 몸체 종류에 돌날이 추가되고 아주 정교한 잔손질기법이 적용되어 더 세련된 도구로 발전한다. 그리고 슴베찌르개, 새기개, 각추상석기, 나뭇잎모양찌르개 같은 새로운 종류들이 추가된다. 이와 같은 양상은 이전의 전통을 이으면서 새로운 기술혁신이 이뤄졌음을 보여주는 것이다.

제5장

성과와 전망

고고학이란 학문은 유적의 발견과 조사로부터 시작된다고 해도 과언이 아니며, 그 내용이 보고서에 수록되고, 관련 논문이 발표되며, 수많은 논문을 토대로 책을 쓰게 된다. 그런즉 고고학 연구에서 우선시되어야 할 것은 1차 자료인 유적과 유물의 축적이라고 하겠다.

유로연장이 불과 120㎞인 보성강유역에서 발견된 구석기유적이 85개나 되는 사실은 그래서 매우 고무적이다. 더군다나 이 중에는 국가사적과 도기념물로 지정된 최상급의 유적이 포함되어 있으며, 향후 발굴조사가 이뤄진다면 새로운 유물과 유구가 얼마나 발견될지 알 수 없는 유적들이 다수 있기 때문이다.

발굴조사와 지표조사를 통해 그동안 확보된 유물의 수량은 신북유적 31,000여 점, 월평유적 14,000여 점, 석평유적 4,580점, 신기유적 3,304점 등 최소 5만 수천여 점이나 된다. 유물의 대다수는 뗀석기이지만, 희귀한 간석기를 비롯하여 광물성 안료인 철석영도 포함되어 있다. 그리고 흔하지 않은 화덕과 석기제작소 같은 유구도 발견되었으며, 약 10만 년 동안 쌓인 두터운 갱신세층이 조사되었고, 문화층의 연대를 뒷받침해주는 많은 절대연대도 측정되었다.

이처럼 풍부하게 확보된 고고자료에 대해 유적, 갱신세층과 편년, 유구와 유물의 순서로 정리해보고, 보성강유역 구석기문화의 연구 성과와 국제적 의의, 그리고 향후 과제 및 유적의 보존과 활용에 대한 필자의 의견을 피력해보겠다.

I. 성과와 의의

1. 여든다섯 개의 유적

호서, 호남, 영남을 산경도에서 보면 백두대간을 중심으로 동쪽은 낙동강유역과 동해안지역, 서쪽은 금강, 섬진강과 영산강유역으로 나뉜다. 낙동강유역의 약 1/5인 섬진강유역은 백두대간, 금남호남정맥과 호남정맥이 사방을 둘러싸고 있으며 남동 모서리에 외부로 통하는 출구가 있어 마치 성벽을 두른 것처럼 안전한 형세다. 그리고 섬진강의 지류인 보성강유역은 작은 산간분지가 발달하였는데 호남정맥이 서쪽과 남쪽을 둘러싼 형국이어서 영산강유역의 툭 터진 저평한 지형과는 사뭇 다르다(그림 75).

이와 같은 입지의 보성강유역은 자연재해가 닥쳤을 때 다른 지역보다 안전하며, 산간분지는 소규모의 무리가 살아가는 터전으로 알맞았을 것이다. 그래서 신석기시대 이래 발달하는 농사나 어로보다 오히려 채집과 사냥으로 살기에 유리한 여건이다. 이와 같은 자연환경 탓으로 보성강의 본류를 따라 34개,

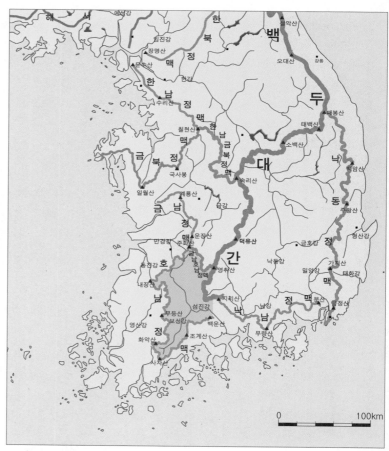

〈그림 75〉 산경도에서 보성강과 섬진강유역

지류를 따라 51개나 되는 많은 유적들이 남아있다고 생각된다(그림 76).

각 유적들은 규모는 소형, 중형, 대형, 초대형으로 서로 다르고, 문화층의 개수도 유적의 규모에 따라 다르다. 85개 유적의 크기별 구성 비율은 소형(54.1%)>중형(25.9%)>대형(14.1%)>초대형(5.9%)의 순서이고, 발굴된 중형이나 대형유적은 소형유적보다 문화층의 개수가 더 많다. 그리고 입지유형 중 '분지 언덕형', '해자 언덕형', '독립 언덕형'은 아주 적으며, '물가 언덕형'이 대다수를 차지한다.

이와 같은 분석 결과는 구석기인들이 계절(식량)이나 목적에 따라 규모와 입지가 다양한 살림터를 이용한 방식을 포함하여 사회 운용 방식까지 규명할 수 있는 중요한 기초자료라고 생각한다. 대체로 '해자 언덕형'이나 '분지 언덕형'으로 규모가 큰 유적은 긴살림터(base camp), 규모가 작은 '물가 언덕형'의 유적은 뜬살림터(temporary camp)로 이용되었다고 추정되는데, 전자에 속하는 월평유적과 신북유적은 유물의 밀집도가 아주 높고 다양한 종류의 유물이 출토하는 반면, 후자에 속하는 유적에서는 유물의 수량이 적고 종류도 한정되는 편이기 때문이다.

한편 유로연장이 불과 16.23km인 장평천변에서 19개, 그리고 21.09km인 송광천변에서 13개의 유적이 보고되었고, 각 유적들에서 빠짐없이 후기구석기시대의 유물이 발견되었다. 그런데 수렵채집민의 하루 행동권이 반경 10km, 걸어서 2시간 이내라는 민족지 연구를 참고하면 장평천이나 송광천유역은 구석기인들이 하루에 충분히 오갈 수 있는 적정한 규모다.

이처럼 일일생활권에 분포하며 동시대의 유물이 출토한 유적들은 같은 집단에 의해 남겨졌을 가능성이 높다. 일본 관동지방에서는 2km 떨어진 두 유적에서 출토한 석기가 기적처럼 서로 붙어 양 유적의 관련성이 증명되었다. 이 사례는 구석기인들이 일정한 영역 안에서 이동생활을 하였음을 잘 보여준다(堤隆 2011).

그런즉 천 단위로 분포하는 유적들에 대한 규모, 유형, 출토유물의 구성과 수량 등을 종합해 비교하는 연구, 즉 유적군에 대한 연구가 체계적으로 이루어질 필요가 있다. 구석기인들도 자신들이 처한 여건 및 목적에 적합한 규모와 유형의 언덕을 골라 살았을 터이기 때문이다. 이와 관련하여 일본학계는 '환상마을'과 '천변마을'

이라는 매우 흥미로운 설명을 하고 있다.[24]

그런데 우리의 경우는 천을 따라 크고 작은 유적들이 분포하는 점에서 식량이 풍부하거나 적은 계절, 또는 사회적 필요 등에 따라 무리들이 모이거나 흩어지는 방식으로 살았다고 추리된다. 그럴 경우, 여러 무리가 한 곳에 모여 살면 '환상마을', 개별 무리로 흩어져 살면 '천변마을'의 방식이 될 것이다. 그러나 일본학계처럼 '석기집중부(bloc)'를 분석한 결과에 의하지 않았으므로 이와 같은 해석은 아직 성급하며, 향후 같은 방식의 분석 결과를 기다려 평가해야 할 것이다.

2. 갱신세층과 편년

인공유물과 유구는 과거 인간의 흔적으로 이른바 갱신세층에서 발견된다. 이 갱신세층은 그 자체로 상대편년의 근거가 되며, 과거의 자연환경을 알려주는 다양한 자료들을 포함하고 있을 뿐 아니라, 퇴적요인과 유적의 퇴적후 과정(post deposition process)에 대한 정보도 간직하고 있다.

갱신세층을 대상으로 고고학자, 제4기지질학자와 자연과학자들이 고지형분석, 퇴적분석, 꽃가루분석, 숯분석, 총유기탄소(TOC)분석, 대자율분석 등을 수행하였다(임병태·이선복 1988 ; 이융조·윤용현 1990 ; 이융조·윤용현 1992a ; 김주용 과 2004 ; 목포대학교 도서문화연구소 고고지질연구실 2012). 그 결과 하안단구의 구별과 형성 시기, 퇴적물의 구성, 퇴적 환경, 갱신세의 식생과 기후, 강물 또는 중력 등의 퇴적 요인, 대자율 변환점과 지층 구분의 일치 여부, 토양 내 철박테리아 증가와 기후변화 추정, 토양쐐기구조와 빙하기의 관련성 등에 대한 새로운 지식이 축적되었다.

지난 30여 년의 조사와 연구를 통해 보성강유역의 여

---

24 일본학계는 석기집중부의 형태를 근거로 환상마을(環狀集落)과 천변마을의 개념을 제시하고 있다(堤隆 2011). 후기구석기시대 이른 시기에 존재한 환상마을은 블록(bloc)이라 부르는 석기군들이 한 곳에 둥글게 배치된 것으로 그 지름이 10~80m로 다양한데 보통 20~30m인 것이 많다고 한다. 이 유구는 대집단(150명 정도로 추산)을 이루는 소집단들이 한 곳에 모여 수십 채의 집을 지어 거주한 마을로 추정되며, 결속력이 강한 집단으로 해석되었다. 반면 천변마을은 환상마을 이후에 보다 활발하게 나타난 형태로 대집단이 몇 개의 소집단으로 나뉘어 천을 따라 군데군데 거주하는 방식이다. 따라서 개별유적은 마을이 아니라 그것의 일부분이다. 그러나 나중 시기로 가면서 한 개의 유적이 하나의 마을로 바뀌어 간다. 따라서 집단의 거주 양식은 집중에서 분산으로 나아갔다고 보았다(安蒜政雄 2013).

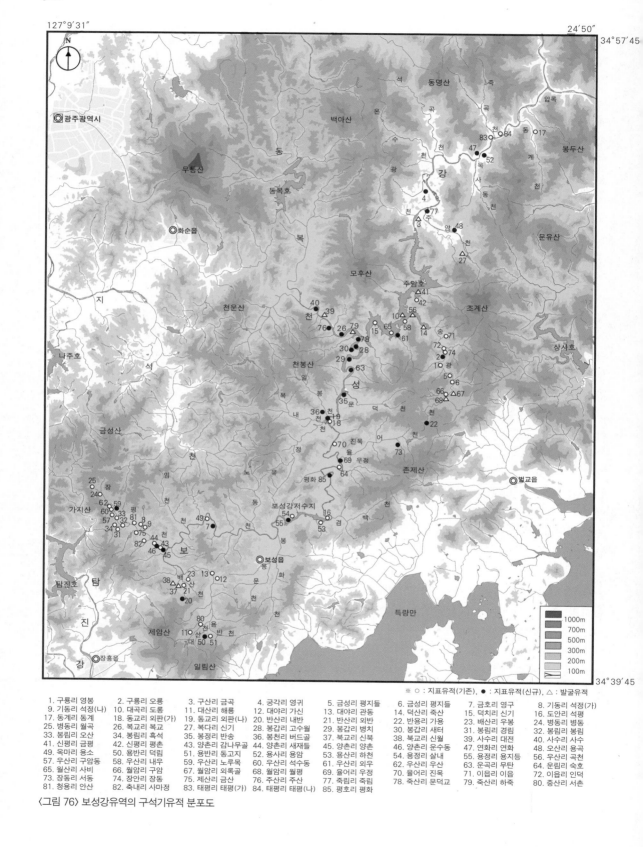

127°9′31″　　　　　　　　　　　　　　　　　　　　　　24′50″
　　　　　　　　　　　　　　　　　　　　　　　　　　34°57′45

※ ○ : 지표유적(기존), ● : 지표유적(신규), △ : 발굴유적

34°39′45

1. 구룡리 영봉	2. 구룡리 오룡	3. 구산리 금곡	4. 궁각리 영귀	5. 금성리 평지들	6. 금성리 평지들	7. 기동리 석정	8. 기동리 석정(가)
9. 기동리 석정(나)	10. 대곡리 도롱	11. 대산리 해룡	12. 대야리 가신	13. 대야리 관동	14. 덕산리 죽산	15. 덕치리 신기	16. 도안리 석평
17. 동계리 동계	18. 동교리 외판(가)	19. 동교리 외판(나)	20. 반산리 내반	21. 반산리 외반	22. 반용리 가용	23. 배산리 우봉	24. 병동리 병동
25. 병동리 월곡	26. 복교리 복교	27. 복다리 신기	28. 봉갑리 고수월	29. 봉갑리 병치	30. 봉갑리 새터	31. 봉림리 경림	32. 봉림리 봉림
33. 봉림리 오산	34. 봉림리 흑석	35. 봉정리 반송	36. 봉천리 버드골	37. 북교리 신북	38. 북교리 신월	39. 사수리 대전	40. 사수리 사수
41. 신평리 금평	42. 신평리 평촌	43. 양촌리 감나무골	44. 양촌리 새재들	45. 양촌리 양촌	46. 양촌리 운수동	47. 연화리 연화	48. 오산리 용곡
49. 옥마리 용소	50. 용반리 덕림	51. 용반리 동고지	52. 용사리 용암	53. 용산리 하천	54. 용정리 살내	55. 용정리 용지등	56. 우산리 곡천
57. 우산리 구암동	58. 우산리 내우	59. 우산리 노루목	60. 우산리 석수동	61. 우산리 외우	62. 우산리 우산	63. 문곡리 무탄	64. 운림리 숙호
65. 월산리 사비	66. 월암리 구암	67. 월암리 외록골	68. 월암리 월평	69. 율어리 우정	70. 율어리 진목	71. 이읍리 이읍	72. 이읍리 인덕
73. 장동리 서동	74. 장안리 장동	75. 제산리 금산	76. 주산리 주산	77. 죽림리 죽림	78. 죽산리 문덕교	79. 죽산리 하죽	80. 중산리 서촌
81. 청용리 안산	82. 축내리 사마정	83. 태평리 태평(가)	84. 태평리 태평(나)	85. 평호리 평화			

〈그림 76〉 보성강유역의 구석기유적 분포도

러 유적에서 확인된 갱신세층의 상한은 MIS 5기의 후반쯤으로 추정되며, 이후 MIS 4~MIS 2기에 속하는 다양한 퇴적물이 남아있음이 확인되었다. MIS 5기 후반부터 최근까지의 퇴적이 잘 남아있는 곳으로 금곡유적, 석평유적, 죽산유적이 있으며, MIS 3~MIS 2기의 갱신세층을 자세히 볼 수 있는 곳으로는 월평유적과 신북유적 등이 있다(사진 73, 74 참조).

갱신세층과 문화층과의 관계를 살펴보면 다음과 같다. C층, 즉 하부토양쐐기 포함층 이하의 퇴적에서 석기가 발견된 곳은 죽산유적과 내우유적의 최하부 문화층으로 토양쐐기현상이 뚜렷한 적갈색찰흙층에 들어있다. B2층에서 석기가 출토한 곳으로 석평유적이 있으며, 도롱유적, 덕치리 신기유적, 반송유적의 주먹도끼를 포함하는 몸돌·격지석기군도 B2층에 해당될 것이다.

상부 토양쐐기 포함층인 B1층에서 문화층이 드러난 곳은 월평유적과 신북유적이 있으며, 돌날몸돌이 발견된 인덕유적도 해당될 것으로 생각한다. A층에서 좀돌날석기군이 출토한 곳은 월평유적, 복다리 신기유적, 죽산유적, 곡천유적, 대전유적, 금평유적, 고수월유적, 무탄유적 등으로 대단히 많다.

보성강유역의 갱신세층과 관련 유적을 종합하여 편년을 시도해보면 다음과 같다(표 53).

3. 집자리, 화덕, 석기제작소

보성강유역에서 조사된 유구로는 집자리, 화덕, 그리고 석기제작소가 있다.

사수리 대전유적에서 보고된 '집자리'는 기둥구멍이 약 3.5~4m 폭으로 한 줄에 3~5개(보조 기둥구멍 제외) 있고, 각 줄의 기둥 간격은 2~3m로 한 변의 길이는 5m 이상이며, 양단 중앙의 바깥 편에 기둥구멍이 하나씩 배치된 모습이어서 면적이 약 30㎡인 터널형 막집으로 추정되었다(이융조·윤용현 1992a). 이것은 지금까지 알려진 석장리유적의 제1호와 제3호 집자리(손보기 1993), 그리고 사기리 창내유적의 원추형집(박희현 1990)과는 다른 형태이며 대형에 속한다.

모닥불이 연상되는 '화덕'은 추위를 견디고, 어둠을 밝히며, 조리하는 데 필수적일 뿐 아니라 구성원들의 의사교환과 친목을 도모하는 데도 큰 역할을 했을 것이다. 보성강유역에서 화덕이 발견된 곳은 아직까지 신북유적이 유일하다. 여기서는 모난 응회암과 석영맥암을 1~2단으로 둥글게 쌓은 형태의 화덕이 여섯 개 드러났다. 화덕의 지름은 40~60㎝이며, 바닥에 숯 조각이 남아있었고, 제3호 화덕은 둘레에 석기들이 흩어져 있었다(이기길 과 2008).

《표 53》 보성강유역의 갱신세층과 유적의 편년

MIS 단계	A, B, C층	갱신세~전신세층(금곡, 석평, 월평, 신북유적의 층서 종합)			유적과 문화층	
MIS 1		겉흙층	겉흙층	겉흙층		
MIS 2 (12~23 ka B.C.)	A층	명갈색찰흙층	밝은 갈색찰흙층	명갈색 찰흙층	월평 4문화층	동고지, 고수월, 석평 4문화층, 금곡, 복다리 신기 그리고 죽산, 곡천, 대전, 금평, 내우, 용소의 상부 문화층
				흑갈색 찰흙층		
				갈색 찰흙층	월평 3문화층	
				황갈색 찰흙층		
				황갈색 모래질찰흙층		
MIS 3 후반기(23~40 ka B.C.)	B1층	암갈색찰흙층 (상부 토양쐐기 포함)	어두운 갈색찰흙층	암갈색 찰흙질모래층 (상부 토양쐐기 포함)	월평 중간문화층	신북, 해룡, 인덕, 도롱, 반송과 덕치리 신기 상부 문화층, 죽산 중간문화층, 곡천과 대전의 하부 문화층
				황갈색 모래질찰흙층	월평 2문화층	
			황갈색찰흙층	황갈색 찰흙질모래층	월평 1문화층	
MIS 3 전반기(40~59 ka BC)	B2층	모난돌뻘질 모래찰흙층	황적색사질점토층	황색 뻘층	석평 3문화층	도롱, 덕치리 신기, 반송의 하부문화층, 새터
			적갈색사질점토층		석평 2문화층	
		갈색찰흙층	적갈색점토층	암갈색 자갈모래층 또는 모난돌모래층	석평 1문화층	
MIS 4~MIS 5(59~128 ka BC)	C층	황색찰흙층(하부 토양쐐기 포함)	모래뻘층	기반암		죽산과 내우 하부문화층
		밤색찰흙층	자갈모래층			
		밤색찰흙모래층				
		기반암	기반암			

328

그리고 특이하게도 네 개의 화덕이 사방 4.5×13.2m의 범위에 모여 있었는데, 각각의 거리는 2~7m 가량 떨어져 있다(사진 50 참조). 네 개의 화덕은 쓰인 돌의 종류, 구조와 형태, 불탄 정도, 버려진 양상 등에서 별 차이가 없다. 만약 화덕이 동시에 만들어졌다면 유적을 점유한 구석기인들의 규모가 상당히 컸다는 해석이 가능하다. 그렇지만 시간차를 두고 만들어졌다면 소규모의 구석기인들이 자주 찾아왔으며, 올 때마다 비슷한 장소에 화덕을 만들고 생활한 것으로 볼 수 있다.

정형성을 보이는 화덕은 단독으로 설치될 수도 있지만, 서로 2~7m 떨어져 있으므로 혹 근처에 간단한 막집이 세워졌을지도 모른다. 물론 화덕 인근에 기둥구멍들이 확인되지 않았으므로 단정하긴 어렵지만, 시베리아에서 순록을 키우는 유목민들처럼 나무기둥을 묻지 않고 그냥 땅위에 세운 상태로도 집을 완성할 수 있기 때문에 가능성을 배제할 수 없다.[25]

한편 화덕과 달리 낱개의 불탄 돌들이 분포하는 양상이 신북유적의 장동초교지점에서 확인되었다(이기길·김수아 2017). 24점이 사방 약 10m 범위에 군데군데 흩어져 있었는데, 이것들은 도로공사지점의 화덕 재료와 같은 종류이며 금이 가고 터진 상태도 같다. 이것은 분포양상을 고려할 때 유적의 퇴적후 과정에서 자연의 영향으로 흩어졌거나 또는 구석기인들이 화덕을 일부러 폐기한 결과로 생각되지는 않는다. 아마도 화덕에서 달궈진 돌을 꺼내어 요리하는 데 이용되었거나[26] 또는 몸을 따뜻하게 하는 용도로 쓰인 뒤 버려진 것일 수 있다.

'석기제작소'는 석기 제작 행위가 남아있는 장소를 의미하며, 서로 붙는 석기를 비롯하여 망치나 모룻돌 등이 존재한다. 이런 사례가 월평유적, 신북유적, 석평유적, 죽산유적에서 보고되었다. 이 중 월평유적에서는 좀돌날 몸돌의 선형 제작, 격지의 생산, 밀개, 긁개, 홈날, 톱니날, 부리날, 주먹도끼 같은 도구의 제작(이기길 2002a ; 이기길·김수아 2009), 그리고 신북유적에선 격지의 생산, 밀개의

몸체 생산을 보여주는 귀중한 자료가 발굴되었다(이기길 과 2008 ; 이기길·김수아 2017).

월평유적의 경우, 좀돌날석기, 수정석기의 제작지, 그리고 밀개의 집중지가 서로 다른 장소에서 드러났다. 신북유적의 장동초교지점에서는 길이 18m, 너비 12m 범위 안에 ① 좀돌날, 격지, 도구가 중심이 되는 구역, ② 완성된 도구만 분포하는 구역, ③ 불탄 돌 위주의 분포 구역으로 구분되었다(그림 77. 이기길·김수아 2017). 이런 사례들에서 구석기인들이 살림터를 도구의 생산, 사용, 그리고 쉬는 공간 등으로 나누어 이용하였음을 추리할 수 있다.

이처럼 석기제작소의 붙는 유물들을 통해 격지와 도구의 생산 과정과 방법, 그리고 유물의 종류별 분포양상을 분석하여 구석기인들의 공간 활용을 추정할 수 있었다. 그래서 구석기인들의 기술수준과 인지능력에 대한 보다 직접적인 이해가 가능하게 되었다. 이와 같은 성과가 공간고고학(spacial archaeology)과 민족지고고학(ethnoarchaeology)에 대한 체계적인 지식과 깊은 이해를 바탕으로 더 심화된 연구로 이어져야 할 것이다.

4. 다양하고 풍부한 유물

1) 뗀석기

타제석기는 아주 다양한 종류가 다량 확보되었다. 이것들은 주먹도끼류(bifaces)를 특징으로 하는 '몸돌·격지석기군'과 슴베찌르개와 좀돌날을 중심으로 하는 '돌날·좀돌날석기군'에 속한다. 전자는 중기구석기시대, 그리고 후자는 후기구석기시대를 대표한다.

찍개, 주먹도끼, 주먹찌르개, 주먹자르개, 주먹대패, 공모양석기류(여러면석기, 버금공모양석기, 공모양석기의 통칭)는 발굴유적보다 지표유적인 반송유적, 덕치리 신기유적, 내우유적, 외우유적, 도롱유적, 죽산유적 등에서 많이 수습되었다(사진 79, 80). 이것들의 크기와 무게, 형식과 제작기법은 임진·한탄강유역, 한강유역, 동해안지역의 출토품과 별 차이 없이 대동소이하다(문화재관리국 문화재연구소 1983 ; 이선복·이교동 1993 ; 국립문화재연구소 1999 ; 배기동 과 2001 ; 최승엽·김연주 2008 ; 정연우 와 2010 ; 이선복 과 2011).

세계사의 흐름에서 보면, 주먹도끼류는 180만 년 전 무

---

25 일본학계는 구석기시대 집의 형태로 기둥구멍 또는 화덕이 있는 견고한 집과 천막처럼 간단하게 지은 집 두 가지를 상정하였다. 구석기시대의 일반적인 거주 형태는 나뭇가지 등을 엮어 풀이나 가죽 등으로 덮은 집으로 이것이 이동생활을 했던 수렵채집민에게 가장 적당하였다고 추정한다(安蒜政雄 2013).

26 일본의 구석기유적에서도 달군 돌이 나오는데 조리기술의 한 방법으로 해석하고 있다(堤隆 2011). 오늘날에도 몽골인들은 양가죽 안에 토막 낸 고기 덩어리를 넣고 달군 돌을 넣어 요리를 하고 있다. 그릇이나 장작불 없이 조리가 얼마든지 가능한 것이다.

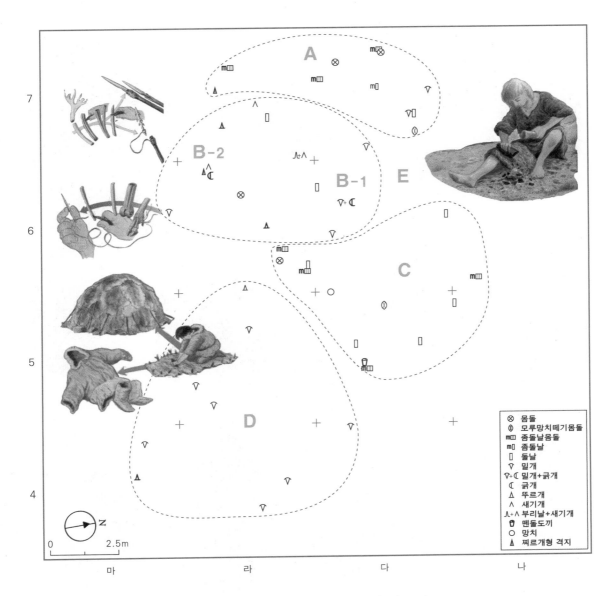

범례:
- ⊗ 몸돌
- ⊘ 모루망치떼기몸돌
- ▥ 좀돌날몸돌
- ▯ 좀돌날
- ▯ 돌날
- ▽ 밀개
- ▽+ℂ 밀개+긁개
- ℂ 긁개
- △ 뚜르개
- ∧ 새기개
- ⅄+∧ 부리날+새기개
- ⬚ 뗀돌도끼
- ○ 망치
- ▲ 찌르개형 격지

〈그림 77〉 구석기인들의 공간 활용(이기길·김수아 2017)

렵에 아프리카에서 처음 등장하였고, 중앙아시아 또는 동남아시아를 경유하여 80만~60만 년 전경 중국의 황하유역과 장강유역 사이에 도달하였으며, 한반도에는 늦어도 10만 년 전경에 다다랐다(佐川正敏 2018).

그런데 주먹도끼류가 출토한 화순 도산유적 제1~2문화층의 절대연대는 약 5만~7만 년 전이며, 하부 토양쐐기포함층이 6만5천 년 전보다 더 빠른 시기로 편년된다(이기길 2018b). 그런즉 영산강유역에서 주먹도끼류는 늦어도 7만 년 전에 이미 존재하고 있었다. 보성강유역에서

수습된 주먹도끼류 중에는 도산유적처럼 하부 토양쐐기가 발달한 적갈색찰흙층에서 수습된 사례가 있다. 따라서 이런 층위에서 발견된 주먹도끼를 약 7만 년 전으로 편년해도 무리가 없을 것이다.

이런 점에서 지표유적에서 수습된 주먹도끼류의 대다수는 중기구석기시대에 해당된다고 생각된다. 그렇지만 후기구석기시대에 속하는 월평유적과 신북유적에서 좀돌날석기와 함께 주먹도끼, 주먹자르개, 공모양석기류가 출토하여 주먹도끼류가 후기구석기시대 늦은 단계까지

〈사진 79〉 보성강유역의 몸돌석기
찍개(① 외우, ② 평촌) 외면석기(③ 병치) 주먹도끼(④ ⑪ 죽산, ⑤ 하천, ⑥~⑦ 월평, ⑧~⑨ 신북, ⑩ 반송) 주먹찌르개(⑫ 내우, ⑬ 새터)

존속한 것도 분명하다. 사가와 마사토시 교수는 주먹도 끼류와 공모양석기류가 한반도에서 약 10만 년 전부터 후기구석기시대까지 존재하는 양상에 대해서 구인류(舊 人類)가 제작, 사용했던 석기를 신인류(新人類)도 수용, 계 승한 것으로 이해하며, 이런 양상은 일본열도의 후기구 석기시대에서 확인되지 않기 때문에 기본적으로 한반도 남쪽의 특색이라고 보고 있다(佐川正敏 2018).

한반도에서 후기구석기시대의 막이 오르며 등장하는 '슴베찌르개의 돌날석기군'은 보성강유역에서 아직 확인 된 바 없다. 돌날석기군이 출토하는 유적으로 절대연대 가 4만 년 전으로 재어진 곳은 없기 때문이다. 그러나 최 근 남한강유역의 단양 수양개Ⅵ지구(하진리)유적에서 그 존재가 확인되어(이융조 와 2018) 장차 보성강유역에서도 찾아질 확률이 높아졌다.

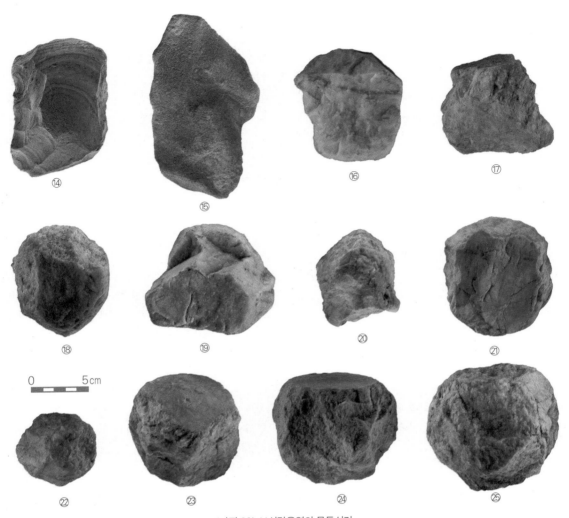

⑭   ⑮   ⑯   ⑰

⑱   ⑲   ⑳   ㉑

0   5cm

㉒   ㉓   ㉔   ㉕

〈사진 80〉 보성강유역의 몸돌석기
주먹자르개(⑭ 신북, ⑮ 해룡, ⑯ 인덕, ⑰ 살내) 주먹대패(⑱ 죽산, ⑲ 금산, ⑳ 신기 ㉑ 도롱) 공모양석기류(㉒ ㉕ 내우, ㉓ 신기, ㉔ 금평)

현재로서는 '몸돌·격지석기군' 다음에 등장하는 '돌날·좀돌날석기군'은 신북유적의 실연대를 참고할 때 30,000~22,000년 전에 시작되었으며, 월평유적의 제4문화층에서 보듯이 후기구석기가 끝날 무렵까지 지속되었다. 그런데 한반도에서 좀돌날기법이 처음 출현한 연대는 30,000~26,000년 전(장용준 2014 ; 2015)으로 편년되고 있어, 보성강유역도 새로운 기술을 가진 집단이 일찍부터 살았다고 해석된다.

그리고 일본열도에서는 슴베찌르개와 좀돌날석기가 서로 시기를 달리하여 존재하지만, 보성강유역에선 양자가 함께 존재하는 사례가 신북유적, 월평유적, 죽산유적, 복다리 신기유적, 용소유적 등 여럿 있다. 그래서 신구(新

舊)의 창끝찌르개의 교체극을 잘 보여주고 있다고 해석되고 있다(安蒜政雄 2017). 이처럼 서로 다른 석기문화가 간혹 공반, 공존하는 양상은 세계사적으로도 매우 독특하다고 평가되고 있다(佐川正敏 2018).

이 석기군을 대표하는 좀돌날몸돌은 최근까지 140점가량, 그리고 돌날몸돌은 소량 발견되었다(사진 81). 좀돌날몸돌은 신북유적에서 100여 점, 월평유적에서 20여 점, 그리고 금평유적, 곡천유적, 죽산유적, 대전유적, 석평유적, 복다리 신기유적, 동고지유적, 용소유적, 금성유적, 내우유적, 주산유적 등에서 1~2점씩 나왔다. 이 밖에 좀돌날과 스키스폴을 비롯한 때림면격지, 생산면격지 등 좀돌날 석기의 제작과정 전체를 복원할 수 있는 종류들이 모두 발견되었다.

월평유적과 신북유적의 좀돌날몸돌은 유베쓰기법이 주류를 이루며, 각각 호로카형과 원추형이 포함되어 있다. 현재까지 확보된 좀돌날석기를 통해 좀돌날몸돌의 형식 분류와 편년, 제작기법, 국내외 타 지역과의 비교연구 등 다양한 연구는 물론 좀돌날석기 기술이 어디서 시작되어 어디로 퍼져 나갔는지를 다루는 문화권 연구까지 가능하게 되었다(김은정 2005 ; 오오타니 카오루 2012 ; 오오타니 카오루 2017 ; 大谷薫 2015 ; 大谷薫 2016 ; 大谷 薫 2019 ; 이헌종 2015a · 장용준 2015).

밀개는 지금까지 알려진 수량을 보면 신북유적 260여 점, 월평유적 150여 점을 비롯하여 죽산유적, 금평유적, 곡천유적, 대전유적, 덕치리 신기유적, 복다리 신기유적, 석평유적, 도롱유적, 금곡유적, 내우유적, 오산유적, 무탄유적 등에서 수~십여 점씩 출토하여 적어도 500점이 넘는다(사진 82). 이것의 몸체 종류는 격지와 돌날이며, 크기는 손바닥의 반 정도부터 엄지에 이르기까지 아주 다양하고, 날의 모양도 볼록날, 둥근날, 콧등날 등 여러 가지다(김수아 2006).

밀개는 짐승의 가죽에서 고기나 지방 등 썩는 성분을 제거하는 도구라고 알려져 있다(堤隆 2011 ; 김경진 2018). 이렇게 무두질된 가죽은 빙하기의 극심한 추위를 견디는 데 필수적인 옷을 만드는 감으로 아주 유용하였다.

촘촘하게 바느질된 옷을 지으려면 끈을 꿸 구멍을 뚫어야 했다. 월평유적과 신북유적을 비롯한 죽산유적, 인덕유적, 사비유적, 내우유적, 외우유적, 죽림유적, 금평유적, 새터유적 등 많은 유적에서 삼능선의 뾰족한 날을 지닌 크고 작은 뚜르개와 부리날석기가 나왔는데 그런 용도에 적합하였을 것이다. 아울러 잘 만들어진 홈날과 톱니날석기도 실생활에 아주 요긴하였을 것이다(사진 83).

후기구석기시대의 생활상을 이해하는 데 있어 밀개와 더불어 쌍벽을 이루는 도구가 바로 새기개다. 이 석기는 죽산유적과 월평유적에서 소량 발굴되어 제작기법이나 형식을 이해하는 데 한계가 있었다. 그러나 신북유적의 발굴조사에서 80여 점이나 발견되어 새기개를 만들 때 사용된 몸체의 종류, 날의 위치와 개수에 따른 형식 연구, 그리고 날의 재생과 수리 등을 자세히 밝힐 수 있는 전기가 마련되었다(사진 84). 새기개는 여인상, 맘모스, 말, 새 등의 조각품을 만들거나, 뼈, 뿔, 나무 등에 홈을 파는 데 쓰였다고 하므로 도구제작뿐 아니라 예술행위를 이해하는 데 있어 소중한 자료다(堤隆 2011 ; 이한용 · 김소영 2017).

사냥도구로 분류되는 슴베찌르개는 죽산유적 1점, 신기유적 3점, 신북유적 11점, 월평유적 6점, 용소유적 1점, 인덕유적 1점 등 모두 23점이 출토하였다. 형태가 완전한 것은 6점이고, 나머지는 파손된 상태다(사진 85). 이와 같은 구성을 통해 슴베찌르개는 유적에서 제작되고 수리되었으며, 유적 밖에서 사용하다가 파손되었을 경우 자루를 재활용하기 위해 가져왔다고 추리된다.

슴베찌르개보다 훨씬 크고 무거워 아주 치명적인 사냥도구인 나뭇잎모양찌르개는 월평유적에서 1점, 신북유적에서 2점 발견되었다. 겉면의 녹 상태를 보면, 하반부가 남아있는 월평유적의 것은 구석기시대에 반으로 동강난 것이고, 신북유적의 한 점은 도로공사 시 반파된 것이며, 다른 한 점은 온전한 상태로 발굴되었다(사진 78 참조). 크기(길이×너비×두께)와 무게는 월평유물이 87mm, 42mm, 14mm, 50g이고, 신북유물은 64mm, 30mm, 13mm, 19.6g과 118mm, 36mm, 10mm, 36.8g이다. 신북유적의 파손된 것은 길이가 본래 130mm 내외였을 것이다. 이처럼 신북유적의 두 점은 크기나 무게가 상당히 비슷한데, 이런 사례는 구석기인들이 도구를 제작할 때 용도를 충족시키는 일정한 기준이 있었음을 가리킨다.

구석기인들의 도구 제작기술과 인지능력을 평가하는 데 있어 결정적인 유물이 바로 '붙는 석기(refitted stone artifacts)'다. 이 자료들은 발굴 조사가 이뤄진 월평유적, 신북유적, 석평유적, 죽산유적에서 확보되었다. '몸돌과 격지' 또는 '격지'끼리 붙는 사례가 흔하지만, 놀랍게도 '도구와 격지'가 서로 붙거나, 심지어 '몸돌, 격지와 도구'가 붙는 경우도 있다.

그래서 구석기인들이 처음 선택한 원석의 모양, 크기와 무게를 알 수 있으며, 어떤 순서와 방식으로 격지를 떼었고, 도구의 몸체로 사용된 원석이나 격지의 모양과 크기는 어떠하며, 몸체를 어떻게 잔손질하여 도구를 완성하였고, 혹이나 우묵점, 격지면의 특징을 통해 각 과정에서 사용된 망치의 종류도 추정이 가능하다. 또한 붙는 석기들의 분포 양상을 분석하면 한 사람이 만들었는지 또는 여러 사람이 같이 작업했는지도 구분할 수 있다. 이처럼 붙는 석기는 아주 소중한 연구 대상일 뿐 아니라 구석기인들이 떠난 뒤 유적이 잘 보존되었는지도 판단할 수 있는 척도가 된다.

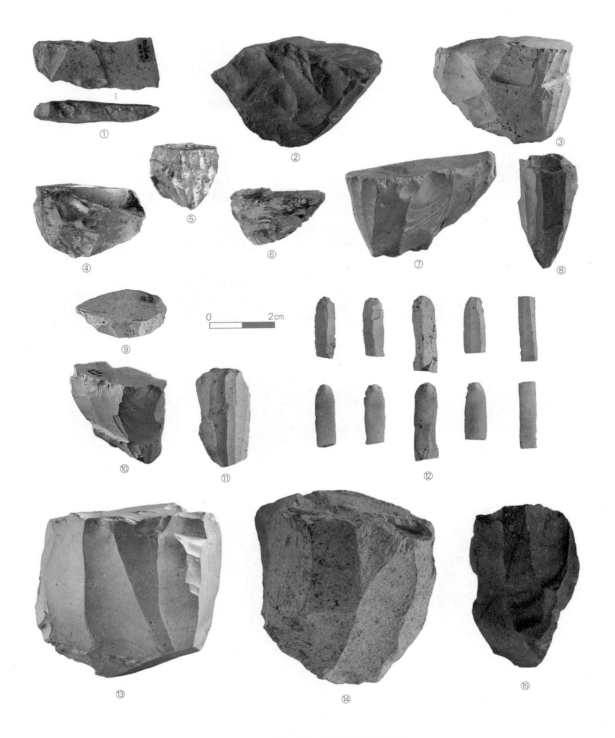

〈사진 81〉 보성강유역의 좀돌날석기와 돌날몸돌
스키스폴(① 무탄) 좀돌날몸돌(② 동고지, ③~⑤ 신북, ⑥~⑦ 월평, ⑧ 금성)
때림면격지(⑨ 월평) 생산면격지(⑪ 월평) 좀돌날(⑫ 신북) 돌날몸돌(⑬ 월평 ⑭ 신기 ⑮ 무탄)

334

〈사진 82〉 보성강유역의 밀개
① · ⑯ 내우 ② ~ ⑤, ⑧ ~ ⑬ 신북, ⑥ · ⑦ 월평, ⑭ 새재등, ⑮ · ⑰ · ⑱ · ㉔ 신기, ⑲ 월곡, ⑳ 무탄 ㉑ 구암, ㉒ 경림, ㉓ 도롱

〈사진 83〉 보성강유역의 뚜르개, 홈날, 톱니날

뚜르개(①·② 월평 ③ 외우 ④ 사비 ⑤ 내우 ⑥ 죽림 ⑦ 금평 ⑧ 새터 ⑨ 사비), 홈날(⑩ 신기 ⑪ 영봉), 톱니날(⑫ 도롱 ⑬ 금성)

〈사진 84〉 보성강유역의 새기개
① 신기 ② 봉림 ③~⑤ 월평 ⑥~⑲ 신북

0　　　　3cm

〈사진 85〉 보성강유역의 슴베찌르개
① ~ ⑦ 월평 ⑧ ~ ⑪ 신북 ⑫ 인덕 ⑬ 해룡 ⑭ ~ ⑮ 복다리 신기 ⑯ 죽산

〈사진 86〉간돌도끼 ① 신북유적 ② 집현유적(박영철·서영남 2004)

2) 간석기

마제석기라면 신석기시대를 대표한다고 배웠기 때문에 구석기유적에서 간석기가 나왔다면 선뜻 인정하기 어려울 것이다. 그래서 2004년에 신북유적에서 뗀석기들과 함께 간돌도끼(104×50×14mm, 95.5g)가 드러났을 때 많은 이들의 비상한 관심을 받게 되었다(사진 86-①). 그러나 일본열도에서는 이미 후기구석기시대에 마제석부가 존재한다는 사례가 많이 보고되어 아주 당연하게 받아들여지고 있다(大竹憲昭 2002 ; 堤隆 2011).

우리의 경우도 실은 남강유역인 진주 장흥리 집현유적에서 2001년에 좀돌날석기군과 함께 간돌도끼(81×43×11mm)가 여러 점 발굴된 바 있다(사진 86-②. 박영철·서영남 2004). 그리고 1983~5년의 수양개유적 1지구 발굴에서도 발견된 바 있으며(李隆助·安蒜政雄 編 2004), 2018년에는 산청군 산청읍 차탄리에서도 좀돌날석기군과 함께 드러났다(김경진 2019). 이것들의 모양과 크기를 비교해보면 신북유적과 집현유적의 것이 가장 비슷하고, 수양개유적과 차탄리유적의 것은 더 길쭉하며 길이가 각각 약 166mm와 156mm로 신북유적의 유물에 비해 1.5배가 넘는다.

신북유적에서는 간돌도끼뿐 아니라 가장자리를 다듬 듯 떼고 조금 간 판석, 윗면이 판판하게 갈리고 가운데가 오목하게 쪼인 육면체에 가까운 자갈, 홈석기, 고드랫돌모양석기, 숫돌 등도 함께 나왔다(사진 48 참조). 이것들은 떼기, 갈기와 쪼기 수법으로 완성된 것이어서 신석기시대의 간석기 제작기법과 전혀 차이가 없다.

그런즉 신석기인들의 전유물로 알고 있었던 마제석기의 제작기술은 이미 구석기인들이 개발하였던 것이며, 다만 적용하는 대상이 한정되었던 것으로 볼 수 있다. 그러나 이동생활에서 정착생활로 거주 방식이 바뀌는 신석기시대에는 튼튼한 집짓기와 다양한 가구가 필요해지는 사정으로 인해 특히 나무를 자르고 다듬는 목공용 간석기의 종류가 많아지고, 활촉이나 돌낫처럼 다른 분야의 도구 제작에도 이 기술이 활용되기에 이르렀다.

마제기법으로 만들어진 석기가 비단 돌도끼에 국한되지 않고 홈석기, 고드랫돌모양석기 등 여러 가지인 점은 후기구석기인들의 살림살이가 이전보다 더 다양해졌으며, 한 곳에 꽤 오랫동안 머물러 살았음을 가리키고 있다. 이런 과정을 거쳐 이동생활에서 정착생활로의 전환이 성공할 수 있었을 것이다. 그 과도기의 모습을 간직하고 있는 신북유적의 학술적 가치와 의미는 더욱 새롭게 다가온다.

3) 돌감과 안료

후기구석유적에서 출토한 뗀석기의 돌감을 분류해보니 유적에 따라 차이가 있지만 약 7할 이상은 석영맥암, 석영암, 규암, 약 2할 내외는 응회암과 유문암, 그리고 나머지는 수정, 흑요석, 사누카이트 등으로 제작된 것으로 나타났다. 이 가운데 흑요석과 사누카이트를 제외한 종류들은 보성강유역에 자갈 형태로 분포하고 있어, 구석기인들은 석재의 9할 이상을 주변에서 구하는 것이 가능했을 것이다.

한편 흑요석기를 양성자유발X선발생법(PIXE)으로 분석한 결과, 신북유적의 것은 백두산, 규슈의 고시다케와 하리오지마 및 요도히메와 시바카와(Lee and Kim 2015), 그리고 월평유적과 내우유적의 것은 규슈의 고시다케가 원산지[27]로 밝혀졌다. 규슈와 백두산은 보성강유역에서 각각 직선거리로 약 300km와 800km 거리에 있다[28]. 그

---

27 김종찬 서울대 명예교수가 분석하였으며 미발표자료임.

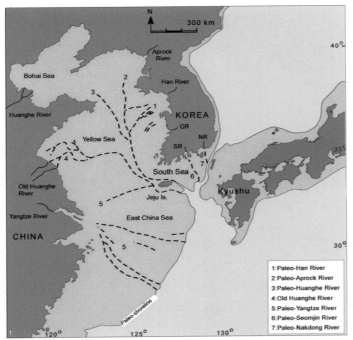

〈그림 78〉 빙하극성기의 대한해협(Yoo D. G. *et al.* 2016)

(그림 79).[30] 후기구석기인들은 이 교류망을 통해 보성강유역에서 직선거리로 무려 800km, 그리고 바다 건너 300km에 이르는 지역의 다양한 정보를 수집하여 자신들의 생존능력을 극대화하려고 하였을 것이다(성춘택 2019b).

석기 이외에 희귀한 유물로 철석영 자갈이 있다. 신북유적에서 발굴된 이것은 붉은색을 띠는 광물성 안료다. 붉은 안료는 라스코동굴의 벽화에서 보듯이 그림을 그리거나 죽은 자의 장례를 치를 때 주검에 뿌리는 용도로(이한용·김소영 2017 ; 조태섭 과 2010), 또는 가죽을 유연하게 하고 색깔을 내는 데도 쓰였다고 한다(堤隆 2011). 그러므로 신북유적의 철석영은 보성강유역의 구석기인들이 빙하기의 추위를 견디기 위해 가죽옷을 짓고 나아가 장례의식을 치렀을 가능성을 뒷받침하는 소중한 자료다.

리고 규슈와 한반도는 빙하극성기(LGM)에도 바다로 가로막혀 있었으며, 그 폭은 15km 내외로 추정된다(그림 78. Yoo D.-G. et al. 2016).

보성강유역에서 발견된 흑요석기가 극히 소량인 점은 산과 강을 넘고 바다를 건너 먼 거리를 운반해야 하는 어려움 때문이었을 것이다. 그런즉 이것은 원산지까지 가서 직접 채취해온 것이라기보다 교류하는 집단 사이에 우의를 상징하는 선물로 받았을 가능성이 크다[29]. 그렇다면 흑요석과 교환된 것은 규슈에 28,000년 전 무렵 갑자기 등장하는 슴베찌르개였을지도 모른다(松藤和人 1987 ; 2001 ; 2004 ; 佐藤宏之 2018).

아무튼 흑요석기의 중요한 의의는 보성강유역의 구석기인들이 한반도 북단인 백두산, 그리고 바다 건너 일본열도와 원거리교류망을 형성하고 있었다는 사실이다

5. 연구 성과와 후학 양성

최근까지 보성강유역의 구석기문화를 다룬 '논문'은 국내학회지에 26편, 국외학회지에 9편 게재되었다. 국내논문의 경우, 연구 초창기인 1990년대는 발굴유적과 지표유적의 조사 내용을 주로 다루었지만, 2000년대 이후 지역별로 조사 성과를 종합하거나 비교, 그리고 개별 석기에 대한 심화된 연구로 나아갔다. 국외논문은 2002년부터 발표되었는데 다섯 편은 러시아를 포함한 유럽, 네 편은 일본과 아시아의 학회지에 실렸다. 이것은 보성강유역의 구석기문화가 일본, 중국, 러시아를 비롯하여 구미의 학자들에게까지 널리 소개되어 국제적인 관심을 끄는 데 기여하였다.

'단행본'은 2004년 이래 2018년까지 모두 일곱 권, 즉 《동북아시아의 구석기문화와 장흥 신북유적》,《국가사

---

28 백두산 흑요석은 한반도의 남부까지 전해졌지만 연해주 쪽으로도 800km 이상 퍼졌다고 한다(Kuzmin, Y.V. 2010).

29 장용준(2013)은 단순 교환 또는 단순 중계 방식으로 얻었다고 해석하였다. 한편 일본학계에서는 석재획득의 방법으로 직접채취, 매립전략(루이스 빈포드의 견해), 교환의 세 가지를 상정하고 있다. 사람이 살지 않는 섬의 흑요석이 육지에서 발견되었다면 직접채취가 분명하고, 지역 석재는 일상적인 매립전략에 의해 확보되었다고 보았다. 그리고 어떤 방식이든 집단의 이동 또는 집단 간의 관계가 맺어진 영역을 보여주고 있다는 점을 반영한다고 보았다(堤隆 2011).

30 최근 경상남도 사천시 이금동유적과 울산시 신화리유적에서 나온 흑요석기의 원산지가 규슈의 고시다케/하리오지마로 밝혀졌다(장용준·김종찬 2019). 이로써 후기구석기시대에 전라남도뿐 아니라 경상남도에도 일본산 흑요석이 들어온 사실이 과학적으로 확인되었다. 일본산 흑요석의 남부지역 분포는 일본열도와 가깝다는 지리 여건상 자연스럽다고 생각하며, 구석기인들이 바다를 건너는 도항 능력과 수단을 지니고 있었음을 보여주는 결정적인 증거다.

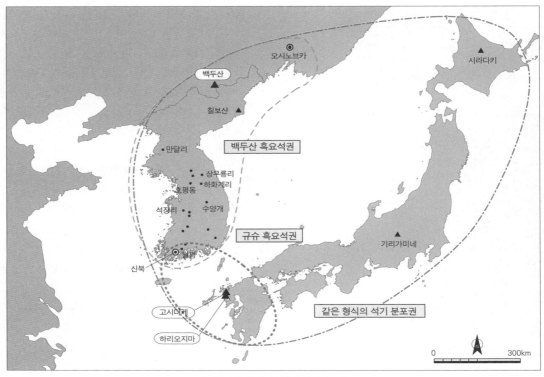

〈그림 79〉 구석기시대의 원거리교류

〈사진 87〉 보성강유역의 구석기문화를 다룬 단행본

〈사진 88〉 장흥 신북 구석기유적 발굴기념 국제학술회의(2004. 6. 22)와 순천 월평유적 국가사적 지정 10주년 기념 한일국제학술회의
(2014. 11. 18)

적 월평유적의 학술 가치와 창조적 활용》,《호남 구석
기 도감》,《빛나는 호남 10만년》,《순천 월평유적군(群)
을 활용한 '구석기인의 길' 개발》,《호남 구석기문화의 탐
구》,《보성강, 구석기인들의 낙원》이 출판되었다(사진 87).
　단행본 각각의 내용과 의미를 간략하게 살펴보면 다
음과 같다.《동북아시아의 구석기문화와 장흥 신북유
적》은 신북유적의 발굴을 기념한 국제학술회의 자료집

이고,《국가사적 월평유적의 학술 가치와 창조적 활용》
은 월평유적의 국가사적 지정 10주년을 기념한 한일국
제학술회의 자료집이다. 각각 2004년과 2014년에 개최
되었던 국제학술회의는 전라남도기념물과 국가사적으
로 지정된 두 유적에 대한 국제적 평가와 관심을 학자와
지역민들이 함께 공유했다는 점에서 그 의미가 각별하
다(사진 88).

그리고 《호남 구석기도감》과 《빛나는 호남 10만년》 도록은 월평유적과 신북유적에서 출토한 대표적인 유물의 사진과 크기, 무게 같은 제원이 수록되어 있어 학술자료이자 홍보자료로 가치가 있다. 특히 후자에 실려 있는 〈호남지역의 구석기유적 발굴 20년〉과 〈일본열도에서 본 호남지역의 구석기시대문화〉라는 논고에는 보성강유역 구석기문화의 연구현황, 그리고 성격과 의미가 국내외 저명학자에 의해 잘 소개되어 있다.

《순천 월평유적군(群)을 활용한 '구석기인의 길' 개발》은 일반인들이 송광천변의 청정한 자연 속을 걸으며 각 유적에서 구석기인들의 다양한 삶을 체험 학습하는 프로그램을 제안한 것이다. 그리고 《보성강, 구석기인들의 낙원》은 특별전 도록으로 보성강유역에 분포하는 구석기유적에 대한 종합안내서다.

일곱 권의 단행본은 지난 30년 넘게 진행된 수많은 유적조사, 오랜 시간과 노력이 깃든 발굴보고서, 그리고 다수의 논문들을 토대로 빛을 본 성과물이다. 이것들은 한반도와 동북아시아의 구석기문화를 복원하고 이해하는 데 있어 보성강유역이 핵심지역의 하나로 자리매김하는 데 기여하였다.

한편 2000년대에 들어와 보성강유역의 유적과 유물을 대상으로 학위를 받은 학문후속세대가 탄생하기 시작하였다. 월평유적과 신북유적에서 발굴된 좀돌날몸돌, 밀개, 새기개를 주제로 석사학위논문이 세 편 작성되었고, 2014년 이후 최근까지 한국 남서부, 호남, 우리나라를 대상으로 주먹도끼, 망치, 석기제작, 돌날, 후기구석기 말기의 석기문화를 주제로 한 다섯 편의 석사논문과 후기구석기시대의 사냥기술과 인지능력을 다룬 한 편의 박사논문이 발표되었다.

6. 일본열도로 이주한 구석기인들의 고향

보성강유역의 구석기문화는 호남 인류사의 시원을 보여주며 우리나라 구석기문화의 풍요로움을 증거하고 있다. 그뿐 아니라 일본열도 구석기인의 계보를 밝히는 데 있어 결정적인 열쇠를 쥐고 있다.

"일본열도에서 가장 오래된 주민의 발자취는 홋카이도에는 드물고 규슈에 두드러진다. 이것은 제1기의 이주가 규슈를 경유했던 사실을 뒷받침하고 있는 듯하다. 그 반면에 제1기의 유적 수가 혼슈 중앙부의 가장 많은 점도 놓칠 수 없다. (중략) 제III기에 슴베찌르개는 틀림없이 호남지역과 규슈를 경유하여 한반도에서 일본열도로 전해졌다. 또 고시다케산 흑요석이 호남지역에 반입되었던 것도 같은 시기의 사건이었다. (중략) 동아시아의 후기구석기시대에는 빙하극성기 이후 '환동해 구석기문화 회랑'과 '흑요석의 길'이라고 하는 사람과 물건이 움직인 간선(幹線)이 깔렸다. 그 간선 위로 슴베찌르개와 유베쓰계 좀돌날석기가 전파되고, 고시다케, 백두산, 시라다키산의 흑요석이 운반되었던 것이다. … 이것이 슴베찌르개와 고시다케산 흑요석으로 상징되는 호남지역과 규슈 간 교류의 배경이었다. 그리고 규슈에 유적 수를 급증시킬 정도의 사람이 이주해온 이유이다."

| 安蒜政雄 2010a: 143, 149 |

인용한 글처럼 안비루 마사오 메이지대 명예교수는 그의 저서와 논문에서 "한반도는 일본열도의 남방계 신 이주민의 고향, 호남지역이 이주의 근원지이고 규슈가 이주한 곳"이라고 논리정연하게 설파하고 있다. 이 주장은 신북유적에서 출토한 흑요석기의 원산지가 백두산 그리고 규슈의 고시다케라는 점, 신북유적과 월평유적

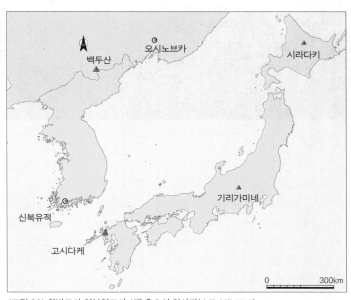

〈그림 80〉 한반도와 일본열도의 4대 흑요석 원산지(安蒜政雄 2010)

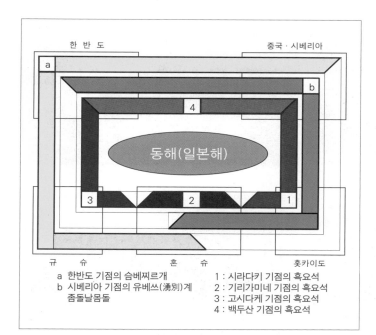

한 반 도 　　　　　　　　　　　중국 · 시베리아

동해(일본해)

규　　슈　　　　혼　　슈　　　　홋카이도

a 한반도 기점의 슴베찌르개　　　1 : 시라다키 기점의 흑요석
b 시베리아 기점의 유베쓰(湧別)계　2 : 기리가미네 기점의 흑요석
　좀돌날몸돌　　　　　　　　　　3 : 고시다케 기점의 흑요석
　　　　　　　　　　　　　　　　4 : 백두산 기점의 흑요석

〈그림 81〉 환일본해(동해) 구석기문화 회랑과 옵시디안로드(安蒜政雄 2010)

에서 출토한 슴베찌르개와 유베쓰형 좀돌날몸돌이 동북아시아에 어떻게 분포하고 퍼져나갔는지를 검토하여 나온 결론이다(安蒜政雄 2005 ; 2010b. 그림 80, 81).

안비루 명예교수는 일본열도로 두 번의 이주, 즉 하나는 후기구석기시대 초기의 '구이주', 다른 하나는 최종빙기 최한랭기(LGM)에 슴베찌르개로 상징되는 '신이주'라고 하였다. 그는 '신이주'는 물론이고 '구이주'의 주인공이 바로 한반도의 구석기인들이라고 생각하고 있는데, 근거는 오래된 유적이 홋카이도에는 드물고 규슈에 많기 때문이라고 한다.

한편, 사토 히로유키 도쿄대 교수는 임실 하가유적에서 출토한 각추상석기(모뿔석기)를 거론하며, 이것은 한반도에서 기원하였으며, 21,000년 전 무렵에 규슈로 전파되었고, 이후 서일본과 동일본으로 널리 확산되었다(佐藤宏之 2018)고 하였다. 그런데 하가유적의 각추상석기와 모양, 크기, 제작기법이 판박이처럼 닮은 유물이 우산리 외우유적에서 발견되었다(그림 74. 사진 77 참조). 그런즉 섬진강과 그 지류인 보성강유역에서 출토한 각추상석기의 존재는 한반도와 일본열도의 문화교류를 보여주는 또 하나의 중요한 물증이다(李起吉 2011 ; 淸水宗昭 2010).

이처럼 흑요석기의 원산지 연구, 그리고 슴베찌르개, 유베쓰형 좀돌날몸돌, 각추상석기 등의 형식과 제작기

법, 편년을 근거로 보성강유역과 한반도가 일본열도 구석기인들의 고향이라는 해석은 설득력을 더해 가고 있다(Ono, A. and Yamada, M. 2012). 이를 반증하듯 보성강유역의 구석기유적을 답사하고 유물을 관찰하기 위해 찾아오는 외국학자들이 많다(사진 89). 이 중 다수를 차지하는 일본학자들은 단기답사는 물론 심지어 1년간 방문학자로 머무르며 연구에 열중하였고 논문을 발표하기도 하였다(安蒜政雄 2013 ; 佐川正敏 · 佐藤祐輔 2014 ; 佐川正敏 2018).[31]

II. 과제와 전망

1. 유적조사의 추이와 문제

1986년, 호남의 드넓은 지역 가운데 보성강유역에서 최초로 구석기유적이 발굴되었다. 이후 1990년까지 5년간 곡천유적, 금평유적, 죽산유적, 대전유적, 하죽유적이 조사되었으며, 곡천유적은 구석기 발견 이후 무려 세 번이나 연차 발굴이 이루어져 수몰될 유적에 대한 조사단의 학문적 열정을 느낄 수 있다.

당시 조사단의 책임자가 모두 타 지역에서 구석기유적을 발굴했던 경험자라는 점도 호남 구석기학의 정립을 위해서 다행스런 일이었다고 생각한다. 물론 지금에 와서 보면 금평유적, 죽산유적, 하죽유적의 규모가 대형 또는 중형급임에도 발굴범위가 극히 일부에 그쳤다는 아쉬움이 있지만, 구석기유적보다는 지석묘와 역사시대 유적의 발굴이 우선시 되었던 당시의 학계 분위기에선 어쩔 수 없지 않았을까 싶다.

1990년 이래 한동안 잠잠하다가 1995년 5월, 조선대 박물관이 보성강유역을 대상으로 지표조사를 시작하면서 새로운 전기를 맞이하게 되었다. 즉 1996년까지 2년

31 도호쿠가쿠인(東北學院)대학의 사가와 마사토시(佐川正敏)교수는 2011년 9월부터 2012년 8월까지 1년간 조선대학교 방문교수로 머무르며 전라도 지역의 유적답사와 조선대 박물관 소장유물의 연구에 열중하였다.

344

〈사진 89〉 외국학자들의 연구방문
① 조선대학교를 방문한 일본학자들(1998. 9.) ② 월평유적을 방문한 일본학자들(2003. 7.) ③ 신북유적을 방문한 중국학자들(2010. 10.) ④~⑤ 월평유적을 방문한 아시아구석기학회 학자들과 유물 관찰 모습(2010. 10.) ⑥ 월평유적을 방문한 일본학자들(2014. 11.)

도 채 안 되는 기간에 무려 43개의 구석기유적이 찾아진 것이다. 이 수치는 그때까지 알려진 유적 수보다 여덟 배가 넘고, 지금까지 찾은 85개 유적의 절반이 넘는다. 그리고 이후 국가사적으로 지정된 월평유적, 그리고 2009년과 2013년에 발굴조사가 이뤄진 석평유적과 도롱유적처럼 중요한 유적들이 이미 그 때 발견되었다는 사실도 주목된다.

한편 2002년에 신북유적의 발견을 계기로 보성강 최상류지역에 대한 지표조사를 충실히 한 결과, 2004년까지 해룡유적, 외반유적, 병동유적을 포함한 15개의 유적이 더 발견되었다. 이후 2019년까지 간헐적인 조사로 13개의 유적이 더 찾아졌다. 한편 2013년에 복다리 신기유적, 2018년에 북교리 신월유적이 각각 대한문화재연구

원과 동국문화재연구원에 의해 발견되었다.

1980년대 후반의 주암댐수몰지역 발굴이 보성강유역의 구석기연구를 일으키는 방아쇠가 되었다면, 1998년과 2001년의 월평유적 발굴과 2004년의 신북유적 발굴은 보성강유역 구석기문화의 정수를 세상에 알리는 신호탄이었다. 이후 월평유적은 2000년 6월에 '전라남도 기념물 제181호'로 지정되었고 2004년 12월에 '국가사적 제458호'로 승격되었다. 또한 신북유적은 2008년 4월에 '전라남도 기념물 제238호'로 지정되었다.

지난 33년의 조사 성과를 정리해보면, 현재까지 파악된 구석기유적은 모두 85개로 1986년 이래 대학박물관이 83개를 찾았고, 나머지 2개는 2010년대에 문화재조사기관이 발견하였다. 이 가운데 발굴된 유적은 13개이며,

곡천유적, 월평유적, 신북유적은 세 번씩, 금평유적, 죽산유적, 대전유적은 두 번씩 발굴되어 발굴회수는 22번이다. 이 가운데 대학박물관이 1986년부터 8개 유적을 16번 발굴하였고, 문화재조사기관은 2009년부터 6개 유적을 6번 발굴하였다.[32]

그런데 문화재조사기관의 발굴보고서에는 문화층의 위치가 잘못 해석되었거나(그림 51. 사진 52 참조), 석기의 실측도면에 뗀 방향과 범위, 순서가 제대로 표현되지 못한 사례가 적지 않다. 이것은 고고학자로서 현장에서의 정확한 관찰과 기록, 그리고 구석기전공자로서 석기를 해석하는 능력을 갖추었는가가 의심되는 매우 심각한 문제라고 하겠다.[33] 2009년 이래 구석기유적의 발굴조사를 전담하고 있는 문화재조사기관의 조사와 연구 수준이 이 정도라면 호남 구석기학의 미래는 어두울 수밖에 없다.

2. 몇 가지 과제

갱신세층과 석기군, 절대연대 등에 근거하면 보성강유역에서 구석기인들이 살았던 동안은 약 10만~12,000년 전에 해당한다. 다시 말해 이 지역에서 이보다 더 오래된 유적은 아직 발견되지 않았다. 그렇다면 고인류는 더 이른 시기에 살지 않았던 것일까? 아니면 여태 찾지 못한 것일까?

그런데 한반도와 인접한 중국 랴오닝성(遼寧省)의 진뉴산(金牛山)유적에선 옛슬기사람의 머리뼈화석과 짐승화석 및 석기가 출토하였고, 그 절대연대는 228,000±21,000B.P., 175,000±19,000B.P.로 재어졌다. 또 베이징(北京) 근처 저우커우뎬(周口店)동굴유적에선 곧선사람의 뼈화석이 200여 점이나 발견되었으며 그 연대는 75만~25만 년 전으로 추정되고 있다(국립문화재연구소 고고연구실 편 2013). 이처럼 우리나라와 인접한 지역에 10만 년 전보다 오래된 유적들이 다수 분포하고 있어 보성강유역

에도 그런 유적들이 어딘가에 있지 않을까 싶다.

최근까지 보고된 보성강유역의 구석기유적들은 거의 전부가 강물보다 10~15m쯤 높은 곳에 위치하며, 구석기가 포함된 갱신세층은 마지막 간빙기(MIS 5기) 이후에 형성된 단구 위에 놓여있다. 따라서 MIS 6기 이전에 형성된 퇴적층이 남아있을 만한 곳, 달리 말하면 강물보다 20~30m 이상 높은 지역에 대한 유적조사에 기대를 걸어볼 만하다.

또 하나는 동굴유적에 대한 조사다. 지금까지 호남지역에서 발견된 유적은 모두 한데유적(open site)이다. 그 결과 많은 석기자료는 확보했지만 인류화석이나 동물화석은 단 한 점도 찾지 못하였다. 따라서 구석기시대의 주인공과 동식물환경에 대한 연구는 전혀 이뤄지지 못했고, 구석기연구는 석기에 치우쳐 있다. 비록 석회암지대가 보성강유역에 분포하지 않기 때문에 동굴의 존재 자체가 매우 드물겠지만, 그렇더라도 동굴학자, 지역주민과의 협조를 통해 숨어있는 동굴 찾기에 힘써야겠다.

다음으로는 지금까지 축적된 자료들을 새로운 이론과 관점에서 재해석하고 연구하는 노력이 요망된다. 특히 공간고고학, 인지고고학, 민족지고고학의 연구 성과와 이론을 적용하여 보성강유역에 분포하는 유적들의 크기와 입지 종류 및 유적군에 기초한 구석기인들의 환경적응과 이용, 그리고 석기제작기법의 복원 및 유구와 유물 갖춤새에 대한 종합검토에 근거하여 인지능력과 생존방식에 대한 보다 설득력 있는 해석을 추구해야 하겠다.

나아가 국내외 타 지역과의 비교연구도 필요하다. 예를 들어 영산강, 섬진강, 금강, 낙동강, 한강, 임진강 유역, 동해안지역과 북한지역, 나아가 일본 규슈와 혼슈, 백두산과 연변 등지의 구석기문화와 공통점과 차이점에 대한 연구를 진행한다면 보성강유역 구석기문화의 보편성과 특수성을 보다 잘 이해하게 될 것이다.

3. 유적의 보존과 활용

1) 유적의 보존

전체 유적의 대다수는 거의가 밭으로 경작되고 있으며 대체로 원 지형을 유지하고 있어 다행이라고 생각한다. 그러나 거기에 무덤, 비닐하우스, 축사, 민가나 마을,

---

32 발굴유적의 총수는 13개인데, 대학박물관과 문화재조사기관이 발굴한 유적의 수를 합하면 14개가 되는 이유는 신북유적을 두 기관에서 따로 발굴하였기 때문이다.

33 발굴된 유적은 파괴되어 없어지므로 현장 조사자가 엉터리로 조사하고 보고하면 그 누구도 진실을 알 수 없게 된다. 그래서 현장공개와 지도위원회가 중요하다. 문화재청은 구석기 전공자가 없는 조사기관에 구석기유적의 발굴을 허가하지 말아야 하며, 보고서 평가가 형식적으로 이뤄지지 않도록 조치(충분한 예산 포함)하고 감독해야 할 것이다. 그러나 모든 문제의 근본적인 책임은 제자를 제대로 가르치지 못한 대학교수에게 있다고 생각한다.

〈표 54〉 보성강유역 구석기유적의 현상

종류	비닐하우스	축사	민가/마을	농장	태양광	공장	교사	도로	철도	수몰
개수	1	3	13	1	2	1	3	7	1	15

농장, 태양광 발전시설, 공장, 교사가 들어서 일부분, 또는 상당한 면적이 훼손되고 멸실된 사례도 있다. 그리고 도로나 철도건설로 일부 또는 완전히 파괴된 것과 수몰되어서 파괴가 진행되고 있는 경우도 있다.

전체 유적의 현상을 사례별로 정리하면 〈표 54〉와 같다.

금성유적은 비닐하우스를 지으면서 언덕의 평평하고 넓은 마루 부분이 상당히 훼손되었다. 동고지, 월곡, 태평 '가'유적에는 축사가 들어섰는데, 앞의 두 유적은 원 지형이 별로 훼손되지 않았지만, 후자는 계단식으로 대규모 경지정리가 진행되어 원형이 바뀌었고 유적의 상단부에 큰 축사가 세워져 있다(사진 90).

유적에 민가가 있는 곳은 용지등, 덕림, 해룡, 우산, 외판 '나', 외우, 태평 '나' 등 7곳, 그리고 마을이 들어선 곳은 서촌, 신북, 봉림, 사수, 영귀, 동계 등 6곳이다. 한편 병치유적은 '현대양묘'가 잔디나 판매용 관상수를 기르는 농장으로 쓰고 있다(사진 91).

평지들유적은 최근 대규모 태양광 단지가 건설되면서 원 지형이 파괴되었고, 죽림유적은 소규모 태양광 시설이 들어선 탓에 일부가 훼손되었다. 또한 가신유적은 보성농협이 미백건조공장을 세우면서 남서부가 파괴되었다. 금곡유적은 한국바둑고등학교와 바둑중학교를 지으면서 유적의 위쪽이 대부분 파괴되었다. 한편 신북유적과 영구유적도 초등학교를 지으면서 적지 않게 훼손되었다(사진 92).

〈사진 90〉 농사와 축산 활동으로 유적이 훼손된 모습 ① 금성유적 ② 태평 '가' 유적

〈사진 91〉 민가, 마을, 농장이 들어서서 유적이 훼손된 모습 ① 병치유적 ② 외우유적

도로건설로 유적의 전부 또는 일부가 파괴된 경우도 있다. 전자에 속하는 것으로 석평유적, 흑석유적, 대전유적, 외록골유적 등이 있고, 후자에 해당되는 것으로 신북유적, 버드골유적, 이읍유적이 있다. 그리고 철도건설로 사라진 유적은 신월유적이다.

끝으로 도롱, 신기, 사비, 곡천, 죽산, 하죽, 고수월, 새터, 반송, 금평, 내우, 무탄, 문덕교, 복교, 주산유적은 주암댐을 건설하면서 수몰되었다. 가뭄이 심할 때 지표조사를 가보면 유적지에 수많은 유물이 드러나 있는데, 알다시피 댐의 물이 차고 빠지는 현상이 반복되면서 문화층이 계속 파괴되기 때문이다. 즉 문화층의 토양이 물에 의해 쓸려나가면서 유물이 드러나고, 드러난 유물들은 물의 작용으로 재배치되기도 한다(사진 93).

앞에서 열거하였듯이 다양한 이유로 구석기유적이 훼손되고 파괴되며 심지어 없어지고 있다. 최근에는 특히 태양광 발전시설의 건설로 인해 대규모 공사가 곳곳에서 진행되고 있다. 태양광 발전은 당연히 햇빛이 잘 드는 곳에 위치해야 효율이 높다. 그런데 구석기인들이 선호한 터전이 바로 양지바른 언덕이었기 때문에 '평지들유적'의 사례에서 보듯이 피해의 직격탄을 맞고 있다. 한편 수몰유적의 경우 댐을 건설할 당시 모두 조사되어야 했겠지만 실제는 그렇지 못했다. 이유야 어찌 되었든 수몰지역에 엄연히 존재하는 구석기유적에 대한 대비책이 강구되어야 할 것이다.

〈사진 92〉 공장, 교사, 농장, 태양광 건설로 유적이 훼손된 모습 ① 가신유적 ② 영구유적 ③ 죽림유적 ④ 평지들유적(2017. 11.)

348

2) 활용 대책

유적이 잘 보존되었다고 해서 문제가 다 해결된 것은 아니다. 다음 사례를 통해 생각해보자. 송광천변은 국가사적인 월평유적을 비롯한 13개의 유적이 군데군데 있어 사냥과 채집으로 살았던 구석기인의 삶을 체험하기 좋은 최적의 장소로 평가되는 곳이다. 그래서 송광천변을 걸어 다니며 각 유적에 들러 다양한 구석기문화를 체험 학습하는 '구석기인의 길'이란 프로그램이 고안되었다(이기길 과 2015).

그런데 전라남도는 2015~2018년에 송광천을 대상으로 하천재해예방사업을 하면서 원래의 천을 네다섯 배나 넓혀 곳곳에 보를 만들고 제방을 쌓았다.[34] 공사로 인해 유구한 세월동안 송광천이 조각한 기암괴석은 파헤쳐지고, 생명력 넘치던 물소리는 간 데 없으며, 돌로 뒤덮인 제방은 삭막한 분위기를 자아내고 있다(사진 94). 결국 유적뿐 아니라 그것의 무대와 배경이 되는 자연환경도 본래의 모습을 잃지 않도록 해야 문화재가 본연의 가치를 온전하게 발휘할 수 있는 것이다. 유네스코가 세계문화유산을 지정할 때 유적지 주변의 환경도 매우 중요한 항목으로 평가하는 이유도 그 때문이다.

유적과 자연환경이 잘 보존되었다고 해도 사람들이 찾아오지 않으면 그것은 과거 속에 묻혀있을 뿐이다. 그래서 유적, 유물과의 대화를 통해 자신의 뿌리와 정체성을 확인하고 그것의 소중함을 체험할 수 있는 마당이 마련되어야 한다. 그와 같은 장으로 '박물관'이나 '전시관', '방문자센터', 그리고 '유적공원' 등 여러 가지가 있을 것이다.

호남보다 구석기연구가 먼저 시작된 공주 석장리와 단양 수양개유적, 그리고 연천 전곡리유적에 2006년과 2011년에 훌륭한 박물관이 신축되었다. 유적지에 들어선

---

34 필자가 월평유적을 처음 발견한 1995년 이래 현재까지 홍수가 나서 큰 피해를 입은 적은 없었다.

〈사진 93〉 파괴되고 있는 수몰지역 유적 ①~② 내우유적과 유물 드러난 모습 ③ 덕치리 신기유적의 재퇴적된 유물 ④ 도롱유적의 재퇴적된 유물

박물관에서 상설전시와 특별전시가 개최되고 각종 사회교육과 구석기문화축제 같은 대규모 행사가 열려 수많은 사람들이 역사와 문화의 시원을 배우고 체험하고 있으며, 더불어 지역경기의 활성화에 기여하고 있다(사진 95).

이처럼 경기도와 충청남북도에 세워진 구석기 전문박물관은 관련 행사를 활발히 진행하여 유적의 가치를 확대 재생산하며 한반도 인류사의 시작을 국민들과 외국인들에게 널리 알리고 있다. 한편 전남에는 청동기~조선시대의 박물관, 예를 들면 화순 고인돌박물관, 복암리 고분 전시관, 고려청자박물관, 고흥 분청문화박물관 등이 세워져 있지만 역사의 첫 장인 구석기시대와 문화를 다루는 박물관은 없다. 그래서 지역민과 방문객들이 호남 역사의 시작이 마치 청동기시대부터인 것 같은 착각에 빠지기 쉬운 여건이다.

그러나 호남은 보성강, 섬진강, 영산강, 만경강유역에 분포하는 구석기유적의 수가 최소 500개가 넘어 타 지역에 비해 대단히 많은 자원을 갖고 있는 셈이다(이기길 2017 ; 2018b ; 2018c). 그리고 국가사적과 도기념물로 지정된 최상급의 유적과 강진 청자처럼 빼어난 유물들을 보유하고 있어 구석기문화가 매우 풍부하고 세련된 곳이다.

또 타 지역보다 유적지 인근의 자연환경도 옛 모습대로 잘 보존되어서 구석기인들이 선호한 환경을 한눈에 이해하기 좋은 장점을 지니고 있다. 뿐만 아니라 지역민들은 유적 보존회를 결성하는 등 구석기유적에 대한 긍지와 애정이 대단하다(사진 96)[35]. 게다가 남도는 일본열도로

〈사진 94〉 하천재해 예방사업 전후의 송광천 모습

〈사진 95〉 석장리박물관의 세계구석기문화축제

350

〈사진 96〉 월평 선사유적지 보존회와 신북 구석기유적 보존회의 결성

이주한 구석기인들의 고향이면서 백두산 지역과도 교류를 하던 구석기시대의 국제적 거점이었다.

이처럼 구석기 박물관이 남도에 건립될 명분은 차고도 넘친다. 여기에 박물관이 세워지면 화룡점정처럼 호남 역사의 전체가 완성되는 전기가 될 것이고, 타 지역의 박물관과 함께 우리나라의 다양한 구석기문화를 조화롭게 만나는 장이 될 것이며, 특히 일본인들이 자신들의 뿌리와 유구한 문화교류의 발자취를 확인하기 위해 방문하는 일번지가 될 것이다. 최근 국가사적인 월평유적 어귀에 '순천 월평유적 안내소'가 소박하게나

〈사진 97〉 순천 월평유적 안내소

마 마련되었는데 장차 박물관 건립으로 이어지길 기대한다(사진 97).

박물관과 더불어 유적공원의 조성도 필요하다[36]. 공원의 조성 목적은 방문객들이 구석기인들의 살림터를 돌아보면서 유적에서 발견된 유구와 유물을 현장과 연계지어 인식하고, 구석기인들이 선호한 입지와 자연환경, 그리고 생활상에 대한 창의적인 상상력을 키우게 하려는 것이다.

이미 프랑스의 도류도뉴지역에는 네안델탈사람과 크로마뇽사람의 살림모습을 생생하게 느낄 수 있는 '선사

공원(Préhistoparc)'과 동굴벽화에 나오는 동물들을 방목하여 구석기시대 자연환경을 실제로 체감할 수 있는 '르또(Le Thot)' 박물관이 세워져 많은 방문자들의 호평을 받고 있다(사진 98. Aubarbier, J.-L., and Binet, M. 1997).

구석기유적의 최근 활용 사례 중 백미는 월평유적의 가치를 활용한 '선사에서 미래로'라는 외서초교의 특색 교육활동일 것이다. 이것은 조선대 박물관이 1995년 이래 지속해온 월평유적의 조사와 연구 성과를 다양한 교육활동의 콘텐츠로 활용하는 것이다. 예를 들어 유적에서 뗀석기 만드는 시범을 보면서 그림을 그리거나, 구석기인들의 사냥, 축제 등을 주제로 작곡된 관현악곡을 유적에서 공연하거나, 악당이 훔쳐간 월평유적의 유물을 되찾아온다는 내용의 소설쓰기 등 여러 가지가 실행되었다. 그리고 1년간 활동한 결과물을 '우가우가 월평탐사대(전)'란 제목으로 전시회를 가졌다(사진 99).

2017년에 시작된 이 프로젝트는 계속하여 이어지고

---

35 외서면민들은 2001년에 '월평 선사유적지 보존회'를 결성하였고, 2014년에 발간한 외서면지의 속표지에 문두근 시인이 쓴 "외서에서 사람들이 먼저 살기 시작하였다"는 시를 게재하였다. 장동면민들도 2004년에 '장흥 신북 구석기유적 보존회'를 결성하여 도기념물로 지정된 날짜에 매년 기념식을 개최하고 있다.

36 일찍이 2005년에 국가사적 순천 월평유적을 대상으로 '구석기 박물관', '유적공원', '구석기인의 길'을 제안한 종합정비기본계획서가 발간된 바 있다(이기길 과 2005).

〈사진 98〉 구석기문화를 체감하는
유적공원(Préhistoparc, France)

352

〈사진 99〉 외서초교의 특색교육활동 '선사에서 미래로'

있어 문화유산이 역사적 가치뿐 아니라 창의적인 교육 자료로도 매우 유용함을 입증하고 있다. 이처럼 지역의 문화유산을 소재로 과거에서 배우며 내일의 문화자산으

로 활용하는 능력을 기른 학생들은 장차 우리 역사와 문화재를 지키고 가꾸어나갈 든든한 주역이 될 것이다.

〈표 55〉 보성강유역 구석기학 연대기

연도	발견과 연구의 발자취
1986~1989	우산리 곡천유적, 신평리 금평유적 발굴 갱신세층에서 좀돌날석기군을 포함한 뗀석기를 발견하여 호남에도 구석기인들이 살았음을 처음으로 입증
1987~1989	덕산리 죽산유적, 사수리 대전유적 발굴. 슴베찌르개가 포함된 좀돌날석기군의 발견
1990. 11~12.	죽산리 하죽유적 발굴
1995~1998	월암리 월평유적 등 45개 유적이 학술지표조사로 발견됨
1998. 3. 25.	오바타 히로키(小畑弘己) 외국학자로는 처음으로 전라남도의 구석기유물을 관찰하고자 학술방문
1998. 9. 24~25.	오노 아키라(小野昭) 등 일본학자 15인의 전남 구석기 답사. 이후 마쓰후지 가즈토(松藤和人), 안비루 마사오(安蒜政雄), 쓰루마루 도시아키(鶴丸俊明), 야나기다 도시오(柳田俊雄), 고스케 마사오(小菅將夫) 등 많은 일인학자의 학술방문이 이어짐
1998. 11~12.	월암리 월평유적 제1차 학술발굴. 유적 규모가 2만여 평의 대형급으로 드러남. 슴베찌르개를 포함하는 좀돌날석기군 출토
2000. 6. 20.	호남고고학회에서 '호남지역의 구석기문화'를 주제로 학술대회 개최
2001. 9~12.	월암리 월평유적 제2차 학술발굴. 제3~4문화층에서 주먹도끼, 공모양석기를 포함하는 좀돌날석기군과 밀개 집중지 확인
2001. 12. 5.	순천 월평 선사유적지 보존회 창립
2001. 12. 14.	아나톨리 데레비안코(Anatoly P. Derevianko) 러시아학자의 월평유적 답사 및 보성강유역 출토 유물 관찰
2001~2006	대산리 해룡유적 등 22개의 유적이 학술지표조사로 발견됨
2003~2004	북교리 신북유적 도로공사지점 구제발굴. 간돌도끼, 철석영, 슴베찌르개를 포함하는 좀돌날석기군과 여섯 개의 화덕 발견
2004. 5. 11.	장흥 신북 구석기유적 보존회 창립
2004. 6. 22~24.	장흥 신북유적 발굴기념 국제학술회의 개최. 한국, 중국, 러시아, 일본에서 25명의 학자 참가
2004. 12. 27	월암리 월평유적이 국가사적 제458호로 지정됨
2005. 7~8.	월암리 월평유적 제3차 학술발굴. 중간문화층에서 찍개, 주먹도끼, 여러면석기, 밀개, 홈날, 부리날 등의 제작지 발견
2006. 12~2007. 3.	월암리 외록골유적 구제발굴. 밀개로 대표되는 석기군 출토
2008. 4. 11	북교리 신북유적이 전라남도기념물 제238호로 지정됨
2009. 5~6.	조선대학교 박물관에서 '빛나는 호남 10만년' 특별전 개최
2010. 11~12.	북교리 신북유적 장동초교지점 구제발굴. 뗀돌도끼를 포함하는 좀돌날석기군 출토
2010. 3~9.	도안리 석평유적 구제발굴. 층위를 이룬 네 개의 구석기문화층에서 큰일석기군(Heavy-duty tools)과 좀돌날석기군이 출토. 중기구석기시대에 속하는 문화층이 확인됨
2010. 10. 14~15.	가오싱(高星), 아코시마 가오루(阿子島香) 등 제3회 아시아구석기학회 참가자의 호남 구석기 답사
2012~2019	운곡리 무탄유적 등 11개의 유적이 학술지표조사로 발견됨
2013. 3~4.	복다리 신기유적 구제발굴. 슴베찌르개를 포함하는 좀돌날석기군 출토
2013. 4~6.	대곡리 도롱유적 구제발굴. 중기구석기시대 문화층이 확인됨
2014. 11. 16~18.	순천 월평유적 국가사적 지정 10주년 기념 한일국제학술대회 개최
2015. 2~3.	북교리 신북유적 표지석지점 학술발굴. 슴베찌르개와 나뭇잎모양찌르개를 포함하는 좀돌날석기군 출토
2017~현재	외서초등학교의 월평유적 가치를 활용한 '선사에서 미래로' 특색교육활동
2017. 11~2018. 1.	구산리 금곡유적 구제발굴. 후기구석기시대 후반의 석기군 출토
2018. 7~2019. 1.	북교리 신월유적 구제발굴. 좀돌날석기군 출토
2018. 10. 1.	국가사적 순천 월평유적의 안내소 개소
2018. 9. 19.	조선대학교 박물관에서 '보성강, 구석기인들의 낙원' 특별전 개최
2018. 10. 26~27.	한국구석기학회에서 '호남지역의 구석기연구 현황과 성과'를 주제로 학술대회 개최

354

참고문헌

| 한글 문헌 |

강창화, 2006. 《제주 고산리 신석기문화 연구》 (영남대학교 대학원 문화인류학과 박사학위논문).

건설교통부·한국수자원공사, 2002. 《우리 그름 길라잡이 - 우리 강을 한 눈에 -》.

국립광주박물관, 2013. 《남도문화전 Ⅳ - 순천 -》 (비에이디자인).

국립나주문화재연구소, 2006. 《호남고고학 문헌목록》 (국립나주문화재연구소).

국립문화재연구소, 1999. 《금파리 구석기유적》.

국립문화재연구소 고고연구실 편, 2013. 《한국고고학 전문사전 - 구석기시대편 -》.

김경진, 2018. 〈한국 구석기시대 밀개의 사용과 기능에 대한 연구〉 《한국구석기학보》 37, pp. 63~84.

김경진, 2019. 〈산청 남강 차탄지구 하천환경정비사업부지 내 유적〉 《최근 구석기유적 조사 현황과 성과》 pp. 117~122 (한국구석기학회).

김명진, 2010. 《한국 구석기 고토양층 석영에 대한 시분해광자극냉광의 물리적 특성과 연대 결정》 (강원대학교 물리학과 대학원 박사학위논문).

김명진, 2014. 《순천 월평 구석기유적 연대측정 결과 - 퇴적층 시료 -》 (네오시스코리아 방사선 기술연구소).

김명진, 2017. 〈신북유적 장동초교지점 고토양 시료의 방사성탄소연대와 의미〉 《장흥 신북 구석기유적 장동초교지점 - 2009 발굴 -》 pp. 111~114 (조선대학교 박물관).

김수아, 2006. 《순천 월평 후기구석기유적의 밀개 연구》 (조선대학교 대학원 사학과 석사학위논문).

김은정, 2002. 《전남지역의 좀돌날몸돌 연구 - 1990년대 이후의 유물을 중심으로 -》 (조선대학교 대학원 사학과 석사학위논문).

김은정, 2005. 〈동북아시아의 좀돌날몸돌 연구 동향〉 《한국구석기학보》 12, pp. 31~55.

김은정, 2010. 〈한반도의 '아라야(荒屋)형 새기개' 기초 연구〉 《중앙고고연구》 7, pp. 1~39.

김종찬, 2009. 〈월평유적의 방사성탄소연대(AMS) 측정〉 《순천 월평유적 - 2005년 제3차발굴 -》 pp. 155~156 (조선대학교 박물관).

김주용, 2006. 〈제4기지질학의 이해와 선사고고유적 층위해석에의 응용〉 《한국매장문화재조사연구방법론》 2, pp. 39~126 (국립문화재연구소).

김주용·양동윤·이윤수, 2002. 〈화순 도산유적의 제4기 지질 조사 및 자연과학분석〉 《화순 도산유적》 pp. 93~123 (조선대학교 박물관).

김주용·양동윤·홍세선·오근창, 2004. 〈월평유적의 지형과 제4기지질 분석〉《순천 월평유적-2001년 2차 발굴-》pp. 122~133 (조선대학교 박물관).

김주용·이기길·양동윤·홍세선·남욱현·이진영, 2004. 〈남한 제4기퇴적층 분포 및 형성과정 고찰〉《한국구석기학보》10, pp. 1~23.

김진영·송장선, 2012.《보성 도안리 석평유적》(마한문화연구원).

大谷薰, 2015. 〈한국 세석기제작의 기술 특징과 변화 양상〉《한국상고사학보》91, pp. 4~41.

大谷薰, 2016. 〈한국 후기구석기 수렵구 제작과 석재소비 전략-슴베찌르개와 세석기를 중심으로-〉《호서고고학보》35, pp. 4~37.

大谷薰, 2019. 〈슴베찌르개와 한·일 찌르개문화〉《한국구석기학보》39, pp. 47~91.

대한문화재연구원, 2013.《순천시 주암면 가축분뇨에너지화 시설시범사업 부지 내 문화재 발굴조사 자문위원회의 자료》.

동국문화재연구원, 2018.《보성~장흥간 철도개설구간 내(1, 3공구) 유적 문화재 발굴(시굴)조사 학술자문회의 개최요지-1공구: 장흥 북교리 신월유물산포지-》.

동국문화재연구원, 2019.《보성~장흥간 철도개설구간 내(1, 3공구) 유적 문화재 발굴(시굴)조사 학술자문회의 개최요지-1공구: 장흥 북교리 신월유물산포지(3구역 추가)-》.

동북아지석묘연구소, 2018.《'가칭' 한국바둑중학교 신축공사 문화재 발굴(정밀)조사》.

동신대학교 문화박물관, 2004.《345kv 신강진-광양간 T/L 건설공사 구간 내 문화유적지표조사보고》.

목포대학교 도서문화연구소 고고지질연구실, 2012. 〈보성 도안리 석평유적에 대한 자연과학분석〉《보성 도안리 석평유적》pp. 559~582 (마한문화연구원).

문화재관리국 문화재연구소, 1983.《전곡리 유적발굴조사보고서》.

문화재 보존관리지도, http://intranet.gis-heritage.go.kr

박명도, 2014. 〈월평구석기의 정체성을 찾는 사진작업과 활용〉《국가사적 월평유적의 학술 가치와 창조적 활용》pp. 73~79 (조선대학교 박물관·월평유적보존회).

박성권, 2016.《우리나라 후기구석기시대 말기 석기문화의 전개양상 연구》(목포대학교 대학원 석사학위논문).

박영철·서영남, 2004. 〈밀양 고례리 및 진주 집현 장흥리 유적〉《영남고고학 20년 발자취》pp. 15~30 (영남고고학회).

박희현, 1990. 〈창내의 후기구석기시대 막집의 구조와 복원〉《박물관기요》6, pp. 5~28 (단국대학교 박물관).

배기동·홍미영·이한용·김영연, 2001.《전곡리 구석기유적-2000~2001 전면시굴조사보고서》(경기도 연천군·한양대학교 문화재연구소).

배기동, 2004. 〈호남지역의 구석기고고학의 성과와 전망〉《밖에서 본 호남고고학의 성과와 쟁점》pp. 15~21 (호남고고학회).

복민영, 2014.《한국 남서부지역 출토 주먹도끼 연구》(전북대학교 대학원 고고문화인류학과 석사학위논문).

복민영, 2015. 〈한국 남서부지역 출토 주먹도끼 연구〉《호남고고학보》49, pp. 5~41.

서성훈·성낙준, 1989. 〈대곡리 도롱·한실 주거지〉《주암댐수몰지역 문화유적 발굴조사보고서》VI, pp. 395~688 (전남대학교 박물관).

서인선, 2018. 〈구석기시대의 종말: 구석기 퇴적층 최상부 "명갈색층" 재고 토론문〉《호남지역의 구석기연구 현황과 전망》pp. 65~66 (한국구석기학회).

성춘택, 2003. 〈구석기 제작기술과 석재 분석: 한국 후기구석기시대 석재에 대한 예비적 고찰〉《한국상고사학보》39, pp. 1~18.

성춘택, 2004. 〈한국 후기구석기유적의 시간 층위 재고〉《한국상고사학보》46, pp. 5~30.

성춘택, 2006a. 〈한국 구석기시대 석기군 구성의 양상과 진화 시론〉《한국상고사학보》51, pp. 5~41.

성춘택, 2006b. 〈한국 후기구석기문화 유형론〉《한국고고학보》59, pp. 4~37.

성춘택, 2017.《석기고고학》(사회평론).

성춘택, 2018. 〈구석기시대의 종말: 구석기 퇴적층 최상부 "명갈색층" 재고〉《호남지역의 구석기연구 현황과 전망》pp. 47~64 (한국구석기학회).

성춘택, 2019a. 〈구석기시대의 종말: 구석기 퇴적층 최상부 "명갈색층" 재고〉《한국상고사학보》103, pp. 5~36.

성춘택, 2019b.〈수렵채집민의 광역교류네트워크와 한국 후기구석기시대 점유밀도의 변동〉《한국고고학보》 112, pp. 8~49.

손보기, 1993.《석장리 선사유적》(동아출판사).

松藤和人, 2001.〈日本의 舊石器文化-朝鮮半島와의 接點을 찾아서-〉《한국구석기학보》 3, pp. 57~70.

신희권, 2014.〈국가사적의 활용과 월평 구석기유적〉《국가사적 월평유적의 학술 가치와 창조적 활용》 pp. 80~85 (조선대학교 박물관·월평유적보존회).

연세대학교 박물관 편, 2001.《한국의 구석기》(연세대학교 출판부).

오병욱, 2008.《장흥 신북 후기구석기유적 새기개 연구》(조선대학교 대학원 사학과 석사학위논문).

오오타니 카오루, 2012.〈한반도 세석기제작 작업공정과 돌감이용 양상〉《호서고고학보》 26, pp. ~37.

오오타니 카오루, 2017.〈대구 월성동유적으로 본 한·일 세석기문화〉《한국구석기학보》 35, pp. 35~58.

윤용현, 1990.《화순 대전 구석기문화의 연구》(청주대학교 대학원 석사학위논문).

은종선, 2015.《호남지역 구석기시대유적 출토 망치석기 연구-MIS 3~MIS 2 시기 유적을 중심으로-》(전북대학교 대학원 고고문화인류학과 석사학위논문).

은종선, 2016.〈호남지역 구석기시대유적 출토 망치석기 연구-MIS 3~MIS 2 시기 유적을 중심으로-〉《한국구석기학보》 34, pp. 78~110.

이기길, 1993.〈전남의 구석기문화〉《동방학지》 81, pp. 39~69.

이기길, 1997.〈보성강유역에서 새로 찾은 구석기유적 예보〉《한국고고학보》 37, pp. 7~62.

이기길, 2000.〈전남지방 구석기시대유적의 보존과 활용〉《한국구석기학보》 2, pp. 66~82.

이기길, 2001.〈호남 내륙지역의 구석기문화〉《호남고고학보》 14, pp. 27~50.

이기길, 2002a.《순천 월평유적-1998년 1차 발굴-》(조선대학교 박물관).

이기길, 2002b.〈호남의 구석기유적〉《우리나라의 구석기문화》 pp. 247~262 (연세대학교 출판부).

이기길, 2004a.〈장흥 신북유적의 발굴 성과와 앞날의 과제〉《동북아시아의 후기구석기문화와 장흥 신북유적》 pp. 31~38 (조선대학교 박물관).

이기길, 2004b.〈순천 월평 후기구석기유적의 성격-2001년도 조사를 중심으로-〉《한국구석기학보》 9, pp. 1~17.

이기길 편저, 2004.《동북아시아의 구석기문화와 장흥 신북유적》(조선대학교 박물관·전라남도·신북구석기유적보존회).

이기길, 2006.《호남 구석기 도감》(조선대학교 박물관).

이기길, 2007.〈한국 서남부와 일본 규슈의 후기구석기문화 비교연구〉《호남고고학보》 25, pp. 5~43.

이기길, 2009.《순천 외록골유적》(조선대학교 박물관).

이기길 편저, 2010.《빛나는 호남 10만년》(조선대학교 박물관).

이기길, 2011.〈진안 진그늘유적의 슴베찌르개 연구-제작기법, 형식, 크기를 중심으로-〉《한국상고사학보》 73, pp. 5~30.

이기길, 2012.〈한국 후기구석기시대 석기군의 종류와 성격〉《호남고고학보》 41, pp. 5~34.

이기길, 2014.〈월평유적, 사적지정 10주년에 이르기까지〉《국가사적 월평유적의 학술가치와 창조적 활용》 pp. 17~24 (조선대학교 박물관·월평구석기유적보존회).

이기길 편저, 2014.《국가사적 월평유적의 학술가치와 창조적 활용》(조선대학교 박물관).

이기길, 2017.〈호남 구석기문화의 조사와 연구 성과-1986~2016-〉《호남고고학보》 55, pp. 4~31.

이기길, 2018a.〈임실 하가유적의 학술조사와 의의〉《임실 하가유적의 문화자산 가치와 활용 방안》 pp. 31~43 (임실문화원·조선대학교 박물관).

이기길, 2018b.《호남 구석기문화의 탐구》(도서출판 혜안).

이기길, 2018c.《보성강, 구석기인들의 낙원》(조선대학교 박물관).

이기길, 2018d.〈호남 구석기문화의 조사와 연구 30년〉《호남지역의 구석기연구 현황과 전망》 pp. 37~45 (한국구석기학회).

이기길·김선주, 2001a.〈벌교-주암간 1공구 도로건설공사 구간 내의 구석기유적〉《벌교-주암간 도로개설 구간 1공구 문화유적 지표조사보고서》 pp. 25~36 (전남문화재연구원).

이기길·김선주, 2001b.〈벌교-주암간 2공구 도로건설공사 구간 내의 구석기유적〉《벌교-주암간 도로개설구간 2공구 문화유적 지표조사보고서》pp. 21~26 (전남문화재연구원).

이기길·김명진, 2008. 〈장흥 신북유적의 연대에 대하여 - 방사성탄소연대에 근거한 편년 -〉《호남고고학보》29, pp. 5~24.

이기길·김수아, 2009.《순천 월평유적 - 2005년 3차 발굴 -》(조선대학교 박물관).

이기길·김수아, 2017.《장흥 신북 구석기유적 장동초교 지점 - 2009 발굴 -》(조선대학교 박물관).

이기길·차미애·김수아, 2008.《임실 하가유적 - 2006년 제1차 발굴 -》(조선대학교 박물관·호남문화재연구원).

이기길·임성춘·이강희·김수아, 2015.《순천 월평유적군 (群)을 활용한 '구석기인의 길' 개발》(조선대학교 박물관·전라남도).

이기길·김은정·김선주·윤정국·김수아, 2004.《순천 월평유적 - 2001년 2차 발굴 -》(조선대학교 박물관).

이기길·김은정·오병욱·김수아·차미애, 2008.《장흥 신북구석기유적》(조선대학교 박물관).

이동영, 1995. 〈선사유적지의 형성시기와 고환경 해석을 위한 지질연구〉《한국상고사학보》20, pp. 521~546.

이상균, 1997. 〈섬진강유역의 구석기문화〉《선사와 고대》9, pp. 3~17.

이상석, 2015.《우리나라 구석기시대 돌날석기문화 연구》(목포대학교 대학원 석사학위논문).

이선복, 2018.《지질고고학 입문》(사회평론 아카데미).

이선복, 2018. 〈호남 구석기연구의 초창기〉《호남지역의 구석기연구 현황과 전망》pp. 29~36 (한국구석기학회).

이선복·이교동, 1993.《파주 주월리·가월리 구석유적》(서울대학교 고고미술사학과·경기도).

이선복·강현숙·이교동·김용하·성춘택, 1990. 〈신평리 금평·덕산리 죽산 후기구석기유적〉《주암댐수몰지역 문화유적 발굴조사보고서》Ⅶ, pp. 21~76 (전남대학교 박물관).

이선복·유용욱·양시은·김동완·이정은, 2011.《전곡 중 2-5호선 개설공사 구간 내 유적 발굴조사 보고서》(서울대학교 박물관·경기도 연천군).

이영문, 1991. 〈전남 동부지역의 고고학적 특성〉《남도문화연구》3, pp. 1~31.

이영문, 1994. 〈한국고고학에서의 전남의 선사고고학〉《문화사학》1, pp. 213~235.

이영철·이혜연, 2007.《화순 사창유적》(호남문화재연구원·지원건설).

이영철·이혜연·문지연, 2015.《순천 복다리 신기유적》(대한문화재연구원).

이영철·이혜연·이정아·이정현, 2017.《장흥 신북 구석기유적》(대한문화재연구원).

이영철·권혁주·이혜연·문지연·이정아·박성탄·한광휘, 2015.《순천 대곡리 도롱유적》(대한문화재연구원).

이윤수, 2000. 〈석재 분석〉《순천 죽내리유적》pp. 291~300 (조선대학교 박물관).

이윤수, 2004. 〈월평유적의 석재산지 추정과 규질암석기 분석〉《순천 월평유적 - 2001년 2차발굴 -》pp. 134~141 (조선대학교 박물관).

이융조·우종윤 편저, 1998.《선사유적 발굴도록》(충북대학교 박물관).

이융조·윤용현, 1989. 〈전남지역의 구석기문화〉《전남문화재》2, pp. 151~173.

이융조·윤용현, 1990. 〈우산리 곡천 구석기유적〉《주암댐수몰지역 문화유적 발굴조사보고서》Ⅶ, pp. 77~139 (전남대학교 박물관).

이융조·윤용현, 1992a.《화순 대전 구석기시대 집터 복원》(충북대학교 선사문화연구소).

이융조·윤용현, 1992b. 〈화순 대전 후기구석기문화: 배모양석기와 집터를 중심으로〉,《선사와 고대》3, pp. 3~38.

이융조·이석린·하문식·우종윤, 1988a. 〈우산리 곡천 고인돌〉《주암댐수몰지역 문화유적 발굴조사보고서》Ⅱ, pp. 23~121 (전남대학교 박물관).

이융조·하문식·조상기, 1988b. 〈사수리 대전 고인돌〉《주암댐수몰지역 문화유적 발굴조사보고서》Ⅳ, pp. 221~279 (전남대학교 박물관).

이융조·우종윤·하문식, 1988c. 〈우산리 곡천 구석기유적〉《주암댐수몰지역 문화유적 발굴조사보고서》Ⅴ, pp. 63~124 (전남대학교 박물관).

이융조·우종윤·이승원·안주현·윤병일·박정미·오타니 카오루·김미라·김은정·한승철·장형길·최동혁, 2018,《단양 수양개 구석기유적 - Ⅰ·Ⅵ 지구 -》(한국선사문화연구원).

이한용 · 김소영, 2017. 《구석기 비너스가 부르는 노래》 (전곡선사박물관).

이헌종, 2002a, 〈우리나라 구석기시대 석기제작기법의 변화〉 《우리나라의 구석기문화》 pp. 85~106 (연세대학교 출판부).

이헌종, 2002b, 〈호남지역 후기구석기시대 석기문화의 주요 특징에 대한 고찰〉 《호남고고학보》 16, pp. 5~24.

이헌종, 2004. 〈우리나라 후기구석기시대의 편년과 석기의 기술형태적 특성의 상관성 연구〉 《한국상고사학보》 44, pp. 5~22.

이헌종, 2009. 〈동북아시아 현생인류의 등장과 사냥도구의 지역적응에 대한 연구〉 《한국구석기학보》 20, pp. 23~42.

이헌종, 2014. 〈한국 구석기연구에서 월평유적의 의미와 가치〉 《국가사적 월평유적의 학술 가치와 창조적 활용》 pp. 39~45 (조선대학교 박물관 · 월평유적보존회).

이헌종, 2015a, 〈우리나라의 돌날과 세형돌날문화의 기원과 확산 연구〉 《한국구석기학보》 31, pp. 57~115.

이헌종, 2015b, 〈우리나라 후기구석기문화 '공존모델'의 특징과 문화복잡성 연구〉 《한국구석기학보》 32, pp. 36~69.

이헌종 · 손동혁, 2012. 〈동아시아 태평양 연안 일대의 후기구석기시대 말기 다박리면 대각선 새기개 연구〉 《한국구석기학보》 25, pp. 39~58.

이헌종 · 송장선, 2013. 〈전남지역 구석기시대 여러면석기의 기술형태적 특징과 기능 연구〉 《한국구석기학보》 27, pp. 19~44.

이헌종 · 손동혁 · 권건곤, 2016. 〈북중국 세형돌날문화의 특징과 우리나라와의 문화적 상관성 연구〉 《한국구석기학보》 33, pp. 54~81.

이형우, 2001. 〈석재와 거리에 따른 영국 전기구석기 유물의 고찰〉 《한국상고사학보》 34, pp. 21~52.

이형우, 2002. 〈화순지역의 구석기문화의 특성: 최근 지표채집된 유물을 중심으로〉 《한국구석기학보》 6, pp. 131~150.

이형우, 2013. 〈호남구석기 연구 – 약사와 전망 – 〉 《호남고고학회 20년, 그 회고와 전망》 pp. 14~24 (호남고고학회).

이형우, 2018. 〈호남 구석기연구의 성과와 전망〉 《호남지역의 구석기연구 현황과 전망》 pp. 67~73 (한국구석기학회).

이형우, 2019. 〈한반도 주먹도끼 유사성에 대하여〉 《영남고고학보》 85, pp. 55~87.

임병태 · 최은주, 1987. 〈신평리 금평 지석묘〉 《주암댐수몰지역 문화유적 발굴조사보고서》 I, pp. 331~391 (전남대학교 박물관).

임병태 · 이선복, 1988. 〈신평리 금평 구석기〉 《주암댐수몰지역 문화유적 발굴조사보고서》 V, pp. 23~62 (전남대학교 박물관).

장대훈, 2007. 《거창 정장리 구석기유적의 석기제작소 연구》 (목포대학교 대학원 석사학위논문).

장대훈, 2016. 《우리나라 후기구석기시대 사냥기술과 인지능력에 관한 연구》 (목포대학교 대학원 박사학위논문).

장용준, 2002. 〈우리나라 찌르개(첨두기) 연구〉 《한국구석기학보》 6, pp. 37~46.

장용준, 2004. 〈한반도와 일본 구주지역의 후기구석기문화의 교류 – 슴베찌르개(박편첨두기)를 중심으로 – 〉 《한 · 일 교류의 고고학》 pp. 9~48.

장용준, 2007a. 《한국 후기구석기의 제작기법과 편년 연구》 (학연문화사).

장용준, 2007b. 〈한반도와 일본 九州지역의 후기구석기문화의 교류: 슴베찌르개(剝片尖頭器)를 중심으로〉 《한국상고사학보》 58, pp. 5~37.

장용준, 2013. 〈한국 구석기시대 흑요석연구의 현황과 과제〉 《한국구석기학보》 28, pp. 16~60.

장용준, 2014. 〈방사성탄소연대를 이용한 후기구석기시대 편년〉 《영남고고학보》 69, pp. 4~46.

장용준, 2015. 〈한국과 일본 출토 석인과 세석인의 비교 연구〉 《한국구석기학보》 31, pp. 116~155.

장용준 · 김종찬, 2019. 〈한반도 출토 선사시대 흑요석 원산지 연구〉 《한국고고학보》 111, pp. 8~45.

전남대학교 박물관, 1996. 《곡성군 문화유적 학술조사》.

정연우 · 이해용 · 홍성학 · 이정재 · 한재욱 · 이상길 · 전미영 · 강현정 · 최송아 · 조현화, 2010. 《동해 묵호진동 월소유적》 (한국토지주택공사 · 예맥문화재연구원).

정영호, 1987. 〈대곡리 도롱 지석묘〉 《주암댐수몰지역 문화유적 발굴조사보고서》 I, pp. 393~445 (전남대학교 박물관).

조태섭·공수진·최명진, 2010,《또 다른 세상으로-구석기인들의 죽음과 매장-》(석장리박물관).

지동식·박종국, 1988,〈덕산리 죽산 지석묘〉《주암댐수몰지역 문화유적 발굴조사보고서》Ⅲ, pp. 23~74 (전남대학교 박물관).

淸水宗昭, 2010,〈박편첨두기와 그 문화〉《수양개와 그 이웃들》15, pp. 209~219.

최몽룡·이성주·이근욱, 1989,〈낙수리 낙수 주거지〉《주암댐수몰지역 문화유적 발굴조사보고서》Ⅵ, pp. 21~143 (전남대학교 박물관).

최승엽·김연주, 2008,《춘천 금산리 갈둔 구석기유적》(강원문화재연구소).

충남대학교 박물관, 2000,《대전조합유통단지 개발사업 지역내 문화유적 시굴조사보고서》.

한국학중앙연구원, 2011,《한국민족문화대백과사전》.

한성욱·김진희·이수경·김민근, 2014,《장동 다목적회관 건립사업부지 내 문화재 표본조사보고서》(민족문화유산연구원).

한창균, 2003,〈한국 구석기유적의 연대 문제에 대한 고찰-절대연대측정 결과와 퇴적층의 형성시기에 대한 검토를 중심으로-〉《한국구석기학보》7, pp. 1~39.

한창균, 2010,〈호남지역의 구석기유적 발굴 20년〉《빛나는 호남 10만년》pp. 108~127 (조선대학교 박물관).

호남고고학회 편, 2001,《호남지역의 구석기문화》.

황용훈·신복순 1990,〈죽산리 '가'지구 유적〉《주암댐수몰지역 문화유적 발굴조사보고서》Ⅶ, pp. 141~166 (전남대학교 박물관·전라남도).

황용훈·신복순, 1994,〈죽산리 구석기유적 발굴조사보고〉《보성강·한탄강유역 구석기유적 발굴조사보고서》pp. 3~61 (문화재관리국 문화재연구소).

| 日本 文獻 |

安蒜政雄, 2005,〈剝片尖頭器、湧別技法、黑耀石: 日本海を巡る舊石器時代の回廊〉《考古學ジャーナル》527, pp. 3~4.

安蒜政雄, 2010a,〈日本列島からみた湖南地域の舊石器時代と文化〉《빛나는 호남 10만년》pp. 128~149 (조선대학교 박물관).

安蒜政雄, 2010b,《舊石器時代の日本列島史》(學生社).

安蒜政雄, 2013,《舊石器時代人の知惠》(新日本出版社).

安蒜政雄, 2014,〈東アジア舊石器研究からみた月坪遺跡の位相〉《국가사적 월평유적의 학술 가치와 창조적 활용》pp. 25~38 (조선대학교 박물관).

安蒜政雄, 2017,《日本舊石器時代人の起源と系譜》(雄山閣).

李起吉, 2002,〈韓國西南部の舊石器文化-代表遺跡と編年-〉《九州舊石器》6, pp. 3~23.

李起吉, 2003,〈韓國西南部における舊石器時代人たちの活動について〉《舊石器人たちの活動をさぐる-日本と韓國の舊石器研究から-》pp. 23~42 (大阪市學藝員等共同研究〈朝鮮半島總合學術調査團〉).

李起吉, 2005,〈韓國の後期舊石器時代について-西南部地域を中心として-〉《環狀集落-その機能と展開をめぐって-》pp. 1~9 (日本舊石器學會).

李起吉, 2006,〈韓半島の細石刃石器文化について〉《考古學ジャーナル》540, pp. 15~18.

李起吉, 2011,〈舊石器時代の韓·日交流-新資料を中心として-〉《考古學ジャーナル》618, pp. 27~31.

伊藤茂·安昭炫·佐藤正教·廣田正史·山形秀樹·小林紘一, 2017,〈放射性炭素年代測定〉《장흥 신북 구석기유적》pp. 129~133 (대한문화재연구원).

李隆助·安蒜政雄 編, 2004,《第9回 國際學術會議 수양개와 그 이웃들》(明治大學博物館).

小熊博史, 2003,〈新潟縣荒澤遺跡出土の赤色顏料とその利用形態〉《舊石器考古學》64, pp. 1~8 (舊石器文化談話會).

大竹憲昭, 2002,〈野尻湖遺跡群と石斧〉《最古の磨製石器-岩宿時代Ⅰ期石斧の謎-》pp. 27~30 (笠懸野岩宿文化資料館).

大竹憲昭, 2004,〈日本列島における舊石器時代の磨製石斧〉《동북아시아의 후기구석기문화와 장흥 신북유적》pp. 125~135 (조선대학교 박물관).

小畑弘己, 2004a,〈日本列島および周邊地域からみた韓國の後期舊石器文化〉《동북아시아의 후기구석기문화와 장흥 신북유적》pp. 109~124 (조선대학교 박물관).

小畑弘己, 2004b.《中部更新世~完新世初期の日韓石器文化の基礎的研究－日韓兩地域における舊石器文化形成過程の比較研究－》(熊本大學埋藏文化財調査室).

舊石器文化談話會 編, 2001.《舊石器考古學辭典－增補改訂版》(學生社).

佐川正敏・佐藤祐輔, 2014.〈日本仙台市地底の森ミュージアムと月坪遺跡の未來〉《국가사적 월평유적의 학술가치와 창조적 활용》pp. 51~64 (조선대학교 박물관・월평유적보존회).

佐川正敏, 2018.〈任實下加遺跡の國際的位相－東・北アジアから見た下加遺跡の球形石器・スムベチルゲ・細石刃技術の特色－〉《임실 하가유적의 문화자산 가치와 활용 방안》pp. 45~55 (임실문화원・조선대학교 박물관).

佐藤宏之, 2018.〈日本列島からみた朝鮮半島湖南地域の舊石器文化〉《호남지역의 구석기연구 현황과 전망》pp. 7~19 (한국구석기학회).

早田勉, 2002.〈月坪遺跡におけるテフラ分析結果〉《순천 월평유적－1998년 1차발굴－》pp. 223~227 (조선대학교 박물관).

堤隆, 2011.《列島の考古學 舊石器時代》(河出書房新社).

北海道帶廣市教育委員會, 1998.《帶廣・川西C遺跡》.

松藤和人, 1987.〈海を渡った舊石器: 剝片尖頭器〉《花園史學》8, pp. 8~19.

松藤和人, 2004.〈Hakuhen-sentoki and the Neighbors – People with Stemmed Points Crossed Over the Tsushima Channel〉《第9回 國際學術會議 수양개와 그 이웃들》pp. 209~216 (明治大學博物館).

| 영어 문헌 |

Aubarbier, J.-L., and Binet, M., 1997. *The Paths of Prehistory in Perigord*. (Editions Ouest-France, Rennes).

Bordes, F., 1981. *Typologie du Paleolithique Ancien et Moyen* Vol. 1. (C.N.R.S).

Inizan, M.-L., Reduron-Ballinger, M., Reduron-Ballinger, H, and Tixier, J., 1999. *Technology and Terminology of Knapped Stone* (Nanterre: CREP).

Kim J.C., Kim D.K., Youn M., Yun C.C., Park G., Woo H.J., Hong M.Y., Lee G.K., 2007. "PIXE Prevenancing of Obsidian Artefacts from Paleolithic Site in Korea." *Indo-Pacific Prehistory Association Bulletin* 27, pp. 122~128.

Kuzmin, Y.V., 2010. "Crossing mountains, rivers, and straits: a review of the current evidence for prehistoric obsidian exchange in Northeast Asia." In: Kuzmin, Y.V., Glascock, M.D. (Eds.), *Crossing the straits: Prehistoric Obsidian Source Exploitation in the North Pacific Rim* pp. 137~153.

Lee, G.K., 2002. "Recent Investigation of Palaeolithic Sites in the Jeolla Province (Southwestern Korea) and their Significance." *Archaeology, Ethnology & Anthropology of Eurasia* 2(10), pp. 46~58.

Lee, G.K., 2006. "Lithic Technology and the Transition from the Middle to Upper Paleolithic in Korea." *Archaeology, Ethnology & Anthropology of Eurasia* 4(28), pp. 31~37.

Lee, G.K., 2012. "Characteristics of Paleolithic Industries in Southwestern Korea during MIS 3 and MIS 2." *Quaternary International* 248, pp. 12~21.

Lee, G.K., 2015. "The characteristics of Upper Paleolithic industries in Korea." In: Kaifu, Y., Izuho, M., Goebel, T., Sato, H., Ono, A. (Eds.), *Emergence and Diversity of Modern Human Behavior in Paleolithic Asia* pp. 270~286 (Texas A&M University Press).

Lee, G.K. and Kim, J.C., 2015. "Obsidians from the Sinbuk archaeological site in Korea-Evidences for strait crossing and long-distance exchange of raw material in Paleolithic Age-." *Journal of Archaeological Science: Reports* 2, pp. 458~466.

Lee, G.K., 2017. "Wolpyeong Upper Paleolithic site, an Important Evidence for Modern Human Behavior in Paleolithic Korea." *Suyanggae and Her Neighbours in Haifa, Israel – Proceeding of the 20th (1) Congress June 21-28, 2015)*, pp. 38~47 (Archaeopress Publishing Ltd.)

Lee, G.K. and Sano, K., 2019. "Were tanged points mechanically delivered armatures? Functional and morphometric analyses of tanged points from an Upper Paleolithic site at Jingeuneul, Korea." *Archaeological and Anthropological Sciences* 11, pp. 2453~2465.

Lee, H.J., 2003. "The Middle to Upper Paleolithic Transition and the Tradition of Flake Tool Manufacturing on the Korean Peninsula." *Archaeology, Ethnology & Anthropology of Eurasia* 1(13), pp. 87~104.

Lee, H.W., 2013a. "The Persistence of Mode 1 Technology in the Korean Late Paleolithic." *PLOS ONE* 8(5), pp. 1~17.

Lee, H.W., 2013b. "Current Observations of the Early Late Paleolithic in Korea." *Quaternary International* 316, pp. 46~58.

Lisiecki, L.E. and Raymo, M.E., 2005. "A Pliocene-Pleistocene stack of 57 globally distributed benthic δ 18O records." *Paleoceanography* 20.

Ono, A., Yamada, M., 2012. "The Upper Palaeolithic of the Japanese Islands: an overview." *Archeometriai Mühely* pp. 219~228.

Piel-Desruisseaux J.-L., 1986. *Outils Préhistoriques: Forme, fabrication, utilisation* (Paris: Masson).

Sample, L. L. and Mohr A., 1964. "Progress Report on Archaeological Research in the Republic of Korea." *Arctic Anthropology* 2(1), pp. 99~104 (University of Wisconsin Press).

Seong, C.T., 2008. "Tanged points, microblades and Late Palaeolithic hunting in Korea." *Antiquity* 82, pp. 871~883.

Seong, C.T., 2009. "Emergence of a Blade Industry and Evolution of Late Palaeolithic Technology in the Republic of Korea." *Journal of Anthropological Research* 65, pp. 417~451.

Yoo D.-G., Lee, G.-S., Kim, G.-Y., Kang, N.-K, Yi, B.-Y., Kim, Y.-J., Chun, J.-H., Kong, G.-S., 2016. "Seismic stratigraphy and depositional history of late Quaternary deposits in a tide-dominated setting: An example from the eastern. Yellow Sea." *Marine and Petroleum Geology* 73, pp. 211~227.

Paleolithic Culture of the Boseong River basin in Southwestern Korea

– Survey and Research since 1986 –

Gi-Kil LEE

(Department of History, Chosun University)

Table of Contents

English Summary

Paleolithic research in the Boseong River basin (BRb) started in 1986, about 20 years later than in other parts of Korea. Until recently, 85 sites had been discovered, 13 of which were excavated. In the 2000s, the Wolpyeong site and the Sinbuk site were designated as national historic sites and provincial monuments. The Paleolithic sites and artifacts found around the BRb are plentiful and refined, and the obsidian originated in Mt. Baekdu and Kyushu, Japan, indicating long-distance transport or exchange.

I undertook a comprehensive review of the surveys and research results from the past 33 years on the Paleolithic culture of the BRb. The contents of this book are as follows. Chapter 1: Review of survey and research; Chapter 2: Database of the 85 Paleolithic sites; Chapter 3: Review of the ten excavated sites; Chapter 4: Summary and analysis; Chapter 5: Performance and future prospects.

In Chapter 1, I summarize the achievements of surveys and research carried out over the past 30 years. Lists including a total of 85 sites and 13 excavated sites were created, including site address, survey institution, type of survey, year of discovery, reference literature, and known versus new sites. Lists of domestic papers, international papers, dissertation papers and books were also curated, including author names, year of issue, title, journal name, issuing institution and type of academic degree. Finally, I investigate trends in surveys and research over the past 33 years by analyzing these lists.

Chapter 2 is a database with basic information on the 85 sites. It includes site address, survey institution, survey year, site size, artifacts and their raw materials, affiliated streams, sea level, present state, references, 1:5,000 topographic maps of the sites, and photographs of landscapes, strata, and unearthed artifacts. The database will be highly valuable for academic research as well as the management of cultural heritage, so I endeavored to include accurate and up-to-date information.

In Chapter 3, I examined the results of ten excavated sites for which reports have been published. In general, excavation surveys provide richer and more detailed information than surface surveys. Therefore, excavation reports were analyzed and the results were reviewed in detail, allowing the Paleolithic culture of the BRb to be reconstructed.

In Chapter 4, I synthesize and analyze information from all sites to obtain an impression of the distribution patterns, location types, size variation, Pleistocene deposits, chronology, lithic assemblages, and raw materials. This allows the patterns in site size and location along the main river and its tributaries to be identified. Pleistocene deposits, lithic assemblages, and their chronology were also reconstructed.

Chapter 5 summarizes and evaluates the main issues regarding Paleolithic sites, features, and artifacts, as well as the international significance of the Paleolithic culture of the BRb. Finally, I express my views and suggestions on the preservation and utilization of Paleolithic sites.

The main contents of this book are summarized as follows.

85 sites with diverse potential

Because the BRb is surrounded by the Honamjeongmaek mountain range and the Baekdudaegan mountain range, its natural environment appears to be more isolated and stable than other regions. The BRb consists of numerous small, warped basins, which may have been sites of hunting and gathering for Paleolithic inhabitants who migrated frequently. As many as 85 Paleolithic sites along the Boseong River exhibit such geographical characteristics.

The sites are divided into small (17,500m² or less), medium (35,000m² or less), large (approximately 70,000m² or more), and super-large (over 10,000m²) in size. Among the 85 sites, 54.1% were small, 25.9% were medium, 14.1% were large, and 5.9% were super-large. The number of cultural layers also varied depending on site size, with medium and large sites having more layers than small ones. Among the location types, "a hill in a basin", "a hill surrounded by streams and mountains" and "independent hill" were few in number, whereas "a hill on the side of a stream" was abundant.

364

The results of these analyses provide important clues on how the Paleolithic people used various scales and locations of habitation according to the season or purpose, and how their society was maintained. It is estimated that the large sites comprising "a hill surrounded by streams and mountains" or "a hill in a basin" were used as base camps, while small sites consisting of "a hill on the side of a stream" were used as temporary camps. For instance, the Wolpyeong and Sinbuk sites belonging to the former type produced plentiful and varied artifacts, while the sites belonging to the latter type yielded a small quantity and limited type of artifacts.

Pleistocene deposits and chronology

I examined the deposits of five excavated sites, including the Geumgok, Seokpyeong, Wolpyeong, Sinbuk, and Bokda-ri Singi sites. The deposit of the Geumgok site was more than 4 m high, and was composed of nine layers. The dark brown and reddish-brown clay layers contained characteristic soil wedge phenomena at the upper and lower parts, respectively. The features and formation of this deposit suggest that it has been present for quite a long time.

Based on the thickness and composition of the deposit, location of cultural layers, absolute dates, and typological chronology, the sedimentation time was estimated from the latter half of Marine Isotope Stage 5 (MIS 5) to the present. The deposits of the Geumgok, Seokpyeong, and Juksan sites were formed after the latter part of MIS 5, whereas those of the Wolpyeong and Sinbuk sites were formed after MIS 3.

The relationships between Pleistocene deposits and cultural layers are as follows. The reddish-brown clay layer with lower soil wedge phenomena, which is present in the Juksan, and Naeu sites, is attributed to the C layer. Cultural layers that yielded heavy-duty tools were found at the Seokpyeong, Dorong, and Deokchi-ri Singi sites. These layers are suggested to belong to the B2 layer.

The B1 layer includes the upper soil wedge feature present at the Sinwol, Geumpyeong, Juksan, and Bokda-ri Singi sites. The Wolpyeong and Sinbuk sites also have a corresponding deposit from the same time period. The A layer, which yielded microblade artifacts, is found at the Wolpyeong, Sinbuk, Gokcheon, Daejeon, Gosuwol, and Mutan sites.

Settlements, hearths, and workshops

Paleolithic settlements, hearths, and workshops have recently been reported. Based on the post holes excavated in the Daejeon site, a tunnel-shaped hut with a size of about 30▨ appears to have been present. Hearths were found only in the Sinbuk site. Six were identified, four of which were located with in an area of 4.5×13.2, each 2 to 7 m apart. The hearths were round in shape, and were composed of angular tuff and vein quartz. This suggests that a large group occupied the site or that small groups visited it frequently.

Workshops containing refitted stone artifacts were found in the Wolpyeong, Sinbuk, and Seokpyeong sites. There are diverse examples of the production of flakes, preformation of microblade cores, blanks of end-scrapers, and tools such as scrapers, notches, denticulates, and hand axes.

At the Wolpyeong site, several spots indicating the production of microblades, stone tools made of hyaline quartz, and high concentrations of end-scrapers were unearthed. At the Jangdong Elementary School locality of the Sinbuk site, the living floor could be divided into four zones according to the distribution of artifacts: 1) Production zone for blanks such as flakes, blades, microblades, and tools. 2) Area for treating animal skin using end-scrapers and awls. 3) Zone for processing bone and antler using burins and awls. 4) Rest area with scattered burnt stones.

The production process and manufacturing techniques for blanks and tools is now known in detail, and the space utilization of Paleolithic occupants can be also estimated. This enables a better understanding of the technical and cognitive ability of Paleolithic people. The conjoining pieces serve as a reference for estimating the degree of preservation of the site.

Flaked stone tools

Various lithics of the Middle to Upper Paleolithic have accumulated over the past 33 years, and can be broadly divided into two lithic assemblages. One is a core tool and flake tool assemblage characterized by heavy-duty tools, while the other is a blade and microblade assemblage characterized by tanged points and microblades. The former belonged to the Middle Paleolithic and the latter to the Upper Paleolithic.

Heavy-duty tools such as choppers, hand axes, picks, rabots (large planes), cleavers, polyhedrons, and bolas have been recovered more from surface sites than excavation sites. Their crafting techniques, sizes, and weights are similar to those excavated from Imjim and Hantan River basin, Han River basin, the East coast region, and other areas.

The first and second cultural layers of the Dosan site located at Youngsan River basin belong to two layers over the lower soil wedge feature, and their ages based on optically stimulated luminescence dating have been reported as 53.00±4.11 ka and 61.38±3.04 ka, respectively. These two cultural layers have yielded various heavy-duty tools.

In the vicinity of the BRb, heavy-duty tools have been recovered from the reddish-brown soil layer that includes the lower soil wedge feature. This suggests that the oldest heavy-duty tools are roughly 70,000 years old. However, a few hand axes, cleavers, and bolas were also excavated from the Wolpyeong site and Sinbuk site, which belong to Upper Paleolithic. This indicates that the heavy-duty tools lasted until the late Upper Paleolithic.

The blade industry with tanged points, which belongs to the early Upper Paleolithic, has not been reported in the BRb. The blade/microblade industry began 30,000 to 22,000 years ago, and lasted until the end of the late Upper Paleolithic based on the absolute dates of the Sinbuk and Wolpyeong sites. This industry includes many blade/microblade tools and finely retouched tools, as well as a few heavy-duty tools. This suggests that innovation based on tradition may be possible. However, the coexistence of new and old types has not yet been reported in adjacent China or Japan.

A total of 140 microblade cores and a few ski spalls, rejuvenation flakes, and production surface flakes have been collected. These types of materials have great potential for studies on the typology of microblade cores, manufacturing techniques, comparative research including other regions, cultural areas, cultural diffusion, and so on.

End-scrapers are predominant among Upper Paleolithic tools. At least 500 pieces have been recovered, including 260 pieces from the Sinbuk site and 150 pieces from the Wolpyeong site. Their size varies from about the length of a thumb to half of a palm's length, and their blanks are mainly flakes and blades. Their edge morphology is also diverse, including convex, round, and nosed shapes.

Burins are another major tool. Initially, since only a few were recovered from the Juksan and Wolpyeong sites, it was difficult to ascertain their general characteristics. However, in 2004, more than 80 burins were found at the Sinbuk site. This was a major turning point in studying their blanks, typology, repair, use-wear, and so on.

Tanged points are a representative hunting tool from the Korean Upper Paleolithic. A total of 23 pieces have been found in the BRb. Among them, only six pieces are perfect; the rest are broken. It is postulated that they were manufactured and repaired at the site, and that damaged or broken tanged points were brought to the site so that shafts could be reused. Leaf-shaped bifacial points are a very powerful hunting tool. One piece was found at the Wolpyeong site, and two pieces were found at the Sinbuk site.

Chipped, pecked, and ground stone tools

Ground axes were discovered along with flaked pieces at the Sinbuk site. Several types of polished tools, such as concave grooved stone tools, warp weight-shaped tools, partially trimmed and ground stones, and pebbles with ground-flat surfaces and pecked concave holes were also unearthed. These are produced by flaking, grinding, and pecking, making it very hard to distinguish the differences in tool-making techniques between the Paleolithic and Neolithic.

Paleolithic occupants were already mastering the manufacturing techniques for polished stone tools. However, the application of this technology was limited. The existence of several ground stone tools means that their livelihood in the Upper Paleolithic was more diverse, and also indicates that they migrated between areas less frequently, which may have been the beginning of the transition from a mobile to a settled life.

Raw materials and pigments

Paleolithic inhabitants used various types of raw materials for making stone tools. In the Upper Paleolithic, over 70% of tools were made from vein quartz, quartz, and quartzite. Tuff and rhyolite accounted for about 20% of tools, and the remainder were composed of hyaline quartz, obsidian, chalcedony, and andesite. These raw materials, apart from obsidian and sanukite (a type of andesite), are distributed in the form of gravel along the BRb. The Paleolithic occupants would therefore have been able to obtain most raw materials from their surroundings.

Proton-induced X-ray emission analysis identified the origin of obsidian as Mt. Baekdu and Japanese Kyushu, while sanukite was postulated to originate from Daku in Kyushu. It is surprising that obsidians from Mt. Baekdu and Kyushu were found in the BRb, since they are 800 km and 300 km away, respectively. Based on results of obsidian research in the Japanese archipelago and Siberia, it is presumed that Paleolithic people established a long-distance exchange network.

Ferruginous quartz pebbles, a mineral pigment red in color, were unearthed from the Sinbuk site. Red pigments were used for painting or sprinkling on dead bodies at funerals, as well as to treat and color leather. Therefore, the presence of ferruginous quartz pebbles provides strong evidence that Paleolithic people in the BRb handled leather and engaged in artistic activities and ceremonial funerals.

Research achievements

Until recently, 26 articles on the Paleolithic culture of the BRb had been published in domestic journals and nine in overseas journals. In the 1990s, domestic papers covered the survey details for each excavation or surface site. Since the 2000s, survey results have been further compiled and reviewed, a comparative study on local subjects commenced, and research on individual stone tools was also carried out for a master's thesis. Several international papers have been published since 2002. Five were published in European journals, and four in Japanese and Asian journals. As a result, the Paleolithic culture of the BRb has become widely known worldwide.

A total of seven books on this subject have been published since 2004: "Evaluating the cultural features of the Sinbuk Upper Paleolithic site in the Northeastern Asia" (2004), "The academic value and creative application of the Wolpyeong historic site" (2014), "Representative Paleolithic sites and artifacts of the Jeolla Province" (2006), "Splendid relics of the Honam region from 100,000 years ago" (2010), "Experience program titled 'Paleolithic road' using the Wolpyeong site cluster along the Songgwang stream" (2015), "The study of Paleolithic culture in southwestern Korea" (2018), and "Paleolithic paradise, Boseong River" (2018).

These seven books were written based on the numerous surveys, excavation reports, and papers from the past three decades. Because of these books, the BRb has emerged as a key area for understanding the Paleolithic culture of the Korean Peninsula and Northeast Asia.

Home of Paleolithic people who immigrated to Japan

The BRb is not only a cradle of Paleolithic inhabitants in Jeolla province (Honam region), but also a significant area for the restoration of Korean Paleolithic culture. It is a crucial key to revealing the genealogy of Paleolithic people in the Japanese archipelago. Based on distribution and chronology of tanged points, Yubetsu-type microblade cores, and obsidians, Prof. Ambiru Masao asserts that the BRb and Korean Peninsula are the home of Japanese Paleolithic people. The excerpt bellow summarizes his perspective.

"Footprints of the oldest inhabitants of Japanese archipelago are rare in Hokkaido but numerous in Kyushu. This seems to support the fact that the first migration took place via Kyushu.

...... tanged points apparently passed through Honam region and Kyushu to the Japanese archipelago from the Korean Peninsula. It was also during the same period that obsidian from Koshikake Mountain was brought to the Honam region.

...... During the Upper Paleolithic in East Asia, the main channels named "Paleolithic cultural corridor around Sea of Japan (East Sea)" and "Obsidian Road" were established. Through these channels, tanged points and Yubetsu-type microblade cores were exchanged, and obsidians of Koshidake, Baekdusan, and Shiradaki were transported. ...... This was the basis of the exchange between the Honam region and Kyushu, which is evident based on the tanged points and obsidian of Koshidake. This is why many people moved to Kyushu, causing a sudden increase in the number of sites." (Ambiru Masao 2010a: 143, 149)

Challenges and future prospects

The oldest date of the Paleolithic culture in the BRb is estimated to be around 80,000 years ago. Therefore, finding sites older than 80,000 years is an important challenge. Paleolithic sites of the BRb are located about 10 to 15 m above the river. The Pleistocene deposit that includes Paleolithic records is situated on the terrace formed after the last interglacial period (MIS 5). Therefore, surveys are required to cover areas 20 to 30 m higher than the river, where sediments formed before MIS 6.

Another important challenge is to reexamine existing data from new perspectives, including theories such as spatial archaeology, ethno-archaeology, and cognitive archaeology. For example, it may be possible to elucidate environmental use and adaptation among Paleolithic occupants by analyzing function of stone tools, site size, location type, and clustering patterns. The cognitive ability of Paleolithic inhabitants may be revealed by reviewing manufacturing techniques, mineral pigments, and long-distance exchange network. In addition, comparative studies with other local and worldwide regions is needed to determine the universality and specialty of Paleolithic culture in the BRb.

Present state, preservation, and utilization of Paleolithic sites

It is fortunate that most of the sites maintain their original topography. However, there are also cases where tombs, vinyl greenhouses, livestock farms, private houses, villages, solar power plants, factories, and school buildings have been built. Such activities have caused partial or substantial damage to sites. In some cases, sites have been completely destroyed by road or railroad construction or submerged by dam construction.

Recently, the natural environments around Paleolithic sites have changed, and serious damage has been caused by river disaster prevention projects and the construction of large-scale solar power facilities. Local governments and the Cultural Heritage Administration should prepare effective case-by-case measures to address these issues.

Even if sites and the natural environment are well-preserved, they may be forgotten if people do not visit. Therefore, memorial sites or buildings should be constructed where visitors can experience relics and wisdom from ancestors. Examples of such sites include museums, exhibition halls, visitor centers, and historical parks. Recently, the Suncheon Wolpyeong Site Information Center was opened. I hope it will lead to the establishment of a prehistory museum in the near future.

One of the best examples of an educational program is from Oeseo Elementary School. It is named "From Prehistory to the Future", and uses the contents of the Wolpyeong site. Since 2017, many programs on various subjects (such as painting, music, and literature) have been implemented. This school also had an exhibition titled "Wuga, Wuga, Wolpyeong Exploration team" at the end of the year. This project proves that cultural heritage is very useful not only for historical community spirit, but also has creative and educational value. Students educated in cultural heritage will be prepared for leadership positions as stewards of our history and culture.

찾아보기

지은이 **이 기 길** (李起吉)

1957년 서울에서 태어남
1980, 1985, 1994년 연세대학교 사학과 문학사, 문학석사, 문학박사
1985년 서울시립대학교 박물관 학예연구사
1987년 연세대학교 박물관 연구원
1991년~현재 조선대학교 역사문화학과(사학과) 교수
1991~2018년 조선대학교 박물관 학예실장, 관장
2014~2015년 한국제4기학회 회장
2015~2016년 호남고고학회 회장
2017~2018년 한국구석기학회 회장

| 주요 발굴유적 |
순천 월평유적 (국가사적 제458호)
순천 죽내리유적 (전라남도기념물 제172호)
장흥 신북유적 (전라남도기념물 제238호)
화순 도산유적
진안 진그늘유적
임실 하가유적

| 주요 논저 |
1997. 〈보성강유역에서 새로 찾은 구석기유적 예보〉《한국고고학보》37.
2011. 〈舊石器時代の韓日交流−新資料を中心として−〉《考古學ジャーナル》618.
2012. "Characteristics of Paleolithic Industries in Southwestern Korea during MIS 3 and MIS 2" *Quaternary International* 248.
2012. 〈한국 후기구석기시대 석기군의 종류와 성격〉《호남고고학보》41.
2015. "Obsidians from the Sinbuk archaeological site in Korea-Evidences for strait crossing and long-distance exchange of raw material in Paleolithic Age-." *Journal of Archaeological Science: Reports* 2 (공저).
1995.《우리나라 신석기시대의 질그릇과 살림》(백산자료원).
2006.《호남 구석기 도감》(조선대학교 박물관).
2010.《빛나는 호남 10만년》(편저, 조선대학교 박물관).
2018.《보성강, 구석기인들의 낙원》(조선대학교 박물관).
2018.《호남 구석기문화의 탐구》(도서출판 혜안).

| 사진 · 도면 협조 기관 |

국립광주박물관 (덕산리 죽산유적)
대한문화유산연구원 (대곡리 도롱유적, 복다리 신기유적)
동국문화재연구원 (북교리 신월유적)
동북아지석묘연구소 (구산리 금곡유적)
마한문화연구원 (도안리 석평유적)
숭실대학교 박물관 (신평리 금평유적)
충북대학교 박물관 (우산리 곡천유적, 사수리 대전유적)

보성강유역의 구석기문화 -33년 연구의 성과와 전망-

이기길 지음

2020년 2월 26일 초판 1쇄 발행

펴낸이 오일주
펴낸곳 도서출판 혜안

등록번호 제22-471호
등록일자 1993년 7월 30일

주소 [04052] 서울시 마포구 와우산로 35길3(서교동) 102호
전화 3141-3711~2 **팩스** 3141-3710
E-Mail hyeanpub@hanmail.net

ISBN 978-89-8494-642-2 93910
값 75,000 원

* 이 저서는 2015년 정부(교육부)의 재원으로 한국연구재단의 지원을 받아 수행된 연구임 (NRF-2015S1A6A4A01010510)